COMMENT VIVRE LA LOI UNE NIVEAU I : LE CHOIX

Carla L. Rueckert

L/L Research
Louisville, Kentucky
© 2009

Traduction: Micheline Deschreider

Maison d'édition *La Loi Une*
Das Gesetz des Einen-Verlag
(Allemagne)

Comment vivre la Loi Une Niveau I: Le Choix
Carla Lisbeth Rueckert
Traduction: Micheline Deschreider
ISBN 978-3-945871-63-8

© 2015 Maison d'édition *La Loi Une* (Allemagne) / *Das Gesetz des Einen*-Verlag (Deutschland)

Jochen Blumenthal, Bessemerstr. 82, 10. OG Süd, 12103 Berlin, Allemagne

www.laloiune.eu

Titre original: Living the Law of One 101: The Choice

ISBN du titre original: 0-945007-21-3 (publié par L/L Research)

www.llresearch.org

Copyright © 2009 L/L Research

Tous droits réservés. Aucun passage du présent livre ne peut être reproduit, photocopié, ni archivé dans un système d'extraction de données, ni transmis sous aucune forme ni sur aucun support graphique, électronique, mécanique, ou généralement quelconque, sans l'autorisation écrite du détenteur des droits réservés.

Graphique de couverture: Michèle Matossian
www.lightweaver.com

Photographie: Craig Paul Studio, www.craigpaulstudio.com

Note sur la brillance relative des chakras sur l'image de couverture:

Le chakra de rayon vert est le cœur du corps énergétique, et il se trouve au niveau du cœur du corps physique. C'est le tremplin qui nous permet de faire Le Choix. C'est pour cette raison que dans l'illustration de notre couverture il brille plus fort que tous les autres chakras.

PAGE DE DEDICACE

À Bill Hay

et

Denise DuBarry-Hay

Avec mon amour

et

mes remerciements

A PROPOS DE L'AUTEURE

Carla Lisbeth Rueckert est née le 16 juillet 1943 à Lake Forest, dans l'État d'Illinois aux États-Unis. Elle a grandi à Louisville, dans le Kentucky, et a obtenu en 1966 à l'Université de Louisville un baccalauréat ès arts en littérature anglaise. Ensuite, en 1971, elle a obtenu une maîtrise en bibliothéconomie au Spalding College. Carla a exercé la profession de bibliothécaire pour une école d'enseignement supérieur jusqu'au moment où elle a été engagée par Don Elkins pour faire des recherches dans le domaine du paranormal. En 1970 tous deux ont officiellement créé L/L Research. Carla a servi de canal vocal de 1974–2011, et a été l'instrument dont il est question dans la série *La Loi Une*. Carla a transmis en channeling et publié treize livres, retransmis près de 1 500 textes qui ont ensuite été retranscrits, a échangé des volumes de correspondance écrite et orale avec des chercheurs en spiritualité, a écrit des poèmes, et toujours dansé, jardiné et chanté d'un cœur plein de reconnaissance et de gratitude, tant dans les petits moments quotidiens de la vie domestique que dans des chorales d'église. Carla aimait Jésus, aimait le service, aimait la recherche, et aimait la vie. En 1987 elle a épousé son âme-sœur Jim McCarty. Elle a quitté cette vie, chez elle parmi les siens, pendant la semaine sainte, le 1er avril 2015.

L'œuvre de la vie de Carla se poursuit au travers de son association sans but lucratif: L/L Research. Toute son œuvre est mise gratuitement à la disposition des lecteurs sur le site www.llresearch.org[1].

---

[1] Certains de ces textes ont été traduits en français et sont également disponibles sur ce site. (NdT)

PAGE DE REMERCIEMENTS

Mes remerciements à Abbie Bliss, Wendy Jane Carrel, Denise DuBarry Hay, Wynn Free, Bill Hay, Sharin Klisser, Jean-Claude Koven et Don Newsom, qui ont assisté à la naissance de ce livre lors d'un week-end de discussions en janvier 2006. Ils m'ont donné l'inspiration d'entreprendre ce projet.

Mes remerciements à Bruce Peret et Eccles Pridgeon, qui m'ont généreusement aidée à dresser le plan de ce livre et à collecter des données.

Mes remerciements à James A. McCarty, qui a discuté de ce livre avec moi pendant des heures et des heures alors que je commençais à visualiser sa forme, qui s'est aussi livré à la chasse aux bonnes citations[2] à insérer dans ces pages, et qui m'a encouragée et soutenue à fond tout au long du projet, bien au-delà, bien au-dessus, de ce qui est imaginable.

Mes remerciements à Steve Moffitt, dont la seconde paire d'yeux ont décelé de nombreuses phrases et mots à simplifier et abréger pour me permettre de rendre clair ce volume tout en conservant toutes les nuances de *La Loi Une*.

Mes remerciements à Ian Jaffray, qui a passé le manuscrit de ce livre au crible avant de le confier à l'imprimeur.

Mes remerciements à Michèle Matossian, l'artiste graphique qui a produit le dessin unique et inspiré qui illustre si magnifiquement et si simplement la couverture du présent ouvrage.

Enfin, mes remerciements à ceux qui m'ont dit qu'un livre d'introduction aux principes de la Loi Une n'était pas nécessaire puisque la plupart des gens ne se soucient pas de ce genre de choses, et que personne ne peut écrire un tel livre sans en abîmer et réduire les concepts. Leurs doutes m'ont aiguillonnée. Ils m'ont aidée à activer mon imagination pour trouver les

---

[2] Original: q'uotations. Une 'quotation' est une citation, mais ici ce terme fait également allusion à l'entité Q'uo qui s'exprime régulièrement par le canal de Carla. (NdT)

moyens de garder simple l'écriture et d'avancer étape par étape tout en respectant l'exactitude!

TABLE DES MATIERES

Préface: Bref historique de L/L Research 11
Introduction: La Confédération des Planètes au Service du Créateur Infini 22
    La Confédération et la Religion 22
    La Confédération et la Pratique Religieuse 24
    La Confédération et le Nouvel Age 27
    La Confédération et la Moisson 29

Chapitre I: Les Trois Premières Distorsions de la Loi Une 33
    Le Grand Échiquier 33
    Le Grand Échiquier – Version Scientifique 36
    Le Libre Arbitre 43
    L'Amour sur le Grand Échiquier 48
    La Lumière 50
    L'illusion sur le Grand Échiquier 52
    Les Catalyseurs sur le Grand Échiquier 55

Chapitre II: Polarité et Choix 63
    La Polarité sur le Grand Échiquier 63
    La Voie de la Polarité du Service D'Autrui 68
    La Polarité de la Voie du Service De Soi 77
    Le Choix 89
    Exemples de Polarité Positive 92
        Jésus le Christ 92
        La Pèlerine de la Paix 96
        Martin Luther King 99
    Exemples de Polarité Négative 102
        Genghis Khan 102
        Idi Amin Dada Oumee 104
        Adolf Hitler 108

Chapitre III: Le Corps Energétique 115
    Mental et Conscience 115
    Mental, Conscience et Perception 118
    Du Combustible pour le Corps Énergétique: l'Énergie Subtile ... 121
    Comment utiliser ensemble le Mental et la Conscience 127

Chapitre IV: Le Chakra de Rayon Rouge 135
    La Lumière nous traverse 135
    Le Rayon Rouge et la Sexualité 141

TABLE DES MATIÈRES

Le Rayon Rouge et la Survie 149
Chapitre V: Le Centre Energétique de Rayon Orange............... **157**
   Notre Relation avec Nous-Mêmes... 157
   Le Rayon Orange et Autrui.. 162
   Les Distractions qui affaiblissent les Relations de Rayon Orange
   169
   La Sexualité de Rayon Orange 172
   Le Rayon Orange et la Nature 184
   La Responsabilité de Rayon Orange.................................... 187
Chapitre VI: Le Centre Énergétique de Rayon Jaune............... **191**
   La Famille de Naissance et le Rayon Jaune........................ 191
   Mariage et Rayon Jaune.. 201
   La Sexualité de Rayon Jaune 207
   L'Environnement de Rayon Jaune....................................... 211
   La Guérison de Rayon Jaune 215
   La Polarité Négative et le Rayon Jaune 217
   Ne pas Brûler les Etapes 219
   Animaux de Compagnie, Fantômes et Rayon Jaune........... 222
Chapitre VII: Le Centre Energétique de Rayon Vert................ **225**
   L'Esplanade du Cœur 225
   Apprendre à Se Connaître... 227
   Blocage du Chakra de Rayon Vert...................................... 236
   La Foi et Le Pardon 239
   Comment Voir avec des Yeux Neufs................................... 244
   Le Sanctuaire Intérieur du Chakra du Cœur 246
   Comment Appareiller pour le Jour du Passage................... 248
   Comment Devenir des Adeptes 252
   La Sexualité de Rayon Vert 256
   La Guérison de Rayon Vert 258
Chapitre VIII: Le Chakra de Rayon Bleu................................. **263**
   Comment se Préparer à Communiquer............................... 263
   Les Sons Sacrés 264
   Comment Parler Vrai.. 267
   Comment S'Exprimer avec Honnêteté 269
   Prêtez-moi l'Oreille!.. 275
   R-E-S-P-E-C-T.. 276
   All You Need Is Love... 278
   La Sexualité de Rayon Bleu.. 280
   Pour Résumer.. 287

Chapitre IX – Le Niveau du Fanal 289
- Comment Devenir un Joueur-Phare 289
- Le Rayon Indigo 292
- Le Rayon Violet 293
- Comment Equilibrer les Rayons des Chakras 296
- Blocage du Rayon Indigo: les Suspects Habituels 300
- Révision des Exercices de Mise à l'Equilibre 306

Chapitre X: Le Travail en Conscience 309
- La Discipline de la Personnalité 309
- Techniques du Travail en Conscience 314
- Pratique de la Présence du Créateur Unique: la Méditation 314
- La Prière 321
- Tenue d'un Journal Personnel 325
- Le Développement de la Foi 328

Chapitre XI: Travail avancé au Niveau du Fanal 336
- Le Portail: suite 336
- Comment Travailler avec la Personnalité Magique 338
- Comment le Joueur utilise-t-il le Rituel? 342
- La Retransmission ou Channeling 346
- Qui peut être un Canal? 347
- Salutations Psychiques 353
- La Protection Psychique 357
- La Guérison 361
- La Sexualité Sacrée 366
- La Nature Spirituelle de l'Orgasme 373

Chapitre XII: Le Tableau Clinique 377

Preface:
Bref historique de
L/L Research

> *"Cela fait 25 ans que j'essaie de comprendre les OVNIs. J'ai essayé de garder toujours un esprit totalement ouvert par rapport à ces phénomènes, ne négligeant aucune pièce à conviction, aussi petite, aussi ridicule à première vue, fut-elle. La théorie qui a peu à peu émergé de cette approche peut paraître farfelue ou absurde, mais c'est en fait sur des données farfelues et absurdes qu'elle repose. La seule chose qui vienne étayer cette théorie c'est que presque tous les rapports qui affluent jour après jour paraissent la confirmer. Il faut se rappeler une chose: presque tout ce que nous acceptons maintenant comme normal dans l'état actuel de nos technologies a été considéré comme impossibilités farfelues et absurdes il y a à peine 100 ans. Nous ne savons pas combien de millénaires d'avance ont les OVNIs par rapport à notre compréhension actuelle."*[3]

La Loi Une – Niveau 1: Le Choix est le rapport que je vous soumets sur les recherches effectuées à L/L Research pendant ces cinquante dernières années. Tout a commencé avec des études entreprises par Don Elkins au milieu des années 1950. Elkins, un scientifique perfectionniste, né en 1930, était physicien, ingénieur mécanicien, et a enseigné à la *J.B. Speed Scientific School* de l'Université de Louisville pendant de nombreuses années. Il a enseigné, effectué des vols à la demande en tant que pilote au service d'une compagnie aérienne locale, et passé ses moments de loisirs à lire tout ce qu'il trouvait sur les sujets métaphysiques, les nouvelles sciences, et aussi le paranormal et les OVNIs.

---

[3] Écrit en 1976 par Donald T. Elkins. Manuscrit non publié et non terminé.

Elkins a commencé ses investigations en étudiant un domaine qui l'a toujours fasciné: la réincarnation. Ses études l'avaient informé que pour le monde oriental, y compris pour les Bouddhistes et les Hindous, les âmes se réincarnent sur de longues périodes de milliers d'années et intègrent leurs expériences ainsi que les fruits de leurs apprentissages et de leur labeur, dans l'identité toujours en croissance de leur âme infinie et éternelle.

Il avait appris aussi que la culture juive, à laquelle Jésus le Christ avait appartenu, voyait la réincarnation comme un fait avéré. Mais les premiers Pères de l'Église se sont efforcés d'éliminer de la Bible toute référence à la réincarnation, pour des raisons qui leur étaient personnelles. Il en reste cependant quelques traces, par exemple au Chapitre 6 de l'évangile de Marc, quand certains se demandent qui était vraiment Jésus: "Certains ont dit qu'il était Jean le Baptiste, d'autres ont dit qu'il était Eli revenu de parmi les morts".

Elkins avait décidé d'approfondir l'hypothèse selon laquelle la réincarnation est bien à la base du fonctionnement des choses, en procédant à des régressions hypnotiques sur des sujets sélectionnés. Il a plongé dans une transe hypnotique plus de 200 sujets de tous âges et de toutes classes sociales, et leur a posé des questions sur leurs expériences d'avant la naissance à leur vie actuelle.

Ses sujets l'ont comblé en lui décrivant toute une gamme de vies antérieures de toutes sortes. Très peu avaient occupé des positions élevées. La plupart des sujets ont rapporté des vies ordinaires, des âmes ayant travaillé dur. Même si leur vie s'était déroulée en des siècles qui n'étaient pas ceux de notre Histoire, les détails de leurs existences avaient été, la plupart du temps, familiers et normaux. Les thèmes du foyer, de la famille, de la recherche et du service étaient présents chez tous, quelle qu'ait été la région ou la planète d'origine.

Les exceptions étaient pleines d'intérêt! Lors d'une séance mémorable, un sujet a indiqué qu'il était un oiseau blanc de taille humaine. En fait il repassait par l'expérience d'une vie passée en Atlantide, continent que Platon a décrit il y a bien longtemps comme s'étant abîmé dans l'Océan Atlantique. D'autres recherches auxquelles nous avons procédé ont indiqué que les Atlantes, en utilisant une technologie impliquant des cristaux, ont créé de nombreuses formes hybrides comme l'homme-oiseau, l'homme-lion, etc. C'est à cette période de la préhistoire qu'ont surgi des formes hybrides comme l'immense statue du sphinx en Égypte et beaucoup d'autres bêtes considérées comme mythologiques.

Ayant déterminé à sa satisfaction que la théorie de la réincarnation était valide, Elkins s'est tourné vers ce qui, pendant les années 1950, était encore un domaine de recherche très ouvert et neuf: les contacts avec des OVNIs. Pendant ses moments libres il est entré en contact soit téléphonique, soit postal, soit en se rendant chez ces personnes au 'manche à balai' de son petit avion, des personnalités comme Kenneth Arnold, George Adamski, George Hunt Williamson, Gray Barker, Dan Fry et Orfeo Angelucci, pour ne nommer que quelques uns des nombreux contactés par des OVNIs avec lesquels il a pu discuter au cours de cette période.

Ces témoins d'événements OVNIs ont tous raconté à Elkins leurs contacts avec des extraterrestres. Les vaisseaux que les témoins avaient vus avaient des apparences diverses, comme étaient aussi diverses les apparences des extraterrestres, mais leurs récits avaient des champs communs. Un contacté après l'autre a ajouté des éléments à l'image de plus en plus nette d'une planète Terre se dirigeant rapidement vers une époque de grande transition et de basculement de conscience, associée à une vie dans des cieux nouveaux et sur une Terre nouvelle. Ils ont parlé d'un choix lié à ce basculement. Un contacté de Pennsylvanie a décrit cela très simplement, en citant un personnage qu'il a vu pendant son contact: "si l'humanité ne s'éveille pas et ne choisit pas de vivre différemment, alors la fin est proche".

De nos jours, il n'est plus possible d'obtenir des sources officielles des comptes rendus directs concernant des OVNIs ou des contacts OVNIs. Les gouvernements, sur tout le globe, ont placé ce que l'éminent ufologue J. Allen Hynek, a appelé " le couvercle du ridicule" sur les informations concernant les OVNIs4. En l'absence d'une divulgation complète, une sous-culture complexe et tortueuse de 'mordus de la conspiration' a fait son apparition, et des sources 'orthodoxes' tenant pour une conspiration racontent des histoires très sombres et menaçantes qui, bien que véridiques dans certains cas, ne concernent pas toutes les histoires d'OVNIs, bien loin de là. En réalité, il y a autant de 'bons' que de 'méchants' parmi nos visiteurs cosmiques.

Entretemps, les extraterrestres que nous voyons dans les médias sont des personnages de séries télévisées comme Mork et ALF, des 'bons' et des 'mauvais' dans des récits de science-fiction et aventures fantastiques comme les Asgard et les Goauld de Stargate , ou bien des petits hommes verts dans des publicités destinées à vendre des produits aux masses. Nous sommes maintenant bien conditionnés pour voir les extraterrestres comme d'inoffensifs personnages de bandes dessinées ou de films d'animation.

Les données sur les OVNIs existent 'quelque part', en ce sens qu'il y a suffisamment de preuves pour justifier des recherches. Par exemple, à la Northwestern University, le 'UFOCat' de Hynek (une base rassemblant des données concernant les traces physiques d'atterrissages) contient des données sur des centaines de traces d'atterrissage qui ont été mesurées. La précision de ces données est telle que les chercheurs peuvent mesurer des marques de trépieds ou autres traces d'atterrissage dans un champ supposé avoir été visité par un OVNI et, avant même de parler à un témoin, savoir comment ce témoin va décrire l'apparence de l'OVNI. Cette prédictibilité est convaincante car elle indique la réalité de vaisseaux que nous ne reconnaissons pas comme des vaisseaux terrestres, et qui

---

[4] En 2008 la France, et début 2009 la Grande Bretagne, parmi d'autres pays sans doute, ont commencé à rendre publiques sur Internet leurs archives concernant les OVNI. (NdT)

atterrissent sur notre planète en creusant des marques dans le sol. Nous avons des visiteurs. Quelque chose est en train de se passer.

Si vous souhaitez lire le compte rendu de cette phase de nos recherches à Don et à moi, vous le trouverez dans *Secrets of the UFO,* que nous avons publié en 1976. Il est disponible chez les libraires et dans notre librairie en ligne à l'adresse www.llresearch.org.

Elkins a continué à lire et à établir des contacts. En 1960 il a rencontré Hal Price, un contrôleur en chef à l'usine de la Ford Motor Company ici à Louisville. Price avait quitté Detroit (Michigan) pour venir s'installer à Louisville. A Detroit, Price avait fait partie d'un groupe métaphysique dénommé officiellement *"Man, Consciousness and Understanding"* et officieusement: "le Groupe de Detroit".

Son chef, Walt Rogers, avait vécu une rencontre rapprochée avec un OVNI et après cette expérience il s'était mis à recevoir télépathiquement des informations d'orientation spirituelle qu'il notait soigneusement. Il gardait ces informations manuscrites dans un carnet brun. Price possédait une copie de ce document, et il l'a partagée avec Elkins. Dans ces textes Elkins a trouvé des instructions permettant d'obtenir la même sorte d'informations en provenance de contacts que celles que Rogers recevait dans le Michigan. Don a alors décidé de mettre en place une expérience utilisant comme sujets des étudiants de ses cours de physique. Il s'est assuré la collaboration de douze jeunes garçons qui se sont livrés à une méditation silencieuse une fois par semaine.

Les instructions du carnet brun recommandaient que des gens s'assoient en groupe pour méditer aussi souvent que possible, et qu'ils expriment les pensées qui leur venaient à l'esprit. Elkins s'est contenté de dire aux participants qu'il s'agissait de faire l'expérience d'un groupe de méditation silencieuse.

J'avais entendu parler de la formation de ce groupe de méditation silencieuse par l'un des invités participants qui était de mes amis, à l'université de Louisville où j'étudiais les arts libéraux. J'avais alors 19 ans. J'ai exprimé mon intérêt à me joindre au groupe et mon ami m'a emmenée voir Elkins, qui m'a acceptée en tant que participante.

Nous avons commencé à nous réunir en janvier 1962. Le groupe comprenait Elkins, Hal Price, son épouse, Jo, les douze jeunes gens, et moi-même. Au cours des six mois qui ont suivi, les futurs ingénieurs qui suivaient le cours de physique d'Elkins ont commencé à produire des messages. Le contenu et le ton général étaient très semblables aux résultats métaphysiques produits par le groupe de Detroit.

Cependant, le problème était que des événements étaient survenus, qui mettaient en cause la valeur scientifique de l'expérience. Rogers en personne était venu rendre visite au groupe après six mois de nos réunions, et avait transmis 'en channeling' à ce groupe que la source extraterrestre qui tentait de passer par les participants du groupe de Louisville sentait que ses pensés cosmiques étaient entendues du groupe. Cette source se demandait pourquoi rien n'était produit par les méditants. Cette retransmission par Rogers a contaminé l'expérience, bien qu'elle ait propulsé le jeune groupe de Louisville dans sa phase suivante.

Après cela, le groupe a commencé à produire des messages spontanés en état de méditation, en ayant recours à ce qui est appelé aujourd'hui du channeling. Les données n'étaient plus scientifiquement acceptables, mais le Professeur Elkins a pensé que les matériaux collectés étaient suffisamment intéressants pour poursuivre l'expérience et produire des résultats aussi longtemps et complètement que possible.

A L/L Research —fondé par Don Elkins et moi-même en 1970 alors que nous officialisions nos recherches conjointes dans ce domaine— nous poursuivons encore à ce jour cet aspect des recherches d'Elkins. Nous organisons des réunions publiques de channeling deux fois par mois, de septembre à mai: le deuxième et le quatrième samedi du mois à 20h00, ici dans la région de Louisville. Ces séances de channeling sont diffusées hebdomadairement sur www.bbsradio.com. Nous invitons le public à se joindre à nous en suivant l'émission à la radio ou en nous rejoignant ici dans le Kentucky. Nous récoltons toujours des données.

Nous tenons aussi chaque mois deux rencontres publiques de méditation silencieuse: le premier et le troisième samedi, également à 20h00.

Dans les années 1960 je n'ai pas appris le channeling car j'aimais trop le silence et je préférais écouter les 'sermonettes cosmiques' que les autres transmettaient en channeling. Cependant en 1974, alors que mon premier mariage était 'parti en quenouille' et que j'avais commencé à travailler à temps plein avec Elkins comme bibliothécaire et documentaliste, le dernier bon canal du groupe originel de Louisville a quitté la ville et Elkins m'a demandé d'apprendre à devenir un canal. J'ai obéi à sa demande. Après quelques semaines j'ai commencé à produire des messages.

J'ai alors voulu améliorer ma technique de retransmission en étudiant en profondeur, disons, ce qui fait une bonne séance. Graduellement, ce que notre groupe produisait s'est mis à prendre une tournure et une force qui ont accru l'intérêt d'Elkins et de moi-même. J'ai alors mis par écrit tout ce qui s'était passé pendant cette phase de nos recherches dans un rapport intitulé: *A Channeling Handbook*, qui a été publié par L/L Research et est disponible en forme imprimée, ou bien peut être consulté librement sur notre site web.

En 1980, Elkins et moi avons invité Jim McCarty, né en 1947, détenteur de diplômes en éducation et sociologie, qui participait depuis longtemps à nos méditations, et qui était un homme extrêmement bien adapté à la sorte de travail que nous faisions, à se joindre à notre groupe de recherche. Il a accepté, et *L/L Research* qui était un partenariat est devenu une ASBL d'intérêt public ayant pour base l'ASBL de McCarty: *Rock Creek R and D Labs, Inc.* comme organisme combiné. Nous avons conservé le nom de L/L Research pour nos publications, puisque Elkins et moi-même écrivions et publiions déjà sous ce nom avant 1980, et que celui-ci était donc familier au public.

Trois semaines après que McCarty nous ait rejoints, je suis entrée en transe pendant une séance 'intensive' ou avancée d'instruction, après avoir accepté un contact avec une entité qui se désignait comme étant le groupe Ra. Alors que toutes les transmissions précédentes s'étaient produites alors que j'étais consciente et que les messages reçus avaient eux aussi été produits consciemment, quand je suis devenue un canal pour le groupe Ra je tombais au début de chaque séance dans un état de transe comparable au sommeil, et les messages étaient produits sans que j'en aie personnellement conscience.

Ces transmissions Ra sont d'une grande clarté et possèdent une grande cohérence interne. Elles présentent une image surprenante de l'univers et de la place de l'humanité dans celui-ci, image qui est la base du présent rapport.

Dans la série télévisée de science-fiction, *Stargate,* ainsi que dans la mythologie égyptienne, Ra est vu comme le dieu solaire à tête de faucon. Le groupe Ra prend bien soin d'effacer toute idée d'un lien entre le mythe et leur groupe. Ils se décrivent comme "d'humbles messagers de la Loi Une" qui ne viennent pas de la Terre. Ils racontent qu'ils ont trouvé dans le pharaon nommé Akhenaton, quelqu'un de compatible avec leurs enseignements qui sont plus philosophiques que religieux. Ainsi que vous pouvez le constater dans la locution "La Loi Une", selon leur philosophie, toutes les choses sont une. L'univers et toutes choses sont un seul système. Il y a un Créateur unique et une Création unifiée.

L'enseignement d'Akhenaton, selon lequel il n'y a qu'un seul Dieu, était révolutionnaire. Des millénaires avant le Christ et avant Mohammed, les Égyptiens et la majorité du reste du monde croyaient en un panthéon peuplé de nombreux dieux, chacun ayant son propre domaine de prééminence. Néanmoins, Akhenaton possédant l'autorité suprême d'un pharaon, est parvenu, de son vivant, à convertir un grand nombre de ses sujets au monothéisme. Son corps n'était pas encore momifié que la caste des prêtres revenait déjà à la croyance égyptienne traditionnelle en de nombreux dieux.

Toujours d'après le groupe Ra, ceux-ci sont apparus physiquement aux Égyptiens et ont aidé à la construction de la Grande Pyramide. Ils disent avoir construit cette pyramide, l'une des sept merveilles du monde antique, par la pensée mais en lui donnant l'apparence d'avoir été construite par des mains humaines. Ils souhaitaient créer un lieu d'initiation et de guérison. Les pouvoirs de cette pyramide devaient être disponibles à tous ceux qui y venaient, indépendamment de leur situation dans la vie. Mais après la mort d'Akhenaton, les puissants et les riches qui lui ont succédé ont monopolisé l'usage de la pyramide et l'ont limité aux élites royales, aux courtisans et aux prêtres. Ceci était bien éloigné de l'intention du groupe Ra. Réalisant dès lors que leur intervention avait eu des conséquences peu en rapport avec leurs intentions de départ, ils se sont retirés physiquement de la Terre et ont cherché d'autres moyens de nous aider.

Pourquoi est-ce que le groupe Ra souhaite venir en aide à la planète Terre? Déjà en 1350 avant l'ère actuelle – il y a plus de 3300 ans – sous la dix-huitième dynastie égyptienne, le groupe Ra qui fait partie de la Confédération des Planètes au Service du Créateur Infini, a pu constater que nous étions presque à la fin de notre cycle de 76.000 ans d'incarnations. Ils ont pu voir que sur toute cette période de plus de 72.000 années nous n'étions pas parvenus à nous aimer véritablement les uns les autres. Ils savaient, mais l'humanité ne le savait pas, que la Terre était sur le point d'être moissonnée. Il restait peu de temps.

Lorsque le groupe Ra est parvenu à entrer en contact avec notre groupe de recherche en 1981, ils étaient reconnaissants d'avoir la chance de partager leur histoire et leurs pensées. Don, Jim et moi avons consacré tous nos efforts à ce contact, que nous avons reconnu dès le début comme très spécial.

Ce contact Ra s'est terminé en 1984, à la mort de Don Elkins. McCarty et moi avons continué à organiser des séances et rencontres, à offrir des opportunités de channeling et d'instruction, et à poursuivre nos recherches excentriques. Nous les avons poursuivies parce que nous trouvions ces recherches fascinantes et utiles. Nous les avons rassemblées dans les Livres I à V de *The Law of One (La Loi Une)*, connus de certains comme *The Ra Material (Les Transmissions Ra)*. Outre ces séances très spéciales de transe, nous avons rassemblé et archivé plus de 1.500 de nos séances de channeling conscient en groupe, depuis les années de début jusqu'à nos jours.

Ce *corpus*, qui est disponible sur notre site Web, a rendu ma vie plus douce. L'étudier, y penser, essayer de vivre en suivant ses principes, tout cela absorbe mon intérêt depuis plus de quarante ans maintenant. *Les Transmissions Ra* proposent des explications de bon nombre des mystères de notre univers. Elles placent la vie présente dans un contexte beaucoup plus vaste et satisfaisant. Elles offrent une image de l'univers et de notre place dans celui-ci, bien plus passionnante, animée et pleine d'un puissant potentiel. Et elles le font sans exiger que je renonce à ma foi chrétienne mystique, sans demander que quiconque renonce à sa foi, à ses systèmes de croyance, ou à l'absence de ceux-ci. Plutôt que d'invalider des croyances religieuses, le groupe Ra et d'autres groupes de la Confédération placent celles-ci dans un contexte plus large et les traitent avec grand respect.

C'est un peu comme si vous aviez cru toute votre vie que vous faites vos courses dans l'unique magasin de la ville et que vous découvriez tout soudain un plan avec un gros point: "Vous êtes ici", qui vous montre que ce magasin n'en est qu'un parmi de nombreux autres dans un très grand centre commercial. Il est libératoire et réconfortant de percevoir cette image plus large et de pouvoir commencer à en assembler les pièces.

A tout moment il vous est loisible de mettre ce livre de côté et de vous référer plutôt aux messages originaux dont ce livre donne un résumé. Le contenu des séances de *La Loi Une* et des archives de nos séances de channeling conscient est disponible en toute gratuité sur notre site Web www.llresearch.org.

C'est parce que les messages originaux sont parfois difficiles à comprendre que de nombreuses personnes m'ont demandé d'écrire un livre les expliquant de manière plus simple. Voici donc l'ouvrage destiné à combler ce vide. J'espère que vous en apprécierez la lecture et le voyage!

Carla Lisbeth Rueckert
Louisville, Kentucky
1er novembre 2008

Introduction : La Confederation des Planetes au Service du Createur Infini

La Confédération et la Religion

> *Les mots 'mythologie' et 'religion' devraient être bien plus interchangeables qu'ils ne le sont. La difficulté est qu'en ce qui concerne les mythes il n'a pas de jugement sur l'un par rapport à un autre, alors que pour les religions les adeptes de l'une s'opposent avec hostilité à celles qui la contredisent. C'est pourquoi nous préférons parler de toutes les voies de spiritualité comme des étant des mythes personnels, y compris les voies du christianisme mystique, du christianisme littéral, du bouddhisme mystique, du bouddhisme littéral, et ainsi de suite.*
>
> *Réalisez que l'essence du mythe est de transporter l'entité en recherche, par sa propre foi et son propre désir de connaître la vérité, de l'autre côté d'une sorte de pont en arc-en-ciel, un magique arc d'alliance qui relie temps et éternité, connu et mystérieux. Ceux qui se contentent de ce qui est connu ont en eux une sorte de mort, bien qu'ils vivent et que leur cœur batte. Ceux qui de temps en temps peuvent apercevoir l'éternité ont une vitalité que seul peut offrir le franchissement de cet arc reliant à l'éternité.*[5]

Le présent rapport apporte le point de vue de la Confédération sur le monde. Il m'a aidée à saisir qui je suis et pourquoi je suis sur la Terre aujourd'hui.

Je vous ai donné un mot d'introduction sur la Confédération, ainsi que sur Don Elkins et sur notre voie de recherches. Ce groupe de sources extraterrestres a parlé au travers de plusieurs

---

[5] Groupe Q'uo, reçu en channeling par L/L Research le 30 avril 1989.

Introduction : La Confédération des Planètes au Service du Créateur Infini

autres groupes que le nôtre. Mais il faut savoir que les messages sont toujours modifiés par le canal au travers duquel ils sont transmis, et nous n'utiliserons de citations qu'à partir de notre propre channeling. En effet, pour nos propres séances nous pouvons garantir que le plus grand soin a été pris de collecter des matériaux sérieux.

La difficulté, quand il s'agit de partager cette façon de voir les choses, c'est que l'image du monde présentée par la Confédération en général, et pendant les séances de *La Loi Une* avec le groupe Ra en particulier, comporte des éléments qui sont habituellement considérés comme religieux et *Nouvel Age*. Mais la Confédération travaille autrement que ne le font en général les religions et les auteurs *Nouvel Age*.

Les sources en provenance de la Confédération suggèrent, ainsi que le font d'ailleurs la plupart des grandes religions occidentales, qu'il existe un Créateur infini unique et que nous sommes tous Ses enfants bien-aimés. Mais ces religions affirment que chaque personne ne vit qu'une seule vie, alors que la Confédération suggère que nous nous réincarnons de nombreuses fois, sur des milliers d'années, approfondissant ainsi notre apprentissage et élargissant nos talents tout au long du parcours de notre âme, qui est éternel.

Alors que les religions occidentales présupposent que la Terre est la seule planète à abriter la vie humaine, les sources de la Confédération décrivent un univers dans lequel les Terriens ne sont qu'une des nombreuses races humaines qui demeurent sur une foule de planètes dans l'immensité étoilée de notre océan galactique.

Alors que les religions occidentales suggèrent que tout le drame de notre âme se joue dans une vie unique, et que le parcours de toute l'école de la vie est contenu dans cette petite incarnation, la Confédération suggère que nous sommes dans la troisième année d'un programme scolaire qui en compte sept, d'apprentissage et de service à l'échelle cosmique, qui s'achève quand une octave entière de Création a été parcourue, et qu'un

Introduction : La Confédération des Planètes au Service du Créateur Infini

nouveau processus s'enclenche à partir de la moisson du précédent, comme le phénix qui renaît de ses cendres. Dans ce schéma présenté par la Confédération, chaque octave abrite sept densités ou écoles d'apprentissage et de progression. Nous détaillerons plus loin dans ce livre la question des densités.

Parcourir tous les degrés de cette école prend des millions d'années. Le degré actuel, que la Confédération appelle la 'Densité du Choix' ou 'troisième densité', dure environ 76.000 ans. Nous nous trouvons dans la dernière décennie de cette longue période, et nous nous dirigeons rapidement vers une moisson à l'échelle planétaire qui doit se produire en 2012. Il faut souligner que cette date n'est pas celle d'un 'Jugement Dernier'. C'est la date à laquelle la quatrième densité, la 'Densité de l'Amour' doit débuter.

Est-ce que 2012 verra ou non la fin littérale de la vie telle que nous la connaissons sur la planète Terre? Je ne le sais pas, naturellement. Cependant, la Confédération suggère que nous avons tout le temps nécessaire à l'accomplissement naturel de nos vies ici sur Terre. Le temps qui commence à manquer c'est le temps de faire Le Choix pour nous-mêmes. Il ne nous reste que les années entre maintenant et 2012 pour faire ce choix.

La Confédération et la Pratique Religieuse

> *La spiritualité peut être vue comme ce qui reste quand toute religion a été rejetée. Quant à nous, nous dirons seulement qu'il est peut-être utile de voir les structures d'autres voies comme ce qu'elles sont vraiment: des édifices pour accueillir la recherche de l'esprit, des lieux où s'arrêter pour scruter certains modèles de concepts. Tout mythe édifié de telle manière que vous y aperceviez un moyen de vivre une vie de foi est susceptible de vous convenir. Et si vous n'y trouvez rien qui vous corresponde, alors il faut vous diriger vers l'intérieur en laissant derrière vous le monde extérieur car, à ce niveau, vous ne trouverez pas de résonance. La paix et le pouvoir de la voie de la dévotion ou*

Introduction : La Confederation des Planetes au Service du Createur Infini

> *de la spiritualité ne proviennent pas du bonheur qu'on y trouve, bien que souvent elle rende heureux. Cette paix, ce pouvoir, se trouvent dans la satisfaction d'une capitulation intérieure, dans un abandon au Créateur intérieur.*[6]

La Confédération ne conseille pas, si vous êtes déjà une personne de foi, de renoncer à vos croyances actuelles et d'accepter leur propre vue du monde. Non. Ce qu'elle considère c'est que toute pratique religieuse est un choix très personnel, très intime pour chacun de nous. Elle ne voit pas comme un problème les croyances personnelles. Pour ceux de la Confédération, nos systèmes de croyances, quels qu'ils soient, sont acceptables et nous sont entièrement personnels. Leur vue du monde est philosophique plutôt que religieuse.

A l'époque où j'ai servi de canal au groupe Ra lors des séances de *La Loi Une*, au début des années 1980, le groupe Ra a pris la peine de prendre en compte mon propre système chrétien de croyance. Ils ont demandé que notre groupe dresse un autel, y place un exemplaire de la Sainte Bible ouvert à l'Évangile de Jean, chapitre I, Verset 1, qu'ils considéraient comme le passage le plus en harmonie avec leur propre philosophie. Ils ont suggéré que nous allumions une bougie et un bâtonnet d'encens au début de chaque séance. Ce sont là des accessoires utilisés dans mon christianisme mystique épiscopalien. Bien qu'ils aient demandé qu'il n'y ait dans la pièce de travail aucun métal dont nous n'aurions pas absolument besoin, ils ont accepté que je porte ma chaînette en or ornée d'une croix. J'ai été très réconfortée par ces attentions.

Selon leur façon de voir les choses, les systèmes de croyances sont destinés à présenter des sujets comme la métaphysique, la spiritualité ou les convictions religieuses de manière à ce qu'ils aient un sens pour nous, de manière à ce que nous soyons à même de réfléchir aux concepts impliqués. Si nous avons déjà

---

[6] Groupe Q'uo, reçu en channeling par L/L Research le 6 janvier 2001.

Introduction: La Confederation des Planetes au Service du Createur Infini

un système de croyances qui fonctionne pour nous, ils nous encouragent à le conserver.

Ce qu'ils font, c'est placer ce système dans un contexte, en l'appelant 'mythe personnel' plutôt que 'vérité'. C'est ainsi qu'ils expriment leur opinion selon laquelle toutes les convictions religieuses représentent l'assortiment des ressources que chacun utilise quand il évolue dans l'enceinte du mental archétypal. Ils voient les systèmes de convictions religieuses comme des structures grâces auxquelles nous pouvons apercevoir les racines de notre propre mental profond. Quel que soit notre système de croyances, la Confédération encourage tous les chercheurs de vérité à agir en fonction de ces convictions en formulant une règle ou un modèle de vie qui étaie le long et lent processus de recherche de la vérité.

Lorsque je vais à l'église, je recherche la vérité. J'écoute la lecture de la Bible, je chante des hymnes et des psaumes inspirants. J'écoute le prêche. En permanence je suis à la recherche d'une résonance, d'une étincelle qui me dise "écoute-moi".

Mais l'église n'est pas le seul endroit où la Confédération suggère que nous cherchions la vérité. Selon leur mode de pensée, la vérité peut surgir n'importe où pour celui qui cherche: dans des conversations avec des amis; dans des signes et symboles qui nous tombent sous les yeux; dans l'apparition de nos totems ou animaux-guides spirituels; et dans des événements apparemment fortuits et coïncidences intéressantes. Pour eux, l'univers tout entier est un seul grand système interactif qui répond à nos recherches et nos désirs. Gens et situations seront attirés vers vous selon ce que vous souhaitez tout au fond de vous-même. Pour la Confédération, toute la vie dans tous ses détails, est grouillante d'informations.

Ce que les enseignements des religions et de la Confédération ont en commun c'est qu'ils mettent l'accent sur l'importance de vénérer le Créateur unique, non pas occasionnellement, mais chaque jour. Cette vénération peut s'exprimer très simplement:

Introduction: La Confederation des Planetes au Service du Createur Infini

dire une prière en début et en fin de journée est une très bonne base pour une pratique quotidienne. Le but fondamental d'une vie menée dans la foi est de réformer les habitudes d'un mental qui se base sur la crainte, pour adopter des habitudes fondées sur l'amour; et d'abandonner les habitudes d'une vie basée sur la négligence pour une vie basée sur une bonne intendance de notre précieux temps d'incarnation.

Nous sommes nés dans un monde séculier qui ne sait pas comment vénérer ce qui est supérieur. Notre culture nous forme à apprécier et rechercher l'argent, la propriété, le pouvoir, l'amour romantique, et la sécurité. Il subsiste cependant en nous un désir naturel instinctif et profond de vivre le sacré. Quand on considère tout l'éventail des sociétés humaines sur cette Terre, on constate que toutes ont créé des systèmes de convictions et pratiques religieuses ou spirituelles. Heureux cependant, ceux qui peuvent honorer le Créateur en fréquentant l'église de leur enfance. Heureux aussi, ceux qui trouvent un système religieux qui, bien que n'appartenant pas à leur propre culture, satisfait néanmoins leur désir de vérité et leur donne de jour en jour un moyen de vivre le sacré.

Pour la plupart d'entre nous cependant, il n'y a pas de correspondance entre les systèmes religieux existants et les aspirations de notre nature profonde à connaître la vérité. Les religions, offrent cela en tant qu'organismes établis, mais pour de nombreuses personnes, de nos jours, ce n'est pas cela qui est recherché.

La Confédération et le Nouvel Age

Il est vrai qu'un nouvel âge a vu le jour et qu'en ce moment votre planète est en travail dans ce monde nouveau. Et dès lors, vous êtes, vous aussi, en travail à l'intérieur de vous-mêmes, en train de donner naissance à une entité nouvelle et, espérons-le, davantage orientée vers le spirituel, et vous en découvrez les

Introduction : La Confederation des Planetes au Service du Createur Infini

> *moyens à mesure que vous faites des choix pour devenir plus réels.*
>
> *Comment construit-on une route reliant un quotidien permettant d'assurer la subsistance, et la quatrième densité de l'amour donné et reçu sans conditions? Chacun de vous possède une partie de la réponse, car chacun de vous participe à la construction de cette route avec ses pensées, sa foi et ses doutes.*[7]

Tout comme les religions ont repris certains concepts, comme la vie après la mort, le bien et le mal, et les ont étiquetés 'religieux', ainsi la spiritualité 'Nouvel Age' a repris d'autres concepts clés comme la réincarnation, l'unité de toutes choses, le karma, et en a fait des dogmes. Dans le présent compte rendu je voudrais rompre les liens religieux et Nouvel Age qui entravent ces concepts, et en faire des concepts émotionnellement neutres et donc plus utiles dans notre propre recherche de la vérité.

La Confédération parle beaucoup d'un Age Nouveau. Comme dans le *New Age* de notre cliché culturel, cet Age Nouveau est basé sur une époque spécifique: celle du solstice d'hiver de l'année 2012. C'est le moment où se termine l'âge des Poissons de l'astrologie classique occidentale et où commence l'âge du Verseau. Cette date-là est celle de la transition de notre Terre. La Confédération suggère que pour cette date il est nécessaire que chacun de nous ait fait le choix de la manière dont nous voulons vivre. Les chapitres suivants de ce livre examinent ce choix de plus près.

Dans ce rapport j'extrairai ces différentes notions de l'enceinte de leurs dogmes, et je vous les restituerai de manière à ce que vous puissiez les voir comme de simples idées. Ces idées font partie du tableau général du fonctionnement des choses, que les

---

[7] Groupe Q'uo, reçu en channeling par L/L Research le 4 février 2002.

Introduction: La Confederation des Planetes au Service du Createur Infini

enseignements de la Confédération ont rassemblé en une image systématique et intérieurement cohérente du monde. Préparez-vous donc à reconsidérer certaines de vos idées anciennes familières! Cela demandera un certain effort! Du moins cela a été le cas pour moi au début. Cependant, les avantages de cette image du monde sont immenses car, une fois que vous avez intégré cette 'image générale', ce qui vous arrive jour après jour commence à prendre un sens très apaisant et réconfortant.

La Confédération et la Moisson

> *Réfléchissez à la mort en concentrant l'attention sur le principe de l'amour parfait et sachez que la mort n'est qu'une transformation. Car l'amour parfait ne détruit pas: il ne fait que transformer et changer.*[8]

Dans tous les cas, la mort est une transformation puissante pour nous tous! Naître est une sentence de mort. Aucun de nous ne sait quelle sera la longueur de sa vie. Nous savons seulement que, un jour, nous arrêterons de respirer et que nous nous effacerons de ce monde mortel, tout comme un jour nous avons pour la première fois aspiré de l'air quand nous y sommes entrés, frais issus de la matrice maternelle.

La Confédération décrit un processus normal de la conscience quittant le corps physique du corps-âme après la mort physique et entrant dans une période de thérapie où l'être-âme que vous êtes révise l'incarnation qui vient de s'écouler, prépare un nouveau plan d'apprentissage et de service, et se réincarne une nouvelle fois pour poursuivre ses objectifs. Le corps-âme se sépare en général du corps physique au moment ou autour du moment de la mort physique, et poursuit ses activités sans aucune rupture dans sa conscience. La mort n'est pas à craindre,

---

[8] Extrait de *A Book of Days; Channelings from the Holy Spirit*, lecture du 24 août, publié par L/L Research.

Introduction : La Confederation des Planetes au Service du Createur Infini

selon la Confédération, car c'est un temps de libération, de guérison, et de renouvellement.

Cependant, en cette période une opportunité spéciale est offerte aux gens: être moissonnés immédiatement après le décès. D'après la Confédération, les humains s'incarnent de nombreuses fois dans ce monde-ci, pour se préparer à une moisson ou un passage de cette densité-ci à la suivante, de la Densité du Choix ou 'troisième densité', à la Densité de l'Amour ou 'quatrième densité'. Nous avons la chance de pouvoir progresser dès que nous passons le portail du moment naturel de notre mort.

La Confédération décrit, pour mesurer notre 'moissonnabilité', un processus de montée des marches de lumière. Si le concept des 'portes semées de perles'[9] vous séduit, en imagination placez ces portes devant les marches de lumière qui se trouvent entre notre monde actuel de troisième densité et le 'monde des cieux' de quatrième densité. Marche après marche lumineuse, la densité de lumière et d'amour contenue dans celles-ci devient plus grande. Dès lors, chaque marche est plus 'brûlante', plus brillante, plus pénétrante ou plus pleine de lumière et d'amour que la précédente.

Cette gradation de lumière dans les marches est surveillée avec soin afin que nous entrions progressivement dans la lumière densifiée du soleil. Quand nous nous sentons parfaitement à l'aise sur une marche, en termes de lumière, nous nous arrêtons. Si cette marche où nous faisons un arrêt se trouve toujours en troisième densité, alors c'est que nous n'avons pas encore réussi à faire notre choix, et nous aurons dès lors à passer un nouveau

---

[9] Hymne écrit en 1885 par H.R. Jeffrey, et qui commence par ces mots:
I am going to a home bright and fair, And by faith its pearly gates I see: Soon I'll be among the blest over there, For the gates will open wide for me. (Je m'en vais vers une demeure lumineuse et belle, et ma foi me montre ses portes semées de perles. Bientôt je serai parmi les bienheureux qui y sont déjà, car les portes vont s'ouvrir tout grand devant moi) (NdT)

Introduction: La Confederation des Planetes au Service du Createur Infini

cycle de 76.000 ans de travail sur les leçons qui nous amèneront à ce choix définitif.

Si la marche sur laquelle nous nous arrêtons se trouve de l'autre côté des portes semées de perles, alors c'est que nous avons réussi à faire notre choix et que nous sommes passés en quatrième densité, appelée aussi la Densité de l'Amour. C'est que nous avons été moissonnés! C'est que nous avons réussi notre examen!

En vérité, les messages reçus en channeling de la Confédération disent que cette densité est un paradis, par comparaison à ce monde-ci. Le voile est levé et nous pouvons nous rappeler tout l'éventail de nos expériences, toutes nos vies passées, tout ce que nous avons appris. Nos options se multiplient, de sorte que nous pouvons progresser, soit en tant qu'esprit désincarné pour pouvoir enseigner dans les plans intérieurs, soit en étant incarné dans un corps très amélioré pour rechercher un nouvel apprentissage et un nouveau service. Nous pouvons devenir un gardien d'une Terre comme celle-ci. Nous pouvons devenir un Fanal, tout en louant constamment le Créateur, comme le font les anges.

La quatrième densité est un lieu de grande créativité et liberté en comparaison du monde de notre Terre. Nous pouvons entreprendre d'étudier et comprendre les voies de l'amour en tant qu'étudiant dans un corps de lumière de quatrième densité. Nous pouvons aussi choisir de revenir sur Terre comme Missionné ou auxiliaire de quatrième densité, pour aider la Terre à opérer son glissement vers la conscience d'amour de quatrième densité. Les divers groupes de ceux que nous appelons les Enfants Indigo sont de telles entités.

Que 2012 implique ou non une fin littérale de notre vie telle que nous la connaissons sur la planète Terre, qu'il nous reste ou non beaucoup de temps pour arriver à la fin de notre vie de manière naturelle, les choix que nous ferons entre maintenant et 2012 seront nos dernières chances, pour cette vie-ci, de nous préparer à 'passer de classe' en ce moment particulier de la Moisson.

Introduction: La Confederation des Planetes au Service du Createur Infini

Le présent livre, et les deux livres qui le suivent, sont de brefs cours de préparation à la moisson. Dans ce volume-ci, *Le Choix – Niveau I: Comment Vivre La Loi Une*, je me focalise sur les détails majeurs impliqués dans ce choix. Il s'agit du 'tableau clinique' qui contient toutes les informations vitales concernant la santé du patient et qui est transmis aux équipes médicales d'urgence dans les hôpitaux, pendant qu'un patient est transféré de l'ambulance qui l'a amené vers le service d'urgence de l'hôpital.

Toute la tribu humaine de la planète Terre se trouve dans une situation d'urgence. Si nous voulons être moissonnés et réussir à 'monter de classe', il nous faut être informés de notre situation et de la manière dont nous pouvons y réagir efficacement. Nous devons le faire vite, avant 2012. Et heureusement pour nous, nous pouvons le faire. Rien ne nous en empêche. Il nous faut simplement former le désir de nous engager dans la courbe d'apprentissage proposée dans ce livre, saisir la situation d'une manière qui nous satisfasse, de décider comment nous allons choisir d'y répondre.

En un sens, le tableau qui émerge est une sorte de jeu. Je vais vous dire dans ce livre ce que j'ai compris jusqu'ici des règles de ce jeu. Ces règles sont simples.

En un autre sens, le tableau qui émerge est une sorte d'école cosmique avec un certain programme de cours à apprendre dans un certain ordre. Je vais partager avec vous ce que j'ai compris jusqu'ici de ce programme de cours, et la manière dont cette école progresse.

J'ai l'espoir que vous trouverez ces informations utiles et efficaces.

Chapitre I :
Les Trois Premieres Distorsions de la Loi Une

Le Grand Échiquier

> *Pourquoi le Créateur a-t-il choisi de créer? Notre commentaire a souvent été que le Créateur veut ainsi apprendre à se connaître et à s'apprécier Lui-même. Le Créateur souhaite se connaître. C'est pourquoi Il envoie des parties de Lui-même à l'intérieur de l'illusion, pour voir ce qui va se passer et pour apprendre des couleurs créées sur la palette des émotions que vous avez élaborée tout au long de nombreuses expériences et incarnations. Cette palette contient votre beauté et vous est unique, de sorte que vous pouvez enseigner au Créateur quelque chose que personne d'autre dans la Création ne pourra Lui apprendre. Car vous êtes seul/ seule de votre espèce dans tout l'univers infini. C'est donc là le présent que vous faites au Créateur, un présent qui vient de vous et qui est profondément désiré. Vous ne pouvez pas faire plaisir au Créateur en étant quelqu'un d'autre, mais uniquement en étant le plus véritablement et le plus profondément vous-même.*[10]

Dans l'Introduction j'ai écrit que les informations contenues dans ce livre vous aideront à vivre bien. Elles vous aideront à vous familiariser avec les règles du Grand Échiquier. Il s'agit de faire des choix informés dans cette vie-ci. Et il s'agit de savoir pourquoi.

Tout au long du livre je mets des majuscules aux mots 'Jeu' et 'Échiquier' quand je parle de la recherche spirituelle et du Choix à faire. Je laisse en minuscules les mots 'jeu', 'échiquier', et

---

[10] Groupe Q'uo, reçu en channeling et transcrit le 17 juillet 2003 par L/L Research.

Chapitre I: Les Trois Premières Distorsions de la Loi Une

'choix' quand il s'agit de choix que nous faisons sur notre petite console de jeux de société, sans référence à des valeurs spirituelles.

Au Jeu de la Vie, il s'agit de devenir un être humain éthiquement motivé. Le jeu de la vie avec lequel nous sommes familiarisés déjà: s'en sortir, amasser des ressources, et prendre soin de la famille. Le jeu sur ce petit échiquier débouche inévitablement sur des crises spirituelles. Mais il ne nous guide pas du tout dans notre choix.

Vous familiariser avec le Jeu, c'est la tâche qui m'incombe. Quand je parle de recherche, souvenez-vous que je parle de recherche spirituelle, qui est un Jeu bien différent de celui auquel nous jouons avant de nous éveiller à notre nature éthique et à notre désir de connaître la vérité.

Dans ce chapitre nous allons examiner quelques caractéristiques du Grand Échiquier, décrites par les sources de la Confédération. La première caractéristique à signaler, de cet Échiquier, est sa nature unitaire. Selon la Confédération, la Création tout entière constitue un seul organisme, un seul champ d'énergie, une seule chose.

Chaque chose individuelle dans la Création possède son propre champ d'énergie. Nous avons de nombreux champs énergétiques dans notre corps physique, dans ses organes, dans ses tissus. Notre corps possède un champ énergétique central qui abrite tous les champs secondaires des organes et tissus. La peau constitue la frontière de notre champ énergétique physique individuel. Les champs énergétiques qui se trouvent à l'intérieur de notre corps collaborent entre eux pour la santé intégrale du corps dans son ensemble.

Tous les autres humains, végétaux et animaux qui ont un corps physique possèdent aussi ces champs d'énergie intégrés. Tous les champs énergétiques de ces végétaux et animaux, plus les forces de la nature comme le vent, le feu, l'eau et la terre, sont enveloppés dans le champ énergétique propre à la planète.

Chapitre I: Les Trois Premières Distorsions de la Loi Une

Notre Soleil possède son propre champ énergétique, et ce champ enveloppe notre Terre, les autres planètes, et les autres corps célestes qui orbitent autour de lui.

Le champ énergétique de la Galaxie de la Voie Lactée englobe les champs énergétiques de notre Soleil, de tous les autres soleils, et même d'autres corps célestes tels que les trous noirs, comme s'ils étaient les organes de son propre corps.

Enfin, en ordre de magnitude, tous les champs énergétiques de l'univers sont englobés dans la grande Pensée originelle ou Logos, qui est la limite que ne franchissent pas les entités de la Confédération quand elles parlent du Créateur ou du Principe de Divinité dans un sens personnel.

Selon les informations de la Confédération, vous, moi, cette planète, sommes tous, métaphysiquement parlant, un seul être. Vous, moi, et toutes les autres âmes sur Terre aujourd'hui font un avec chaque animal, chaque végétal, chaque élément et force de la nature faisant partie de l'environnement de la planète Terre. La connexion est l'unité. Voici ce qu'en dit le groupe Ra qui appartient à la Confédération:

> *"Vous êtes chaque chose, chaque être, chaque émotion, chaque événement, chaque situation. Vous êtes l'unité. Vous êtes l'infini. Vous êtes l'amour/lumière. Vous êtes. C'est cela la Loi Une."*[11]

Toutes les grandes religions de ce monde possèdent un aspect mystique qui affirme l'unité sous-jacente de la Création. Nombre d'entre elles ont aussi un aspect dogmatique, et c'est cet aspect qui manifestement divise les gens en 'croyants' et 'non-croyants' de ces dogmes religieux. Cette division, si elle n'est pas accompagnée de tolérance, accentue la faculté de jugement et, en fin de compte, encourage le conflit. Les 'croyants' jugent indignes les 'non-croyants' et veulent corriger ceux-ci. Quand deux nations-états tournées vers la religion

---

[11] Ra, *La Loi Une – Livre I,* reçu en channeling par L/L Research le 15 janvier 1981.

Chapitre I: Les Trois Premieres Distorsions de la Loi Une

choisissent d'agir sur base de cette absence de tolérance, alors peuvent se produire des croisades et des pogroms. Une idéologie de 'vrais croyants' rend plus difficile la création d'un monde en paix.

C'est peut-être dans la Sainte Bible, au début de l'évangile selon Jean, que l'on peut trouver la plus claire expression d'une approche de cette unité sous-jacente de toute la Création: "Au commencement était la Parole, et la Parole était avec Dieu, et la Parole était Dieu. La Parole était au commencement avec Dieu. Toutes les choses ont été faites par elle; sans elle, aucune chose n'a été faite, de celles qui ont été faites. En elle était la vie, et la vie était la lumière des hommes". [12]

Saint-Jean dit que le Créateur est la Parole. Et en vérité, ce Verbe, ce principe créateur, peut être vu comme étant le Créateur Lui-même. Cette 'Parole' est la traduction directe du substantif grec *Logos*, qui est le terme que le groupe Ra utilise quand il parle du principe créateur.

Dans les religions nous pouvons donc trouver des allusions à ce concept selon lequel toutes les choses sont une seule chose: la Création du Père. Quand nous sommes décrits comme étant les enfants de Dieu, cette description crée la réalisation de notre unité au sein d'une seule famille, dans un seul corps: l'humanité.

Du point de vue de notre culture, il n'est pas trop difficile de se faire à l'idée que sur Terre nous sommes tous un seul organisme.

Le Grand Échiquier – Version Scientifique

> *En prenant l'expérience intérieure autant au sérieux que l'expérience extérieure, la nouvelle race de scientifiques est engagée dans des projets de recherche inspirés de cultures*

---

[12] Sainte Bible, Évangile selon Jean 1:1.

CHAPITRE I: LES TROIS PREMIERES DISTORSIONS DE LA LOI UNE

> *ayant une longue expérience de l'étude des mondes intérieurs, et jette ainsi des ponts importants qui relient aux traditions spirituelles.*
>
> *A partir de cette nouvelle perspective, tout ce qui est perceptible dans notre univers et sur notre planète s'auto-organise et se crée dans et à partir d'un champ commun d'Unicité appelé à présent 'champ énergétique du point Zéro' en physique. De nouvelles théories font leur apparition, qui mettent en question la doctrine d'un univers glissant vers l'inconsistance de l'entropie, et perçoivent plutôt un équilibre dynamique des forces.[13]*

Au collège, on nous parle de sciences et de méthode scientifique. Nous y apprenons la théorie fondamentale des sciences classiques, selon laquelle il existe 'quelque part' un monde qui n'a rien à voir avec nous, ni avec ce que nous pensons. Le processus scientifique se doit d'observer les phénomènes qui surviennent naturellement dans ce monde de 'quelque part', jusqu'à ce que l'on ait rassemblé suffisamment d'informations pour former une hypothèse à propos de ce que l'on observe. Ensuite, on mène des expériences qui étayent ou anéantissent l'hypothèse en question. Le scientifique classique est aussi satisfait d'une réponse négative que d'une réponse positive car de toute façon la somme des connaissances scientifiques a pu s'augmenter. C'est une manière hautement séduisante et nette de regarder l'univers. Nous avons parcouru un long chemin en appliquant la méthode scientifique à la création de notre culture actuelle avec ses nombreuses facilités.

Avant l'apparition de cet état de choses bien net, les études scientifiques et religieuses étaient liées entre elles. Les connaissances médicales et astronomiques, la chimie et l'étude des éléments, tout cela était étroitement lié à une discipline

---

[13] Extrait d'un article publié sur le site Web http://www.ratical.org/LifeWeb/#articles; utilisé avec la permission de l'auteur.

Chapitre I: Les Trois Premieres Distorsions de la Loi Une

mystique nommée 'alchimie'. Dans l'antiquité, les grands penseurs hermétiques d'Égypte et de Grèce ne séparaient pas de la science la foi et la philosophie. Les riches textes allégoriques des alchimistes offrent toujours une exploration sophistiquée et subtile des interconnexions entre microcosme et macrocosme, entre l'homme vu comme une âme et la Création vue comme un tout.

La discipline scholastique classique des Grecs et des Romains et, plus tard, celle des écoles médiévales, a prospéré quand les grandes Églises et cités diverses ont fondé des écoles et des collèges. Les programmes de cours comportaient la grammaire, la logique et la rhétorique, ce trio de sujets étant appelé le *Trivium*, plus la musique, les mathématiques, la géométrie et l'astronomie, l'ensemble de ces quatre sujets étant appelé le *Quadrivium*. Les sciences et les arts étaient étudiés tous ensemble selon ce plan d'études.

Il était alors considéré comme tout à fait possible à un étudiant d'obtenir la maîtrise de toutes les branches de connaissances. Notre mot 'université' est né à cette époque où l'étudiant pouvait espérer avoir étudié tout l'univers des connaissances accumulées pour la fin de ses études. En fait, l'expression 'homme de la Renaissance' désigne l'homme qui possède tout l'éventail des connaissances humaines.

Au XIIIe siècle de l'ère actuelle, Saint-Thomas d'Aquin a complètement changé le parcours des études scientifiques. Dans ses écrits théologiques-charnières, il a choisi de séparer sujets concernant la foi et sujets concernant ce monde-ci et parmi ceux-ci: l'investigation scientifique.

Cette nette séparation entre étude de la foi et étude de toutes les choses de ce monde a eu une influence critique. On peut faire remonter l'investigation moderne à ces commencements. A ce jour, nombreux sont ceux (et parmi eux des scientifiques) qui pensent qu'il existe une claire séparation entre étude des sciences et étude de tous les arts, métaphysique, et philosophie, et que cette séparation est appropriée.

CHAPITRE I: LES TROIS PREMIERES DISTORSIONS DE LA LOI UNE

Aujourd'hui, quand nous choisissons d'étudier les sciences au collège, le programme est très différent de celui des arts libéraux et des beaux-arts. Certains cours généraux sont suivis par tous, mais en fin de parcours les licenciés en sciences possèdent une éducation qui est tellement différente de celle des licenciés en arts qu'ils peuvent à peine converser entre eux. C'est parce que les scientifiques donnent à certains mots un sens très différent de celui qu'ils ont généralement pour le commun des mortels. J'ai eu récemment une conversation très frustrante avec le gestionnaire de mon site Web parce que je ne comprenais pas le terme 'forum' de la même manière que les concepteurs du Web. De nos jours, un forum sur l'Internet et un forum de la Rome antique sont deux choses complètement différentes!

Parce que les sciences et leurs applications technologiques sont à l'origine des gadgets qui font bourdonner notre civilisation depuis deux siècles, les scientifiques sont devenus les 'prêtres ' de notre culture, en s'appropriant le créneau du jugement de confiance jusque-là tenu par des figures religieuses. La pensée rationnelle et l'observation empirique sont devenues des moyens acceptés et respectés de chercher la vérité. La foi, quant à elle, est maintenant l'apanage des insensés et des naïfs.

Cependant, tous les hommes de science du XXe siècle n'ont pas été des rationalistes acharnés. La physique semble faire apparaître le mystique qui se cache derrière le scientifique: Albert Einstein, écrivait en 1937 dans le Reader's Digest que "la science sans religion est boiteuse; la religion sans science est aveugle". Il était en avance de quatre-vingts années sur son temps en affirmant cela. Son regard, qui a englobé les disciplines de la pensée et de l'étude était absolument prophétique!

L'algèbre et la géométrie classiques qui ont permis de construire les merveilles d'architecture du monde antique exploraient les lois des choses au repos. Isaac Newton, un siècle après Shakespeare, a voulu étudier les lois des choses en

Chapitre I: Les Trois Premieres Distorsions de la Loi Une

mouvement. Il a mis au point l'outil du calcul pendant qu'il poursuivait cette étude.

Werner Heisenberg étudiait toujours ces lois du mouvement au début du XXe siècle, quand il s'est trouvé en difficulté en étudiant de petites particules de matière en mouvement. Il était incapable de déterminer suffisamment de faits pour se faire un tableau complet. En 1927, il a soumis un article explorant ce dilemme: un observateur ne peut pas être sûr à la fois de la position d'une particule subatomique et de sa vitesse, qui équivaut à sa masse multipliée par sa vélocité. On peut connaître l'une ou l'autre, mais pas l'une et l'autre, parce que l'on ne peut pas les observer toutes deux simultanément. Si c'est la vélocité d'une particule qui est mesurée, alors il n'est pas possible d'observer en même temps sa position, et vice versa.

Heisenberg a formulé un 'principe d'incertitude' pour exprimer ce dilemme. Ce principe, qui est au cœur de la physique quantique, a entraîné Heisenberg et d'autres hommes de science de son temps comme Niels Bohr et Erwin Schrödinger, dans un débat qui se poursuit toujours. Heisenberg a affirmé que l'orbite ou parcours microscopique d'une particule subatomique ne vient à exister que quand on l'observe. Dès lors, l'observateur devient un élément de l'expérience puisque l'acte d'observation ne peut pas être séparé de ce qui est observé. Ceci anéantit l'idée classique de l'objectivité scientifique. La base scientifique permettant d'affirmer que l'univers entier est une seule chose unitaire est issue du principe d'incertitude de Heisenberg.

La physique quantique présuppose que la séparation ente observateur et observé est une illusion. Puisque l'application de la mécanique quantique et du principe de Heisenberg nous a dotés de gadgets modernes comme l'ordinateur, les outils électroniques, les lasers, les superconducteurs, et les lumières fluorescentes, la théorie ne peut être taxée de mysticisme. Elle produit des résultats observables et utiles. Les scientifiques

Chapitre I: Les Trois Premieres Distorsions de la Loi Une

reconnaissent donc déjà l'inséparabilité de l'observateur et de l'observé, mais ne reconnaissent pas encore que la source de cela est, pour utiliser le mot de la Confédération, la conscience.

Une des théories modernes issues de la physique quantique est la 'théorie des cordes'. De manière générale, la théorie des cordes postule que quand on a réduit un objet physique à ses atomes et que l'on divise ensuite ces atomes en leurs particules subatomiques constituantes: électrons, neutrons et protons, une boucle oscillante est ajoutée dans le parcours de chaque particule subatomique. Cette boucle peut vibrer, osciller, ou être 'excitée' de diverses manières quand elle est manipulée, tout comme une corde de guitare produit des notes différentes, selon qu'elle est pincée pour tenir différentes longueurs de tension. Les boucles, en vibrant ensemble, forment des 'cordes harmoniques' d'interaction et toutes ces cordes peuvent s'assembler dans des circonstances favorables.

L'implication de la théorie des cordes est que toute la matière et toutes les 'forces' (les forces nucléaires forte et faible, l'électromagnétisme et la gravité) sont unifiées par les 'notes' que peuvent jouer les cordes et la 'musique' qu'elles peuvent produire ensemble. Lorsque de nos jours les scientifiques explorent le monde et émettent des hypothèses, ils ré-explorent en fait le domaine unifié de l'être que les mystiques ont toujours affirmé. Les sciences et les religions ont maintenant en commun une fenêtre ouverte sur le monde quand elles postulent un domaine sous-jacent d'existence qui ne peut que s'élargir à mesure que de nouvelles découvertes révèlent de nouvelles données.

Dans ce tableau d'un univers entièrement composé de petites unités oscillantes et interagissantes d'énergie palpitante, nous pouvons percevoir avec facilité le modèle suggéré par la Confédération, d'une Création unifiée et interactive. C'est un modèle fascinant car, dans celui-ci nous sommes tous littéralement connectés à tout ce qui existe dans la Création.

Chapitre I: Les Trois Premieres Distorsions de la Loi Une

La différence majeure entre les partisans de la théorie des cordes et les vues de ceux de la Confédération est que les partisans de la théorie des cordes voient la danse comme étant aléatoire, tandis que la Confédération voit cette danse comme étant organisée.

Les physiciens et la Confédération sont d'accord sur le fait que l'observateur, facteur humain de l'équation, constitue un point de connexion avec les phénomènes observés, ce qui peut affecter l'action des phénomènes. Naturellement, la physique ne tente pas de découvrir l'objectif éventuel de l'observateur. Elle se contente de noter que l'observateur influence l'action qui est observée.

La Confédération, quant à elle, suggère que dans notre Densité du Choix les humains ont le pouvoir, par leurs actes physiques, leurs pensées et leurs intentions, de modifier leur environnement physique. Ceux de la Confédération affirment qu'il y a un sens aux choix que nous faisons. L'environnement sur lequel nous avons un pouvoir commence à notre 'soi' intérieur et s'étend à notre interface avec le monde qui nous entoure. Cela explique pourquoi nous attirons à nous les choses que nous désirons le plus et aussi celles que nous redoutons le plus, simplement en nous focalisant sur elles en pensée.

Ce processus d'attraction a lieu parce que l'univers étant un système unitaire interactif, il vibre selon les modèles de l'attraction. Ce que nous aimons ou redoutons le plus est ce que nous attirons, par la focalisation de notre attention. Un des choix les plus subtils que nous faisons chaque jour est celui entre la focalisation de notre attention sur des choses que nous aimons et la focalisation de notre attention sur des choses que nous redoutons et avons en aversion.

Selon Fred Allen Wolf, nous sommes à même de changer tout le tissu de notre réalité par les choix que nous faisons, par les choses que nous choisissons de voir ou de ne pas voir, et par la franchise de nos intentions, par opposition à ce que nous pouvons exprimer quand nous arrivons au moment d'opérer un

Chapitre I: Les Trois Premieres Distorsions de la Loi Une

choix.[14] Si nous nous focalisons sur les choses que nous aimons, nous les attirons. Le bon se multiplie. Si nous nous focalisons sur les choses que nous craignons, ce sont celles-là que nous attirons. Les cieux semblent alors ne déverser sur nous que du mauvais temps. Ce à quoi nous choisissons de penser fait toute la différence!

L'image du Grand Échiquier, telle que tracée par la Confédération, est donc celle d'une Création unitaire, interactive, dont toutes les parties sont reliées les unes aux autres et peuvent s'influencer mutuellement selon des voies naturelles d'interaction entre champs énergétiques.

La position de l'être humain dans le Jeu est celle d'un joueur. Il n'est pas un pion ni aucune autre pièce du jeu. Il n'est pas attaché ni asservi à l'Échiquier. Il est assis devant le Grand Échiquier, observe le cours du Jeu, et fait ses Choix à mesure qu'il opère ses déplacements.

Remarquez à nouveau qu'il s'agit d'un Échiquier holistique, multidimensionnel, et non pas plat, à deux dimensions, comme un échiquier ordinaire. Notre échiquier en minuscules est la vie telle que nous la percevons ici et maintenant. Le truc, quand on s'apprête à jouer au Jeu de la Vie, c'est de décider de se placer en dehors de cet échiquier en minuscules, pour avoir une vue sur le Grand Échiquier. Nous faisons cela par un acte de volonté.

Le Libre Arbitre

> *L'impact de la prise de conscience de la véritable nature des illusions nichées dans l'expérience est perturbant et peut demander un temps d'ajustement, pendant lequel la nature du 'soi' a la possibilité de se transformer pour s'adapter à ce libre*

---

[14] Il existe un site Web très complet et généreux qui donne offre beaucoup à lire à ce sujet: http://www.fredalanwolf.com/.

Chapitre I: Les Trois Premieres Distorsions de la Loi Une

> *arbitre qui entre dans la Création à chaque niveau de développement. Le libre arbitre qui vous concerne vous, se distingue peu du libre arbitre du Logos qui est votre 'soi' supérieur, du Logos global qui est le mental-groupe de ce courant d'âmes, du Logos global qui est le mental planétaire, et ainsi de suite. Les connexions que chaque entité a avec d'autres aspects d'un être infini qui est le 'soi', sont innombrables, de sorte que le libre arbitre est, dirons-nous, cette image de la divinité qui exprime le féminin, le toujours mouvant, le fructifiant.*[15]

Nous supposons généralement que nous avons la liberté du choix. Nous travaillons et habitons où nous le souhaitons. Nous choisissons librement nos compagnons et nos intérêts. Cependant, pour un certain nombre d'autorités allant des psychologues aux hommes de science, en passant par des figures religieuses, cette apparente liberté est une illusion.

Classiquement, les scientifiques présument que le monde de la nature opère selon des lois fixes de comportement, d'adaptation et d'évolution. Les psychologues suivent de près les scientifiques en suggérant que nos choix sont déterminés génétiquement et culturellement. Nous pensons que nous avons un libre arbitre, disent-ils, mais en réalité nous agissons selon nos instincts modifiés par l'éducation donnée par les parents et autres figures d'autorité culturelle, ainsi que par les forces de propagande et de marketing de nos sociétés et des 'mass media'.

Les religions ont elles aussi tendance à nier l'existence du libre arbitre, parfois spécifiquement. Elles voient en général les humains comme trop enclins au péché pour être à même de faire des choix judicieux pour eux-mêmes. Les êtres humains, affirment-elles, n'ont accès au libre arbitre que dans la décision de s'abandonner à la merci de leur Créateur. Pour la position

---

[15] Q'uo, reçu en channeling par le groupe L/L Research le 26 janvier 2003.

Chapitre I: Les Trois Premieres Distorsions de la Loi Une

religieuse, l'image du Créateur - que cette image soit Jésus, Allah ou une autre figure - constitue le seul espoir de salut pour l'humanité.

Ces deux modèles donnent à l'individu humain l'impression d'être complètement démuni de pouvoir. En puissant contraste, le modèle présenté par la Confédération donne à l'individu humain la complète prise en charge de sa vie, ainsi que la capacité de faire des libres choix.

Les entités de la Confédération sont d'accord avec les sciences et les religions pour dire que les humains sont handicapés à cause de toutes les informations culturelles et tendancieuses qui leur sont transmises. Elles nous suggèrent de nous éveiller du rêve culturel dans lequel nous sommes nés. Et quand les humains prennent conscience qu'il y a plus dans la vie que les canaux de pensée culturellement acceptés, alors ils repartent à zéro en ce qui concerne les certitudes.

Nous ne mettons pas en question des éléments de la réalité de consensus comme la livraison de journaux ou la fourniture d'électricité. Nous sommes à la recherche d'une nouvelle réalité, une réalité «d'en dehors de la boîte», d'une nouvelle perspective du monde physique et spirituel dans lequel nous vivons. Nous arrivons les mains vides à ce processus de recherche approfondie. Nous avons laissé derrière nous les préjugés religieux et intellectuels culturels qui nous ont été inculqués. Nous recommençons à zéro, en nous posant des questions fondamentales: qu'est-ce qui est réellement vrai? Qui suis-je? Que fais-je ici? Quand une hypothèse est mise en question, quelle est la solution qui fonctionne?

Le fait de réaliser que nous avons avalé un tas d'informations erronées pendant notre enfance est souvent le point de départ du choix d'accélérer l'allure de notre évolution spirituelle et mentale. Avant de commencer à jouer au Jeu de la Vie, nous choisissons consciemment de connaître la vérité qui nous concerne. Nous commençons à élaborer notre propre information éclairée.

Chapitre I: Les Trois Premieres Distorsions de la Loi Une

En nous démarquant de l'autorité religieuse, nous assumons la responsabilité personnelle du processus de notre propre évolution spirituelle et éthique. En nous démarquant de la perspective scientifique, nous affirmons que nous participons autant d'une nature supérieure ou céleste dans notre constitution, que de la nature inférieure ou matérialiste qui fait l'objet d'études scientifiques et psychologiques. La Confédération dit que nous sommes tout autant des citoyens de l'éternité et de l'infini que des êtres terrestres limités qui ne sont nés que pour mourir.

Quand nous prenons la décision de chercher la vérité, nous frappons à la porte de l'esprit, dit la Confédération. Pour la Confédération, l'esprit c'est toute la gamme de la guidance spirituelle. Certaines personnes qui ont été élevées dans la foi chrétienne voient l'esprit comme le Saint Esprit ou Jésus le Christ. D'autres voient l'esprit comme le monde de la nature. D'autres encore voient l'esprit comme le monde invisible des fantômes, des 'maîtres ascendés' et des instructeurs des plans intérieurs. Pour la Confédération, le mot 'esprit' englobe toutes ces significations.

La Sainte Bible dit que ce que nous demandons nous le recevons et qu'il nous suffit de frapper pour que l'on nous ouvre la porte.[16] La Bible, tout comme la Confédération, considère comme important le choix conscient de se mettre en recherche. Lorsque nous prenons le départ de notre voyage de recherche, nous avertissons l'esprit que nous sommes prêts à devenir un joueur au Jeu de la Vie.

La Confédération dit que le libre arbitre est issu du tout premier mouvement du Créateur infini sortant de son unité enveloppée de mystère. Dans son histoire de la Création, le Créateur utilise la faculté de Son libre arbitre pour choisir de se connaître Lui-même.

---

[16] La Bible, Évangile selon Luc 11:9: "Et je vous le dis: demandez et il vous sera donné; cherchez et vous trouverez; frappez et l'on vous ouvrira".

CHAPITRE I: LES TROIS PREMIERES DISTORSIONS DE LA LOI UNE

Il émet ensuite la Pensée ou Logos qui est Son principe créateur et l'essence de Sa nature. La nature essentielle du Logos est l'amour inconditionnel.

Le Logos utilise alors la Lumière pour manifester la Création dans toute la richesse de ses détails. Des ordres de magnitude à l'infini, depuis les étoiles jusqu'aux particules subatomiques, sont alors formés.

Ainsi donc, la première distorsion, ou le premier mouvement, se produisant à partir du pur potentiel du Créateur est le libre arbitre. Lorsque nous nous éveillons au désir de rechercher la vérité de notre être, nous imitons la décision du Créateur et nous tournons vers la libre volonté. Nous choisissons de jouer au Jeu de la Vie, que l'on peut aussi appeler 'processus de recherche' ou 'recherche de la vérité'.

Il est risqué de choisir la recherche de la vérité car notre faculté de choix est peu étendue du fait que notre corps est celui d'un grand primate. Le corps et le mental de grand primate sont accompagnés d'une faculté de fausse libre volonté. Notre mental en bio-ordinateur est capable de faire des choix, mais seulement à partir d'un menu qui lui est connu! C'est la partie faussée, car nous ne connaissons pas toutes les options. Nous ne recevons que les choses que nous apprenons à l'école, à l'église, ou sur les genoux de nos parents. Nous savons comment vivre cette vie au niveau de la survie. Voilà ce qu'est le jeu ordinaire de la vie sur le petit échiquier.

Quand quelqu'un soumet à des normes religieuses, scientifiques ou culturelles ses décisions personnelles, ce quelqu'un choisit de jouer le jeu avec minuscule. Cette personne peut se frayer un chemin dans le labyrinthe des dogmes et s'élever au niveau suivant à partir du petit échiquier. Mais il est plus difficile de jouer quand aucune pensée logique ni remise en question ne sont permises. Voilà le jeu que l'on choisit de jouer quand on n'a pas recours à la libre volonté qui est issue d'une source supérieure.

Chapitre I: Les Trois Premieres Distorsions de la Loi Une

Le véritable libre arbitre est une caractéristique du Créateur. C'est le principe par lequel le Créateur choisit de se connaître Lui-même. Il génère l'univers dans lequel nous vivons. Quand nous utilisons cette faculté supérieure de la libre volonté, nous laissons de côté le petit échiquier et nous nous tournons vers le Grand Échiquier pour le Jeu de la Vie avec majuscules.

Cette faculté de libre arbitre importe des données de sources de guidance de notre monde spirituel et les exporte vers notre mental subconscient. Nous faisons appel à cette faculté supérieure de libre arbitre en la percevant comme un ange qui réside en nous mais dont nous n'avons pas encore reconnu la présence. C'est seulement par cette recherche intérieure de la faculté de vraie liberté de volonté que nous pouvons nous catapulter hors de notre boîte, et vers une position hors du terre-à-terre d'où nous pouvons pour la première fois apercevoir le Grand Échiquier sans être englué dans les émotions bourbeuses du petit échiquier.

L'Amour sur le Grand Échiquier

> *Vous êtes une étincelle de la grande pensée unique originelle du Créateur infini. Disons que le Créateur, dans son infinitude, dans son impossibilité d'être décrit, est une vibration. Vous avez cette vibration originelle, qui est l'amour inconditionnel, comme base de chaque cellule de votre être. Sans cette Pensée d'Amour, rien de ce qui a été fait n'est fait.* [17]

Le mot 'amour' tel que nous l'utilisons normalement, n'est pas l'énergie de l'Amour ou du Logos du Grand Échiquier. Nous utilisons parfois le mot 'amour' pour désigner le romanesque/romantique avec ses fleurs, ses poèmes et ses sérénades. Nous comprenons tous la nature instable de l'amour

---

[17] Q'uo, reçu en channeling par L/L Research – transcription du 6 avril 2003.

Chapitre I: Les Trois Premieres Distorsions de la Loi Une

romantique. Qui sait? Peut-être durera-t-il? Et peut-être pas. Ce n'est pas cet amour-là qui a créé l'univers. Ni pratiquement aucun des autres usages habituels du mot 'amour'. Nous aimons notre voiture; notre nouveau costume; notre hobby; nos vacances. Nous aimons notre restaurant favori ; ce nouveau film, la dernière musique à la mode. Aucune de ces émotions ne permet de découvrir l'amour qui a créé tout ce qui est.

C'est seulement quand on se demande quelle sorte d'amour a poussé le Créateur à lancer, dans un grand 'Big Bang', toutes les parties de Lui-même, dans l'univers qu'Il a manifesté, juste dans le but d'observer l'évolution de celui-ci, que l'on est prêt à entendre le récit fait par la Confédération, celui de la manière dont le Logos a engendré l'univers qui nous entoure.

La Confédération explique que la Grande Pensée originelle, ou Logos, du Créateur est l'Amour pur et inconditionnel. Cette vibration d'amour inconditionnel crée et manifeste tous les mondes existants, selon la nature de cette Pensée.

L'Amour inconditionnel ou Logos, est un élément du Grand Échiquier, tout comme le sont sa nature unitaire et son choix fondamental par libre volonté. Nous savons que la véritable nature du Créateur, Son 'Je suis', c'est l'Amour inconditionnel. Nous pouvons compter sur l'amour du Créateur qui nous aime inconditionnellement et absolument. Le Créateur ne retirera pas cet amour. Il est fasciné de voir comment progresse Sa Création.

Nous qui participons au Grand Jeu de la Vie, nous avons pour vibration fondamentale ce même amour inconditionnel.
L'objectif du Jeu est, en partie, de découvrir cette grande Pensée originelle ou Logos à l'intérieur de nous-mêmes. Selon les dogmes religieux, nous ne pouvons pas trouver cet amour en nous-mêmes. Cependant, le channeling reçu de la Confédération indique que, à mesure que nous apprenons à jouer au Jeu, nous découvrons des niveaux de plus en plus profonds de cet amour caché dans les plis de notre nature ordinaire.

CHAPITRE I: LES TROIS PREMIERES DISTORSIONS DE LA LOI UNE

La Lumière

> *Les physiciens quanticiens affirment que le monde matériel est en fait composé de champs ou fréquences énergétiques variables. Toute énergie est ultimement réductible à la lumière.*[18]

Le processus naturel de création par le Logos, quand Il a choisi de se connaître Lui-même, fait appel à la lumière sous forme de photons[19] pour exprimer Sa Pensée d'Amour. La physique de ce processus a été très bien décrite par Dewey Larson dans sa Théorie de Réciprocité du Temps et de l'Espace. Dans l'équation fondamentale de Larson, ce que les physiciens quanticiens nomment 'vibration', est appelé 'vélocité'. Les deux termes indiquent que toutes les particules de l'univers sont en mouvement. Dans la Théorie de Réciprocité de Larson la vélocité ou vibration est formée de l'une des deux façons de créer tout ce qui est.

Les deux manières impliquent un léger décalage, nécessaire, entre l'espace et le temps. Ce décalage est nécessaire pour la manifestation de cette illusion. Tout ce que nous voyons est en réalité composé d'énergie. Dès lors, que nous considérions des choses abstraites comme des idées ou des forces; ou des choses manifestées, physiques, qui ont un poids et une forme, nous sommes en présence d'illusions. La seule chose ultimement réelle dans ce Jeu, c'est le Créateur. Nous, en tant que joueurs

---

[18] Emory J. Michael, *The Alchemy of Sacred Living; Creating a Culture of Light*: Prescott, AZ, Mountain Rose Publishing. [c1998], p. 163.

[19] En physique, le photon est la particule élémentaire responsable des phénomènes électromagnétiques. Il est le véhicule des radiations électromagnétiques de toutes les longueurs de fréquence y compris, par ordre décroissant d'énergie: les rayons gamma, les rayons X, la lumière ultraviolette, la lumière visible, la lumière infrarouge, les micro-ondes et les ondes radio. Le photon est très différent de nombreuses autres particules élémentaires, comme l'électron et le quark par exemple, en ce sens que sa masse au repos est nulle.

Chapitre I: Les Trois Premieres Distorsions de la Loi Une

participant au Jeu, nous sommes des petites étincelles du Créateur qui choisissent, elles aussi, de se connaître elles-mêmes.

La première manière dont le Créateur relie l'espace et le temps crée un décalage entre espace et temps, en faveur du temps. Ce décalage, appelé 'temps/espace' par ceux de la Confédération, crée les plans intérieurs. D'autres termes utilisés pour désigner les plans intérieurs sont: les mondes métaphysiques, les mondes spirituels, et les divers niveaux du mental subconscient. Voilà le 'moment' auquel le Grand Échiquier du Jeu de la Vie apparaît par la décision, prise en libre volonté par le chercheur, de mener sa recherche de Vérité en dehors de la boîte sociétale.

La seconde manière dont le Créateur relie l'espace et le temps crée un décalage entre espace et temps, en faveur de l'espace. Ce décalage, appelé 'espace/temps' par ceux de la Confédération, crée le monde physique de notre expérience consciente. Tout au long de notre existence nous jouons au jeu de la vie consignée à l'intérieur des paramètres de ce petit échiquier. Si nous sommes séduisants, riches, bien accompagnés, bien éduqués, avons un bon travail, ou sommes considérés d'une quelconque manière comme réussissant de que nous entreprenons, nous sommes alors des gagnants. Si nous sommes repoussants, pauvres, mal ou pas accompagnés, sans éducation, sans un bon travail, nous sommes vus comme des perdants sur le petit échiquier.

Quand au lieu de cela nous choisissons de jouer au Jeu avec un grand J, nous rendons la vie plus intéressante. Nous utilisons le petit échiquier pour récolter des matériaux qui peuvent servir au Grand Jeu. Puis nous bougeons sur le Grand Échiquier qui se trouve dans le monde intérieur de la pensée et du choix. Quand cela est fait, nous pouvons reprendre notre vie normale et exécuter des mouvements sur le petit échiquier, et ces mouvements sont imprégnés de la sagesse que nous avons gagnée en jouant au Grand Jeu.

Chapitre I: Les Trois Premières Distorsions de la Loi Une

En tant que chercheurs, nous faisons fusionner ces deux réalités: la réalité spirituelle de la vie intérieure et éternelle de notre âme consciente; et la réalité de consensus de la vie terrestre extérieure et physique, et de notre bio-ordinateur mental. Nous pouvons vivre simultanément dans ces deux mondes. C'est d'ailleurs ce que nous sommes supposés faire.

L'illusion sur le Grand Échiquier

> *Quand le Créateur infini a souhaité se connaître Lui-même, un battement de Son grand cœur a fait naître la création suivante avec toutes ses densités et sous-densités, et tous les modèles de ces densités et Créations. Le temps et l'espace ont été suscités et ce qui auparavant était immesurable et inconnaissable est devenu une série d'illusions qui, paradoxalement, étaient connaissables à un certain degré, et ces ombres de connaissance ont été très désirées par le Créateur. Et chacune de ces étincelles et de ces ombres est devenue un agent du Créateur infini unique, une pensée en et par elle-même, une pensée entourée par et centrée sur la Grande Pensée Originelle qui est l'Amour. C'est ainsi que chacun de vous est un Logos, qui s'est abaissé et abaissé jusqu'à ce que vous puissiez faire l'expérience de l'illusion que vous êtes en train de vivre. Et chacun de vous est passé par de nombreuses expériences et de nombreuses densités jusqu'à ce moment particulier, en cet endroit particulier, chacune d'elles délicatement équilibrée dans le moment présent.* [20]

Ma première illusion s'est envolée quand j'avais cinq ans: j'avais perdu une dent. Mon père, la Fée des Dents, est entré tout doucement dans ma chambre pour déposer sa petite pièce et prendre ma dent sur ma table de nuit. Mais j'étais éveillée. De

---

[20] Q'uo – reçu en channeling par L/L Research – 29 mars 2001.

Chapitre I: Les Trois Premieres Distorsions de la Loi Une

cette information j'ai conclu que la Fée des Dents, tout comme le Père Noël et les Cloches de Pâques, n'étaient pas des êtres littéralement physiques.

J'ai remarqué, cependant, que j'avais reçu une récompense en échange de la douleur de la perte de ma dent; que je recevais un panier tapissé de paille verte contenant des œufs colorés et autres friandises à Pâques; qu'à Noël je recevais des présents et qu'il y avait alors dans l'air et dans les nouvelles plus de douceur et de bonheur. Cette affaire d'illusions, ai-je conclu, n'était pas toute noire ou toute blanche. Les illusions pouvaient ne pas être littéralement réelles mais elles avaient cependant des effets mesurables dans ma vie et dans ma tirelire.

A un tout autre niveau, la solidité des doigts au moyen desquels je dactylographie ces mots est une illusion, tout comme l'est celle de l'ordinateur sur l'écran duquel je vois ce que je tape, la chaise sur laquelle je suis assise, le sol sur lequel se trouve la chaise, le terrain sur lequel se trouve la maison et son sol, la planète elle-même, et absolument tout ce que je vois avec mes yeux physiques. Comme les cloches de Pâques, tout ce à quoi nous pensons n'est pas réellement, littéralement concret. Mais il y a des effets mesurables. Je peux bouger dans mon champ énergétique individuel, c'est-à-dire dans mon corps. Mon monde a de la cohérence. Le clavier fonctionne. L'ordinateur fonctionne. Ma chaise et ma maison restent là moment après moment, jour après jour. Tout est aussi concret que possible. C'est de la réalité de consensus, généralement acceptée comme un fait.

Mais la science parle autrement quand il s'agit de regarder les choses de tout près. Sous un très puissant microscope, la solidité disparaît, nos cellules et toutes les cellules ou molécules de toute matière, organique ou inorganique, ressemblent à des étoiles éparpillées dans le ciel par une belle nuit. A ce niveau microscopique nous sommes comme des parties d'un univers infini de soleils autour desquels orbitent des planètes, en relation avec d'autres systèmes solaires de diverses manières.

Chapitre I: Les Trois Premieres Distorsions de la Loi Une

Prenons par exemple pour modèle un atome d'hydrogène, et plaçons un proton de la taille d'un petit pois sur la ligne de 50 mètres d'un terrain de football; la première particule qui parcourt une orbite est de la taille d'une tête d'épingle et circule quelque part parmi les places les moins chères du stade. Pour l'observateur du parcours orbital tourbillonnant de l'électron de cet atome d'hydrogène, la matière dite solide est de l'espace quasiment vide. La masse est fameusement mise en question! Cet univers est fondamentalement un univers d'énergie en mouvement ou vibration, et non un univers de matière au repos.

Les systèmes de croyances de l'Orient diraient que tout le monde physique est pure illusion; ils appellent cette illusion *maya*. Ils ne lui accordent aucune valeur. Ils suggèrent que sa seule utilité est d'être découverte et d'être inscrite sur la liste de plus en plus longue des illusions qui ne signifient rien. L'objectif est d'aller au-delà de l'illusion et de demeurer dans la paisible vacuité du non-désir.

Pour ceux de la Confédération, au contraire, l'espace 'vide' est en réalité plein. Le groupe Q'uo dit:

> *"Votre Création et la mienne sont un* plenum, *un vaste infini absolument plein de la lumière qui est la vie elle-même dans sa première manifestation."*[21]

Dictionary.com donne la définition suivante d'un *plenum* " tout l'espace vu comme étant plein de matière, par opposition à un *vacuum*".

Le *plenum* de notre espace qui paraît vide, qu'il s'agisse de celui qui se trouve entre les atomes à l'intérieur de notre corps dans notre univers interne, ou bien entre les mondes de notre univers extérieur, est plein d'énergie vibrante. L'énergie est vivante. La tradition yogique nomme cette énergie le *prana*. La science antique l'a appelée *éther*. Les scientifiques plus

---

[21] Groupe Q'uo reçu en channeling par L/L Research – transcription du 29 novembre 1987.

Chapitre I : Les Trois Premieres Distorsions de la Loi Une

modernes l'ont appelée, entre autres, 'Énergie du Point Zéro'. Pour la science actuelle, cette énergie du point zéro est de 'l'énergie potentielle'. Cela signifie qu'elle a le potentiel d'accomplir un travail, c'est-à-dire de produire du mouvement, mais qu'elle existe dans un état non manifesté. Quel que soit son nom, elle est pleine de l'énergie du Créateur unique. Il n'y a jamais d'absence d'énergie dans la Création infinie unique !

De temps en temps, des gens ordinaires vivent des expériences hors de l'ordinaire, ce qui démontre la nature illusoire du monde qui nous entoure. Peut-être avez-vous déjà vu un hypnotiseur enfoncer une épingle dans la chair d'un sujet, en lui suggérant qu'il n'y a pas de douleur. Le sujet ne ressent pas de douleur. Ou bien, l'hypnotiseur suggère à un sujet de marcher sur des braises et affirme que celui-ci n'aura pas de brûlures. Le sujet n'a en effet pas de brûlure. Ou bien vous avez pu lire qu'une petite femme frêle est parvenue à soulever l'avant d'une voiture pour délivrer son enfant coincé dessous. Dans des circonstances où l'individu croit de tout son cœur que les règles de l'illusion peuvent changer, elles changent.

Il serait stupide d'agir comme si le corps, le clavier, l'ordinateur, la chaise, la maison et le terrain sur lequel elle repose, n'étaient pas du solide. Dans l'illusion de la réalité de consensus tout est du solide. Il en est ainsi dans l'ensemble de la réalité qui s'éveille. Mais pour saisir la nature du Grand Échiquier il faut se souvenir que l'univers est un univers de vibration et de mouvement, et non pas de stabilité et de repos. Certains scientifiques s'accrochent toujours à l'idée de l'équilibre, qu'ils voient comme un état infiniment durable. Selon ceux de la Confédération, cependant, tous les éléments de l'univers s'influencent mutuellement en permanence, et ces vibrations n'atteignent jamais l'équilibre pendant les milliards d'années au cours desquels la Création se poursuit à travers ses densités.

Les Catalyseurs sur le Grand Échiquier

CHAPITRE I: LES TROIS PREMIERES DISTORSIONS DE LA LOI UNE

> *Il est très difficile de percevoir que le service principal et central au Créateur infini unique est celui d'être. Et cependant, c'est ce que vous êtes venus faire sur Terre. Vous êtes venus ici pour être vous-mêmes, pour respirer l'air, pour participer à l'illusion de la planète Terre, pour passer par tous les détails du vécu de catalyseurs, pour réagir à ces catalyseurs et passer par les périodes de joie et de souffrance que ces catalyseurs vous offrent.*
>
> *Et toujours, votre responsabilité principale c'est d'être vous-mêmes; de ressentir vraiment; de vous examiner vous-mêmes aussi complètement que possible et de vous connaître vous-mêmes jusqu'aux limites de vos possibilités. Vous souhaitez vous connaître vous-mêmes non pas pour vous juger, vous condamner ou vous congratuler, mais simplement pour prendre conscience de qui vous êtes.*[22]

Dans ce premier chapitre, nous avons commencé à élaborer une idée de ce à quoi ressemble l'univers qui nous entoure. Aux yeux de ceux de la Confédération nous vivons dans un univers unitaire, interactif, où tout est vivant et tout est un. Nous avons découvert que la Création telle que nous la connaissons est issue du désir du Créateur de se connaître Lui-même, et que le principe créateur ou essence du Créateur est la Pensée ou Logos d'Amour inconditionnel.

Nous avons vu que le Logos utilise la lumière primale —c'est-à-dire le photon—pour construire la Création, et qu'il y a création d'énergie et non de matière; une Création faite de lumière dans son engendrement naturel des éléments[23] et de

---

[22] Le groupe Q'uo group reçu en channeling par L/L Research - transcription du 17 mai 2005.

[23] Pour un exposé détaillé de la manière dont les éléments sont élaborés, selon la Théorie du Système de Réciprocité, dont le groupe Ra a affirmé qu'elle est ce qui approche de plus près l'exactitude dans le cadre de la physique existant en 1981, voir see *New Light on Space and Time* et autres ouvrages de Dewey E. Larson.

Chapitre I: Les Trois Premieres Distorsions de la Loi Une

toutes les combinaisons d'éléments dans toutes les choses créées. Et nous avons vu que toutes ces choses créées forment une Création physique qui est illusoire. Les choses dont nous pensons qu'elles sont solides ne le sont pas quand nous investiguons suffisamment en profondeur.

Il ne s'agit pas ici du petit échiquier de notre réalité de consensus. Le Grand Échiquier présente une image bien différente de notre monde. Sur ce Grand Échiquier métaphysique, les Joueurs ne sont pas prisonniers des illusions de la réalité de consensus. Sachant que les choses ne sont pas ce qu'elles paraissent être, nous n'obligeons plus nos yeux et nos oreilles à croire tout ce que nous voyons et entendons.

Cela inclut ce que nous voyons et entendons à notre propre propos. Qui sommes-nous? Nos parents nous l'ont dit. Nos professeurs nous l'ont dit. Tous les personnages importants qui ont peuplé notre monde d'enfant nous l'ont dit. Et nos meilleurs amis, partenaires et autres nous ont définis en tant qu'adulte. Et nous ne pouvons rien croire de tout cela, du moins pas dans la mesure où nous laissons ces opinions définir ce que nous sommes.

Je me souviens qu'étant enfant, alors que je me trouvais en camp d'été, j'ai voulu écrire l'adresse de l'expéditeur au dos d'une lettre adressée à mes parents. J'ai inscrit mon nom, le nom de la route, celui de la ville, celui de l'État, puis États-Unis, et j'ai ajouté "Terre" et encore "L'Univers". Et cependant, l'adresse m'a encore paru incomplète.

Dans la même veine, j'étais enfant quand ma mère, qui ne ratait aucune occasion de m'instruire, m'a demandé d'écrire une petite dissertation sur le sujet: "qui suis-je?". J'ai écrit que j'étais une personne nommée Carla, née à Lake Forest, dans État d'Illinois, le 16 juillet 1943 à 6h42 du matin; que j'étais la fille de Jean et Ted Rueckert; que j'étais de sexe féminin, américaine, et une enfant du Créateur. Ici non plus la définition ne m'a pas paru complète. Nulle part je ne suis parvenue à retrouver la glorieuse certitude de la figure du Créateur de

Chapitre I: Les Trois Premieres Distorsions de la Loi Une

l'Ancien Testament, dans la Bible, avec son: "Je suis ce que Je suis"; ou, plus succinctement: "Je suis".

Tous, nous tentons de nous définir par rapport à nous-mêmes, à mesure que nous allons dans la vie. Notre culture, centrée sur des choses extérieures, tend à nous définir par ce que nous faisons. Lors d'une réception, personne ne nous demande qui nous sommes. On nous demande ce que nous faisons pour gagner notre vie ou quels sont nos intérêts. Ces conversations restent plutôt creuses, parce que nous ne sommes pas ce que nous faisons! Notre carrière, notre travail, ne nous définissent en rien. Ni notre état civil, ni nos préférences sexuelles, rien de ce qui nous concerne de l'extérieur.

Au milieu de cette toile où se nichent les illusions dans lesquelles nous vivons, nous recherchons une compréhension toujours plus profonde de qui nous sommes. Si nous ne sommes pas notre biologie ou notre quotient intellectuel; si nous ne sommes pas notre travail ou nos intérêts particuliers; si nous ne sommes pas défini par le lieu où nous sommes né et notre place dans la société; et si nous ne sommes pas le reste des nombreuses façons dont nous nous séparons les uns des autres dans notre mental, alors, qui sommes-nous vraiment? Et comment pouvons-nous approfondir cette question avec sérieux?

Pour rechercher qui nous sommes, nous pouvons nous appuyer sur le toujours disponible moment présent et sur ce qu'il nous rapporte de l'illusion qui nous entoure. Voilà une chose merveilleuse à propos du Jeu de la Vie: il peut se jouer n'importe où! On peut emporter le Grand Échiquier avec soi, peu importe où l'on va, il suffit de le disposer dans notre mental profond. Rappelez-vous: l'illusion n'est pas littéralement réelle, mais elle a sur nous des effets réels. L'illusion nous apporte ce que Baba Ram Dass appelle: *"Du grain à moudre"*[24]. Ceux de la

---

[24] Le livre de Baba Ram Dass: *Grist for the Mill*, publié dans son édition révisée en 1988, est disponible chez www.amazon.com.

Chapitre I: Les Trois Premieres Distorsions de la Loi Une

Confédération appellent ce grain 'les catalyseurs'. Nous nous découvrons nous-mêmes quand nous réagissons aux catalyseurs qui surgissent dans notre vie.

En chimie, un catalyseur est une substance qui permet à une réaction chimique de se déclencher plus rapidement ou dans des circonstances différentes de ce qui est normalement possible, comme à basse température. L'agent catalytique lui-même n'est pas nécessairement impliqué dans la réaction chimique. Nous recevons sans cesse des catalyseurs en provenance de personnes et d'événements autour de nous.

Un catalyseur peut être une simple chose qui ne nous dit rien sur nous-mêmes. Quand ce matin je me suis assise devant mon clavier pour écrire, mon catalyseur physique a été que le soleil était encore bas sur l'horizon et il m'aveuglait. Ma réaction a été de tirer le store vénitien de la moitié supérieure de la fenêtre de mon bureau, pour protéger mes yeux de l'éclat du soleil. Il n'y avait pratiquement pas d'émotion dans cette réponse à un catalyseur. Des tas de choses qui nous arrivent n'ont pas le pouvoir de nous émouvoir. Ce sont des catalyseurs aléatoires, neutres.

Habituellement, le catalyseur qui va nous donner des informations sur qui nous sommes est chargé en émotion, soit positivement, soit négativement. Un catalyseur positif a tendance à nous rendre heureux. Un catalyseur négatif a tendance à nous rendre malheureux. Quelqu'un nous fait une queue de poisson sur une route encombrée. Nous devons freiner brusquement pour éviter une collision. Maudissons-nous le chauffard ou bien freinons-nous en pensant: «Tiens je te fais de la place mon ami»?

Je confesse que j'aurais tendance, si pas à le maudire, du moins à marmonner mon mécontentement à l'adresse du conducteur indélicat! Mon oncle Marion, maintenant parti pour la gloire, était un saint qui a vraiment dit en ma présence, un jour alors qu'il avait été coincé dans la circulation par un véhicule qui lui avait fait une queue de poisson: «Tiens je te fais de la place mon

Chapitre I: Les Trois Premières Distorsions de la Loi Une

ami». Comme il avait dû freiner violemment, je me suis foulé un poignet en heurtant l'arrière du siège de Marion, et cela m'a fâchée. Mon oncle Marion n'a jamais exprimé aucune autre réaction à cet incident (sauf d'appuyer de tout son poids sur le frein) que de la pure compassion. Je crois du fond de mon cœur que mon Oncle Marion est parti de cette Illusion en étant gagnant au Jeu de sa Vie.

Mon attitude envers ce chauffard n'a pas été de l'amour. Je ne le voyais pas comme faisant un avec moi. En cette circonstance, j'ai raté l'occasion d'utiliser mon catalyseur sur le petit échiquier, ce qui m'aurait permis de faire un choix sur le Grand Échiquier.

Quand je repense à la réaction de mon oncle Marion à cette situation, je vois que l'identité et l'essence de Marion impliquaient sa conscience disciplinée, du fait que lui-même et cet homme faisaient un. L'essence de la réaction de mon oncle Marion a été d'équilibrer ce moment de peur alors qu'une voiture surgissait brusquement devant lui, terriblement trop près, par une émission de prise de conscience de la vérité. Crainte et amour ne peuvent pas faire bon ménage. L'un ou l'autre doit gagner. Nous sommes tous enclins à adopter d'abord une position de crainte dans les situations qui nous paraissent à risque. Équilibrer cette réaction en l'amenant à devenir de l'amour est le défi éthique fondamental de bon nombre de nos affrontements avec des catalyseurs.

Dans ce livre, nous allons beaucoup analyser les choix. En fait, le sous-titre du présent volume est *Le Choix*. Ce qui nous amène au moment de faire ce choix c'est un catalyseur.

Le problème principal que nous rencontrons quand il s'agit de réagir adéquatement à un catalyseur positif c'est que nous trouvons celui-ci très agréable. Nous nous perdons dans sa jouissance. Un amour romantique efface une grande quantité des détails de notre carte routière intérieure. L'amitié, les plaisirs d'une bonne compagnie et des moments agréables, et toutes les bénédictions de la vie surviennent pour que nous les

Chapitre I: Les Trois Premieres Distorsions de la Loi Une

apprécions quand ils passent à notre portée. Dans ce nuage de bonheur il est bien difficile de se souvenir d'exprimer sa gratitude. Sur le Grand Échiquier, considérer les choses comme acquises c'est être obligé de leur dire adieu. Même si elles durent toute notre vie terrestre, elles ne font jamais partie du Jeu de la Vie. Remercier pour les choses reçues c'est élever ce catalyseur au niveau du Grand Échiquier. La gratitude consolide métaphysiquement les catalyseurs positifs, de sorte qu'ils fonctionnent à l'intérieur de notre processus d'évolution.

Les catalyseurs que nous, êtres humains, nous remarquons réellement, sont surtout les catalyseurs négatifs: nous perdons notre travail, notre partenaire nous quitte, nous sommes insultés, quelque catastrophe nous tombe dessus, alors nous nous sentons déprimés, ou en colère, ou coupables, ou indignes, ... (inscrivez au-dessus des pointillés !!!).

Un catalyseur n'a en soi rien de remarquable. Il nous en arrive tout le temps. En fait, nous les accueillons à un niveau plus profond que le mental conscient. Nous savons tous ce que sont les émotions de jalousie, d'envie, de désinvolture ou de colère. Les êtres humains ont toutes ces émotions en commun.

Que faisons-nous de ces émotions quand leur énergie est activée en nous par un catalyseur qui nous arrive? Si notre réaction est de la colère, est-ce que nous nous retournons immédiatement contre l'agent catalytique, probablement un autre être humain, et exprimons cette colère sans égards pour les sentiments de cette personne? Est-ce que nous tournons, au contraire, cette colère vers l'intérieur en aiguisant sa lame pour en tirer une vengeance habile et 'douce'? Est-ce que nous la laissons glisser sur notre échine sans y prêter attention ou sans en faire cas? Ou bien tournons-nous cette colère contre nous-mêmes en nous qualifiant d'indigne? Que faisons-nous de cette énergie engendrée par le catalyseur?

De l'énergie a été créée. Les choix que nous faisons à propos de ce que le groupe Ra appelle 'les dépenses d'énergie' sont absolument capitaux quand nous jouons du Jeu de la Vie. Nous

Chapitre I: Les Trois Premieres Distorsions de la Loi Une

n'avons qu'un nombre limité de secondes à vivre. Il ne reste à notre cœur qu'un certain nombre de battements à exécuter avant que ne change notre environnement et que nous abandonnions notre corps physique. Et dans le temps de ces battements de cœur il nous reste un nombre limité d'opportunités à vivre, ressentir, penser, et pour choisir comment réagir. Chaque petit élément d'un catalyseur qui nous arrive est un don précieux. Ici et maintenant l'environnement est tout à fait suffisant pour jouer au Jeu de la Vie.

Encore un point à propos de la recherche du véritable soi: la nature de la Création étant unitaire, et l'essence du Créateur étant l'Amour inconditionnel, il est logique d'en inférer que le 'soi' véritable est constitué de l'essence de l'Amour inconditionnel. Et la Confédération nous donne spécifiquement cette assurance en nous encourageant à réaliser que nous sommes des étincelles jaillies du Créateur, et qui possèdent Sa nature. Nous sommes Son Amour rendu visible. Et il en est ainsi pour tout le reste de la Création.

Mais comment découvrir cela d'une manière authentique? Voilà la question, voilà le défi ! Le Jeu de la Vie est un jeu qui dure. Il est difficile de suivre la partie jusqu'au bout; c'est un défi comparable aux sports extrêmes: marathon, ou Jeux Olympiques. Cependant, pour tous il y a moyen d'y jouer et même d'y jouer bien.

Les principes en sont simples. Une fois ces principes compris, il s'agit d'appliquer la discipline intérieure du Joueur véritable pour devenir un athlète métaphysique.

Cela paraît bien dur. Le défi est grand, c'est indéniable. C'est un travail de toute la vie. Mais sa récompense —le passage à une nouvelle vie et des aventures dépassant l'imagination— en vaut la peine.

Chapitre II: Polarite et Choix

La Polarité sur le Grand Échiquier

> Les actes éthiques sont ceux qui sont accomplis avec de la considération et de la compassion pour autrui. La Règle d'Or de l'éthique est présente dans toutes les religions:

- *HINDOUISME: Voici la somme des devoirs: ne fais rien à autrui qui, si cela était fait à toi, te causerait de la souffrance.*
- *ZOROASTRISME: Seule est bonne la nature qui s'abstient de faire à autrui ce qui n'est pas bon pour elle-même.*
- *TAOISME: Regarde les gains de ton voisin comme tes propres gains, et les pertes de ton voisin comme tes propres pertes.*
- *BOUDDHISME: Ne blesse pas autrui par des manières que tu trouverais toi-même blessantes.*
- *CONFUCIANISME: Ne fais pas à autrui ce que tu ne voudrais pas qu'autrui de fasse à toi-même.*
- *JAINISME: Dans le bonheur et dans la souffrance, dans la joie et dans le chagrin, estimons toutes les créatures comme nous nous estimons nous-mêmes.*
- *JUDAISME: Ce qui t'est odieux, ne le fais pas à autrui.*
- *CHRISTIANISME: Tout ce que tu voudrais qu'autrui te fasse, fais-le à autrui.*
- *ISLAM: Personne d'entre vous n'est un croyant s'il ne désire pas pour son frère ce qu'il désire pour lui-même.*

> - *SIKHISME: Comme tu t'estimes toi, ainsi estime autrui.*[25]

La façon dont le chercheur utilise le concept de la polarité pour faire des choix dans sa vie ordinaire est ce qui transforme le 'jeu de la vie' en minuscules, en un spirituellement vivant 'Jeu de la Vie' avec majuscules.

C'est là le détail le plus crucial, sur lequel insistent ceux de la Confédération dans leur description du fonctionnement du Grand Échiquier.

C'est la clé pour gagner au Jeu de la Vie.

Examinons ce concept à partir de sa base.

Qu'est-ce que la polarité? L'étude des aimants, à l'école, qui m'a permis d'aborder le concept de la polarité, m'a montré qu'à l'état naturel le fer n'est en général pas polarisé. Le minerai de fer à l'état naturel contient des cristallites: de petits corps cristallins à l'intérieur de la roche, dont les moments magnétiques (ou tendances à produire un 'spin' autour d'un axe) tendent quasiment toujours à s'annuler mutuellement.

Cependant, si le fer entre en contact avec un aimant d'une force suffisante, déjà polarisé, cet aimant fait s'aligner les moments dans le minerai non traité, de sorte que leur spin s'opère pour tous dans la même direction. Le morceau de fer est alors magnétisé.

Cet aimant possède une nature dynamique. Une de ses extrémités —son pôle nord— est polarisée positivement. Son autre extrémité —son pôle sud— est polarisée négativement. Cet aimant a le pouvoir d'accomplir un certain travail: magnétiser d'autres morceaux de fer en entrant en contact avec eux, ou se comporter comme une aiguille de boussole qui pointe vers le nord magnétique quand elle flotte sur de l'eau ou qu'elle est placée en équilibre sur un pivot, ce qui lui permet de se balancer librement.

---

[25] Amit Goswami, The Visionary Window; a Quantum Physicist's Guide to Enlightenment: Wheaton, IL, Quest Books, [c2000], pp. 195-6.

CHAPITRE II: POLARITE ET CHOIX

Les 'cristallites' de notre 'minerai' humain, sont les choix éthiques. Dans un train ordinaire de comportements nous faisons des choix aléatoires par rapport à l'éthique. Nous ne sommes pas nés naturellement éthiques, pas plus que le minerai de fer n'est nativement un aimant. Jusqu'à ce que nous apprenions à distinguer le bon du mauvais, d'une certaine manière, nous faisons des choix qui nous paraissent appropriés au moment où nous les faisons, mais qui n'ont pas de consistance générale et ne suivent pas un plan cohérent.

De même, les êtres humains ne développent aucune polarité ou force pour accomplir un travail avant d'avoir entrepris leur propre formation et leur propre discipline éthiques.

Quand nous réussissons à faire des choix éthiques cohérents nous alignons les cristallites de notre minerai humain et développons les caractéristiques d'un aimant capable d'accomplir un travail à l'intérieur de notre conscience, et nous alignons de plus en plus notre personnalité sur une seule ligne, ininterrompue, de recherche.

A mesure que nous parvenons à faire systématiquement des choix éthiques tout le long de notre ligne d'intention, nous nous mettons également à irradier une énergie ou force métaphysique qui exprime notre point de vue éthique. Nous agissons alors, par la nature même de notre être, comme une espèce d'aimant qui aide les autres à se magnétiser et à se polariser, afin qu'ils puissent eux aussi faire des choix éthiques.

Un autre exemple de développement de puissance est celui du moteur automobile. Avant que vous ne tourniez la clé de contact, la voiture est immobile. Quand vous tournez la clé de contact, le moteur se met à tourner. Le système de combustion se met en route. L'air et le carburant jaillissent en étincelles issues de petites explosions contrôlées à l'intérieur des cylindres du moteur de votre voiture. La force engendrée par ces explosions est dirigée vers l'arbre de transmission qui développe une force de torsion, ou disposition à provoquer une rotation. L'arbre à cames se met à tourner. Il transmet ces moments de rotation aux axes auxquels il est relié. Le mouvement de rotation est transmis par les axes aux roues. Les roues se mettent à tourner et la voiture avance. La voiture est à présent capable d'accomplir un travail et de vous emmener où vous le souhaitez.

Si nous nous comparons à un moteur d'automobile qui développe de la puissance, nous pouvons dire que les situations de vie réelle qui appellent à des choix éthiques sont le carburant qui alimente notre moteur. Le fait d'en appeler aux principes éthiques les plus élevés du Grand Échiquier fournit l'air nécessaire à la combustion. Une réponse éthique à une situation qui se présente met en route notre moteur. Nous développons une puissance personnelle. A mesure que nous faisons de plus en plus systématiquement des choix éthiques nous acquérons de l'élan le long d'une ligne de service, et nous augmentons notre polarité.

Notre système humain est comparable à un moteur, en ce sens que si nous ne mettons pas en pratique le concept de polarité – du bien et du mal – pour alimenter nos choix, nos choix ne pourront produire aucune force de torsion, métaphysiquement parlant, et nous ne développerons aucune force nous permettant d'aller de l'avant. Faire des choix sans faire intervenir le principe de polarité laisse les cylindres de notre moteur dans un creux de gravité: morts; à l'arrêt. Aucune progression ne peut se produire dans de telles conditions.

Nos parents et nos enseignants croient qu'ils nous ont appris à faire les choix éthiques appropriés. Cependant, au lieu d'appliquer les principes de base du choix éthique, ils se sont contentés de nous donner des ensembles de règles arbitraires à suivre. Les Dix Commandements sont un bon exemple de ce code de conduite. Ses instructions sont :

1. Tu ne vénèreras pas d'autres dieux que Yahvé.
2. Tu ne vénèreras point d'idoles.
3. Tu ne prononceras pas de serments insincères ni feras de vaines promesses.
4. Tu ne travailleras point le jour du Sabbat.

5. Tu ne témoigneras pas d'irrespect envers tes parents.
6. Tu ne tueras point.
7. Tu ne te livreras point à l'acte de chair avec autre que ton conjoint.
8. Tu ne déroberas point.
9. Tu ne mentiras point.
10. Tu ne convoiteras point ce qui est à autrui.

Cette liste d'interdits laisse à découvert un vaste territoire d'inconnues éthiques. Les deux premières instructions et la quatrième indiquent comment convenablement traiter Yahvé - leur version du Créateur. La cinquième instruction indique comment traiter les parents. La troisième et les autres, comment traiter autrui de manière appropriée. Aucune raison n'est donnée, qui expliquerait pourquoi ces comportements sont appropriés. Ces commandements sont des règles à suivre aveuglément.

Le 'Notre Père' approche un peu plus d'un centre d'éthique logique. L'intention de base est qu'il est désirable pour ceux qui sont sur Terre de se comporter comme s'il étaient dans les cieux: là où est faite la volonté de Dieu. Qu'est-ce que la volonté de Dieu? Que chacun de nous traite autrui comme il voudrait lui-même être traité. Nous pardonnerons les défauts, offenses et autres écarts de conduite comme nous espérons que d'autres nous pardonneront nos propres erreurs.

En ce qui concerne la règle d'or, nous trouvons une version succincte de ce principe éthique de réciprocité dans la Bible, chez Mathieu (7:12). Dans la version du Roi Jacques, qui est celle que je possède, il est dit: «c'est pourquoi, toutes choses que tu voudrais que les hommes fassent pour toi, fais-les de même pour eux».

C'est un concept simple: traitez les gens comme vous voulez être traité. Il est fait écho à ce principe d'éthique dans toutes les religions. Et il peut être extrapolé de manière à s'adapter à de nouvelles situations et à de nouveaux choix. Le principe de la compassion et de la considération à éprouver envers autrui autant qu'envers soi-même est un excellent outil permettant de faire des choix éthiques.

Quand vous traitez quelqu'un de la manière dont vous aimeriez vous-même être traité, vous accomplissez un travail axé sur l'éthique. Vous vous polarisez vers le pôle positif du minerai humain que vous voulez magnétiser. Vous vous alignez sur un idéal éthique, qui est le Service D'Autrui.

La raison pour laquelle ce choix déclenche le moteur est que l'autre personne est vue comme égale à vous-même. Vous accordez à une autre personne le même droit au respect, à l'honneur et à un traitement décent que vous vous accordez à vous-même. Vous faites appel à la nature unitaire du Grand Échiquier et vous décollez du petit échiquier.

Cette action exige de la discipline et un choix conscient. Souvent, ce choix n'est pas facile à faire: il nous en coûte de voir les besoins d'autrui avec compassion et d'y répondre comme si ces besoins étaient nôtres.

Une telle attitude est l'essence du comportement éthique. Quand des êtres humains décident de devenir des êtres éthiques et font des choix basés sur des principes tels que la règle d'or, alors ils deviennent des Joueurs jouant au Jeu de la Vie.

La Voie de la Polarité du Service D'Autrui

Ce que vous avez, en ce qui concerne la capacité de servir en ce moment, c'est en premier lieu l'élargissement de votre propre prise de conscience par rapport au choix: ce que c'est que choisir tellement profondément que le reste de votre vie devient une joie; ce que c'est que choisir si complètement qu'il n'est plus besoin de se demander si c'est la foi qui est la réponse, si c'est le service qui est la réponse, ou encore si une forme de service est meilleure qu'une autre.

Chapitre II : Polarité et Choix

> *Une fois absolument fait le choix du Service D'Autrui, une certitude apparaît. C'est une certitude qui transcende la planification. C'est une certitude qui inclut la prise de conscience du fait que vous n'avez réellement le contrôle de rien d'autre que de vos propres désirs, votre propre volonté, et votre propre persévérance.*[26]

Les aimants ont un pôle nord ou positif, et un pôle sud ou négatif. Les humains possèdent la même configuration métaphysique selon ceux de la Confédération. Ils appellent polarité du Service D'Autrui le pôle nord ou positif. Ils appellent polarité du Service De Soi le pôle sud ou négatif. Il est intéressant de noter que la lumière se déplace du pôle sud vers le pôle nord: le pôle sud l'attire par gravitation ou tendance à l'absorption, et le pôle nord la reçoit et l'irradie.

Nous pouvons nous renseigner sur la polarité du Service De Soi en étudiant les textes relatifs à ce qui est appelé 'magie noire'. D'après la Confédération, choisir et suivre l'une ou l'autre de ces voies de recherche – que ce soit la voie positive ou la voie négative – pour augmenter notre propre polarité doit permettre d'aller au-delà de la densité du Choix de la planète Terre. La seule tactique qui n'aboutisse pas à un passage de niveau est celle qui consiste à ne choisir aucune polarité.

La Confédération est un groupe d'êtres de la polarité du Service d'Autrui. Je suis, moi aussi, du Service D'Autrui. Dès lors, si vous souhaitez vous polariser vers le Service De Soi il vous faudra chercher ailleurs des idées pour y arriver.

Si la voie du Service D'Autrui vous intéresse, alors poursuivez la lecture du présent ouvrage!

Les religions nous apprennent en général à choisir la polarité du Service D'Autrui. Cependant, le symbole d'un Sauveur crucifié n'inspire pas à la plupart des gens le désir de faire de même. Bien que l'exemple d'amour inconditionnel jusqu'à la mort,

---

[26] Q'uo reçu en channeling par L/L Research le 19 décembre 2005.

donné par le Christ, constitue un excellent symbole du concept de l'amour inconditionnel, cela est difficile à traduire en actes et en choix dans la vie quotidienne.

La Confédération décrit la voie du Service D'autrui comme la composition et le maintien d'une attitude positive qui éclaire toutes nos décisions. Le cœur de cette attitude est la conscience que l'univers est un être entièrement unifié, interactif et vivant, fait d'amour absolu, et dont chacun de nous est une partie.

A mesure que nous tissons notre chemin à travers les décisions de nos journées, notre attitude s'oriente vers une vision aussi vaste que possible des situations, pour pouvoir décider avec davantage de précision si des principes éthiques doivent ou non être impliqués dans nos choix.

Chaque jour, nous rencontrons des occasions de faire de tels choix. Quand nous roulons sur une route, que nous y voyons quelqu'un désireux de s'introduire dans la file des véhicules, que nous appuyons légèrement sur le frein et faisons signe à la personne qu'elle peut passer devant nous, nous nous sommes effacé par amabilité envers un autre être humain. C'est un choix Service D'Autrui.

Quand nous nous dirigeons vers la caisse du supermarché avec un chariot plein de marchandises, que nous croisons quelqu'un qui n'a dans les mains que deux articles, que nous lui faisons signe de passer devant nous dans la file, nous nous sommes effacé par amabilité envers un autre être humain. C'est un choix polarisé positivement.

Quand nous sommes assis à la table du dîner, qu'il n'y a plus qu'un petit pain dans le panier et que nous le passons à un voisin de table au lieu de nous en emparer, nous savons, pendant que nous observons quelqu'un d'autre prendre ce petit pain que nous venons de nous effacer par amabilité envers un autre être humain.

Être du Service D'Autrui peut être épineux. Prenez l'exemple que je viens de donner au sujet d'un conducteur qui veut s'insérer dans la file du trafic. Ceci n'est ni tout blanc, ni tout noir. Le conducteur futé ne permettra à personne de s'insérer dans la file si les lumières du prochain carrefour sont au vert et qu'il y a derrière lui une longue file de véhicules dont les conducteurs n'ont aucune envie de rater ce signal vert. Mais quand le feu de signalisation du prochain carrefour est au rouge, ceux qui sont derrière vous ne peuvent de toute façon pas passer, donc il est élégant de laisser passer un autre conducteur.

Autre situation épineuse: votre belle-mère vous demande si le chapeau qu'elle porte lui va bien, alors qu'elle a fait un mauvais choix. Si elle veut le porter quel que soit votre avis, alors l'amabilité veut que vous lui fassiez un vague compliment qui évite de préciser que ce chapeau lui va très mal. Vous pouvez dire: «ce chapeau est très joli». Vous évitez ainsi de dire un mensonge. Le chapeau est joli mais il ne convient pas à votre belle-mère. Mais s'il y a une chance qu'elle tienne compte de votre opinion et qu'elle dispose d'un autre chapeau qui fera mieux l'affaire, alors vous pouvez exprimer ce que vous pensez et vous lui rendrez ainsi un meilleur service que si vous aviez éludé la question.

Parmi les moments les plus épineux du Service D'Autrui, du moins en ce qui me concerne, il y a les problèmes rencontrés par des amis ou des membres de la famille. Je cherche toujours des solutions à tout, et j'ai donc tendance à essayer d'en trouver pour résoudre les problèmes exposés. Mais souvent, les personnes ne cherchent qu'une oreille compatissante. Elles veulent simplement de la sympathie. Écoutez avec soin dans de telles situations et n'essayez pas d'imposer votre avis à moins qu'une demande spécifique ne soit exprimée. D'autre part, si l'on vous demande votre opinion, le Service D'Autrui implique de donner votre opinion et avis d'un cœur ouvert, et de trouver la manière la plus compatissante de les faire passer.

Un trait intéressant du choix de l'une ou l'autre voie pour augmenter la polarisation est l'importance fondamentale du Premier Choix du Service D'Autrui ou du Service De Soi que l'on fait en pleine conscience de la signification de ce Choix. Si vous vous êtes donné tout entier à ce Premier choix, c'est comme si vous aviez creusé et nivelé, mis en forme et cimenté les fondations de votre 'maison' métaphysique.

Quand vous avez fait le Choix fondamental d'être au Service D'Autrui, alors vous avez poussé votre premier pion dans le Jeu de la Vie. Le reste de votre temps d'incarnation est ce qui vous est alloué pour continuer à jouer à ce Jeu de la Vie que vous venez de commencer.

Chaque décision éthique Service D'Autrui prise ensuite, double la polarité positive. Si vous trébuchez et faites un choix Service De Soi, alors il vous faudra entreprendre une nouvelle série de choix constamment axés sur l'amour, afin de renforcer votre polarisation.

Le titre de ce livre est: *Comment vivre la Loi Une – Niveau 1: Le Choix* et cette pierre angulaire ou Premier Choix de la manière dont vous souhaitez servir est le Choix auquel se réfère le titre. En faisant ce Choix pour la première fois vous ne choisissez pas seulement de rendre service à autrui dans cette circonstance particulière. Vous choisissez la manière dont vous souhaitez aborder la vie pour tout le temps qui vous reste sur la Terre.

Ce Premier Choix est au chercheur spirituel ce que le baptême est aux Églises chrétiennes. Et ce chercheur consacre tout le temps qui lui reste à vivre à suivre la voie de la polarité positive.

La majeure partie de la préparation à ce Premier Choix est mentale et émotionnelle. Il y aura toujours une certaine résistance intérieure à chacun des choix Service D'Autrui que vous ferez. Il y aura toujours une raison pour laquelle ce choix ne vous conviendra pas. Pour pouvoir approcher chaque choix de nature éthique avec un sentiment confirmant que "c'est cela qu'il est bon que je fasse" il vous faudra passer par tout le processus permettant de voir le tableau dans son entier, ce tableau qui correspond à un examen de votre vie ici sur Terre. C'est le passage en revue qui fait partie du Grand Échiquier.

Si vous voyez la vie comme un tout, du début à la fin, comme une symphonie ou un poème, alors vous parviendrez à sortir du

CHAPITRE II: POLARITE ET CHOIX

flux constant des détails de la vie ordinaire qui absorbent votre attention. D'une manière générale vous devenez capable de voir le bien-fondé du choix de la manière dont vous souhaitez vous comporter au cours de cette vie. Vous pouvez alors mettre en place pour vous-même une règle ou une norme éthique de vie, comparable à une boussole intérieure qui vous indiquera le cap à suivre sur les mers déchaînées de votre vie ordinaire.

Dans ma petite enfance j'ai eu la chance d'avoir avec Jésus Christ une relation peu ordinaire. Il n'était pas pour moi un personnage mythique décrit au catéchisme: il faisait partie des entités qui vivaient dans ma 'forêt enchantée, un lieu où je pouvais me rendre mentalement quand j'étais une très petite fille. C'était pour moi un lieu réel.

Jésus ne m'a jamais dit un seul mot dans ma forêt enchantée. Il s'asseyait à côté de moi et tenait ma main. Je regardais dans ses yeux et je savais alors ce qu'est réellement l'amour inconditionnel. Il était là, dans son regard d'or.

A l'église j'ai reçu des informations sur ce que cet homme est supposé avoir prêché au cours de son bref ministère, il y a si longtemps. Son message est le même que celui de la Confédération: aimer et pardonner. Aussi loin que je me souvienne, j'ai toujours voulu Le suivre.

Par conséquent, le Service D'Autrui a toujours été pour moi une joie et un privilège. Dès ma petite enfance j'ai été sérieuse et ai pensé aux choix éthiques. J'ai cherché la route qui monte. A mesure que j'ai continué à me polariser j'ai trouvé que ma vie devenait plus douce et plus profonde. La joie que j'éprouve jour après jour est ma preuve subjective que vivre selon mon Choix est la clé d'une vie plus abondante et pleine.

Je suis cependant consciente qu'il y a une faiblesse dans cette partie du rapport: en dépit de mon choix de servir les autres je ne peux pas vous persuader de suivre cette voie, ni de faire quoi que ce soit. C'est pourquoi, je ne peux essayer de surmonter aucune des réticences que vous pourriez avoir à faire le Choix. C'est un sujet qui ne concerne que vous. Ma tâche est de faire rapport sur les principes de la Confédération. Les avantages

CHAPITRE II: POLARITE ET CHOIX

découlant du Choix fondamental et d'un contrat fait avec vous-même pour continuer à vous polariser à chaque choix subséquent ne sont pas évidents au début. J'espère que vous en viendrez à l'apprécier à mesure que vous ferez l'expérience de ces idées.

Une chose qui me plaît beaucoup dans le vécu conscient du Service D'Autrui c'est tout le fatras dont je peux débarrasser mes pensées grâce à cette approche. Quand mon mental est occupé par des situations et conversations, listes de choses à faire, personnes à conduire ici ou là, à voir ou à aider, il arrive que je me sente comme piégée dans une mare et que je sois ennuyée et lassée.

Quand je place mon point de vue sous l'angle du Service D'Autrui, de l'amabilité et de la compassion, mon monde s'élargit et glisse substantiellement. Les choses de ce monde s'effacent et je sais pourquoi je fais ce que je fais. Cela me plaît énormément.

Ce Choix est tout ce qui compte dans cette densité-ci en général, et dans notre vie sur Terre en particulier. Si vous considérez l'évolution du mental, du corps, et de l'esprit, vous pouvez voir que nous entamons cette vie comme de petits animaux sans défense. Ensuite, nous sommes apprivoisés et éduqués au cours de l'enfance.

Quand nous entrons dans l'adolescence, nous avons déjà fait de nombreux choix et eu de nombreuses expériences d'évolution. Nous ne sommes plus des animaux. Nous sommes devenus des êtres humains. Pas nécessairement des humains éthiques. Sans une certaine réalisation de l'importance capitale de nous voir nous-mêmes comme des êtres éthiques, il est peu probable que les progrès accomplis pendant notre vie dépasseront le minimum.

En faisant ce Choix et en continuant à choisir avec amour, nous ne créons pas seulement une accélération du rythme de notre évolution spirituelle. Nous nous préparons également au Jour du Passage qui survient quand on meurt de mort naturelle.

Est-ce que vous préférez passer de niveau à la fin de cette vie-ci et aller dans la Densité de l'Amour? Ou bien voulez-vous plutôt repasser quelque 76.000 années à vous réincarner sans cesse dans un autre environnement, semblable à celui de cette Terre en travaillant toujours sur les mêmes leçons et en jouant toujours au même jeu? La plupart d'entre nous préfèrent passer au niveau supérieur. La clé pour 'passer de classe' c'est d'accumuler suffisamment de polarité pour pouvoir passer à la suite.

Mettons cela en chiffres. Selon le groupe Ra, le passage accompli en polarité positive se fait quand le Service D'Autrui atteint 51% ou davantage. Autrement dit, si nous pensons plus de la moitié du temps à servir autrui, alors nous obtenons un résultat permettant de 'monter de classe' en polarité positive.

Pour 'monter de classe' en polarité négative il faut un résultat de 5% maximum de Service D'Autrui, ou bien 95% de Service De Soi. Il est beaucoup plus difficile de 'monter de classe' en Service De Soi, car l'amour de soi et le souci de soi doivent être très purs.

Ceux qui ne monteront pas de niveau auront des résultats entre 6% et 50% de Service D'Autrui. Rien de plus facile que de rester dans ces pourcentages. Pour atteindre un résultat de 51% ou plus, ou bien un résultat de 5% maximum, il faut une prise de conscience du Jeu, et la décision de jouer à ce Jeu, ce qui entraîne la création d'une règle de vie ou d'un contrat avec vous-même, qui va pousser votre résultat au-dessus de 51% ou au-dessous de 5%.

Puisque nous sommes à l'extrême fin de cette Densité du Choix, le temps qui nous reste pour prendre conscience et choisir une polarité est limité. Nous avons jusqu'au solstice d'hiver de 2012 pour ce faire. Ce n'est pas seulement la Confédération qui parle de cette date comme celle de l'aube d'un Age Nouveau, de nombreuses autres sources le font aussi: l'astrologie occidentale classique ou le calendrier maya, par exemple. Edgar Cayce a lui aussi prédit ce glissement, mais il a proposé la date de 1998 pour un basculement des pôles et, de ce fait, une fin graduelle de la Terre telle que nous la connaissons.

Je prends cette date très au sérieux. Je ne crois pas que notre monde va disparaître en un clin d'œil au solstice d'hiver de 2012, comme beaucoup le pensent. Je crois que les conditions sont en train de changer graduellement sur la planète Terre, à mesure que s'efface la troisième densité et que les énergies de la densité suivante entrent dans notre monde terrestre. Pendant un certain temps – la Confédération a parlé de quelques centaines d'années – il y aura encore des âmes qui vivront sur la Terre dans des corps de troisième densité. Mais le corps de quatrième densité de ces gens sera également activé, de sorte qu'ils pourront bénéficier des énergies de quatrième densité qui seront de plus en plus présentes dans l'environnement terrestre.

Après 2012, ceux qui vivront ici sur Terre en troisième densité se consacreront au soin de la planète, en travaillant à réparer les dommages que nous avons provoqués sur Terre au cours de ces 200 dernières années. Le temps du Choix sera passé.

En fait, bon nombre de ceux qui vivent sur Terre aujourd'hui sont arrivés récemment sur cette Terre de Densité du Choix. Ce sont à présent des pionniers de la quatrième densité qui ont choisi de revenir et d'aider à soigner leur planète natale à titre de première action de Service D'Autrui dans la Densité de l'Amour. Psychologues et médiums ont donné à ces enfants les noms d'Enfants Indigo et Enfants de Cristal. Ce sont ces personnes à double activation qui deviendront petit à petit la population de la Terre.

Un hymne que j'ai appris dans l'enfance décrit bien la situation. En voici le début:

> *Once to every man and nation*
> *Comes the moment to decide,*
> *In the strife of truth with falsehood*
> *For the good or evil side*
> *Some great cause, God's new Messiah*
> *Offering each the bloom or blight,*

> *And the choice goes by forever*
> *"Twixt that darkness and that light.*[27] [28]

Les paroles de Lowell ont une nuance chrétienne, ce qui est dommage dans le cadre du présent rapport, mais si vous remplacez 'nouveau messie de Dieu' par 'amour inconditionnel', cette orientation chrétienne disparaît et le message devient clair comme du cristal. Choisir la vérité, le bien, l'épanouissement et la lumière, apparaissent comme des choix excellents!

La Polarité de la Voie du Service De Soi

> *Tout comme il y a ceux dont la voie est celle du Service D'Autrui, il y a ceux dont la voie est le Service De Soi et l'asservissement des autres. Chacun de ceux qui sont assis dans ce cercle de chercheurs savent qui sont ceux qui se délectent de l'asservissement. Ceux qui suivent véritablement la voie de la négativité ou, comme elle est parfois nommée: 'la voie de ce qui n'est pas' ou voie de la séparation, exercent leur contrôle strictement à leur propre profit.* [29]

Une des grandes vertus des règles du Jeu est que la tâche principale de tous ceux qui se polarisent vers le Service D'Autrui est simplement de chercher à se connaître soi-même plus à fond, et d'être eux-mêmes. Sachant qu'ils font partie d'une Création unitaire constituée exclusivement d'amour, ils savent qu'à la base ils en sont dignes. C'est pourquoi ils peuvent explorer leur conscience de manière directe et loyale, et sans

---

[27] Paroles de James Russell Lowell, 1845. Hymne 519 du recueil d'hymnes 1940 de Église Protestante Épiscopale des États-Unis d'Amérique (édition épuisée).

[28] Pour chaque homme, chaque nation, dans la lutte de la Vérité contre la fausseté, vient un jour le moment de se décider pour le bien ou le mal. Une grande cause, le nouveau Messie de Dieu, offre à chacun l'épanouissement ou la décrépitude, et le choix se poursuit à jamais entre cette ténèbre et cette lumière. (NdT)

[29] Q'uo – reçu en channeling par L/L Research- transcription du 1er juillet 1990.

crainte de ce qu'ils découvriront. C'est une voie dans laquelle ni jugements, ni apparences n'ont leur place. C'est une polarité directe, radieuse, généreuse. Elle irradie l'amour inconditionnel et la compassion, tant pour soi-même que pour autrui.

D'autre part, la polarité du Service De Soi contient une énergie contractée et 'magnétique' et non une énergie irradiante, puisqu'elle a pour habitude d'attirer toutes choses vers le 'soi', en les disposant de la manière désirée selon les plans du 'soi', et non d'apprécier les choses telles qu'elles sont et de trouver les moyens de coopérer de manière fluide avec leurs circonstances.

Il est vraisemblable qu'une personne qui se polarise vers le Service De Soi contrôlera davantage ce qu'elle dit et fait qu'une personne qui se polarise positivement. Une telle personne est attentive aux détails qui peuvent lui apporter des avantages ou des moyens de contrôler plus efficacement les pensées ou actions d'autres personnes. Vous pouvez donner à ce genre de personnes l'étiquette de 'mauvaises' - mais cela ne fera que vous embrouiller sur l'échiquier avec minuscule, qui juge et fait des différences entre 'soi' et autrui - ce qui permet de se considérer comme 'meilleur que...'.

Quand on utilise des mots comme 'bon' et 'mauvais' du point de vue des opposés dynamiques de polarité, on se rend compte que ces mots véhiculent trop de charge émotionnelle pour être utiles à l'investigation. Il vaut mieux, quand on pense à ces concepts, utiliser les termes de 'positif' et 'négatif', comme pour les pôles magnétiques. Alors il n'y a aucun jugement émotionnel dans la discussion de ces concepts.

Je ne suggère pas qu'il vous faut embrasser ce que vous considérez comme mauvais dans votre poursuite d'une pensée non déformée. Je suggère seulement que quand on pense en termes de polarités il est utile d'employer les mots neutres de 'positif' et 'négatif' plutôt que 'bon' et 'mauvais' ou 'bien et 'mal'. Ces deux ensembles de dynamiques: 'bien' et 'mal'; 'bon' et 'mauvais', sont des termes relatifs. Diverses choses sont bonnes, appropriées, ou justes pour différentes sortes de personnes et groupes de personnes. Les mots 'positif' et

Chapitre II: Polarite et Choix

'négatif' qui sont liés à la nature d'un aimant polarisé, sont plus proches de l'objectivité.

Dans un univers unitaire, chacun de nous possède tous les attributs et caractéristiques positifs et négatifs. En fait, nous avons en nous la Création tout entière, enveloppée dans les plis de notre conscience. Il n'y a pas de jugement quand on attribue une valeur Service De Soi à quelqu'un que nous voyons, soit dans notre vie personnelle, soit en regardant le déroulement d'événements publics aux nouvelles télévisées, pour autant que nous attribuions cette même valeur à nous-mêmes et que nous la débusquions de la partie sombre de notre nature afin de la regarder en face.

Quand nous avons une réaction de répugnance ou de jugement par rapport aux actes d'une autre personne ou groupe, nous utilisons cette personne ou ce groupe comme un miroir qui réfléchit notre propre nature. Quand ce que nous voyons dans le miroir ne nous plaît pas, ce que nous avons de mieux à faire c'est prendre le temps de découvrir où se trouvent, à l'intérieur de nous, les graines des défauts que nous voyons à l'extérieur de nous.

Ainsi, pendant j'écris sur le Service De Soi je ne le juge pas. J'essaie simplement de le décrire et de vous aider à le comprendre pour vous éviter d'être contrôlé ou asservi par lui.

L'essence de l'approche Service De Soi dans la vie, c'est le contrôle de soi-même et des autres. La personne polarisée vers le Service de Soi refuse de voir le tout comme faisant un. Cette personne est le N°1. Elle ne voit pas son prochain comme elle-même. Elle opère à partir de ce que les psychologues nomment l'Ego. Le mot opérant qui correspond à l'ego c'est 'le mien'. Cette personne voit le monde comme quelque chose à utiliser à son propre bénéfice. Quand elle veut obtenir quelque chose elle se l'approprie.

Naturellement, la personne polarisée vers le Service De Soi doit s'identifier par rapport à ce qui est 'sien'. Elle a renié sa propre nature, qui est l'amour inconditionnel. Elle est incapable de regarder dans son cœur, car elle refuse de l'ouvrir. Dans un monde où tout est un, nous nous retrouvons dans cette disposition, mais ce concept est inutile du point de vue Service De Soi. Cette façon de voir est engagée sur la voie de ce qui n'est pas: la voie du soi tout seul contre le monde.

C'est ainsi que la personne polarisée vers le Service De Soi s'identifie à ses propres idées, intentions et objectifs, à ses possessions et aux gens qu'elle a sous son contrôle. Perdue dans son ego, elle est incapable de lâcher ce qu'elle contrôle puisqu'elle n'a pas la possibilité d'investiguer la voie de ce qui EST: la voie de l'ouverture de son cœur. Dès lors, elle s'agrippe avec ténacité à ce qu'elle contrôle, car ce qu'elle considère comme sien la définit par rapport à elle-même.

Est-ce que vous vous rappelez ce tourmenteur dans la cour de récréation de votre école? Il choisissait ses cibles parmi ceux qui étaient incapables de se défendre: systématiquement il leur volait l'argent de la cantine ou exigeait des sommes d'argent, journée misérable après journée misérable. Pour le tourmenteur, les autres gens ne sont pas des gens; ce sont des sous-humains, ce sont soit de potentielles victimes soit de potentiels alliés utiles.

A mesure que nous grandissons nous continuons à côtoyer des tourmenteurs dans la vie quotidienne. Quand nous conduisons un véhicule, la route est toujours abondamment peuplée de harceleurs. Un de ces harceleurs nous coupera peut-être la route. Récemment, alors que je me rendais en ville en musardant un matin tôt, le long d'une route de campagne où la circulation était pratiquement nulle et qu'il n'y avait derrière moi aucune voiture décelable à l'œil nu, j'ai dû freiner quatre fois avant d'atteindre l'autoroute parce que, bien ma voiture fût la seule sur la route, les voitures qui abordaient l'autoroute voulaient me dépasser.

Un autre exemple de pensée Service De Soi, pris dans la vie quotidienne: au carrefour près de ma maison il y a deux signaux d'arrêt régulant la circulation sur quatre bandes, ces deux routes étant les seules menant hors de notre petit village par l'est, le sud et l'ouest. A chaque fois que je sors je passe par l'un des carrefours et je respecte le signal d'arrêt avant d'emprunter la route à quatre bandes. J'ai souvent été obligée de freiner jusqu'à l'arrêt total avant de poursuivre mon chemin alors qu'un conducteur voit bien que j'observe le code de la route et qu'il m'est impossible d'accélérer suffisamment pour traverser le carrefour sans le percuter. Et lui ne freine pas du tout mais traverse le carrefour devant moi, en ignorant le signal d'arrêt.

Pourquoi fait-il cela? Parce qu'il en est capable. Et aussi parce que, étant donné qu'il suit la voie de ce qui n'est pas, il n'a aucune raison de me voir comme quelqu'un qu'il pourrait respecter. Ma voiture n'est qu'un objet qu'il peut dépasser puisque j'obéis bêtement aux règles du code de la route. S'il lui arrive de penser à la personne qui se trouve dans la voiture, il la voit comme une 'poire', et non pas comme une personne. En tant que personne de nature Service De Soi il peut se permettre de rejeter toutes les règles excepté celles qui lui conviennent.

Il y a de frappants aspects Service De Soi dans la structure de toutes les religions organisées, qui exigent la stricte observance de doctrines spécifiques à un système de convictions. L'Histoire est riche en exemples de guerres 'saintes'. Quelle contradiction dans ces termes! Il est clair qu'un Créateur dont la nature est l'amour inconditionnel ne souscrit pas aux guerres.

Cependant, toute personne dont l'identité se base sur 'mon' dogme et 'ma' religion a tendance à conclure que ses idées représentent l'unique manière de croire et que tous ceux qui ne croient pas de cette manière ont besoin d'être persuadés de rejoindre les rangs des vrais croyants sous peine d'être éliminés, voués à l'Enfer après cette vie, et à l'ostracisme pendant cette vie.

Les diverses Inquisitions catholiques romaines sont aussi de bons exemples d'une pensée Service De Soi. L'Église catholique romaine était tellement désireuse de contrôler autrui "pour son propre bien" qu'elle a torturé à mort d'innombrables personnes en essayant de leur faire confesser des péchés supposés. L'idée était que le corps devait mourir pour que l'âme n'aille pas en enfer.

CHAPITRE II: POLARITE ET CHOIX

D'innombrables innocents ont été condamnés à être torturés et à mourir parce qu'ils cueillaient des herbes médicinales et ont, de ce fait, été accusés de sorcellerie. Davantage encore sont morts pour des divergences d'opinions. Galileo Galilei, par exemple, a été forcé par l'Inquisition à renoncer à la théorie de Copernic qui énonçait que c'est la Terre qui tourne autour du Soleil et non l'inverse. L'ancienne vue du monde était que celui-ci était plat, au centre de l'univers, et que le Soleil et toutes les autres étoiles et planètes orbitaient autour de la Terre. Galilei était convaincu que Copernic avait raison. On dit qu'à l'époque il aurait marmonné: "Et pourtant, elle tourne!". Heureusement, ses persécuteurs n'avaient apparemment pas l'ouïe aussi fine que ses biographes.

Quand on regarde la scène du monde d'aujourd'hui on peut toujours trouver des exemples de ce fanatisme religieux. Il semble que les mondes chrétien, musulman et juif abritent en leur sein des factions qui aspirent à l'Armageddon.

Dans toutes nos sociétés, les services armés du pays, de la région, de l'état, de la province ou de la ville dans lesquels nous vivons ont une polarité à prédominance Service De Soi. Par exemples, les règles de l'Armée des États-Unis sont hiérarchiques. Ce que fait le simple soldat entraîne le mérite ou le blâme du sergent. Ce que fait le sous-officier entraîne le mérite ou le blâme du lieutenant. Ce que fait le lieutenant entraîne le mérite ou le blâme du capitaine. Et ainsi de suite jusqu'aux généraux, qui eux sont loués ou blâmés au nom de toutes les forces armées qui sont sous leurs ordres.

Les grades des officiers ont d'autres noms dans d'autres forces armées comme la Marine, la Force Aérienne, les Garde-côtes, la Police ou les Shérifs, et l'avancement se fait différemment. Cependant, le mérite ou le blâme encouru pour une action se transmet jusqu'au plus haut gradé. Dans l'armée, les grosses légumes n'ont aucun problème à ordonner à des hommes de se battre, même si elles savent bien qu'ils risquent tous d'être tués. Leurs buts sont politiques, économiques, corporatifs et idéologiques. Les êtres vivants dans une armée qui a sa propre

Chapitre II: Polarite et Choix

politique et ses propres ordres, sont considérés comme des pions sur leur échiquier ou, plus trivialement, comme de la 'chair à canon'. «Une unité de chair à canon» ou UCC est sans doute l'expression utilisée par certains de nos dirigeants pour désigner «l'homme de la rue».

Un exemple de cela a été donné il y a quelques années aux nouvelles télévisées: un 'officiel' très haut placé était filmé alors qu'il faisait un discours dans une ville où une femme était mise à l'honneur parce qu'en 2003 elle avait perdu son mari est deux de ses fils pendant les guerres américaines. Elle-même et le reste de la famille se trouvaient au centre du premier rang dans le public.

Un journaliste a adressé à l'officiel une question qui a été transmise à la mère à qui les honneurs étaient rendus. Le journaliste lui a demandé de demander à la mère si elle avait l'impression que son sacrifice valait la peine. Mais c'est l'officiel qui a immédiatement répondu à sa place, disant qu'il était certain qu'elle allait dire 'oui'. Il a poursuivi en disant que si d'autres de ses fils étaient morts au combat elle aurait été fière d'eux aussi, et que les victimes des combats devaient elles aussi être fières et heureuses de mourir pour leur pays. Quelle plus belle mort souhaiter?

J'aurais voulu que vous puissiez voir l'expression du visage de la mère! C'était une expression de pure horreur. Mais la réponse de cet officiel a montré, d'une façon que la plupart des dirigeants sont trop prudents pour afficher que, quand des gens idéologiquement motivés ont dans leurs attributions des politiques à mener, l'idée ne leur vient jamais que la perte de vies au combat pose problème. C'est simplement pour cela que sont faits les soldats. Ce ne sont pas les hommes qui sont importants. Ce sont les politiques menées qui le sont.

Comprenez, je vous prie, que je ne juge pas les idéologues tels que cet officiel. Le présent rapport ne veut singulariser aucune personne, aucun pays. J'utilise cette personne à titre d'exemple de la manière dont les militaires voient autrui. Cet officiel n'est ni pire ni meilleur que de nombreux autres dirigeants de notre pauvre monde, qui font un usage quotidien de la guerre au titre de politique à mener, plutôt que de prendre le temps et la compassion de rechercher paix et collaboration entre les nations par des voies diplomatiques.

Il est bon d'analyser en profondeur ce moment télévisé pour comprendre la polarité du Service De Soi. La plupart des personnes Service De Soi ne considèrent pas, en toute honnêteté, qu'elles font quoi que ce soit de 'mauvais' ou de 'mal. Et en fait, notre gouvernement a mis en place une explication bien rôdée à chaque décision de poursuivre des politiques agressives. Il n'y a absolument aucune reconnaissance des pertes de ceux qui tombent au combat, à part leur décerner le titre de 'héros' et s'en souvenir lors de commémorations officielles.

Une autre source de cette même pensée Service De Soi se trouve au sein des entreprises. Comme chez les militaires, toute louange gravit les échelons, jusqu'aux hauts dirigeants de l'entreprise. Comme chez les militaires, des mesures extrêmes sont considérées comme acceptables dans la course à la réussite. L'assassin loué pour éliminer un concurrent dangereux n'a aucun grief contre l'administratif ou le scientifique qu'il tue pour de l'argent. L'assassinat est juste un job. Quand un groupe mafieux brise les jambes d'un homme qui n'a pas payé une dette de jeu, ce n'est pas personnel. C'est seulement du business. Cette dépersonnalisation des gens est au cœur de la pensée Service De Soi.

Chaque jour on assiste à d'innombrables actions Service De Soi non mortelles, accomplies par des entreprises. Certaines sociétés ont pour politique, reconnue publiquement ou non, de licencier de bons employés expérimentés qui approchent de l'âge de la retraite, pour épargner sur les coûts de leur retraite et de leur haut salaire. Elles remplacent ces gens par des travailleurs plus jeunes et moins expérimentés qui peuvent être engagés à bien moindre coût et à qui elles n'offrent peut-être pas de pension du tout.

Chapitre II: Polarite et Choix

Un autre exemple de la pensée Service De Soi au sein des entreprises est celui des sociétés qui ont pour politique de n'engager que des employés administratifs à temps partiel. Elles le font pour ne pas être obligées de leur accorder d'avantages légaux, ce qui permet à cette société de conserver ses profits au bénéfice des hauts dirigeants de l'entreprise.

Une conséquence directe de cela est qu'il y a aux États-Unis un nombre substantiel de travailleurs qui n'ont pas de logement, pas d'assurance 'soins de santé' car, peu importe le nombre d'heures qu'ils prestent, le nombre des jobs qu'ils ont, ils sont dans l'impossibilité de gagner assez d'argent pour s'offrir ce que beaucoup considèrent comme acquis: un toit au-dessus de leur tête et la possibilité de prendre soin des membres de leur famille quand ceux-ci deviennent malades et ont besoin de soins médicaux.

Sans doute la pensée Service De Soi est-elle à son comble quand le militaire, le religieux, et l'industriel d'une nation combinent leurs forces pour obtenir ce qu'ils veulent. Nous voyons en ce moment-même les effets d'un mélange des forces gouvernementales et religieuses en de nombreux endroits du monde. Un exemple: quand les prédicateurs attitrés de grandes congrégations demandent à leurs ouailles de voter pour tel ou tel homme, tel ou tel parti. C'est une chose d'interpréter des textes bibliques, c'en est une autre de dire aux gens comment ils doivent voter, en suggérant que ce sujet fait partie des convictions religieuses. En fait, les débuts de notre pays étaient enracinés dans le désir des gens d'avoir la liberté de croyance et de pouvoir pratiquer leur foi sans aucune restriction imposée par le gouvernement.

Nous avons vu également comment des objectifs industriels peuvent se transformer en objectifs militaires, comme lorsque la Société Dole a réagi en 1893 aux efforts de la Reine Liliouokoulani qui voulait une nouvelle Constitution pour Hawaii. C'était son droit de Chef État. Elle réagissait à des actions menées par le gouvernement américain qui, en 1890, avait obligé, à la baïonnette, son peuple d'accepter une

Constitution qui limitait fortement les droits d'Hawaii à fonctionner en tant que nation souveraine.

Le 'McKinley Tariff', lui aussi imposé à Hawaii en 1890, a fait disparaître les clauses de sauvegarde qui garantissaient un marché continental au sucre hawaiien qui ne dépendait d'aucune société. Le groupe Dole voulait que la reine leur réserve toutes les récoltes de sucre. Mais la reine s'efforçait de regagner un pouvoir souverain sur un commerce au bénéfice des Hawaiiens et non au bénéfice de Mr Dole et de la société de celui-ci. Cela n'a pas été vu d'un bon œil par les intérêts industriels américains qui ont cherché un appui auprès du gouvernement des États-Unis, ce qui a eu pour résultat que des 'Marines' ont envahi Hawaii, détrôné la reine, et annexé l'archipel dont ils ont fait une république en 1894, avec Samuel Dole pour Président.

Un intéressant ouvrage, *Overthrow*[30], paru en 2005 décrit, documents à l'appui, de nombreuses autres situations dans lesquelles le gouvernement des États-Unis a fait l'ouvrage réclamé par de grandes compagnies pour permettre à ces industries américaines de faire, à leur grand profit, des affaires dans des pays étrangers. Le livre de Noam Chomsky: *Hegemony or Survival: America's Quest for Global Dominance: The American Empire Project*, est lui aussi très révélateur à cet égard.

Pour quelqu'un qui se polarise vers le Service De Soi, c'est lui contre le monde. Ou bien, s'il identifie un groupe comme étant sien, c'est 'nous' contre 'eux'. C'est cette attitude qui est au cœur de la polarité Service De Soi. Voilà pourquoi les sources de la Confédération nomment souvent la voie du service de soi: «la voie de ce qui n'est pas». Parce que métaphysiquement parlant, il ne peut y avoir un homme ou un groupe contre le reste du monde: "NOUS tous sommes le monde". [31]

---

[30] Stephen Kinzer, Overthrow: America's Century of Regime Change from Hawaii to Iraq.

[31] C'est le début d'une chanson destinée à soutenir le thème d'une collecte de fonds pour une aide alimentaire à des Africains, *USA for Africa*, composée par Michael Jackson et Lionel Ritchie.

Chapitre II: Polarite et Choix

Il est facile de prendre des décisions Service De Soi dans la vie quotidienne. Prenons une nouvelle fois un exemple dans le trafic routier. Souvent, il me faut emprunter une rampe menant d'une autoroute à l'autre quand je me rends à un rendez-vous. La rampe dont je veux parler présente une bande de confluence qui se termine environ à mi-chemin de l'arc qui s'envole vers l'éther avant de redescendre vers la deuxième route inter-états.

D'habitude, je suis 'bonne fille' et je m'aligne dans la bande de gauche qui se poursuit jusqu'à la deuxième route. Mais à l'occasion, quand je suis en retard, j'utilise la bande de confluence, ce qui incommode le conducteur qui doit freiner pour me laisser entrer dans la file et de ce fait ralentit tous les véhicules qui le suivent. Mon motif c'est mon retard. Cependant, en empruntant la bande de confluence je contrarie consciemment d'autres personnes. Cela paraît peu de chose, mais ces petits choix et la conscience que l'on en prend sont ce qui constitue notre travail sur le Grand Échiquier.

Voici encore un autre exemple de moments Service De Soi dans la vie de tous les jours: vous rompez en deux un sandwich et une partie est plus grande que l'autre. Si vous gardez pour vous-même la plus grande part et donnez la plus petite à votre camarade, c'est une action Service De Soi en ce sens qu'elle place vos besoins et désirs avant ceux d'autrui. Ceci réduit la polarité positive résultant du partage de votre nourriture.

Ou bien, disons que vous êtes assis sur une chaise inconfortable pendant une réunion. Un membre du groupe quitte la pièce pour un moment. Vous vous asseyez sur sa chaise qui est plus confortable, en vous disant que vous avez le dos fragile et que vous avez davantage besoin que lui d'un siège confortable. C'est un acte Service De Soi en ce sens que vous faites passer vos propres besoins avant ceux d'autrui.

Maintenant, si vous parlez plutôt à la personne qui occupe le siège plus confortable, lui expliquez que votre dos vous fait souffrir et lui demandez de bien vouloir changer de siège avec vous, vous témoignez du respect envers cette personne en la voyant comme égale à vous et en lui demandant son aide. Vous restez de ce fait dans la polarité Service D'Autrui. La différence est celle qu'il y a entre 'prendre' et 'demander si l'on peut prendre'.

Les parents sont les premiers exemples de choix Service De Soi pour leurs enfants. Le bébé est sans défense quand il naît, et les parents doivent absolument avoir le contrôle total de la vie de leur enfant pour pouvoir la préserver. Cependant, notre culture postule que les parents conservent ce droit de contrôle tout au long de la scolarité: primaire, secondaire, et supérieure, à l'exception de la maltraitance physique.

Nous savons tous que, même lorsque leurs enfants sont devenus adultes, certains parents continuent à exercer un contrôle sur la vie de leurs enfants. Les manipulations exercées sur un enfant devenu adulte, sur son/sa partenaire, et/ou ses enfants sont très pénibles pour l'enfant et sa famille, qu'il accepte ou non le contrôle par ses parents. De tels parents expliquent que tout cela est pour le bien de leur progéniture.

Persister dans cette manière de voir les choses ne fait que prolonger leur pouvoir dans notre société et dans notre propre nature. Je ne veux pas suggérer qu'il y aurait dans le monde extérieur une quelconque résistance à une augmentation de la compréhension de la polarité. Je veux seulement dire d'une perception de la polarité peut nous aider à faire de meilleurs choix éthiques dans notre propre sphère d'action.

L'unique tâche de celui qui joue au Grand Jeu est de travailler sur lui-même. En effet, quand il prend des décisions éthiques et travaille sur lui-même il peut y avoir des conséquences pour le monde extérieur. Il peut recevoir des remerciements, des récompenses, des honneurs. Ou bien, si ses actions ne paraissent pas appropriées, il peut récolter condamnation et rejet.

Mais la personne qui se polarise vers le Service De Soi garde l'œil fixé sur le moment présent, sans se préoccuper de l'opinion d'autrui. Plutôt que de s'appuyer sur l'opinion d'autres personnes pour se justifier, elle ne consulte que ses propres intérêts.

Chapitre II: Polarite et Choix

Nous débutons tous dans la vie comme des êtres orientés vers le Service De Soi. Tous les bébés pleurent pour recevoir de la nourriture, et ils ne s'arrêtent que quand ils ont été servis. Notre premier contact avec la pensée Service D'Autrui est en général la suggestion parentale de partager nos jouets. A partir de ce premier contact avec l'éthique, nous mûrissons au fil des années en faisant la part de ce qui est utile à nous-mêmes et de ce qui est utile aux autres, en choisissant nos comportements.

Parce que toute situation est complexe dans notre société et que de nombreuses de nuances de gris remplacent en général tout ce qui est à première vue blanc ou noir dans la détermination de ce qui est Service D'Autrui, le défi est de trouver le chemin de nos propres choix éthiques dans un mental clair et le souvenir de la nature de la polarité.

Le Choix

> *INTERLOCUTEUR: Ce que j'essaie de comprendre, en fait, c'est pourquoi ce choix est tellement important, pourquoi le Logos paraît insister tellement sur ce choix, et quelle est la fonction précise de ce choix de polarité dans l'évolution ou l'expérience de ce qui est créé par le Logos.*
>
> *RA: Je suis Ra. La polarisation ou choix par chaque mental/corps/esprit est nécessaire à la moissonnabilité de la troisième densité. Les densités supérieures accomplissent leur travail grâce à la polarité acquise par ce choix.*[32]

Les gens disent parfois qu'ils acquièrent l'immortalité sous la forme des enfants qu'ils ont et des enfants de leurs enfants. Il y a du vrai dans cette affirmation, au niveau de l'ADN. Leurs apports au patrimoine génétique sont durablement appréciés, tout comme le sont ceux de tous les donneurs depuis les premiers grands primates de type O qui sont descendus une fois

---

[32] Ra reçu en channeling par L/L Research séance du 10 février 1982.

pour toutes de leurs arbres pour devenir nos précurseurs humains.

Il y a un certain degré d'immortalité pour ceux qui ont créé des œuvres d'art, qui ont été inspirés, ou qui sont devenus des fantasmes pour le public. Leonardo Da Vinci est toujours célèbre 500 ans après sa très riche vie, et un roman à suspense dont le titre comporte son nom a même été publié récemment. Les vers écrits par William Shakespeare sont toujours sur les lèvres de tous les écoliers, et *"to be or not to be"* exprime toujours la nuit noire au cœur de laquelle se trouve toute âme en peine. Jeanne d'Arc marche toujours pour son Seigneur, et Jésus de Nazareth laisse toujours vide son tombeau pour monter aux cieux dans l'esprit de tous ceux qui vivent dans la culture de notre époque. Marilyn Monroe, James Dean et Elvis Presley et bien d'autres d'entre leurs rangs nous parlent toujours de jeunesse, de beauté et de poussière d'étoiles, bien longtemps après leur temps.

Cependant, en fin de compte le changement est inévitable et permanent. Le monde et tous ses vains trésors ne sont qu'illusion et disparaîtront immanquablement. Il nous faut porter le regard ailleurs que sur ce monde physique pour trouver la véritable immortalité.

Et nous ne devons pas porter le regard plus loin que notre être intérieur. Notre être essentiel est immortel. En tant qu'individus, dans cette vie nous faisons tous partie de ce que la Confédération nomme notre courant d'âme. Chacune de nos périodes de vie a ajouté quelque chose au contenu de notre propre courant d'âme. Quand nous rejoindrons notre courant d'âme après cette vie-ci nous rencontrerons à nouveau notre 'soi' entier, ce 'soi' qui n'est pas une coque abritant la personnalité mais bien l'essence du 'soi' qui est passé par toutes ces vies.

Quand nous retrouverons notre courant d'âme après notre mort, il est très probable que, ou bien nous aurons passé le niveau de la troisième densité, ou bien nous serons bons pour un nouveau

Chapitre II: Polarite et Choix

cycle de 76.000 ans dans un environnement de troisième densité dans autre monde semblable à la Terre.

C'est dans ce contexte que je vous demande de considérer ce que vous espérez pour ce moment-là. Espérez-vous pouvoir passer de niveau? Si c'est le cas, la manière de faire est simple et directe. Faites le Premier Choix. Faites ce choix de tout votre cœur. Décidez que dans cette vie vous prendrez fait et cause pour l'amour. Vous serez un agent de l'amour du Créateur infini. Quand vous tomberez, quand vous ferez des erreurs, vous vous relèverez et vous vous recommencerez.

Si vous parvenez à prendre ce simple engagement de vouloir de tout votre cœur être un être éthique, par cette simple intention vous arrivez à la polarité Service D'Autrui qui va vous permettre de passer de niveau. Le changement de vibration est instantané.

Ne vous découragez pas si vous ne parvenez pas à tenir en toutes occasions la promesse que vous vous êtes faite ou si vous chutez, selon votre propre jugement, après vous être fait cette promesse à vous-même. Il est humain de faire des erreurs. Souvenez-vous de l'adage: *errare humanum est; ignoscere divinum*[33]. Efforcez-vous de vous pardonner à vous-même, même si vous vous jurez de ne plus refaire la même erreur.

Il peut être utile de créer une image de soi qui exprime comment on voit ce 'soi' dans la vie. Une image de ce type, bien adaptée, est celle de la chevalerie. Les chevaliers sont des personnes d'honneur qui jurent loyauté envers le Créateur, envers leur suzerain, ou envers quelqu'idéal, comme le Service D'Autrui. Vous pouvez vous voir comme un Chevalier de la Polarité menant une éternelle Queste du Saint Graal de la Vérité, de la connaissance de soi, et de toujours plus de polarité.

Le Choix c'est l'endroit où le pneu touche la route; pas seulement pour cette vie-ci mais pour toutes les vies que nous vivrons pendant les trois densités suivantes. Le travail que nous

---

[33] Il est humain de se tromper, divin de pardonner (NdT)

accomplissons ici en troisième densité permet d'atteindre une certaine pureté de polarité. C'est à partir de ce point de densité que nous allons affiner notre Choix dans les densités supérieures et dans d'autres 'salles de classes' pendant de nombreuses vies à venir.

C'est notre dernière chance de faire ce Choix pendant que nous sommes encore sur notre Terre. Ceci est notre dernière vie de troisième densité avant le Jour de la Remise des Diplômes. C'est ce qui me pousse à faire de mon mieux absolu. C'est ce qui me permet de tenir quand les circonstances sont dures. C'est ce qui me rappelle qui je suis et pourquoi je suis ici. Savoir que c'est ma dernière vie ici en tant qu'être humain de troisième densité, savoir que chaque jour est précieux, rend plus doux mon goût de la vie et me presse de faire de mon mieux pour me polariser.

Exemples de Polarité Positive

Jésus le Christ

> *Nous voudrions vous demander qui est le 'soi' lié à l'instructeur que vous connaissez sous le nom de Jésus. Le sens du 'soi' de cette entité était tel que, quand cette entité n'était qu'un enfant, elle a étudié et appris de ses instructeurs. Pour le temps de son adolescence, comme dirait cet instrument, elle était déjà considérée elle-même comme un instructeur.*
>
> *Cette entité avait un sens du 'soi' qui lui permettait de faire simplement ce qu'elle avait à faire, même quand ceux qui l'entouraient ne comprenaient pas. Ce sens du 'soi' a porté cette entité tout au long d'un ministère errant qui a été remarquable pour la pureté de son enseignement.*
>
> *Et cependant, quand on demandait à celui qui est connu comme Jésus de décrire le 'soi', il disait: "Celui qui me voit ne me voit pas moi mais le Père". Cette entité avait appris la soustraction tout autant que l'addition, et elle s'est contentée d'être impersonnelle et d'abandonner une grande part de sa*

> *personnalité terrestre. Néanmoins, il ne peut y avoir d'identité plus assurée que l'attitude adoptée par celui qui est connu sous le nom de Jésus.* [34]

En pensant à des personnes polarisées positivement qui nous sont bien connues sur cette Terre, la première personne qui me vient à l'esprit est Jésus le Christ. Mais il y a un problème! Il y a énormément de confusion autour de cet homme. Cela est dû à la manière dont les religions ont corrompu l'image de Jésus. Les paroles et intentions négatives et d'exclusion qu'elles Lui ont attribuées ne correspondent pas à Ses intentions qui peuvent être déduites lorsqu'on lit ses paroles avec soin.

Thomas Jefferson avait créé, pour son propre usage, une sorte de Bible basée uniquement sur les paroles de Jésus telles que trouvées dans la Sainte Bible. Jefferson a présenté les textes choisis en grec, en latin, en français et en anglais, côte à côte. Il l'a fait pour pouvoir faire abstraction de toutes les influences excepté celle de Jésus Lui-même.

J'ai moi aussi cette tendance en tant que chrétienne mystique. Quand quelqu'un me demande comment en apprendre davantage sur Jésus, je lui conseille de choisir une Bible où les paroles de Jésus sont imprimées en rouge. De nombreuses éditions du Nouveau Testament font apparaître en rouge toutes les paroles prononcées par Jésus Lui-même. La lecture des seuls textes en rouge fait disparaître tout le fatras en provenance d'autres voix. On perd beaucoup du fil du récit en ne lisant que ce qui est en rouge, mais on gagne beaucoup en clarté et l'on voit exactement l'amour et la sagesse offerts par Jésus, tels que l'ont rapporté témoins et conteurs. La Bible de Jefferson est disponible en édition de poche de nos jours.

Le nom de Jésus en araméen est Jéhoshoua. Son surnom était Yeshoua. Je pense qu'Il apprécierait que les gens connaissent son véritable nom.

---

[34] Q'uo, reçu en channeling par L/L Research le 10 décembre 1995.

Chapitre II: Polarité et Choix

Jéhoshoua/Jeshoua/Jésus était fils de charpentier, et il a sûrement appris ce métier aux côtés de son père. Mais il lui a été permis aussi d'étudier la religion de ses ancêtres; c'est ainsi qu'arrivé à l'âge de 13 ans il était capable de discuter des textes savants avec les rabbins et de défendre ses propres points de vue. Son ministère à l'âge adulte a été marqué par des débats avec des figures juives d'autorité qui trouvaient qu'il était devenu un homme dangereux. Pour ces personnages, il aurait dû respecter à la lettre toutes les anciennes lois alors que Jésus affirmait qu'aimer le Seigneur et aimer son prochain comme soi-même c'était tout ce que demandaient la Loi et les prophètes qui pour Lui comprenaient la Torah de l'Ancien Testament et les Livres des prophètes de l'Ancien Testament.

Jésus était un rebelle, mais il semble cependant avoir eu le dernier mot dans tous les débats, à l'exception du dernier, bien sûr. Jésus a fini par être pris dans les méandres de menées politiques entre Église et État. Vu comme une 'patate chaude' politique, il a été voué à la croix dans une compétition à deux concurrents: un homme s'en va libre, l'autre meurt sur la croix. Le vote oral a été offert à une foule corrompue, et Jésus a pris le chemin du Golgotha et de la croix pendant qu'un meurtrier s'en allait libre.

Le service de Jésus était éclairé par la sagesse et la précision intellectuelle. Cependant, ses enseignements venaient d'un cœur ouvert et s'appuyaient surtout sur l'introspection et la compréhension intérieure. Il a été un prédicateur itinérant pendant les trois dernières années de Sa vie. C'est pour ces trois années seulement qu'Il est entré dans l'Histoire.

Il a commencé son ministère actif en rejoignant son cousin, Jean le Baptiste, dans le désert où Jean prêchait le repentir et une vie nouvelle, et où il baptisait ceux qui venaient le voir dans le désert en signe de cette vie nouvelle. Jean a affirmé que c'est Jésus qui aurait dû le baptiser lui, mais Jésus a voulu être baptisé à une vie nouvelle par Jean. Le message de Jean était aussi aride que son désert: «repentez-vous sinon la fin est proche». Mais c'est aussi un trait du ministère de Jésus, cette urgence à faire se tourner les gens vers les récompenses immédiates du repentir et du retour au Seigneur.

De ce temps-là jusqu'à Sa mort, Jésus a parcouru les routes en parlant à tous ceux qui voulaient L'écouter, et en guérissant les malades. Il voulait alerter tout le monde à la vision qu'il avait, d'une apocalypse imminente. Son message était apaisant, simple et révolutionnaire.

Le message de Jésus est l'amour inconditionnel. Il a demandé que les gens aiment leurs prochains comme eux-mêmes. Quand il lui a été demandé qui était le 'prochain', Jésus a raconté l'histoire d'un homme de condition modeste qui avait trouvé sur son chemin un étranger blessé et l'avait emmené dans une auberge voisine où il avait payé pour les services d'un médecin et pour le logement de cet homme jusqu'à sa guérison.

Dans une autre parabole, Jésus a parlé de la manière dont Il voit le monde. Cette fois, il a raconté l'histoire du Jour du Jugement. Il a dit que les Justes seraient assis à Sa droite et alors Il dira: "Viens, Ô toi qui es béni par mon Père, hériter du royaume préparé pour toi depuis la création du monde; car j'avais faim et tu m'as rassasié, j'avais soif et tu m'as offert à boire, j'étais un étranger et tu m'as accueilli, j'étais nu et tu m'as vêtu, j'étais malade et tu m'as assisté, j'étais en prison et tu es venu me rendre visite"[35].

Dans cette histoire, les Justes sont déconcertés. Ils disent: "Seigneur, quand donc t'avons-nous vu affamé et t'avons-nous nourri, ou assoiffé et t'avons-nous donné à boire? Et quand donc t'avons-nous vu comme un étranger et t'avons accueilli, ou vu nu et t'avons vêtu? Et quand donc t'avons-nous vu malade ou en prison et t'avons-nous rendu visite?".

Jésus a répondu: "tout ce que tu as fait au plus petit d'entre ceux là c'est à moi que tu l'as fait".

Nous sommes tous Un. Prenons soin de nous. Devenons une communauté d'amour. Voilà le message fondamental. Quelle

---

[35] Cette citation et la suivante sont extraites de l'évangile selon Mathieu 25:36-40.

que soit la vérité en ce qui concerne Sa vie (au mieux, la moitié des détails donnés peuvent être pris en considération), la conscience de ce qui est l'essence de Jésus le Christ touche et ouvre le cœur des gens depuis plus de deux mille ans.

La Pèlerine de la Paix

> *Bien sûr que j'aime tous ceux que je rencontre. Comment pourrais-je y manquer? En chacun se trouve l'étincelle de Dieu. Je ne me préoccupe pas de la race, de l'ethnie, ou de la couleur de la peau ; tous les gens me paraissent être de brillantes lumières !*[36]

Tout comme pour celle de Jésus, les débuts de la vie de la Pèlerine de la Paix sont relativement peu connus. Son prénom était Mildred. Elle a fréquenté l'école, a travaillé, s'est mariée, et a pris soin de sa famille jusqu'en 1938, quand elle a réalisé qu'elle voulait donner sa vie au Service.

Mildred a VRAIMENT fait Le Choix. Pendant les 15 années qui ont suivi, son mariage ayant été dissous, elle a distribué ce qu'elle possédait et a décidé de vivre de plus en plus simplement. Son plus grand intérêt était la paix dans le monde. Elle a accompli du travail bénévole pour des organismes comme *Women's International League for Peace and Freedom*, pour qui elle est devenue une lobbyiste législative à Washington, DC. Une personne de ses amies se souvient qu'elle ne possédait que deux robes. Pour une active lobbyiste à Washington, c'était indiscutablement une garde-robe de misère. Mais elle ne voulait que l'indispensable, afin de ne pas prendre plus que sa part des richesses de la Terre, du moins aussi longtemps que tant de gens devraient s'en passer.

---

[36] La Pelerine de la Paix, *Peace Pilgrim: Her Life and Work in Her Own Words*. Santa Fé, New Mexico: An Ocean Tree Book, 1982, p.50.

Son travail spirituel, ainsi qu'elle le décrivait, était de renforcer sa "nature centrée sur Dieu". Elle disait:

> *"Le corps, le mental et les émotions sont des instruments qui peuvent être utilisés soit par une nature centrée sur elle-même, soit par une nature centrée sur Dieu. La nature centrée sur elle-même utilise ces instruments mais n'est jamais à même de les contrôler complètement; il y a donc une lutte perpétuelle. Ces instruments ne peuvent être complètement contrôlés que par une nature centrée sur Dieu. Quand c'est la nature centrée sur Dieu qui prend le contrôle on trouve la paix intérieure. La nature centrée sur elle-même est un ennemi formidable qui lutte farouchement pour défendre son identité. Il se défend d'une manière habile et il ne faut pas le traiter à la légère. Il connaît les défauts de votre cuirasse. Pendant ses attaques, adoptez un profil bas et ne vous laissez guider que par le murmure de votre 'soi' supérieur.* [37]

Après la dissolution de son mariage, Mildred, devenue de plus en plus solitaire, avait pris l'habitude de se promener seule. Au cours d'une de ses promenades contemplatives elle a réalisé quelque chose d'important:

> *"Alors que je me promenais un matin tôt, je me suis soudain sentie exaltée, soulevée, plus que je ne l'avais jamais été. Je me souviens que j'ai éprouvé l'intemporalité, l'inspatialité et la légèreté. Il me semblait que je ne marchais plus sur la terre. Il n'y avait aucun humain, aucun animal aux alentours, mais chaque fleur, chaque buisson, chaque arbre, était entouré d'un halo. Il y avait une émanation lumineuse autour de chaque chose, et des paillettes dorées tombaient en pluie dans les airs.*

---

[37] La Pelerine de la Paix, *Peace Pilgrim: Her Life and Work in Her Own Words*: Santa Fé, New Mexico: An Ocean Tree Book, 1982, p. 8.

> *Le plus important n'était pas le phénomène; l'important c'était la réalisation de l'unité de toute la Création".*[38]

Elle est revenue de cette expérience avec une vision et une mission. Dans cet état altéré elle avait vu une carte géographique des États-Unis et son itinéraire. Elle s'est confectionné un sarreau sans manches, la sorte de vêtement que ma grand-mère portait en guise de tablier. Sur le devant elle avait brodé: *PEACE PILGRIM*. Sur le dos elle avait brodé: *WALKING COAST TO COAST FOR* PEACE, et plus tard: *25,000 MILES*[39] *ON FOOT FOR PEACE*[40]. Elle ne possédait plus alors qu'une seule tenue: une chemise et un pantalon bleu marine, le fameux sarreau, des chaussettes et des 'baskets'. Elle lavait ses vêtements quand elle le pouvait. Toutes ses possessions tenaient dans ses poches et consistaient en un stylo-bille et du papier à lettres pour répondre aux innombrables lettres qu'elle recevait bien qu'elle n'eût pas d'adresse!

Elle entamé son pèlerinage en tête de la *Rose Bowl Parade*[41] de 1953, se dirigeant ensuite vers l'est en emportant des pétitions en faveur de la paix, qu'elle a remises à la Maison Blanche 11 mois plus tard quand elle est arrivée à la côte est. Mais elle ne s'est pas arrêtée de marcher. Elle a marché et parlé pendant le reste de sa vie, a traversé six fois les États-Unis, adressant des discours quand on le lui demandait. Après les 25.000 premiers miles elle a arrêté de les compter!

A la fin de sa vie elle a fait la remarque que la renommée avait été utile à sa cause mais que, comme beaucoup de gens voulaient lui parler, elle s'était retrouvée dans des avions et envoyée à des réunions, ce qui ne lui laissait plus l'occasion de beaucoup marcher. Elle a dit que cela lui avait manqué.

---

[38] idem, p. 21.

[39] Près de 40.000 km (NdT)

[40] A pied de côte à côte pour la paix – 25.000 miles à pied pour la paix (NdT)

[41] Une parade fleurie qui se déroule chaque année au début janvier à Pasadena en Californie (NdT)

La Pèlerine de la Paix ne transportait pas d'argent et n'acceptait pas les dons. Elle ne mangeait que quand quelqu'un lui offrait de la nourriture. Elle était, en un mot, intrépide. Et nous ne devons pas nous en étonner. Après tout, pour elle, les gens étaient des lumières. Elle les voyait au niveau de l'âme. Ils faisaient tous un avec elle. Et pendant tous ces miles de marche solitaire elle n'a jamais été traitée avec rudesse ou incivilité. Les gens qui la connaissaient disaient qu'il y avait autour d'elle quelque chose qui la protégeait. La Pèlerine de la Paix, quant à elle, disait qu'elle ne faisait que regarder les gens dans les yeux et les aimer.

On lui a demandé un jour en quoi son message était spécial; elle a répondu qu'il n'y avait rien de nouveau ou de spécial dans son message de paix, sauf qu'elle le mettait en pratique. Pendant 28 années elle a littéralement été ce qu'elle disait. Elle a quitté cette vie en 1981.

Martin Luther King

> *Cette entité, Martin, a agi en grande partie dans des schémas vibratoires orange et jaune plutôt négatifs. Cependant, cette entité est parvenue à maintenir ouverte l'énergie de rayon vert, et à cause de la sévérité de ses épreuves, en fait, on peut considérer que cette entité s'est polarisée plutôt vers le positif par sa fidélité au Service D'Autrui quand elle a été mise en présence d'un grand catalyseur.*[42]

A sa naissance, Martin Luther King avait reçu pour prénom Michael mais devenu adulte il a préféré le prénom de Martin. Il était fils d'un pasteur d'Atlanta (état de Géorgie) dont le père et un grand-père avaient eux aussi été pasteurs. En 1953, à l'âge de 24 ans, il est devenu pasteur de l'église baptiste de la Dexter Avenue à Montgomery en Alabama. Rosa Parks fréquentait son

---

[42] Ra reçu en channeling par L/L Research le 4 mars 1981.

église. En 1955, après qu'elle ait refusé de céder sa place dans le bus (entre parenthèses elle était cependant assise dans la zone attribuée aux gens de couleur, et ceux qui voulaient qu'elle quitte sa place désiraient uniquement l'ennuyer) – King a mené le *Montgomery Bus Boycott*, une action qui a duré une année, à la fin de laquelle la Cour Suprême a déclaré hors la loi la ségrégation raciale dans tous les transports publics.

Pendant cette campagne, une bombe a été lancée sur la maison de King, il a été arrêté, et a fait l'objet d'agressions verbales. Cela n'a fait que renforcer sa propre résolution et celle de sa famille (sa femme Coretta et lui avaient quatre enfants). En 1957 il a quitté sa congrégation et a fondé la *Southern Christian Leadership Conference*[43], un groupe centralisant des actions en faveur des droits civiques.

King se rendait partout où il estimait que sa présence pourrait être utile, pour se mettre à la tête de mouvements de protestation contre des pratiques irrégulières ou injustes, qu'il s'agisse de travail, de scolarité ou de la paix. Il est même allé jusqu'à emménager pendant un an, avec sa famille, dans un taudis des bidonvilles de Chicago parce qu'il considérait qu'en tant que membres de la classe moyenne ils n'avaient pas l'expérience des profondeurs des préjugés ni ressenti l'impact de la véritable pauvreté. Lui-même et sa famille se sont alors engagés à soutenir les espoirs et remédier aux besoins de tous les gens de couleur des États-Unis. Ses enfants poursuivent toujours son œuvre.

Le credo de King était chrétien, mais son mentor était le Mahatma Gandhi, un Hindou. Leurs objectifs et attitudes étaient semblables. Gandhi avait conduit la nation indienne tout au long d'une campagne réussie de libération de l'Inde du joug britannique. Il y a consacré toute sa vie et est mort sous les balles d'un assassin, ce qui a aussi été le cas pour King. Les actions de Gandhi étaient basées sur la résistance passive.

---

[43] Conférence des Dirigeants Chrétiens du Sud (NdT)

Chapitre II: Polarite et Choix

King appréciait la créativité de Gandhi dans ses façons de protester pacifiquement, et pour sa volonté de non-violence. King voulait que ses marches de protestation soient non-violentes et, s'il découvrait à l'avance que des violences étaient planifiées, il annulait la marche pour épargner les gens.

Toujours, il a travaillé dans le but d'arriver à un accord avec les forces gouvernementales, partout où il menait des actions. En fait il a fait l'objet de critiques constantes de la part de membres de la SCLC à cause de sa ferme volonté de préserver une totale non-violence. Entre 1957 et 1968 King a parcouru plus de 6.000.000 miles est s'est adressé à plus de 2.500 auditoires.

Dans toutes les cultures, les gens qui se lèvent et parlent haut courent le risque de se faire des ennemis. King n'a pas fait exception à cette règle. Il a fait l'objet de cinq agressions, a été emprisonné de nombreuses fois, et a été renié par un nombre croissant de ségrégationnistes du sud. Malgré son Prix Nobel de la Paix pour son œuvre, malgré une avalanche de témoignages de reconnaissance du public sous forme de diplômes honoraires et récompenses pour services rendus, il est tombé sous les balles d'un assassin à Memphis en 1968. Il se trouvait dans cette ville pour soutenir les travailleurs des services sanitaires, en grève pour faire valoir leurs droits à des salaires décents.

En conséquence directe de l'œuvre de sa vie, une législation couvrant les droits civiques dans les domaines de l'éducation et du travail a été passée en 1964. Il reste encore beaucoup à faire pour la véritable égalité des gens de couleur en Amérique, mais les abus les plus criants dus aux préjugés raciaux ont été jugulés par cette législation. Nous n'apercevons pas encore la Terre Promise de vraie justice, d'équité et d'égalité vue par King. Nous observons cependant des progrès importants grâce à lui et à ceux qu'il a inspirés.

Dans son discours fameux lors de la Marche sur Washington pour le Travail et la Liberté, en 1963 il a dit:

> *"Comme n'importe qui, je voudrais que ma vie soit longue. La longévité a sa place, mais je ne m'en préoccupe pas pour le moment. Tout ce que je veux faire, c'est la volonté de*

Dieu. Et Il m'a permis de gravir la montagne jusqu'à son sommet. Et quand je me suis retourné, j'ai vu la Terre Promise. Peut-être que je n'y parviendrai pas avec vous. Mais je veux que vous sachiez ce soir que nous, en tant que peuple, nous arriverons un jour dans cette Terre Promise".

En 1964, alors que j'étais étudiante à l'université, j'ai marché pour l'égalité des droits au travail, ici au Kentucky. J'ai connu l'enivrante époque où étudiants et citoyens de tous les âges s'assemblaient pour réclamer justice. Cette cause est encore toujours juste. Et les paroles de King nous pressent toujours d'aller de l'avant pour accomplir des choses justes.

Exemples de Polarité Négative

Genghis Khan

> *La méritocratie concerne les sociétés basées sur la compétition. Système selon lequel le mérite doit déterminer la position sociale.*[44]

Gengis Khan a reçu le nom de Temujin à sa naissance en Mongolie vers 1162. Il a grandi dans la pauvreté, en parcourant les routes comme un nomade, comme tous ceux de sa tribu. Les nations mongoliennes occupaient un territoire niché entre ce que nous voyons comme la partie méridionale de la Russie et des territoires au sud de la Russie, comme le Népal et l'Inde.

Les nations mongoles se livraient des guerres incessantes depuis des siècles. Le jeune Gengis Khan les a unifiées en éliminant sans merci tous ceux qui s'opposaient à lui dans les tribus.

Il a ensuite emmené ces tribus unifiées dans une grande campagne de conquête et, au bout de cinquante années de batailles incessantes il était parvenu à créer l'Empire Mongol, le plus grand empire d'un seul tenant jamais dirigé par un seul

---

[44] Définition donnée sur le dictionnaire en ligne *The free Dictionary*.

Chapitre II: Polarite et Choix

chef dans toute l'histoire de la Terre. Cet empire s'étendait depuis les territoires de l'Asie du sud-est jusqu'au milieu de l'Europe ; il a existé de 1206 à 1405. Ce n'est pas Gengis Khan qui a donné à l'empire ses frontières les plus lointaines. Ce sont ses descendants qui ont accompli cela. Il a aussi réussi à défendre les nations mongoles contre les dynasties chinoises de l'époque. L'empire mongol a été la plus grande 'super-puissance' du moyen-âge.

Le commerce, le long de la Route de la Soie, en toute sécurité grâce aux actions d'intimidation menées par les Mongols dans le vaste Empire, a créé des liens entre l'Orient et l'Occident. Des échanges culturels grandissants ont enrichi tant la civilisation orientale que celle de l'Occident, tout en permettant également à la peste de s'engouffrer par cette route de l'Europe vers l'Orient au XVe siècle.

Près de 30.000.000 de personnes ont été tuées par les armées de Gengis Khan au cours des cinquante années qu'ont duré sa campagne ininterrompue. Au cours de cette période, la population de la Chine a été divisée par deux. L'extermination en masse de cités entières était sa tactique favorite pour dominer les nations. Comme en général les cités appréciaient peu la perspective de se rendre, elles étaient détruites de fond en comble. Ceux qui se rendaient conservaient la vie mais devenaient des vassaux et des esclaves.

Les Mongols se targuaient de leur constitution de fer et livraient combat de préférence en hiver parce que la plupart des autres armées trouvaient trop pénibles les conditions météorologiques extrêmes de cette saison. Tous les mâles étaient versés dans l'armée, et les honneurs ne se gagnaient qu'à la guerre.

Les habitudes de compétition et de guerre parmi les Mongols ont rendue efficace la méthode méritocratique adoptée par Gengis Khan. Il y avait constamment des réorganisations du pouvoir selon les succès sur les champs de bataille. La discipline était rigoureuse; si rigoureuse qu'en général même les plus pauvres, les plus démunis, étaient en sécurité sur les routes de l'Empire. Les manques à la discipline étaient punis de mort, même les petites infractions. C'était un règne de pure terreur.

La Terre n'a pas produit de nombreux exemples de mal pur, Gengis Khan compris, bien que le groupe Ra ait affirmé qu'il était monté de niveau dans le Service De Soi, de sorte que sa polarité doit avoir atteint 5%, ou moins encore, de Service D'Autrui. Il s'est efforcé de faire des choses positives cependant: il a stimulé le commerce et sa gouvernance civile a permis la paix, même si cette paix résultait de la terreur et de l'intimidation. On peut donc dire que cette politique a servi à exercer un contrôle complet sur ses sujets. Lui-même était persuadé qu'il œuvrait pour le bien de tous.

Pour lui il allait de soi que la force et l'intimidation dussent être la règle et que la crainte fût l'arme absolue. Son idée de la diplomatie était de faire savoir aux cités qu'elles avaient le choix: se rendre et être épargnées ou refuser de se rendre et être détruites. Il a été un excellent terroriste qui récompensait les hommes qui suivaient son exemple. Lors des batailles pour la conquête du nord de la Chine, notamment, il a massacré de nombreuses populations innocentes qui n'offraient aucune résistance. Ces massacres ont parfois eu une telle ampleur que dans certaines régions la langue est passée du persan au turc. Dans certaines régions de Chine, la destruction a été telle qu'il ne reste plus aucune trace des origines.

l ne reste aucune biographie de ce personnage. Il a été un chef élevé dans la pauvreté et les privations; on dit qu'il était de nature très méfiante, mais une fois accepté un allié subordonné, il était capable de respecter cette alliance. Sa vie c'était la guerre et il est mort en campagne. Il avait ordonné aux fidèles de son entourage de l'enterrer en un endroit secret. C'est ce qu'ils ont fait, et ils ont mis à mort tous ceux qui connaissaient l'endroit où il avait été inhumé ou qui cherchaient à savoir. Un récit sans doute mythique raconte que ses fidèles ont détourné le cours d'une rivière pour le faire passer sur sa tombe afin que celle-ci ne puisse pas être découverte ou dérangée. Le lieu où il repose n'a jamais été découvert.

Chapitre II: Polarite et Choix

Idi Amin Dada Oumee

> *I met a traveller from an antique land*
> *Who said: Two vast and trunkless legs of stone*
> *Stand in the desert. Near them, on the sand,*
> *Half sunk, a shattered visage lies, whose frown,*
> *And wrinkled lip, and sneer of cold command,*
> *Tell that its sculptor well those passions read*
> *Which yet survive, stamped on these lifeless things,*
> *The hand that mocked them, and the heart that fed:*
> *And on the pedestal these words appear:*
> *"My name is Ozymandias, king of kings:*
> *Look on my works, ye Mighty, and despair!*[45]

La polarité négative se manifeste en général au sein de groupes de gens qui interagissent pour former des drames complexes et sombres. Parfois, les machinations Service De Soi de figures politiques, religieuses et militaires s'entremêlent tellement qu'il est difficile d'en extraire une seule personne à prendre pour exemple de polarité Service De Soi.

L'histoire de l'Empire Romain constitue un de ces emmêlements. Est-ce que Néron a été pire que Caligula? Pas

---

[45] "Ozymandias" poème de Percy Bysshe Shelley écrit en 1817.

J'ai rencontré un voyageur venu d'une terre antique
Qui me dit: « Deux immenses jambes de pierre qui ne soutiennent aucun tronc
Se dressent dans le désert. Près d'elles, sur le sable,
a demi-enfoui, un visage brisé repose, dont les sourcils froncés,
Dont l'impérieuse bouche ridée, au froid mépris
Témoignent que celui qui l'a sculpté connaissait bien les passions
Qui survivent encor' imprimées sur ces objets sans vie,
La main qui s'en est moquée, le cœur qui les a nourries.
Et sur un piédestal on peut lire ces mots :
'Mon nom est Ozymandias, le Roi des Rois :
Contemple mes œuvres, ô toi qui es Puissant, et désespère!'
Rien à côté ne reste. Autour des débris de cette colossale épave
Seuls les sables sans contours et nus

S'étendent à perte de vue. (NdT)

Chapitre II: Polarite et Choix

vraiment. Quant au pape Alexandre VI, dont le nom séculier était Rodrigo Borgia, son exercice de la papauté a été un scandale permanent. Et cependant il n'a pas été pire que sa famille entière, toutes générations confondues, qui a vu naître tant d'empoisonneurs et de comploteurs.

L'apparition de l'Inquisition en Italie, en Espagne et au Portugal de 1184 à 1834, année où l'Espagne a mis fin à cette Inquisition dans ses colonies américaines et en Europe, est haïssable avec sa prétention de sauver les âmes en forçant les personnes à confesser leurs péchés avant de les mettre à mort, alors qu'il n'y avait pas de péché. Cependant, personne en particulier n'est coupable d'avoir créé cette cruelle machine à tuer des innocents.

Le crépuscule d'un empire est une période idéale pour observer la polarité Service De Soi qui s'accumule chez les individus avides de pouvoir. Notre second 'méchant' sera Idi Amin Dada.

L'empire qui déclinait en Afrique au temps de sa naissance, vers 1924, dans la province ougandaise du Nil occidental était l'Empire Britannique. En 1894, le gouvernement britannique mettait l'Ouganda sous son protectorat. Ce pays a regagné son indépendance en 1962, quand le Premier Ministre Milton Obote qui voulait unifier les différents groupes ethniques du pays en a aboli tous les 'royaumes' et s'en est nommé le Président.

Amin n'a pas beaucoup fréquenté l'école. Il n'a jamais su écrire et ne lisait qu'avec grande difficulté. Son père était un pauvre cultivateur musulman. Sa mère se disait sorcière. C'était un boxeur puissant qui a été champion de l'Ouganda, dans la catégorie poids lourds, de 1951 à 1960. Amin a été soldat dans l'armée britannique, incorporé en 1946 dans les Fusiliers Africains du Roi. En 1961 il a été élevé au grade de lieutenant, le plus haut grade accordé à un homme noir dans l'Armée britannique.

Cette année-là il a mené des troupes dans le nord de l'Ouganda pour mettre fin à des vols de bétail. Pour arriver à ses fins il a torturé, battu à mort, enterré vivants les suspects. Il n'a pas été poursuivi par la justice car tout ce qui importait à l'Ouganda

Chapitre II: Polarite et Choix

c'était d'unifier le pays afin de pouvoir se libérer du joug britannique.

Obote, d'abord premier ministre puis président de l'Ouganda, avait vu en Amin Dada un allié utile qui avait mis fin à une autre mutinerie, à Jinja en 1964. Il était devenu un lien indispensable entre l'Ouganda et Israël pour l'acquisition d'armes. Quand Obote et Amin ont eu des ennuis liés à un trafic d'or, les choses se sont gâtées. Les deux hommes ont comploté l'un contre l'autre, et en 1971, Amin a réussi un coup d'état sans verser de sang, accusant Obote de corruption et de crimes contre État

Amin a alors promis aux Ougandais toutes sortes de choses légitimes. Il a affirmé qu'il n'était qu'un homme très humble dont le seul souci était son pays bien-aimé. Mais dès qu'il a été élu Président, il a fait exécuter un grand nombre d'officiers de l'armée dont il était persuadé qu'ils étaient restés fidèles à Obote. Il chassé du pays tous les Britanniques qui touchaient de près ou de loin au gouvernement de l'Ouganda avant l'indépendance. Leurs biens ont alors été données à ses copains militaires.

En 1972, Amin décida qu'il voulait faire de l'Ouganda un vrai pays noir. Il fit expulser 80.000 Indiens et Pakistanais. Il paracheva sa séparation d'avec la domination britannique en rompant ses relations avec Israël et en s'alliant à l'Organisation de Libération de la Palestine.

Amin poursuivit sa campagne destinée à éliminer les partisans d'Obote et les tribus rivales en tuant près de 300.000 personnes, dans ce nombre étant compris des ministres du gouvernement ougandais, des membres de la Cour Suprême, des diplomates, des enseignants, des fonctionnaires, des membres du clergé, des médecins, des banquiers, des chefs tribaux, des directeurs d'entreprise, des membres de la Presse et de nombreux citoyens ordinaires.

La taille de l'armée s'est considérablement accrue. La loi militaire a pris le pas sur la loi civile. Le Parlement a été dissous et ce sont des militaires qui ont été installés dans les administrations.

Naturellement, sous ce règne de terreur l'économie s'est effondrée. Un appareil de sécurité qui a employé jusqu'à 18.000 agents, a été mis en place pour gérer le chaos. En 1975, Idi Amin Dada s'est nommé lui-même Président à vie. Il gouvernait par décrets, et ses provocations ont fait dire au Président des États-Unis: Jimmy Carter, que les politiques menées par Amin dégoûtaient le monde libre.

Il reste très connu pour le rôle qu'il a joué dans une situation où des otages avaient été pris en Ouganda. Quand des guerrilleros pro-palestiniens ont piraté un avion d'Air France et l'ont forcé à atterrir à Entebbe, Amin a négocié avec Israël au nom des représentants de la guerrilla. Il s'est senti humilié quand les Services Secrets israéliens ont sauvé les otages. En réponse, il a fait assassiner plus de 200 officiers supérieurs et hautes personnalités gouvernementales ougandais et a une nouvelle fois fait expulser tous les étrangers.

Amin est devenu de plus en plus capricieux, s'accordant à lui-même titres et décorations, au point de devoir porter des tuniques extra-longues pour pouvoir y épingler toutes ses médailles. Les choses ont mal tourné pour lui quand il a attaqué la Tanzanie, un territoire formant frontière au sud de l'Ouganda, espérant ainsi détourner l'attention de l'échec économique de son pays. Mais le stratagème échoua, et en 1979 les Tanzaniens ont pris la capitale, forçant ainsi Amin à fuir avec ses quatre épouses, quelques unes de ses trente maîtresses, et vingt de ses cinquante-quatre enfants. Les Saoudiens lui ont accordé une confortable retraite en lui procurant serviteurs et complaisances de toutes sortes. Amin est mort en 2003 de mort naturelle. "L'impérieuse bouche ridée au froid mépris" n'était plus.

Le tribut de l'Ouganda: plus de 300.000 morts en huit ans; un taux annuel d'inflation de plus de 200%; l'agriculture, l'industrie et le commerce de son pays ruinés. Au cours d'une interview donnée peu de temps avant sa mort, Idi Amin Dada a affirmé qu'il méditait beaucoup sur le Coran et qu'il était plus heureux que quand il était Président. Il n'a jamais exprimé le moindre regret de ses actes.

Adolf Hitler

> *Interlocuteur: Qu'est-ce qu'il advient de gens comme Hitler qui paraissent avoir suscité des tas d'ennuis sur notre planète?*
>
> *Je suis Latwii, et j'ai pris conscience de ta demande, ma sœur. Lorsqu'une telle entité réussit à atteindre une polarisation négative jusqu'à un point qui montre un grand désir de servir le 'soi' pendant au moins 95% du temps, disons, alors l'entité est également capable de monter de niveau dans le négatif ou Service De Soi, et peut ensuite choisir une planète de quatrième densité de vibration négative, à laquelle elle pourra joindre ses propres vibrations, dans un complexe mémoriel social de nature négative. L'entité à laquelle tu as fait allusion, l'entité connue comme Adolf, n'est pas parvenue à obtenir cet effet dans sa conscience, a subi une certaine dépolarisation, et n'a pas pu passer de niveau au cours de son incarnation précédente; elle est soumise à un processus de guérison depuis ce que vous appelez 'un certain temps', dans les plans astraux moyens de votre planète.* [46]

Adolf Hitler est né en Autriche le avril 1889. Il était le fils illégitime d'un agent des douanes, Alois Schickelgrube, et de Klara Poezl, sa mère qui le chérissait. Il avait six frères et sœurs, plus un demi-frère et une demi-sœur issus des deux premiers mariages de son père. Seuls Adolf et une de ses sœurs, Paula, ont survécu dans sa famille immédiate, les autres étant décédés dans la petite enfance.

Le nom de famille 'Hitler' a été choisi par son père, Alois, en 1876. C'était le nom de famille du beau-père d'Alois, décédé bien avant la conception d'Adolf. Mais comme le fonctionnaire

---

[46] Latwii, reçu en channeling par L/L Research le 2 avril 1982.

de l'état-civil n'était pas au courant de la situation, Alois a pu devenir Alois Hitler. Adolf Hitler s'est appelé 'Schickelgruber' jusqu'à la trentaine, quand il a découvert qu'il n'était pas excellent d'avoir un nom à consonance juive.

A ce jour, il n'est toujours pas établi avec certitude si oui ou non Hitler avait du sang juif dans ses veines. Étant donné l'étendue des destructions d'archives officielles au cours de deux dernières guerres mondiales, il est peu probable que la vérité à ce sujet sorte jamais du puits. Mais comme Hitler lui-même craignait d'avoir du sang juif, il a par la suite fait prendre pour cible le lieu de naissance de son père: tout y a été anéanti ; archives, édifices, tout a été rasé jusqu'au sol.

Hitler possédait assez de talents artistiques pour fréquenter la *Realschule*, une école orientée vers l'enseignement technique et scientifique, dont le programme comportait des cours de dessin. Il ne s'est pas montré bon élève, et a quitté l'école à l'âge de 16 ans. Par la suite, son père (décédé en 1903) lui ayant laissé un modeste héritage, il est allé passer six années à Vienne, gagnant sa vie en dessinant sur les trottoirs. Dès 1909, ayant dépensé tout l'argent de son héritage, il a dormi dans des homes pour sans abri soutenus financièrement par des philanthropes juifs. C'est pendant ces années qu'il a développé ses préjugés irraisonnés contre tout ce qui était juif, bien qu'il ait été logé et nourri par des Juifs, ou peut-être à cause de cela.

Il a fui Vienne pour éviter la mobilisation générale lancée en 1913 mais a été retrouvé par les autorités militaires et incorporé dans les tranchées pendant près de quatre ans, jusqu'au moment où il a été gazé, en 1916.

Guéri de ses blessures de guerre, Hitler fut ensuite recruté par le gouvernement allemand affaibli, à titre d'agent du Renseignement, en infiltrant un groupe de droite nommé Parti Travailliste Allemand. Le groupe était petit et désorganisé, mais Hitler appréciait le ton de ses tendances, et a entrepris de se mettre à sa tête. Il a commencé par faire des discours passionnés dans lesquels il faisait retomber tous les malheurs de l'Allemagne sur la tête des Juifs et des Communistes. En 1920

Chapitre II: Polarite et Choix

le groupe a présenté un programme de reconstitution des fortunes allemandes en faisant notamment révoquer les droits civiques des Juifs et en faisant expulser ceux qui avaient immigré en Allemagne après le début de la première guerre mondiale.

Le Traité de Versailles qui avait mis fin à la première guerre mondiale avait laissé l'économie allemande exsangue. L'Allemagne avait accepté de payer pour tous les dommages de guerre que ses armées avaient occasionnés. Une défaite très humiliante. La machine de guerre allemande était démantelée. Les citoyens étaient désorientés et sans emplois, désespérément pauvres et prêts à tout mettre sur le dos d'un bouc émissaire. Les discours démagogiques d'Hitler les réconfortaient. La solution semblait simple: éliminer les Juifs pour faire disparaître tous les ennuis de l'Allemagne.

Hitler, Autrichien de naissance, était devenu un patriote et un militaire allemand, bien que la nationalité allemande ne lui ait été accordée qu'en 1932. Pour lui, les civils qui avaient rédigé le Traité de Versailles avaient poignardé l'Allemagne dans le dos et lui avaient fait donner bien plus qu'elle n'aurait dû. C'était aussi le point de vue d'autres partis allemands rivaux de droite. Hitler mena bien son jeu politique et parvint en fin de compte à unir les petits partis sous son commandement. En 1921 il était présenté à un congrès comme le Führer du Parti Socialiste National.

Hitler se détourna alors un moment de sa carrière politique estimant, peu judicieusement, que son petit parti bénéficiait de suffisamment de soutien populaire pour réussir un coup d'état dans la République de Weimar en 1923. Sa révolution s'est terminée promptement et a coûté la vie à 12 personnes. Hitler fut condamné à cinq années de prison, mais il est en fait resté emprisonné moins d'une année.

C'est en prison qu'Hitler a écrit le premier volume de *Mein Kampf*, ouvrage qui, au fil des ans a été vendu à plus de dix millions d'exemplaires, ce qui lui a valu de substantielles commissions sur lesquelles il n'a jamais payé de taxes. Sa dette fiscale d'un demi-million de Reichsmarks a été effacée quand il est devenu le Chancelier de l'Allemagne.

J'ai entendu pas mal de rumeurs sur les activités occultes supposées de Hitler. Il a été dit qu'il était versé dans les arts occultes. Mais bien que certains de l'entourage d'Hitler aient certainement trempé dans l'occulte, lui-même avait une vue plutôt simpliste de ce qu'il faisait. Il préconisait un 'christianisme positif', dans lequel Jésus était vu comme un adversaire des Juifs.

Pour lui, le plus pur et le meilleur de tous les pedigrees possibles était la souche 'aryenne' allemande aux yeux bleus et aux cheveux blonds. Il ne voulait pas que le sang aryen soit affaibli en le mélangeant à celui d'aucune autre race. Cette volonté s'est concrétisée vers la fin de la deuxième guerre mondiale, quand il a voulu créer les Enfants du Troisième Reich en ordonnant à ses troupes des services secrets d'avoir des rapports sexuels non protégés avec autant que possible d'Aryennes reconnues.

Le charisme d'Hitler venait probablement de la fierté blessée du peuple allemand. Ce peuple aimait l'entendre promettre que tout irait bien dès que les Juifs gênants auraient disparu de la société, ainsi d'ailleurs que les communistes, et tous ceux qui étaient sur la liste noire dressée par Hitler. La nation était en profonde dépression. L'inflation était endémique. Hitler et son parti étaient parvenus au pouvoir par des moyens légitimes cette fois, en 1933, par des manœuvres politiques d'une complexité extrême.

Hitler étant au pouvoir, les Nazis se livrèrent à la violence paramilitaire, à l'hystérie anticommuniste, et à une propagande radicale. Des groupes communistes furent arrêtés, forcés à fuir, ou assassinés. Les libertés individuelles furent suspendues. Très vite, Hitler a manœuvré de façon à ce que tous les autres puissants de l'Allemagne soient isolés de leurs bases de pouvoir ou éliminés physiquement.

En 1934 Hitler, plutôt que d'organiser des élections, fit passer une loi déclarant 'dormante' la présidence. Cette loi plaçait tous

Chapitre II: Polarite et Choix

les pouvoirs de chef de l'État et du Commandement des forcées armées dans les mains de Hitler. Il détenait donc le pouvoir suprême, qui ne pouvait être légalement mis en question. La population allemande était engourdie, mesmérisée.

Hitler s'occupa alors du gigantesque problème de l'emploi en déclarant que les bonnes citoyennes allemandes devaient rester à la maison pour s'occuper de: *Küchen, Kirchen und Kinder*, c'est-à-dire Cuisine, Église, et Enfants. Elles étaient supposées prendre bien soin de leur maison et de leurs enfants, d'accomplir de bonnes œuvres à l'église. Le marché de l'emploi s'est alors dégagé, et les hommes ont pu retrouver du travail. Tout ce monde était pauvre, mais il y avait de la stabilité et un sens du devoir accompli.

Hitler tourna ensuite son attention vers la réorganisation de l'armée allemande, au mépris du Traité de Versailles. En 1935 il rétablit le service militaire. De 1936 à 1939 ses troupes ont réoccupé la Rhénanie, la Hongrie la Roumanie et la Bulgarie. Il fit alliance avec le dictateur italien Benito Mussolini, et le Japonais Saburo Kurusu. Il ordonna l'union de l'Allemagne et de l'Autriche, puis annexa ce dernier territoire tout entier. Il occupa la Tchécoslovaquie et mit sous protectorat allemand la Bohème et la Moravie. Puis il envahit la Pologne.

Les États-Unis étaient isolés de tous ces événements par un vaste océan. Tous ces petits pays avaient été conquis par des armées diverses au fil des siècles. Même la Grande Bretagne avait décidé que la discrétion était de mise et laissait faire Hitler dans l'espoir qu'il la laisserait en paix.

Mais en 1940, Hitler faisait un pas de trop pour les Britanniques: ses forces envahissaient les Pays-Bas, le Luxembourg et la Belgique sur leur chemin vers la France. La France capitula, et les Britanniques évacuèrent les armées vaincues en faisant appel à une armada hétéroclite depuis Dunkerque. La bataille d'Angleterre avait commencé.

Non content d'attaquer toute l'Europe, Hitler décida qu'il lui fallait l'Union Soviétique aussi. En 1941 il envoyait trois millions d'hommes attaquer le territoire russe. Quand le Japon a attaqué les États-Unis en bombardant Pearl Harbor en 1941, Hitler s'est occupé de l'Amérique également. Quand on se rend compte du nombre d'ennemis qu'il a voulu affronter à la fois l'on voit immédiatement pourquoi son grand plan s'est effondré. Il ne disposait pas du personnel qui aurait pu l'aider à réaliser son rêve d'empire. Plusieurs militaires de sa propre armée ont tenté de l'assassiner parce que, pour beaucoup, il était devenu fou. Ces tentatives ont échoué. Hitler s'est suicidé quand les troupes américaines sont finalement entrées dans Berlin.

Pour arriver à sa 'solution finale' destinée à mettre fin aux problèmes rencontrés par l'Allemagne, Hitler avait mis en place des camps de concentration où étaient éliminés tous les indésirables: d'abord des Juifs, mais aussi des Gitans, des Communistes, des handicapés, des Polonais, des homosexuels, des Protestants, des Catholiques, des prisonniers de guerre, des Témoins de Jéhovah, des membres du clergé anti-nazis, et bien d'autres catégories encore. Il est estimé que, sous le régime hitlérien, près de onze millions de personnes ont péri, dont environ six millions de Juifs, nombre qui correspond à deux tiers des Européens d'ascendance juive.

A l'inverse de Gengis Khan qui est parvenu à monter de niveau dans la polarité du Service De Soi, Hitler ne l'a pas pu. Sa polarité négative a été très affaiblie par le fait qu'il était convaincu de faire ce qui était bien pour sa patrie. Il a vu les exterminations massives comme le seul moyen de sauver l'Allemagne. Il se voyait lui-même comme le sauveur de son pays.

CHAPITRE III: LE CORPS ENERGETIQUE

Mental et Conscience

> *La conscience est, en vérité, la conscience de l'amour; car l'amour et les distorsions d'amour sont tout ce qu'il y a, tout ce qui est.*
>
> *Chaque personne a une vibration native qui est complètement en harmonie avec le Logos qui a créé et formé tous les millions d'univers infinis. Et chacune d'elles, par le processus de la prise d'une incarnation, a accepté un service difficile mais enrichissant.*
>
> *Cette conscience, que certains ont nommée conscience christique ou conscience cosmique, réside dans ce véhicule de chair, d'os, de muscles et de pensées. Chacun résonne dans cette configuration qui peut sembler étrange, d'un esprit pris au piège ou seulement en visite. La plupart des entités se sentent véritablement piégées pendant un certain temps, et cependant, c'est une opportunité que vous avez ardemment souhaitée. C'est un voyage que vous avez planifié, c'est vous qui avez établi les relations qui devaient permettre de focaliser votre propre cœur et votre propre mental sur les leçons d'amour que vous-mêmes avez considérées comme les plus significatives et critiques pour vous en ce moment.*
>
> *Et donc, cette vibration fondamentale de chacun est l'Amour lui-même, distordu, contracté, contrôlé, dirons-nous, par les diverses façons dont, par libre volonté, l'entité a choisi de limiter ou donner forme à la conscience.* [47]

Vous êtes un Joueur dans le Jeu de la Vie, d'après la philosophie de la Confédération. Les quelques chapitres qui

---

[47] Q'uo, reçu en channeling par L/L Research le 14 avril 1996.

Chapitre III: Le Corps energetique

suivent expliquent comment bien jouer à ce Jeu. Ils expliquent comment fonctionnent votre mental, votre corps et votre esprit. L'approche de cette matière concernant le corps énergétique vous aidera à devenir un athlète spirituel en jouant chaque jour sur ce Grand Échiquier.

Celui qui gagne sur le Grand Échiquier n'est pas celui qui est le plus rapide, mais celui qui a le cœur juste. Le Joueur joue chaque coup contre lui-même. A l'instar du chevalier du Moyen-âge, il est en quête du Graal ou esprit de vérité, de la beauté et de l'amour, qui raconte la véritable histoire du monde et apprend à nos cœurs à devenir sages et vrais.

Dans ce chapitre nous parlerons du corps énergétique en général. Dans les chapitres qui suivent, nous examinerons en détail les chakras – ou centre énergétique – l'un après l'autre.

La conscience est ce qui se trouve au plus profond de notre mental. Et l'accès à cette conscience commune est nécessaire pour pouvoir bien jouer au Jeu de la Vie. Sans un accès à la conscience infinie nous abordons notre Grand Échiquier avec des informations erronées et incomplètes.

Les humains, chez qui c'est la personnalité de surface qui est éveillée et aux commandes, limitent, teintent ou forment leur conscience par les attitudes et pensées qui constituent préjugés et inclinations. Ce sont nos 'distorsions'. Inconsciemment, nous voyons le monde au travers des lentilles de nos présomptions primaires et de nos points de vue généraux.

Obtenir de mauvaises informations, c'est la situation naturelle de quiconque ne travaille pas le cœur ouvert. Bien sûr, les Joueurs avec un grand J préfèrent ne pas recevoir des informations fausses. C'est pourquoi nous souhaitons ouvrir notre cœur et le garder ouvert, pour que la conscience qui y habite puisse nous informer et élargir notre angle de vue.

Quand je parle de conscience et de mental, souvenez-vous que le but de la compréhension de ce sujet est d'apprendre comment mieux colorer, limiter, former nos inclinations sous-jacentes, et mieux informer nos points de vue. Puiser à l'océan de la

CHAPITRE III: LE CORPS ENERGETIQUE

conscience la guidance spirituelle ou 'Créateur-itude' (appelez comme vous voudrez cette ressource du mental profond) nous aide à faire des choix plus informés et judicieux grâce au discernement, à la clarté, et à la simplicité obtenus par ce petit plongeon.

Les entités de la Confédération utilisent énormément le mot 'distorsion'. Tout est une distorsion de la Loi Une pour le groupe Ra. Le Logos, la lumière et tous les Soleils ou Sub-Logoï créés sont déjà des distorsions de l'Unicité infinie du Créateur non manifesté. Chacun d'entre nous est une nouvelle focalisation du Logos: un sub-sub Logos selon la terminologie de Ra, et de ce fait, plus dévié ou teinté.

Il est attendu et encouragé que nous distordions l'Unicité infinie. En fait nous ne pouvons pas faire autrement, puisque tout ce qui est manifesté est illusoire, et donc distorsion du Un infini et invisible.

Il nous faut donc comprendre la naturelle dualité des fonctions apparemment unifiées de notre cerveau. Il nous faut comprendre comment aller de l'une à l'autre, et 'jouer' des deux très différentes fonctions du mental afin qu'elles puissent travailler ensemble. Une fois compris le 'topo', une fois comprise la manière dont on devient un Joueur compétent, le jeu devient plus facile et s'améliore, puisque chaque jour nous pouvons jouer contre nous-mêmes et vivre les meilleurs moments possibles.

Jamais je n'ai approché, de près ou de loin, aucun système de psychologie aussi utile que celui de la Confédération concernant le corps énergétique, pour m'aider à trouver la paix avec moi-même et un sentiment de tranquille confiance dans le jeu sur le Grand Échiquier. C'est peut-être parce que les entités de la Confédération incluent le sacré dans leurs explications de la façon dont nous fonctionnons.

Jamais je n'ai rencontré un système religieux aussi facile à comprendre pour un esprit logique que ce qui est proposé par la Confédération. C'est peut-être parce que les religions n'abordent en général pas la conscience comme une chose en soi mais comme la personnification de la Déité. Ce qui est proposé par la Confédération c'est la description intellectuellement satisfaisante des dépenses d'énergie qui régissent nos expériences quotidiennes.

Une des vertus de ce qui est transmis c'est que le ton est neutre. Ce sont des ressources et non des dogmes.

Nous avons découvert précédemment, dans ce rapport, en examinant les règles qui régissent le jeu sur le Grand Échiquier, que ce Jeu a pour but de faire des choix éthiques en fonction de la polarité que nous choisissons. Vous et moi avons choisi de nous polariser vers le Service D'Autrui. Nous travaillons tous deux à nous polariser vers des choix empreints de compassion, offrant des mots d'amour et créant des manières réfléchies et généreuses de traiter notre monde et les gens que nous connaissons.

Mental, Conscience et Perception

"Ce qui affecte le plus le corps énergétique ce sont les pensées que nous avons. De ce fait, si nous améliorons notre régime alimentaire et que nous en sommes satisfait, l'information concernant ce régime alimentaire adéquat est transmise aux chakras du corps comme étant une bonne nouvelle.

Si, par ailleurs, une entité se force à suivre un régime alimentaire prescrit dans le cadre d'une maladie mais que cette entité se sent malheureuse et contrainte à cause de ce régime, alors l'information transmise aux chakras du corps est très différente. Elle est ressentie comme une chose négative par les chakras du corps, et non comme une chose positive.

Car le corps des chakras n'écoute pas le médecin; il n'écoute pas non plus des idées qui contiennent le mot 'devrait'. Il écoute seulement les sentiments et les formes pensées impliqués dans la traduction d'effets physiques en sentiments et sensations du corps. Un cœur heureux est plus utile au système des chakras

Chapitre III : Le Corps energetique

> *qu'un bon régime. Un mental en paix est plus utile au système des chakras que l'exercice.*"[48]

Faire des choix judicieux n'est pas simplement une affaire intellectuelle, bien que parfois je souhaiterais que ce le fût ! Faire de bons choix n'est souvent pas simple du tout. Les faits impliqués dans une situation ne constituent pas l'entièreté de cette situation. Nos inclinations et préjugés colorent la façon dont nous voyons les choses. Nos attitudes affectent nos perceptions de manière substantielle et critique. Le groupe Q'uo en offre un bon exemple dans la citation ci-dessus.

Nous nageons habituellement dans un océan de sensations, de plus en plus complexes à mesure que nous avançons. Les moments où il faut faire un choix nous prennent souvent par surprise. C'est parce qu'en général nous n'accordons qu'une attention partielle au moment présent. Nous abordons rarement le 'maintenant' avec une attention pleine et entière.[49] Souvent nous pensons plutôt à ce qui vient ensuite sur notre liste des choses à faire.

Nous passons du temps à sourire à des souvenirs chers. Et souvent nous passons beaucoup de temps à parcourir les coins les plus tristes de la Rue de la Mémoire, gaspillant ainsi notre énergie en regrets et en « si seulement...... » qui nous distraient du Jeu sur le Grand Échiquier.

Ce chapitre étudie comment notre mental, notre corps et notre esprit travaillent ensemble. Le modèle qui nous est enseigné en général quant à la façon de nous percevoir nous-mêmes, est principalement qu'il y a un corps, un mental, et quelque chose de vague que l'on appelle 'une âme'.

Notre culture et nos instructeurs supposent que chacun de nous n'a qu'un seul mental. On nous enseigne que certaines

---

[48] Q'uo, reçu en channeling par L/L Research - séance du 28 mai 2006.

[49] Je rends hommage à Eckhart Tolle, dont les livres *The Power of Now* et *New Earth*, creusent cette idée de vivre extensivement et pleinement dans le 'maintenant'.

personnes ont un gros cerveau, d'autres un petit cerveau. On nous apprend que certaines personnes sont des artistes et sont donc régies par leur cerveau droit, et que d'autres sont logiques et raisonnables, et sont de ce fait régies par leur cerveau gauche. Il n'y a aucune hypothèse prenant en compte une faculté de notre mental qui irait au-delà des sensations et perceptions générées par le cerveau.

Pour ceux qui jouent au Jeu de la Vie, cependant, cette assertion est erronée. Pour ceux de la Confédération, ce que nous voyons comme notre mental n'est qu'une partie de ce que eux définissent comme étant le mental. Dans le présent rapport j'ai isolé, pour pouvoir en parler plus facilement et vous habituer à l'utiliser, la partie la plus profonde du mental selon leur système. La partie la plus profonde du mental, selon la philosophie de la Confédération, c'est la conscience.

La conscience c'est l'océan d'Essence [50] qui fait partie du Créateur infini unique. Elle est faite d'amour inconditionnel. Dans notre état mental normal, nous n'avons en général pas accès à la conscience. La conscience demeure à l'intérieur de notre mental, dans un *locus* non localisé, non physique, qui traverse notre corps énergétique dans le chakra du cœur.

Qu'est-ce que ce corps énergétique? La Confédération suggère que le corps énergétique est ce qui relie notre corps physique à notre esprit éternel ou âme. Ce corps énergétique interpénètre notre corps physique et en est inséparable pendant toute notre vie.

Visualisez votre corps debout. Voyez les vertèbres de votre colonne vertébrale. Placez au-dessus de cette série d'os reliés un autre corps: une sorte de conduit d'énergie. Ce conduit est le corps énergétique. Il est composé, selon le système proposé par ceux de la Confédération, de sept chakras ou centres énergétiques reliés entre eux. Ce tube, dont la forme est légèrement ovoïde, et qui transmet l'énergie des chakras,

---

[50] Original: 'being' (NdT)

parcourt toute la colonne vertébrale, depuis la base jusqu'en haut.

Le corps énergétique contient le plan de notre corps parfait; de notre corps à la naissance: du corps 'tout frais sorti du four' ', et venu en incarnation. C'est le train qui nous a amené jusqu'ici. Et c'est aussi le train qui nous emmènera quand nous partirons. Il n'est pas physique comme nous entendons la physicalité, mais il est relié à notre corps physique. Des scientifiques 'non orthodoxes', de la Russie jusqu'aux États-Unis, ont allégué (je ne dis pas 'prouvé') que ce corps énergétique pèse environ 20 grammes ou trois-quarts d'once.

Nous ne devons pas craindre de perdre la connexion entre notre corps physique et notre corps énergétique. Les deux sont fermement reliés grâce à une sorte de cordon ombilical que certains appellent 'cordon d'argent'. Ce corps énergétique a un effet profond sur notre expérience de vie. Et l'inverse est vrai aussi. Nos sentiments et nos pensées ont une forte influence sur notre corps énergétique. C'et pourquoi il nous faut comprendre comment ces deux corps collaborent pour nous offrir l'expérience d'une vie sur la planète Terre.

Du Combustible pour le Corps Énergétique: l'Énergie Subtile

Figurez-vous, si vous le voulez bien, la créature que vous êtes. Vous recevez cette information le long de votre épine dorsale, comme un système d'énergie, de réception et d'utilisation dans le physique. Il est alimenté à l'infini, approvisionné en permanence par l'amour et la lumière du Créateur unique.

Cette lumière est littéralement envoyée vers le cœur de la Terre, votre mère, qui ensuite la déverse depuis son centre (on pourrait dire depuis sa matrice), à travers elle, par la plante de vos pieds, dans votre système corporel, de sorte que cette lumière se déverse constamment dans votre système énergétique

> *au niveau du rayon rouge, et s'élève autant qu'il le peut jusqu'à et au travers du sommet de votre tête, vers le passage ouvrant sur l'infini intelligent.*[51]

Lorsque nous pensons à la manière dont notre corps se procure l'énergie pour vivre sa vie, nous pensons immédiatement à la nourriture et à la boisson. Nous supposons que nous avons besoin de nutriments solides et liquides pour être en bonne santé. Cette supposition est correcte, sauf dans de très rares cas peut-être mythiques où un yogi affirme ne se nourrir littéralement que de lumière. Quand il ne nous est pas possible de disposer d'une source d'eau ou d'un autre liquide, nous mourons dans les trois semaines. Si nous ne trouvons pas de nourriture, nous mourons dans les trois mois.

Même quand on dispose d'assez de nourriture pour vivre, s'il y a carence de certaines substances le corps n'est pas en bonne santé. Par exemple, le corps de ceux qui ne sont pas à même d'adjoindre à leur régie alimentaire une quantité minimale de protéines provenant de légumineuses, de produits laitiers ou de viande, sont incapables d'assimiler la nourriture correctement ou de permettre à certaines fonctions cellulaires de s'accomplir alors qu'elles sont essentielles à la vie.

Voilà le genre d'informations en matière de nutrition qui nous sont enseignées depuis l'enfance. Aujourd'hui je dispose toujours par groupes les repas que je sers: protéines, légumes verts, fruits et hydrates de carbone en tête de liste. Tout cela est bien pour cette manière de voir les choses. Mais elle est limitée au concept du corps vu comme quelque chose de purement physique.

La Confédération voit le corps d'une manière plus large et plus détaillée. Le groupe Ra appelle une personne: un 'complexe mental/corps/esprit'. Remarquez que dans leur expression le corps vient en deuxième et non en première position. La

---

[51] Q'uo, reçu en channeling par L/L Research – séance du 18 décembre 2005.

Chapitre III : Le Corps energetique

première partie, la partie dominante du complexe, c'est le mental.

La Confédération dit que le corps est la créature du mental. Ce que nous ressentons physiquement est fortement influencé par nos pensées et émotions. Le mot 'mental' comprend les émotions, les sentiments, les intuitions, les réactions viscérales, et les interprétations qui informent nos pensées et délimitent notre processus de pensée. Si ce mental élargi, qui comprend nos sentiments et interprétations, est sans carburant, le corps physique ne fera pas l'expérience d'une bonne santé, quelle que soit l'excellence du régime alimentaire suivi.

La nourriture que nous absorbons n'envoie pas de force vers ces parties mentales de notre complexe mental/corps/esprit. Nos émotions, pensées, intuitions et inspirations sont alimentées par une énergie plus subtile. En ce qui concerne la santé et le bien-être fondamentaux, ces énergies subtiles ont, de loin, une influence plus grande sur la création du bien-être en nous, que la nourriture et la boisson.

Quelle est donc cette énergie subtile et quelle est sa source d'alimentation? Chaque jour nous l'avons devant nos yeux quand le soleil brille dans notre partie du monde. La Confédération décrit cette énergie subtile comme: "l'amour et la lumière du Créateur infini unique". Le symbole extérieur et visible de l'amour/lumière du Créateur est la lumière de notre Soleil. La nature intérieure et invisible de ce même amour/lumière se déverse en permanence dans notre corps énergétique.

Tout comme l'amour /lumière (le Soleil) irradiant du Créateur donne la vie au monde végétal en offrant sa lumière pour la photosynthèse et la nourriture développée grâce à ses interactions avec les végétaux, ainsi l'amour/lumière intérieur du Créateur apporte énergie et vitalité à notre corps énergétique.

Le modèle décrit plus haut par le groupe Q'uo montre l'amour et la lumière du Créateur, issus de l'infini mystère du Créateur non manifesté. Cet amour/lumière forme les Soleils de la Création. Chaque Soleil ajoute ensuite des détails supplémentaires particuliers à cette énergie d'amour/lumière, qui la rendent bien adaptée aux planètes régies par ce Soleil particulier. Cet amour/lumière illimité, qui est la nature intérieure de la lumière, est envoyé par notre Soleil dans le corps de ses planètes. Il se concentre dans le cœur ou partie centrale des planètes.

La Confédération dit que chaque planète est une entité. Il est très juste de nommer notre planète 'Notre Mère la Terre'. Elle est vivante et consciente. Elle aime les points ou foyers de conscience qui vivent sur elle. Nous les humains, nous constituons quelques uns de ces points de conscience. Notre Mère la Terre nous aime sans réserve, elle est la meilleure des mères, et nous nourrit très bien. Elle irradie un amour/lumière infini qui nourrit le corps énergétique de chacun de ses enfants.

Pendant que nous vaquons à nos occupations quotidiennes, que nous dormons, mangeons, travaillons et jouissons de nos moments de loisirs, notre corps énergétique reçoit de l'énergie vitale en permanence, d'une source intarissable. Si aucun obstacle ne se met en travers de ce flux d'énergie pendant qu'il circule à travers nos chakras ou centres énergétiques, nous éprouvons un sentiment de bien-être et jouissons d'un bon et positif état mental.

Nous souhaitons tous jouir de ce bien-être et de ce bon état mental. Ce qu'affirment de nombreux psychologues et sources basées sur la spiritualité, comme la Confédération, c'est que nous pouvons en fait bloquer nous-mêmes notre sensation de bien-être. Nous pouvons même nous rendre misérable. Souvent, nous ne sommes pas conscient que ce sont nos propres attitudes et pensées qui anéantissent notre paix intérieure et nous vident de notre énergie vitale.

Cet infini amour/lumière entre dans le corps physique par les pieds, comme s'il se déversait dans le corps depuis la Terre elle-même. Il entre dans le corps énergétique par le premier chakra ou centre énergétique: le centre de rayon rouge, qui est situé à la base de la colonne vertébrale. Il sort du corps par le septième

Chapitre III: Le Corps energetique

chakra ou centre énergétique, le centre de rayon violet, qui est situé au sommet de la tête.

L'on peut dire que le système des chakras est de nature prismatique puisqu'il possède les diverses couleurs qui composent la lumière 'blanche'. A mesure que l'amour/lumière remonte le conduit énergétique, chaque couleur est utilisée par les chakras en ordre ascendant. L'ordre des couleurs est celui de l'arc-en-ciel: rouge, orange, jaune, vert, bleu, indigo, violet.

Ces centres énergétiques rassemblant les couleurs de l'arc-en-ciel se situent le long de l'épine dorsale, comme une sorte de 'colonne énergétique' parallèle. Le chakra de rayon rouge se situe à la base de la colonne, au niveau du pelvis. Le chakra de rayon orange se situe à mi-abdomen. Le chakra de rayon jaune se situe au niveau du plexus solaire. Le chakra de rayon vert se situe au niveau du cœur. Le chakra de rayon bleu se situe au niveau de la gorge. Le chakra de rayon indigo se trouve au niveau du front. Et le chakra de rayon violet se situe sur le sommet de la tête. Voilà les couleurs et la structure à la base de notre corps énergétique.

Le centre énergétique rouge est le premier des sept chakras ou rayons. Il est le premier centre à recevoir l'amour/lumière infini entrant. Quand nous nous sentons trop préoccupé par des problèmes de survie ou de sexualité, nous pouvons bloquer au niveau du centre énergétique de rayon rouge l'amour/lumière entrant.

Le chakra suivant se situe au niveau de l'abdomen. Il s'agit du centre énergétique de rayon orange. Quand nous sommes tracassé par nos relations avec nous-mêmes ou avec autrui, nous pouvons bloquer l'énergie à ce niveau.

En remontant dans le corps énergétique, le chakra suivant est le centre énergétique de rayon jaune, situé au niveau du plexus solaire, entre la taille et la poitrine. Quand nous avons des soucis qui concernent notre mariage, notre famille de naissance, notre environnement de travail ou d'autres groupes ou entités individuelles, alors nous pouvons bloquer l'énergie à ce niveau-là.

Chapitre III: Le Corps Energetique

Quand on est bloqué à un, deux ou trois des premiers centres de base, cela signifie que l'amour/lumière n'alimente pas suffisamment le quatrième chakra qui suit dans le conduit, c'est-à-dire le chakra du cœur ou centre énergétique de rayon vert. Sans un apport suffisant d'énergie au chakra du cœur, le cœur ne peut pas s'ouvrir ou rester ouvert. La clarté de mental qui provient de l'ouverture du centre du cœur ne peut être obtenue. Sans cette clarté alimentée par un cœur ouvert, il est très difficile de faire des choix éthiques aimants et empreints de compassion.

Ainsi donc, pour celui qui joue au Jeu de la Vie il est essentiel de garder dégagés ces trois premiers centres énergétiques. Sans une bonne alimentation du centre du cœur nous sommes coincés dans les sens et l'intellect de notre corps physique, qui sont ceux d'un primate. Notre corps physique appartient à la famille des grands singes, tout comme c'est le cas de notre mental physique. Le mental physique est un outil destiné à faire des choix, c'est un bon outil, mais les paramètres du choix intellectuel tendent à se limiter à des options terre-à-terre, logiques. C'est bien pour des choix éthiquement neutres comme de choisir la nourriture que nous allons acheter au marché ou quelle pièce de l'habitation nous allons ranger en premier le jour du nettoyage. Mais quand le mental intellectuel doit faire des choix éthiques il n'évalue pas pleinement l'importance de la question qui se présente.

Le grand singe a manifestement une vie sociale. Ses valeurs sont celles de la famille et du clan. Il défend son territoire pour protéger son clan. Il conserve des ressources pour nourrir son clan et le garder au chaud par temps froid. Il crée à l'intérieur de son clan une structure hiérarchique qui respecte ceux qui sont doués pour être des chefs, qui sont charismatiques, doués pour les travaux manuels, le combat, la sagesse ou les soins de santé. Il crée un ordre de subordination à l'intérieur duquel tous trouvent leur place. Et il évite ou attaque ceux qui n'appartiennent pas à son clan, ceux dont l'apparence est différente de ceux du clan, ou ceux qui paraissent représenter un danger pour le clan.

Ces orientations et attitudes suffisent au joueur qui se contente de jouer sur le petit échiquier.

Elles sont tout à fait insuffisantes pour soutenir le Joueur qui joue au Jeu de la Vie sur le Grand Échiquier.

Pour alimenter cette conscience qui constitue l'environnement de votre esprit ou âme, qui se trouve dans le corps énergétique et distingue celui-ci de la physicalité du monde purement animal, il faut l'amour/lumière du Créateur. Et quand cet amour/lumière est bloqué par les tensions, soucis et préoccupations de la vie, alors, comme le dit Lacy J. Dalton: "c'est comme si on mourait de soif en ayant de l'eau jusqu'aux genoux".[52]

Comment utiliser ensemble le Mental et la Conscience

> *Du point de vue du cœur, le travail de l'intellect paraît enfantin, non éduqué et immature. Cependant, c'est notre sentiment qu'il est utile de ne pas mépriser complètement l'usage de l'intellect mais de s'appuyer d'abord sur l'aspect 'connaissances' du cœur, pour passer ensuite à l'usage de l'intellect, en dirigeant celui-ci plutôt que d'être dirigé par lui, dans un effort parfaitement juste et raisonnable d'analyse de ce qui est en train de se produire.[53]*

---

[52] Quelques lignes de la chanson de Lacey J. Dalton: "Standing Knee-Deep" extraite de son CD, *The Last Wild Place* (© Lacey J. Dalton, tous droits réservés):

Si le jeu c'est de devenir vieux, d'être tout froid, de vouloir se défiler et se tasser, ou se coucher et se casser; Si vient un temps où on doit décider, alors, Ami, demande-toi d'abord: Est-ce que je trempe dans l'eau jusqu'au genoux tout en mourant de soif?
 Car au cœur du Soleil naît une grande rivière qui traverse l'âme de tout l'univers, depuis la lumière infinie qui apporte ordre et force à la substance du Ciel et de la Terre . Et c'est dans ce calme, cette tranquillité intérieure, qu'il y a un puits qu'on ne cherche que quand on en a marre de tremper jusqu'au genoux dans une rivière tout en mourant de soif.
Oui, dans ce calme, cette tranquillité intérieure, il y a l'eau précieuse qui peut guérir toute cette Terre qui trempe jusqu'aux genoux dans une rivière tout en mourant de soif.

[53] Q'uo reçu en channeling par L/L Research – séance du 26 février 2006.

Chapitre III: Le Corps Energetique

Les eaux infinies de la conscience nous entourent tout le temps. Notre mental intellectuel l'ignore et il n'est pas enclin non plus à les rechercher. Pourquoi? Examinons ce problème du mental intellectuel par rapport à la conscience, en utilisant l'analogie du fonctionnement des ordinateurs.

Le mental du corps physique c'est l'intellect. Je n'utilise pas le mot 'intelligence', comme quand nous considérons que quelqu'un est intelligent et que nous impliquons par là qu'il utilise un certain de degré de conscience en même temps que son intellect.

Cet intellect c'est notre 'bio-ordinateur' personnel. Il peut avoir des traits communs avec les capacités intellectuelles d'autres personnes, mais il reste unique à chacun de nous. Nous faisons fonctionner notre cerveau en focalisant notre volonté et en fixant notre attention sur un sujet choisi. Quelqu'un dont l'intellect est élevé est dit posséder un mental puissant. L'intellect utilise sa puissance comme le fait un bulldozer pour pousser le sujet en question vers une organisation qui lui donne un sens logique. Il utilise de préférence les mots. Il écrit ses programmes en utilisant le langage des mots.

Le mental du corps énergétique est la conscience. On peut dire aussi que la conscience est 'le mental du cœur', la 'conscience de l'esprit', la 'conscience cosmique' ou la 'conscience christique'. Cette conscience fait partie de la nature unitaire du Grand Échiquier. Elle écrit ses programmes en concepts et non en mots.

Ceux qui sont relativement à même d'accéder à la conscience dans leur vie quotidienne sont vus comme inspirés, bénis, ou doués. C'est comme si celui qui utilise sa conscience était doué d'un point de vue plus large et d'un plus haut degré de discernement. Cette conscience ne confère pas de puissance aussi agressivement que le fait le mental intellectuel. Ses inspirations apparaissent tranquillement dans le cœur qui demande.

La conscience n'écrase pas le programme du mental intellectuel, à moins que cela ne lui soit spécifiquement demandé. Cela peut se produire dans des circonstances inhabituelles qui suppriment les fonctions intellectuelles normales et permettent à la conscience de s'y substituer et de devenir la configuration par défaut.

Nous avons tous accès à cette conscience-là qui est la vibration de l'amour inconditionnel: la vibration du Logos. C'est l'état vibratoire régulier de la Création tout entière. C'est un océan de créativité et de perspicacité dans lequel nous pouvons nous immerger quand nous sommes parvenu à équilibrer et nettoyer nos trois centres énergétiques inférieurs.

Nous savons assez bien ce que peut faire notre intellect. L'intellect résout des problèmes. Il a recours à la logique: il s'en tient strictement aux faits perçus par nos sens, et à ce que l'autorité (généralement scientifique) qualifie de telle. C'est un bon outil, bien adapté mais qui a ses limites. Il est bon de recourir à l'intellect quand son pouvoir d'analyse et son organisation peuvent nous aider à résoudre un problème.

La conscience est une tout autre espèce de mental. En fait, sa nature est fondamentalement celle de l'âme ou de l'esprit en nous. Discernement, intuition, émotions purifiées, 'savoir' ou gnose, et inspiration, sont ses marques. Sa puissance d'inspiration n'est limitée que par notre capacité à 'éteindre' notre intellect et à dégager le passage pour permettre l'entrée de ce 'mental du cœur' que nous appelons 'conscience'.

Notre intellect meurt quand meurt notre corps. Notre conscience ne perd même pas le rythme. Et je peux le dire pour en avoir fait l'expérience. A l'âge de 13 ans, mes reins ont lâché. Mon cœur s'est arrêté de battre. J'ai arrêté de respirer. Je suis morte cliniquement pendant environ deux minutes, alors que les médecins tentaient de faire 'repartir' mon cœur.

Je n'ai pas perdu conscience pendant ce temps. J'ai basculé dans un autre environnement. Je me suis immédiatement trouvée dans une autre sorte de corps, en apparence semblable à mon corps physique, mais dans une version parfaite, sans défaut aucun, sans le défaut de fabrication que j'ai mentionné.

CHAPITRE III: LE CORPS ENERGETIQUE

Quand je suis revenue dans mon corps physique et dans ce monde-ci, quand j'ai ouvert mes yeux physiques et que j'ai vu les médecins et infirmières penchés sur mon lit d'hôpital, j'ai ressenti l'impact du retour dans mon très douloureux corps physique, mais ici non plus, il n'y a eu aucun changement dans ma conscience. La conscience demeure. Vus comme des points ou foyers de conscience, nous sommes des citoyens de l'éternité.

Dans le monde physique nous sommes habitués à prouver des choses. Toute la géométrie plane, par exemple, est constituée d'une preuve après l'autre de l'exactitude de liens ou rapports mathématiques. Je me rappelle ma joie quand je parvenais à résoudre les problèmes donnés pour devoirs, et que je pouvais alors écrire au bas de ma démonstration 'QED', l'ancienne expression latine toujours utilisée par les mathématiciens: *Quod erat demonstrandum,* ou 'CQFD': "Ce Qu'il Fallait Démontrer".

Les théories scientifiques sont testées au cours d'études soigneusement mises au point pour démontrer ou prouver leur exactitude. Notre société a l'amour des méthodes scientifiques. La preuve scientifique est un délice! Elle nous donne un sentiment de puissance quand nous pouvons diviser le monde en faits bien ordonnés et nets.

La conscience qui est amour inconditionnel a des effets démontrables sur des objets physiques, comme la nature cristalline de l'eau qui se modifie quand des pensées d'amour lui sont envoyées. Les photographies prises par le Professeur Masaru Emoto montrent que les pensées d'amour affectent les structures cristallines de l'eau. Mais cette connexion est impossible à prouver si ce n'est par des preuves circonstanciées.

Nous n'éprouvons pas de joie quand nous tentons de prouver quelque chose de métaphysique, comme l'existence de l'amour ou de la conscience. La faculté ou le type de mental qu'est la conscience ne se prête pas à la preuve scientifique. Elle n'est pas logique. Dans le sens humain, elle n'est pas raisonnable. La faculté de conscience véritable dort, telle Banche-neige, dans

Chapitre III: Le Corps Energetique

nos cœurs jusqu'à ce qu'elle soit éveillée par le baiser de notre Queste qui la cherche.

Il y a des moments où la conscience nous tombe dessus et nous fait des cadeaux inattendus. Quand nous voyons quelque chose de très beau, comme un merle bleu de l'est, ou le soleil qui jaillit glorieusement des nuages, nous sentons que notre esprit s'élève devant ces visions.

Quand nous entendons de la musique que nous aimons, tout notre être réagit au rythme de la mélodie. Écouter de la musique modifie la chimie de notre cerveau, quand nous réagissons à ce que nous percevons comme des sons plaisants ou déplaisants. La musique ne peut sans doute pas nous aider à mieux apprendre, comme l'ont affirmé certains, mais son impact sur notre humeur et sur notre biochimie est prouvé[54]. A l'inverse de ce qui se produit avec des mots prononcés, la voix qui s'élève dans le chant et la musique en général porte une vibration qui contient de la conscience.

Quand quelqu'un nous inspire par la beauté de ce qu'il écrit, notre cœur paraît s'ouvrir et s'élever par notre réaction. Nous pouvons ressentir les effets de notre conscience qui s'élève par rapport à notre mentalité ordinaire. Nous ne pouvons pas localiser la conscience, ni prouver que nous l'avons. Mais nous pouvons certes faire la différence entre pensées du mental, et pensées et sentiments du cœur.

Quand nous parlerons du corps énergétique au chapitre suivant, nous passerons en revue les différents chakras et la manière de travailler avec chacun d'eux pour mieux intégrer notre conscience et notre intellect dans notre vie de tous les jours.

L'intellect – le mental du corps physique – fonctionne bien sur le petit échiquier. Il ne sait pas vraiment comment utiliser la

---

[54] Une étude des effets de l'écoute de musique sur le cerveau paralimbique est disponible sur l'Internet:
http://www.nature.com/neuro/journal/v2/n4/abs/nn0499_382.html. Elle a été réalisée par Anne J. Blood *et al.* et est intitulée *Emotional Responses to Pleasant and Unpleasant Music*. Première publication: 1999 in *Nature Neuroscience*.

conscience. La conscience (le mental du cœur et de l'âme) fonctionne bien sur le Grand Échiquier. La conscience peut utiliser l'intellect, et nous avons besoin que ces deux facultés collaborent pour devenir de bons Joueurs. Nous vivons simultanément dans les deux mondes quand nous jouons au Jeu de la Vie. Nous devons être capables d'utiliser les deux facultés et d'intégrer les deux courants d'information et de pensée à mesure que nous avançons.

Le Jeu sur le Grand Échiquier commence sur le petit échiquier ordinaire, les événements de notre vie ordinaire représentant les catalyseurs entrants. Nous recevons ces catalyseurs par l'intellect et aussi par les émotions de surface qui font partie du système de réactions de notre corps physique. Nous examinons ces catalyseurs. Nombre de ces catalyseurs sont éthiquement neutres.

Certains catalyseurs sont chargés d'un potentiel de choix éthique. Les Joueurs avec un grand J détectent les catalyseurs entrants qui impliquent une décision éthique. Ils se concentrent sur le jeu du Grand Échiquier dans leur mental. Ils invitent leur conscience à se joindre à leur intellect dans la considération de ce catalyseur. Ils utilisent toutes les facultés de la conscience, comme la guidance, le discernement, et l'intuition pour trouver le chemin vers la décision éthique la mieux informée. Ils préparent leur intention d'offrir leur réaction la plus élevée et la meilleure. En accomplissant cela, ils font leur travail sur le Grand Échiquier. Ensuite, ils reviennent mentalement au petit échiquier, où ils expriment et manifestent leurs réactions dans le contexte de leur vie ordinaire.

Tant que nous ne parvenons pas à garder durablement ouvert notre conduit des énergies il nous est difficile de traiter convenablement les problèmes éthiques dans la vie. Parce que, sans un cœur ouvert, nous ne pouvons pas accéder à la conscience qui est notre mental supérieur ou métaphysique.

C'est pourquoi, pendant que nous parlons des divers centres énergétiques et de leurs problèmes, gardez bien en tête que l'objectif - pour chaque centre énergétique et les problèmes qui

Chapitre III: Le Corps energetique

le concernent - est d'amener chacun de ces centres à un état d'équilibre suffisant pour que nos sensations ne soient pas bloquées, empêchant ainsi le flux d'énergie vitale de traverser le centre énergétique.

Pensez à l'étude des centres énergétiques comme à l'équivalent de leçons de conduite de véhicule. Chacun de nous est en possession d'un complexe mental/corps/esprit qui est le véhicule physique dans lequel nous vivons notre vie ici sur Terre. Pour pouvoir piloter ce véhicule mental/corps/esprit, nous avons besoin d'informations. Il nous faut savoir comment fonctionne notre machine. Il nous faut savoir comment l'entretenir et en prendre soin.

C'est seulement alors que nous pouvons devenir des Joueurs habiles qui se déplacent du petit échiquier où nous recevons nos catalyseurs et manifestons nos choix, vers le Grand Échiquier où nous choisissons comment réagir aux catalyseurs et événements aléatoires qui nous arrivent, en utilisant notre conscience supérieure: le 'mental du cœur'.

Lorsque nous décidons devenir des Joueurs avec un grand J nous constatons que notre attitude vis-à-vis des catalyseurs se modifie. Winston Churchill a dit: "la vie c'est une fichue chose après l'autre". Avant de devenir des Joueurs avec un grand J, c'est bien ça la somme des catalyseurs qui nous arrivent: seulement une fichue chose après l'autre. Mais quand nous choisissons de devenir un Joueur au Jeu de la Vie, tout devient matière potentielle à se polariser. Au lieu d'éviter les décisions éthiques nous nous délectons de la chance de pouvoir jouer au Grand Jeu.

Une autre facette de l'expérience du Joueur est qu'il découvre que le Jeu de la Vie devient de plus en plus riche à mesure que se déroule le Grand Jeu. A mesure que le Joueur devient plus habile, il découvre que tous les catalyseurs, même ceux qui paraissent insignifiants, ont un potentiel de choix éthique. Absolument tous les catalyseurs ont la capacité de prendre une aura de conscience. La conscience voit le Créateur dans toute tâche, dans tout devoir. Chaque chose que nous faisons peut devenir sacrée.

CHAPITRE IV: LE CHAKRA DE RAYON ROUGE

La Lumière nous traverse

> *Nous élevons vers vous un fanal et ce fanal c'est vous-même. Nous vous demandons de vous voir vous-même pour la première fois clairement et lucidement. La lumière vous traverse, elle n'émane pas de vous. Il n'y a pas d'effort à faire pour être qui vous êtes. Il y a seulement l'élimination de ce qui bloque la lumière.* [55]

Le corps énergétique est l'arc-en-ciel vivant constitué de l'alignement des centres énergétiques nichés à l'intérieur du conduit, et qui parcourt notre corps physique depuis la base de notre épine dorsale jusqu'au sommet de notre tête. L'énergie d'amour/lumière afflue en permanence au travers de ce conduit d'énergies, et alimente richement notre corps énergétique pour autant que nous ne rétrécissions pas ou ne bloquions pas le flux d'énergie vitale.

Il nous faut aider notre corps énergétique à rester dégagé. Notre corps énergétique reste bien dégagé dans sa totalité quand nous nous sentons détendu et non préoccupé par les problèmes de notre vie. Même quand nous sommes envahi par d'innombrables catalyseurs, nous nous sentons bien, énergétiquement parlant, et confiant dans la vertu ultime de tout ce qui nous arrive. Choisir cette attitude, ce point de vue d'intrépidité, est fondamental pour devenir un Joueur.

Il y a de bonnes raisons de choisir cette attitude d'espérance, de confiance en soi et de foi qui affirme que tout est bien. Nous explorerons ces raisons dans les autres volumes de cette série: *Vivre la Loi Une- Niveau 2: Le Monde Extérieur* et *Vivre la Loi*

---

[55] Q'uo, reçu en channeling par L/L Research – séance du 25 août 2006.

Chapitre IV: Le Chakra de Rayon Rouge

Une – Niveau 3: Le Travail Intérieur. Pour le moment, contentons-nous de savoir qu'il convient d'être détendu et d'avoir confiance en soi pour que notre conduit d'énergies puisse rester ouvert.

Notre corps énergétique n'est pas la même chose que notre corps physique, bien que les deux soient connectés. Pour obtenir les informations dont nous avons besoin pour devenir des Joueurs gagnants, nous devons nous focaliser sur le dégagement du corps énergétique ce qui doit permettre à l'énergie d'amour/lumière de traverser les chakras. Nous parlerons dans le volume du *Niveau 2* des techniques permettant de travailler sur les divers types de catalyseurs physiques et émotionnels qui engagent nos chakras dans des dépenses d'énergie. Nous dirons dans le volume du *Niveau 3* comment travailler avec nos facultés de la conscience supérieure afin d'obtenir de l'aide pour aborder les catalyseurs physiques et émotionnels. Pour le moment nous resterons concentrée sur la tâche fondamentale: garder ouvert et alimenté le conduit du corps énergétique.

La première leçon est simplement d'accorder une haute priorité au respect des besoins de notre corps énergétique, et spécialement au besoin de rester dégagé de tout blocage et constriction. Nous ne sommes pas obligé de résoudre tous nos problèmes pour monter de niveau. Il nous suffit de garder notre corps énergétique suffisamment ouvert pour obtenir la guidance dont nous avons besoin afin de faire de bons choix éthiques à mesure qu'ils se présentent dans notre vie.

Naturellement, nous avons constamment tendance à nous crisper quand surviennent certaines situations ou conversations. Mais en tant que Joueur avec un grand J, nous avons conscience que cette crispation n'est pas un état idéal pour notre corps énergétique. Nous savons que, plus nous gardons ouvert notre corps énergétique, plus facile sera l'accès à la conscience et à son aide pour mieux nous comprendre nous-mêmes.

Plus clairement nous nous comprenons nous-mêmes en tant que personnalité purement humaine, plus exactement nous pourrons évaluer les situations qui surviennent et faire des choix

Chapitre IV: Le Chakra de Rayon Rouge

judicieux pour pouvoir y réagir de manière polarisée. Cette compréhension n'exige pas que nous nous jugions comme le ferait un juge de l'Ancien Testament: pour nous condamner. Au contraire, cette compréhension nous fera nous aimer et nous accepter tel que nous sommes.

Bien sûr, nous aimerions tous devenir meilleurs. Nous souhaitons progresser et nous améliorer. Mais le processus qui nous permet de mieux nous comprendre exige un dégagement continu de nos centres énergétiques, afin que la lumière, aussi appelée énergie d'amour/lumière, puisse circuler au travers des trois premiers centres énergétiques, jusqu'au chakra du cœur.

Dès lors, nous accepter tel que nous sommes de moment en moment est la première étape aboutissant à la capacité de penser comme un Joueur du Grand Jeu. Nous condamner pour des erreurs que nous percevons en nous c'est contracter, rétrécir notre corps énergétique. Nous accepter c'est détendre notre corps énergétique pour que la lumière puisse circuler au travers de ces trois premiers chakras, jusqu'au chakra du cœur. Nous pouvons voir nos erreurs et déterminer de corriger nos choix la prochaine fois, sans nous condamner pour avoir fait ces erreurs cette fois-ci.

Nos sentiments tels qu'ils sont méritent le respect. Cependant, notre première réaction instinctive à l'arrivée d'un catalyseur est déformée par des expériences de prédisposition. Ces expériences antérieures ont graduellement mis en forme nos habitudes de réaction, jusqu'à ce que nous ayons oublié, peut-être, que ces réactions ne sont pas nécessairement celles que nous préférons actuellement.

Par conséquent, il est bon d'examiner nos sentiments à mesure qu'ils se présentent à nous. Nous pouvons découvrir que nous souhaitons changer nos réactions initiales d'émotions négatives sans conscience ni éveil, en des choix plus positifs qui servent mieux notre corps énergétique.

Un petit exemple de ceci est le catalyseur du 'mauvais propriétaire'. Il y a des années, j'ai eu un tel propriétaire, et peut-être que vous aussi vous avez eu un jour un mauvais propriétaire. Disons donc que nous avons un propriétaire qui nous loue un appartement. Nous devons souvent entrer en contact avec cet homme, et à chaque fois que nous le voyons nous nous souvenons des nombreuses fois où il nous a trompés, où il manqué à sa promesse de faire procéder à certaines réparations.

Extérieurement, nous nous sommes sans doute toujours montrés polis envers lui, mais intérieurement, nous étions en colère et nos pensées étaient amères à son égard. Il semble inoffensif d'avoir ces pensées. Cependant, notre corps énergétique réagit à ces pensées en se resserrant et en réduisant le flux d'énergie saine qui passe dans le conduit des chakras.

Nous parlons peut-être de cela avec un ami ou un membre de la famille. De ce fait, nous partageons nos pensées amères et, à mesure que nous parlons, notre corps énergétique se resserre de plus en plus.

En tant que Joueur nous savons que laisser notre mental s'attarder à ces pensées amère c'est continuer à comprimer un ou plusieurs de nos centres énergétiques. Dans ce 'cas du mauvais propriétaire' il s'agit de deux centres: celui du rayon orange, qui est celui des relations personnelles, et celui du rayon jaune, qui est celui des relations juridiques et contractuelles.

Savoir cela ne nous empêche pas automatiquement d'avoir des émotions constrictives de colère et de revanche. Mais nous sommes les seuls agents à pouvoir interrompre ce processus et le remplacer par une nouvelle émotion.

Cette nouvelle habitude, dans le cas du mauvais propriétaire, est simplement de se souvenir que l'univers est unitaire par nature. Nous sommes tous un. Être en colère sur notre propriétaire c'est être en colère sur une partie élargie de nous-mêmes. Donc, si nous voulons travailler sur le problème du mauvais propriétaire, la Confédération suggère que nous trouvions cette énergie à l'intérieur de notre propre nature, et que nous y travaillions intérieurement, à l'intérieur de nous-mêmes.

Chapitre IV: Le Chakra de Rayon Rouge

A première vue, cela peut rendre perplexe. Comment localiser ce mauvais propriétaire à l'intérieur de nous? Nous, nous ne trompons personne. Nous ne manquons pas à notre parole. Nous ne racontons pas délibérément des mensonges. Et cependant, selon la Confédération, nous avons en nous tout l'assortiment des attributs positifs et négatifs qui peuvent se trouver dans la condition humaine. Nous faisons véritablement tous un.

Nous-mêmes et le mauvais propriétaire, nous faisons un, et ce qui est en lui est aussi en nous. C'est simplement que nous ne choisissons pas, dans notre vie quotidienne, de jouer ce rôle niché dans notre nature universelle. Néanmoins, il est là. Et une certaine combinaison de circonstances peut le faire surgir en nous aussi. Alors efforçons-nous d'équilibrer et d'accepter cette énergie en nous.

Cette intériorisation du travail spirituel est une discipline très efficace pour garder le conduit des énergies ouvert à la circulation de l'énergie de lumière. L'exercice mental qui consiste à travailler sur le 'mauvais propriétaire' qui est en nous est une pratique dans laquelle il n'y a pas de jugement, car nous ne faisons qu'examiner l'énergie de la tromperie et du mensonge; l'essence de tout cela. Nous ne blâmons personne mais nous discernons cette essence.

Il y a certainement eu une époque, dans notre vie, où nous avons au moins été tenté de tricher ou de dire un mensonge. Nous travaillons à localiser cela en nous-mêmes, et demandons la guérison de cette distorsion. Nous avons maintenant réagi au catalyseur du mauvais propriétaire d'une manière qui ne comprime pas notre corps énergétique, et qui ne nous maintient pas dans un chaos émotionnel.

Nous ne changerons pas du jour au lendemain notre habitude d'avoir des pensées imprudentes. Cependant, un effort malhabile mais sincère de nous rappeler l'unité existant entre le propriétaire et nous-mêmes détend notre corps énergétique et laisse l'énergie de lumière entrer dans notre conduit énergétique ou corps des chakras, et monter jusqu'au cœur: notre premier objectif.

Nous sommes en général des créatures d'habitudes, et les constrictions et blocages dans notre corps énergétique sont susceptibles de se reproduire. Par exemple, à chaque fois que nous voyons ce mauvais propriétaire nous contractons notre corps énergétique du fait de nos pensées tumultueuses. Ces pensées habituelles qui peuvent bloquer l'énergie peuvent être vues comme des addictions. Par exemple, nous sommes incapable de penser à ce propriétaire sans nous sentir bouleversé. Nous sommes donc devenu dépendant du fait de nous sentir bouleversé et d'avoir des pensées sans grandeur.

Ken Keyes, dont l'ouvrage *Handbook to Higher Consciousness*[56] propose de bons moyens pour travailler sur nos sentiments, dit que nos réactions habituelles ont tendance à passer de l'habitude et de la préférence à l'addiction. Le moyen de faire cesser des habitudes et pensées addictives c'est de les rétrograder en préférences. Dans ce cas nous redescendons de l'addiction à la réaction de colère et de vengeance, à la réaction non-addictive d'une préférence de ne pas avoir ce propriétaire. Cette préférence ne crée pas de colère, pas de désir de revanche. Elle nous fait sourire. Notre conduit d'énergies reste ouvert et nous passons à autre chose.

Nous continuerons à nous trouver dans des comportements addictifs, même quand nous les aurons identifiés. Les habitudes ne se prennent pas en un jour et ne se perdent sans une certaine persévérance. Mais tout ce qu'il nous faut savoir pour commencer à bien jouer au Grand Jeu à cet égard, c'est que nous devons intervenir au niveau de toutes les contractions de notre corps énergétique afin de les éliminer et de restaurer la circulation des énergies au travers du conduit.

D'une manière générale, nous pouvons équilibrer les effets d'expériences antérieures sur notre jugement en prenant conscience du processus que nous suivons pour faire des choix.

---

[56] Ken Keyes *Handbook to Higher Consciousness* (ISBN0960068805): Berkeley, CA, Living Love Center, 1973. Cet ouvrage est toujours disponible en ligne et dans les librairies.

Nous allons examiner les moyens de faire cela pour chaque centre énergétique. Quand nous nous détendons et relâchons la contraction au moment de faire un choix, nous libérons le flux d'énergie qui passe par le centre énergétique avec lequel nous travaillons. Nous pouvons utiliser la technique de la réflexion, celle de la contemplation ou celle qui consiste à mettre en place de nouvelles intentions pour équilibrer les énergies et faire disparaître ces blocages.

Pour pouvoir monter de niveau nous ne sommes pas tenu de résoudre les dilemmes qui font se contracter notre corps énergétique. Nous devons simplement garder le corps énergétique suffisamment ouvert pour que l'énergie de lumière puisse arriver jusqu'au chakra du cœur, pour lui donner la force de s'ouvrir et, comme l'a dit Walt Whitman, "inviter notre âme".[57]

Le Rayon Rouge et la Sexualité

La quantité de pure énergie vibrant entre la terre et le véhicule physique est stupéfiante. Cependant, elle ne peut être pleinement reconnue et utilisée par quelqu'un qui travaille sur les chakras supérieurs si cette entité n'a pas la patience, l'humilité et la détermination d'entrer en contact avec cette terre, ce sol, du 'soi'. Car l'identité sexuelle est une partie aussi puissante et unique de l'esprit, ou âme, individuel que toute autre énergie exprimée dans l'incarnation. C'est cette énergie qui crée un mental sain ou un corps sain, c'est cette énergie qui donne le 'oui' primal à l'entrée en existence.

Elle est, en outre, comme le sont toutes les énergies, une énergie sacrée; et le rapport sexuel est comme une Eucharistie de rayon

---

[57] Citation partielle de l'immortel long poème de Walt Whitman: *Leaves of Grass, Section 1 (Brins d'herbe – chapitre 1)*. La citation exacte est: "I loafe and invite my soul, I lean and loafe at my ease observing a spear of summer grass." (je flemmarde et j'invite mon âme; je m'allonge et flemmarde à ma guise en regardant un brin d'herbe dans l'été – NdT).

> *rouge, une Sainte Communion des corps. Cette union récapitule l'unité de la terre et du ciel, l'unité du masculin et du féminin, et l'unité de l'obtention et de l'attente.*[58]

Les rayons ou centres énergétiques du corps énergétique sont des entités vivantes qui changent constamment en clarté, intensité de couleur et intensité vibratoire. En apparence, tous les rayons ressembleraient à des fleurs avec leurs corolles de pétales, ou à des cristaux aux facettes régulières. Les chakras ont des qualités qui appartiennent à ces deux exemples. Ces rayons sont tous d'importance égale, aucun d'eux n'est 'meilleur' qu'un autre parce qu'il se situe plus haut dans le corps énergétique. Il nous est nécessaire que tous soient ouverts et dégagés.

Le centre énergétique de rayon rouge est décrit par le groupe Ra comme étant le rayon fondamental. Il est le tout premier rayon du corps énergétique à recevoir l'énergie de lumière qui nous arrive depuis la Terre. Le Créateur irradie cette énergie de lumière en direction de notre Logos, notre Soleil, qui irradie ensuite l'énergie de lumière individualisée vers la Terre, qui à son tour irradie cette énergie de lumière vers nous. Le flux énergétique en provenance du Créateur, du Logos, du Soleil et de la Terre, entre dans le corps énergétique par le rayon rouge.

Le centre énergétique de rayon rouge est situé là où les jambes s'attachent au corps, à la base de l'épine dorsale. Ce centre ne deviendra pas plus complexe, en apparence et en fonctionnement, qu'il ne l'est actuellement, même si nous devenons plus mature spirituellement. Le premier et le dernier chakras – celui de rayon rouge et celui de rayon violet – sont des récapitulatifs. Le rayon rouge est le récapitulatif de début par rapport à nos niveaux d'énergies vitale et physique. Le rayon violet est le récapitulatif final qui donne l'état de l'ensemble de nos rayons: du rouge au violet.

---

[58] Q'uo, reçu en channeling par L/L Research – séance du 9 avril 1995.

Chapitre IV : Le Chakra de Rayon Rouge

Les 'chakras intermédiaires': de l'orange à l'indigo, peuvent être développés par celui qui cherche, à mesure qu'il acquiert de la maturité. Les rayons intermédiaires ont un grand potentiel de complexification, de clarification, de précision de coloration, et d'intensité. Nous pouvons ajouter "des pétales à la fleur" à mesure que l'énergie de ce rayon en nous devient plus mûre et se développe en suivant des motifs réguliers d'une complexité croissante. Nous pouvons créer des facettes toujours plus détaillées à l'intérieur des structures cristallines de nos rayons à mesure que notre énergie est dirigée de manière de plus en plus adroite dans notre jeu quotidien sur le Grand Échiquier.

Les changements qui surviennent dans notre flux énergétique sont provoqués par nos réactions aux catalyseurs entrants. Chaque pensée que nous entretenons peut changer la coloration de notre corps énergétique et son état d'ouverture.

La couleur de chacun de nos centres énergétiques varie de diverses manières. Par exemple, tous les centres énergétiques de rayon rouge sont rouges. Mais l'intensité de cette couleur peut varier, ainsi que sa clarté et sa proximité avec la 'couleur véritable' qui est l'exacte vibration du rayon rouge sorti avec nous de "l'usine" à la naissance. Ces qualités de couleurs varient en fonction de l'intensité, de la clarté et de la précision de nos pensées, ainsi que d'autres dépenses d'énergies comme les actes et les paroles.

Cette couleur véritable est aussi la vibration du rayon rouge de la planète Terre et de son énergie. Plus notre vibration personnelle de rayon rouge approche de la vibration de rayon rouge de première densité, plus facilement nous pouvons recevoir l'énergie du Créateur à mesure qu'elle entre dans le corps énergétique au niveau du rayon rouge.

Il est utile au Joueur de cultiver la connexion entre le corps énergétique humain et le corps énergétique planétaire, tout autant que la ressemblance de notre physicalité 'terrestre' avec la Terre d'où nous provenons. Un moyen commode que nous pouvons tous utiliser pour approfondir le respect que nous avons pour nous-mêmes en tant qu'êtres humains de la tribu des

Humains de la planète Terre est de nous faire percevoir cette connexion énergétique entre notre corps humain et le corps de la Terre elle-même.

Figurez-vous mentalement l'énergie affluant de la Terre, entrant par les pieds et les jambes, traversant le centre de rayon rouge, montant vers le corps énergétique. Puis voyez-vous en train de vous relier à la planète Terre en renvoyant en réponse une énergie de reconnaissance au travers de vos jambes jusque dans la terre, en créant d'énergiques racines, comme celles d'une plante. Quand nous plantons de la sorte notre corps énergétique au moyen de cette visualisation nous augmentons notre sensation de bien-être et d'appartenance. Nous appartenons réellement à notre Mère la Terre. Notre corps est fait de sa matière et elle, en tant qu'entité vivante, *Terra*, notre Mère la Terre, ou Gaia, nous aime inconditionnellement comme ses enfants. Nous pouvons ressentir son amour et sa force quand nous plantons nos racines dans la terre et que nous nous relions ainsi au rayon rouge de la Terre par la visualisation.

La densité de rayon rouge est la densité des éléments et des 'puissances', comme les appellent les Indiens natifs d'Amérique: les éléments chimiques et les quatre éléments ou puissances magiques: l'air, l'eau, le feu, et la terre. Ils sont aussi associés aux quatre points cardinaux: est, ouest, nord et sud.

Cette connexion terrestre de rayon rouge, à l'échelle de la densité, avec le rayon rouge de notre corps énergétique individuel, est la source de puissantes ressources naturelles pour le Joueur. La combinaison de nos corps physique et énergétique constitue un point de connexion avec un travail beaucoup plus intérieur que nous pouvons accomplir en ressentant notre unité avec la Terre sur laquelle nous vivons, et en demandant que ses éléments et forces sacrés nous rendent plus fort.

La conscience de ce lien avec les éléments et puissances ouvre aussi la voie à l'œuvre magique que nous pouvons souhaiter entreprendre par la suite au cours du Jeu. Nous reparlerons de cela au troisième livre de cette série: *Niveau 3 – Le Travail Intérieur*. Quand nous savons que nous sommes inclus dans la grande danse de la vie nous nous y joignons plus volontiers, en y apportant notre style et notre grâce de mouvement.

Que le chakra de rayon rouge soit essentiellement un récapitulatif ne signifie pas qu'il est facile de le maintenir ouvert. En fait, bon nombre d'entre nous restons bloqués au niveau du rayon rouge, soit à cause de nos sentiments par rapport à la sexualité, soit à cause de nos sentiments par rapport à la vie sur la planète Terre. Ce sont les énergies de la sexualité et de la survie qui sont régies par le centre de rayon rouge. Ce sont nos instincts les plus primitifs qui résident dans ce chakra. C'est instinctivement que nous désirons procréer et préserver notre espèce par le congrès sexuel de rayon rouge.

C'est instinctivement que nous désirons survivre.

En ce qui concerne ces deux types d'énergies de rayon rouge j'ai choisi de parler d'abord de la sexualité parce qu'il a été observé qu'au cours de tests de laboratoire des animaux ont continuellement choisi de se stimuler sexuellement ou de prendre des substances comme la cocaïne de préférence à de la nourriture; et le résultat a été une santé altérée ou la mort. Dans une étude menée en 1990 sur les effets de la cocaïne l'auteur, un Canadien, a écrit:

"Pour une des expériences trois singes ont été placés dans des cages où il leur était permis d'appuyer sur deux leviers seulement: l'un délivrant tous les quart d'heure une infusion de cocaïne, l'autre délivrant des croquettes de nourriture. Pendant les huit jours qu'ont duré l'expérience, les trois singes ont choisi presque exclusivement la cocaïne. Même au cours des essais où ils n'ont pas choisi la cocaïne, les singes n'ont pas appuyé sur le levier libérant de la nourriture. Les animaux ont perdu du poids et leurs comportements se sont révélés étranges et stéréotypés. Lors d'autres expériences, des singes et des rats se sont administrés à eux-mêmes de la cocaïne pendant des

périodes de plusieurs jours, jusqu'à ce qu'ils meurent de convulsions."[59]

Dans des études où une stimulation sexuelle était offerte aux animaux de laboratoire comme alternative à la nourriture, les résultats ont été similaires; les animaux sont devenus malades et sont morts pour la même raison: le choix de la substance addictive au lieu de nourriture. Nous pouvons devenir dépendants du sexe, tout comme nous pouvons devenir dépendants d'autres substances puissantes qui changent la chimie de notre cerveau.

Le Joueur avec un grand J cherche à éviter les dépendances. Il préfère que son vécu et ses énergies sexuels se développent naturellement, graduellement, plutôt que de se laisser devenir dépendant de l'expression de cette puissante énergie. Nous pouvons penser que, plus nous aurons d'activité sexuelle, plus notre rayon rouge sera ouvert. Dans la plupart des cas il n'en est rien. Les érotomanes, que ce soit par la pornographie ou par des relations avec des partenaires, créent en réalité un blocage au niveau de leur rayon rouge parce qu'ils suractivent celui-ci par des désirs répétitifs et artificiellement créés.

Cette situation est assez commune dans notre environnement médiatique sexuellement provocateur et explicite. Il est facile de passer au vécu d'une sexualité issue d'un désir naturel à une sexualité insatiable artificiellement créée et stimulée par les médias.

Si pendant un temps l'énergie sexuelle est 'hors service', le Joueur la laissera 'hors service'. Il laissera son désir circuler de manière naturelle. A ces moments, le fait de permettre au rayon rouge de rester silencieux et sans expression sexuelle est le moyen de permettre à l'énergie de circuler dans le rayon rouge. Il n'est pas nécessaire de passer à l'acte sexuel pour que le

---

[59] Bruce Alexander, *Peaceful Measures: Canada's Way Out of the War on Drugs (ISBN 0802027220)*: Toronto, University of Toronto Press, c1990, Chapitre Cinq, cité dans un article sur le site Internet suivant:
http://www.hoboes.com/pub/Prohibition/Drug%20Information/Cocaine/Cocaine%20and%20Addiction.

Chapitre IV : Le Chakra de Rayon Rouge

rayon rouge soit ouvert et satisfait. Il nous faut simplement accepter comme appropriés les désirs ou absences de désirs que nous propose notre rayon rouge. Même la complète chasteté n'empêche pas d'avoir un chakra de rayon rouge complètement ouvert si l'abstinent(e) affirme sa sexualité et est en paix avec elle.

L'instinct sexuel est inscrit jusque dans nos os. Quand nous nous portons bien et que vient le moment de l'orgasme, nous éprouvons sans doute le 'Oui' immortel de la Molly Bloom de James Joyce dans son roman *Ulysses*, qui résonne dans toutes nos pensées et émotions intérieures. Ra a dit :

> *"Chez l'être dont le rayon vert est activé il y a un potentiel de directe et simple analogie avec ce que vous pouvez appeler 'la joie', la nature spirituelle ou métaphysique qui existe dans l'énergie intelligente. Cela aide beaucoup à comprendre la véritable nature de l'essence[60]."*[61]

Pour la Confédération, la véritable nature de l'essence est toujours le Créateur qui fait l'expérience de Lui-même. Confirmer la valeur sacrée de la sexualité c'est ouvrir le chakra de rayon rouge et en laisser entrer l'énergie. Nous avons besoin d'affirmer notre sexualité physique. Lecteurs : contractez rythmiquement vos sphincters. Mesdames, nous venons d'accomplir un "exercice de Kagel"[62], en contractant les parois de notre vagin. Messieurs, vous venez de contracter intérieurement votre virilité. Est-ce que ce n'était pas le début d'une sensation délicieuse, Mesdames et Messieurs ? Est-ce que cette énergie n'est pas un grand atout qu'il est bon d'avoir dans cette vie ? Est-ce que ressentir le plaisir du contact sexuel n'est pas une chose puissante ?

---

[60] Original: Being-ness (NdT)

[61] Ra, reçu en channeling par L/L Research le 25 février 1981.

[62] La pratique de **Kegel**, inventée par le **Dr. Arnold Kegel**, consiste à contracter puis relâcher les muscles du plancher pelvien, parfois nommé 'muscles de Kegel' (NdT – définition inspirée de Wikipedia)

Nous devons réaliser que nous avons à faire à des forces en nous d'une puissance énorme, quand nous travaillons avec l'énergie sexuelle. Nous sommes des créatures profondément sexuelles. La pulsion sexuelle est fondamentale dans notre nature humaine. Que nous en soyons heureux ou non, notre pulsion sexuelle imprègne de couleurs et de feu nos pensées et émotions tout au long de notre vie.

Il est facile et, dans un certain sens, correct d'appeler cette énergie de base 'concupiscence'. Mais quand nous utilisons le mot 'concupiscence', c'est généralement pour porter un jugement. Or, dans cet exposé portant sur la sexualité purement de rayon rouge, nous n'impliquons aucun jugement. A ce niveau de base nous ne cherchons pas le point de vue émotionnel caché derrière les sentiments de désir. Nous considérons simplement cette énergie qui survient naturellement. Et quand elle survient naturellement, nous voyons qu'il est dit dans la Bible que le Créateur a vérifié tout le système et qu'Il l'a trouvé bon.

En fait, c'est du bon de la meilleure espèce. Il est sacré. Dans une Création unifiée, toutes choses sont sacrées. L'énergie sexuelle est – en elle-même et par elle-même - sacrée. Nous autres humains, nous ignorons en général cet aspect sacré ou du moins nous essayons de temps en temps de le contourner, mais nous ne pouvons pas lui retirer son sens sacré. Notre corps est sacré et l'énergie sexuelle qu'il porte est sacrée.

Dans une Création faite d'amour inconditionnel, ce caractère sacré a la nature de l'amour. Nous autres qui portons cette énergie dans notre corps, nous avons la capacité de nous rappeler que cette énergie est sacrée et de l'honorer. Le potentiel qu'a le sexe de devenir sacré dans notre expérience concrète est activé quand on se rappelle et honore ce caractère sacré.

Le sexe est une source de plaisir et de guérison inscrite naturellement dans la manière dont fonctionne notre corps et dans notre expérience terrestre au niveau le plus fondamental. Quel Créateur généreux d'avoir ajouté une telle source de bien-

Chapitre IV : Le Chakra de Rayon Rouge

être, librement accessible et innée! Le jeu sexuel, avec son intimité et le libre échange d'énergies, est vraiment un cadeau. Les choses les meilleures et les plus amusantes dans la vie sur cette planète sont gratuites, pour paraphraser une vieille chanson.

A première vue il peut sembler que ce soient là des raisons suffisantes pour honorer et respecter notre sexualité. Mais ce n'est souvent pas le cas. Nous nous sentons souvent stressé et inconfortable dans notre sexualité. Cependant, comme le dit Q'uo, notre sexualité est "la terre et le terreau du soi". Elle est nos racines et notre commencement. Notre conception à tous est le résultat du don de la transmission de la vie par le Créateur à notre père qui a ensemencé la matrice de notre mère. Toute notre existence dépend de la fonction naturelle du centre de rayon rouge. C'est absolument naturel.

Il nous faut faire la paix avec notre sexualité. En tant que Joueurs œuvrant strictement avec le chakra de rayon rouge notre but, en travaillant avec notre sexualité, est de nous libérer de toute préoccupation au sujet de notre apparence et de tous les autres soucis qui font obstacle à la circulation naturelle de l'énergie au travers du rayon rouge. Focalisons-nous sur la joie que nous procure le cadeau de notre sexualité. Demeurer dans le simple et joyeux enthousiasme, le brio, la légèreté et l'honnête satisfaction tirés de la sexualité est ce qui occupe le Joueur qui souhaite garder ouvert et dégagé son centre de rayon rouge.

Ceci est un défi à relever, pour des raisons que nous allons voir plus loin quand nous parlerons des fonctions du chakra de rayon orange. Pour le moment, disons seulement que le Joueur en tant qu'être sexué a le désir d'atteindre un état de paix vraiment détendue et affirmée. Le Joueur souhaite se sentir bien dans sa sexualité. Son objectif est garder actif ce précieux flux d'énergie. Quand ces énergies sexuelles se sentent menacées, nous perdons notre 'Oui'. On a vite fait de réagir aux stimuli sexuels par l'arrêt de la circulation du flux d'énergie vitale au travers du corps énergétique quand on se sent mal à l'aise à l'idée d'être une créature sexuée. C'est une priorité que de ne pas laisser cela se produire.

Le Rayon Rouge et la Survie

> *Quand une entité est en proie au désespoir mental et ne passe pas de cette dynamique à un productif mode de pensée, d'analyse, de ressenti et d'action, ce désespoir s'incorpore au complex corps. C'est de là que proviennent la maladie et, ultimement, la mort. C'est pourquoi, le prix du désespoir continu est la mort du corps.*[63]

Comment appréciez-vous la vie sur la planète Terre?

Quand nous pensons à l'instinct de survie c'est en général comme à un mécanisme de «casse ou bien casse-toi» qui fait partie de nos réactions liées à l'adrénaline. Dans une situation d'urgence, quand notre survie est physiquement menacée, nous avons tous éprouvé cette réaction intense qui implique tout notre système, où la bouche s'assèche, l'estomac se calme et où nous sommes instantanément plus alerte que nous n'aurions pu l'imaginer un instant auparavant. Au moment de cette réaction nous sommes capable de lutter: nous pouvons nous défendre et tuer. Nous pouvons aussi choisir de fuir, et être inspiré de courir comme le vent devant un danger.

Quand la réaction d'adrénaline est induite par des situations d'urgence qui menacent réellement notre vie, nous sommes normalement en repos en ce qui concerne notre instinct de survie de rayon rouge, et notre rayon rouge demeure ouvert. Mais, dans la culture mondiale de plus en plus sous pression, dont nous faisons partie, cette réaction d'adrénaline peut devenir chronique sous l'effet de la tension, de sorte que nous sommes en permanence axé sur la réaction «casse ou bien

---

[63] L/Leema – reçu en channeling par L/L Research le 22 septembre 1985.

casse-toi». Cela est épuisant pour notre corps énergétique et tend à graduellement contracter le rayon rouge. L'esprit s'épuise et un état chronique de dépression légère s'installe, qui nous prive insidieusement de notre joie. Quand nous ne voulons pas être ici sur la Terre, nous nous contractons autour de notre insatisfaction. Cette contraction resserre le conduit d'énergie au niveau du rayon rouge, parfois au point de le bloquer complètement.

La langue française dispose d'une expression qui décrit particulièrement bien le pur et exubérant amour de la vie: l'*élan vital* ou énergie vitale. Quand nous aimons et apprécions notre vie, notre énergie vitale monte en flèche. L'amour/lumière du Créateur circule librement au travers de la personne qui apprécie sa vie.

Il se peut que nous ne considérions pas la vie sur la planète Terre comme une bénédiction, même si nous ne passons pas par la dépression chronique décrite ci-dessus. La plupart d'entre nous passent par des événements qui teintent temporairement d'amertume l'amour de la vie. Nous passons tous par des dépressions dues à des situations. La perte d'un être aimé, d'un travail, d'un foyer, sont des événements qui font forcément dégringoler notre moral. Si nous sommes pris dans des émotions négatives de rayon rouge comme le désespoir ou le deuil, nous nous sentons très mal. Très peu ou pas du tout d'énergie parvient à monter dans le corps énergétique et atteindre le cœur. Il est même difficile alors de se rappeler des temps meilleurs ou de regarder vers l'avenir dans l'espoir de temps meilleurs. En fait, pour y arriver il faut la discipline du Joueur avec un grand J.

Nous avons parlé d'un point de vue plus large: celui du Joueur avec un grand J. Le trait caractéristique du désespoir c'est le manque de perspective. Quand nous déprimons, notre monde se rétrécit jusqu'à ne plus contenir que les sentiments de désespoir qui nous submergent. Dans une telle situation le Joueur choisit de suivre la discipline de fixer son mental sur la foi et l'espoir. Cette attitude de foi dégage le centre énergétique de rayon rouge. Le mécanisme «casse ou bien casse-toi» est désactivé et l'énergie se remet à circuler librement. Comme l'énergie circule à nouveau librement, nous parvenons de nouveau à accéder à l'énergie du cœur et à nous réorienter. Alors nous retrouvons notre joie en utilisant notre volonté pour choisir la foi.

Notez que la foi que nous choisissons d'avoir n'est pas une foi EN quelque chose. C'est une foi qui sait simplement que tout est bien et que ce qui nous arrive est utile, même si au premier abord cela ne nous paraît pas être le cas.

La source d'une dépression momentanée peut être des problèmes qui se font jour au travers de l'un ou l'autre des chakras inférieurs. Nous pouvons nous sentir suicidaire d'une manière viscérale non focalisée: il s'agit d'un sentiment de désespoir issu du rayon rouge. Nous pouvons nous sentir suicidaire à cause d'une relation, à cause de l'échec d'un mariage, de la perte d'un emploi. Quel que soit le rayon concerné à l'origine, ce désespoir s'enregistre dans le corps énergétique comme un blocage du rayon rouge.

La chose capitale, pour dégager le rayon rouge d'un désespoir, c'est réaliser que ces émotions et pensées désespérées, du genre 'ça me tue!' contractent le corps énergétique au niveau du rayon rouge. Certes, elles le contractent également plus haut, au niveau du deuxième ou même du troisième rayon. Mais pour opérer un déblocage il faut commencer par le bas, au niveau du rayon rouge.

Lorsque nous percevons que nous contractons l'énergie au niveau du rayon rouge dans notre corps énergétique, il nous faut revoir nos attitudes de base avant de nous poser les 'pourquoi' et les 'comment' de nos relations, mariage, etc. Il nous faut regarder ce qui est arrivé à notre mental. Notre mental a contracté notre flux énergétique quand il a accepté l'histoire du désespoir et de l'impuissance racontée par nos émotions.

Quand je travaille sur mes propres accès de désespoir je trouve utile de faire semblant qu'il s'agit d'un feuilleton et que ma vie est filmée. Je me crée une perspective en devenant le metteur en scène du film. Je demande au caméraman de reculer. Je laisse là le besoin de contempler le gros plan de moi-même en misérable. Je demande d'élargir l'angle de vue.

Étant le metteur en scène, j'examine mon 'plateau' avec soin. Levant les yeux de mes soucis pour regarder le contexte du moment, je prends conscience de la beauté du jour. J'apprécie le charme de petits détails qui agrémentent la scène: le vase plein de fleurs que nous posons sur l'autel ; le pic-vert qui picasse près de la fenêtre ; l'éclat du grand soleil. Je m'amuse à trouver des plans pour les images de "moi en ce moment-ci".

Si je conserve cet angle élargi je commence à ressentir une décontraction de mon énergie. Regarder la beauté de cet environnement réchauffe mon cœur attristé; je constate que, bien que la situation ne soit pas telle que je voudrais qu'elle soit, elle n'est pas toute ma vie. Je recommence à remarquer les nombreuses choses qui restent bonnes dans ma vie.

Je suis parvenue à rompre l'accès de dépression.

Quand nous nous sentons misérable, c'est comme si un mauvais sort nous avait été jeté par une méchante sorcière– et la sorcière c'est nous-mêmes. La caractéristique majeure du désespoir c'est qu'il s'agit d'un petit système fermé, en boucle, répétitif. Parmi toutes les pensées du monde, ces sentiments de désespoir, de colère, de ressentiment, nous font choisir de nous focaliser sur ce misérable petit carrousel de pensées qui ne nous mènera nulle part, cela est sûr et certain.

Et cependant, nous continuons à faire des tours sur ce petit manège, comme un enfant à la foire. A l'intérieur de notre mental il n'y aucune personne extérieure qui aide, aucun gentil gardien qui arrête le manège pour nous en laisser descendre. Mais nous savons comment y monter. Quelque chose réactive en nous une douleur ancienne, et nous voilà reparti pour un tour de souffrances. Nous sommes coincé dans les soucis jusqu'à ce que nous devenions nous-mêmes le gardien, jusqu'à ce que nous nous aidions nous-mêmes à descendre du manège. Pendant tout ce temps notre corps énergétique est contracté et bloqué.

Chapitre IV : Le Chakra de Rayon Rouge

Le Joueur doit s'appliquer à regarder au-delà de ce carrousel de pensées dès qu'il commence à avoir le cafard. Il lui faut réintégrer le contexte global de sa vie. C'est seulement alors qu'il pourra descendre du manège.

Je pense qu'il est improbable que la vie ait été meilleure ou pire qu'elle ne l'est à présent. Les sentiments de désespoir qui nous accablent ne sont pas à attribuer à des temps modernes qui feraient de nous des 'numéros', des rouages d'une quelconque machine impersonnelle. Certes, notre époque suggère à l'envi que nous ne sommes pas importants. Mais à quel moment de l'Histoire avons-nous été 'importants' ? Quand donc tous nos besoins ont-ils été rencontrés? Est-ce que nos problèmes disparaîtraient si nous vivions en des temps plus simples? Pas du tout!

Émotionnellement parlant, je ne crois pas que les choses soient différentes de ce qu'elles ont été en un quelconque autre moment de l'Histoire. Les événements extérieurs qui font l'histoire de notre vie s'impriment sur la toile de fond mouvante et évanescente de nos émotions et de nos sentiments. Quand nous sommes bien équilibré la vie se fait libre et forte, en progrès constant. Quand nous perdons notre équilibre nous regrimpons sur le manège de la tristesse et de la souffrance.

Nous créons les schémas de nos souffrances aussi naturellement que notre système digestif crée des ballonnements quand nous digérons des haricots. Dans un certain sens, notre souffrance est de la dyspepsie émotionnelle. Pour traiter des ballonnements nous pouvons prendre du bicarbonate de soude, qui fait éclater les bulles de gaz et soulage le système. Pour traiter la souffrance émotionnelle nous pouvons mobiliser un angle de vue plus large qui nous donne une vue plus claire de la situation véritable, fait crever les bulles de problèmes qui ont encombré notre corps énergétique, et décontracte le centre énergétique.

Le petit échiquier est plein de ces petits 'tours' circulaires et répétitifs de pensées et de ressenti qui entraînent notre mental et enlèvent toute la joie de notre vie. Quand nous trouvons dans une telle situation, prenons le temps de lever les yeux pour

Chapitre IV: Le Chakra de Rayon Rouge

réaliser ce qui s'est produit. Ensuite, pratiquons l'art de devenir un Joueur avec un grand J pour pouvoir descendre du manège. Cette simple décision rouvre le corps énergétique au niveau du rayon rouge. Et alors c'est si bon de pouvoir se débarrasser des idées noires!

Ce travail demande du temps et du courage. Des émotions négatives comme le sentiment d'inutilité, l'absence d'espoir et le désespoir sont dures à vivre et plus dures encore à comprendre avant de pouvoir devenir l'observateur de nos états mental et émotionnel plutôt que de nous laisser dévorer par eux.

Une technique que j'ai trouvée utile pour travailler sur ce genre d'émotions c'est de demander que ce sentiment s'écoule à travers moi. Si j'ai des larmes à verser je trouve un endroit discret pour les laisser affluer. Si j'ai de la colère ou une autre émotion à faire sortir je recherche un endroit totalement solitaire où je puisse avoir avec moi-même une conversation à haute voix plutôt que dans mon imagination où elle a tourné en rond tout le jour. Lorsque nous traitons nos sentiments avec le respect qu'ils méritent et lorsque nous écoutons attentivement nos propres plaintes, nous parvenons souvent à nous extraire de la misère de ces humeurs, simplement parce que nous nous sommes écouté nous-mêmes.

Pour dégager le corps énergétique, point n'est besoin de recourir à des moyens extrêmes en réprimant toute émotion et exigeant que la logique règne dans notre mental. Il vaut mieux reconnaître tout ce que nous ressentons et pensons, en faire l'expérience délibérément et à fond, et demander ensuite au mental de libérer les préoccupations que nous avons eues à propos de ces sentiments et ces pensées.

Ici aussi il est capital de donner la priorité au dégagement du corps énergétique avant de résoudre les problèmes qui sont la cause apparente de la souffrance. Dans notre vie émotionnelle, les véritables sources de nos bouleversements sont souvent dissimulées au sein de schémas de chagrin et de déséquilibre qui sont en nous depuis l'enfance.

Chapitre IV : Le Chakra de Rayon Rouge

Il n'est pas surprenant, dès lors, que dans notre vie certains nœuds soient très longs à défaire par rapport aux événements extérieurs. Nous travaillons parfois des années durant à défaire des nœuds serrés dans certains de nos centres énergétiques. Nous ne pouvons pas venir à bout d'un nœud simplement en souhaitant qu'il se défasse. Mais nous pouvons quasi instantanément soulager le centre de rayon rouge de sa contraction en faisant appel à la foi et à un point de vue plus large, et en nous encourageant à devenir un observateur de nous-mêmes, puis un guérisseur et un équilibreur de notre flux énergétique bloqué, afin d'être à nouveau parcouru par une bonne énergie.

Chapitre V: Le Centre Energetique de Rayon Orange

Notre Relation avec Nous-Mêmes

> *"Le rayon orange est l'influence (ou modèle) vibratoire par laquelle le complexe mental/corps/esprit exprime sa puissance de manière individuelle."*[64]

Les énergies de rayon orange qui coulent en nous dans notre vie ordinaire concernent l'amour de nous-mêmes et d'autrui. C'est ici que le Jeu avec un grand J devient plus complexe et intéressant!

D'ordinaire, sur le petit échiquier, nous ne jouons pas en pensant beaucoup à exprimer de l'amour dans nos choix quotidiens. Avant de nous concevoir comme des chercheurs spirituels ou des Joueurs avec un grand J, nous restreignons généralement nos mouvements à ceux qui sont possibles sur le petit échiquier. Nous analysons les avantages et inconvénients de chaque option et nous utilisons notre logique pour trouver des solutions. Nous pensons, planifions, et manigançons: nous l'avons eue cette place sur l'aire de stationnement! Nous avons fini par le persuader, ce client! Sur le petit échiquier l'important c'est de gagner.

Le problème, quand on joue au jeu de la vie entièrement sur le petit échiquier c'est qu'on ne sort jamais de cet environnement. Pour monter de niveau il faut aussi utiliser le Grand Échiquier, celui qui fait appel à l'énergie de l'amour/lumière pour nous aider à «mettre notre cœur à l'endroit». Nous voulons mettre notre cœur au bon endroit. Et nous voulons qu'il y reste. Nous voulons monter de niveau. Le Grand Échiquier a des atouts qui nous aident à gagner au Jeu de la Vie. Un de ces atouts c'est

---

[64] Ra – reçu en channeling par L/L Research le 27 février 1981.

CHAPITRE V: LE CENTRE ENERGETIQUE DE RAYON ORANGE

notre capacité à dégager et garder dégagé le conduit du corps énergétique jusqu'au chakra du cœur.

Nous pouvons dégager promptement et simplement le chakra de rayon rouge en reconnaissant notre sexualité et en affirmant la justesse de notre instinct de survie. Le centre de rayon rouge doit être vérifié quotidiennement pour s'assurer que le corps énergétique est ouvert; mais la liste des points à vérifier est courte: Est-ce que j'accepte l'idée d'être une créature sexuée? Est-ce que j'accepte l'idée de vivre sur la planète Terre? Si c'est 'oui' et encore 'oui', nous pouvons poursuivre.

A l'inverse du chakra-racine ou chakra de rayon rouge, le chakra de rayon orange est capable de s'épanouir en acquérant plus de brillance et de clarté à mesure que nous parvenons à mieux garder dégagé ce centre énergétique. Nous pouvons créer, et nous créons, de nouvelles facettes à ce centre orange en forme de fleur, situé le long de notre épine dorsale au niveau de l'abdomen, quand nous travaillons avec la force que nous avons dans le domaine de nos relations.

Dans le travail de rayon orange les problèmes s'accumulent. On n'en a jamais fini avec son dégagement! C'est comme quand on fait le ménage: on peut passer tous les jours les tapis à l'aspirateur et enlever tous les jours la poussière; on peut aspirer sans cesse la maison de nos relations avec nous-mêmes et avec autrui, et cependant trouver tout le temps de la poussière et de la saleté à éliminer.

Le groupe Ra dit que le rayon orange est l'influence (ou modèle vibratoire) par laquelle le complexe mental/corps/esprit (comme ils appellent une personne) exprime sa force individuelle. Et quelle est cette force? C'est la force de donner ou garder l'amour, l'acceptation, le pardon et la compassion. C'est notre pouvoir de tenir nos promesses et de traiter les gens de manière éthique, équitable et généreuse. Mais avant d'exercer cette force sur autrui, nous devons l'exercer sur nous-mêmes. Il nous faut apprendre à nous accepter nous-mêmes et à nous traiter nous-mêmes avec respect.

CHAPITRE V: LE CENTRE ENERGETIQUE DE RAYON ORANGE

Nos sentiments vis-à-vis de nous-mêmes sont profonds. Leur force peut nous élever ou nous entraîner vers le bas sans que nous en prenions conscience. Nous constatons souvent qu'il est plus facile d'accepter les autres que soi-même. Nous sommes à même de voir, dans la plupart des cas, qu'une personne qui paraît imparfaite se débat dans des difficultés et fait de son mieux étant données les circonstances. Notre compassion est prompte à apparaître. Mais quand il s'agit de nous pardonner à nous-mêmes les erreurs que nous percevons, nous sommes souvent des juges sévères.

Comment nous jugeons-nous? D'une part en intériorisant les voix qui nous ont réprimandé pendant notre enfance. Nous gardons audibles ces voix toxiques du passé en les écoutant. Quels sont les mots que nos voix emploient pour nous gronder ? "Ceci n'est pas assez bien ".

Aujourd'hui encore, quand j'entreprends quelque chose et que j'échoue, selon mes propres critères, je peux toujours entendre la voix qui m'a grondée quand j'ai cassé un grand verre il y a cinquante-cinq années. Je devais avoir sept ans et j'essayais de faire la vaisselle. J'avais dû me percher sur une chaise pour pouvoir atteindre l'évier. Le verre a glissé de mes mains savonneuses et a volé en éclats. J'ai été solidement tancée pour ma maladresse. Comme je me souviens bien de la frustration d'avoir fait vraiment de mon mieux et d'avoir dû constater que ce n'était pas assez!

En tant qu'adulte, je peux me reporter en arrière et voir que l'enfant que j'étais faisait vraiment de son mieux. Je peux voir que j'étais bien trop jeune pour espérer mener cette tâche à bien. Je peux à présent me dire qu'avoir fait de mon mieux c'était suffisant. Je peux éprouver une réelle compassion pour cette petite fille. Mais avant d'écouter ma propre voix; avant de pouvoir me pardonner; avant d'accepter et me pardonner le bris de ce verre il y a plus d'un demi siècle, j'ai été prisonnière de mes propres souvenirs.

Je ne sais pas ce que disent vos propres voix toxiques. Je sais seulement que pour devenir un habile Joueur avec un grand J il faut les mettre en repos. Peut-être ont-elles été des voix justes, peut-être ont-elles été des voix injustes. De toute façon, le temps a passé. Nous devons aller de l'avant. En tant que Joueur nous devons être dans le moment présent, libéré des voix du passé. Quand nous errons dans l'auto-jugement, reportons-nous à l'état intérieur d'équilibre où nous pouvons apercevoir notre propre valeur, notre propre mérite en tant qu'âme et en tant que partie du Créateur, tout en étant conscient des défauts perçus.

Je ne dis pas que nous ne commettons jamais d'erreurs. Bien sûr que nous en commettons. Je ne dis pas que nous devons ignorer nos erreurs. Pas du tout. Nous devons en tirer des leçons. Je ne dis pas non plus que nous sommes toujours aimables. Indubitablement, nous ne le sommes pas. Nous sommes tous des zozos embarqués dans le même bus.

Ce que je dis c'est que nous pouvons apprendre à nous aimer nous-mêmes, tout en connaissant nos défauts. Et c'est ce qu'il faut faire pour ouvrir notre rayon orange. Pour permettre à l'énergie de circuler au travers du centre de rayon orange il est essentiel de développer une attitude d'appréciation de soi.

Nous passons beaucoup de temps en notre propre compagnie. Nous connaissons nos pensées et nos inclinations, explicites ou tacites. Nous avons créé un monde intérieur qui nous est propre et dans lequel circule notre courant de conscience. Il est important d'arriver à une amitié durable avec nous-mêmes. Si nous n'apprécions pas notre propre compagnie, alors comment pouvons-nous apprécier celle de quelqu'un d'autre? Si nous n'éprouvons pas de compassion envers nous-mêmes, comment pouvons-nous éprouver de la compassion envers autrui? Il nous faut vraiment prendre plaisir à être ce que nous sommes. Cela est essentiel pour que l'énergie puisse circuler à travers le corps énergétique.

Une attitude positive est au moins partiellement une habitude. Le Joueur avec un grand J doit cultiver cette habitude. Quand nous accordons de l'attention à quelque chose, ce quelque chose grandit et se développe dans notre vie, tout comme croissent les plantes qui sont arrosées et reçoivent de l'engrais. Si nous

Chapitre V: Le Centre Energetique de Rayon Orange

portons de l'attention aux bénédictions qui parcourent notre vie, ces bénédictions réagissent en se multipliant, jusqu'à ce que notre monde intérieur soit complètement changé. Nous devenons plus expansif, serein et paisible. Nous nous sentons bien. Et se sentir bien permet à l'amour/lumière du Créateur de traverser allègrement le rayon orange de notre corps énergétique et de poursuivre son chemin vers le cœur.

Un autre aspect de notre relation de rayon orange avec nous-mêmes, et qui est rarement en bon état, c'est ce que nous ressentons vis-à-vis de notre corps. Nous sommes rarement satisfait de notre apparence. Nous sommes gêné. Nous nous sentons parfois physiquement inadéquat simplement parce que nous n'avons pas une apparence idéale. Nous correspondons rarement à notre image idéale. De tels sentiments contractent le centre de rayon orange.

La pression qui est mise pour correspondre au 'bon' style a développé une pathologie propre à notre société. Un régime trop strict peut mener à l'anorexie ou à la boulimie. C'est très dur pour le corps physique de ne pas recevoir les nutriments dont il a besoin. Et cependant, la pratique d'un régime est très répandue parmi les gens qui se préoccupent de leur image. Les hommes ne sont pas aussi enclins à se passer de nourriture et à devenir anorexiques, mais eux aussi sont souvent obsédés par leur poids et ils se sentent peu attirants quand ils ont des problèmes de poids, ce qui contracte leur centre de rayon orange.

Faire régime ne met pas fin à notre attitude de jugement par rapport à notre apparence. Nous pouvons avoir recours à des techniques plus dures, comme la chirurgie plastique, nous pouvons vouloir lisser nos rides au moyen de toxiques injections de Botox, nous pouvons vouloir nous débarrasser de la graisse accumulée en recourant à la liposuccion et, en ce qui concerne les femmes, vouloir remplacer les seins, le nez, les lèvres ou les hanches que la nature nous a donnés, par des formes altérées chirurgicalement que nous trouvons préférables. Cette culture a créé un environnement brutal pour ceux qui veulent vivre dans une paix réaliste par rapport à leur apparence naturelle.

Ceci signifie que quand il s'agit de nous reconnaître et de nous apprécier nous-mêmes en tant qu'être humain, nous pouvons manquer de confiance. Nous nous soumettons au regard des autres. Cette préoccupation-là peut aussi contracter le corps énergétique au niveau du rayon orange.

Nous savons qu'il n'est pas malin de se préoccuper de la façon dont nous sommes vu. Les gens que nous apprécions sont toujours des gens qui se contentent d'être eux-mêmes, qui n'essaient d'impressionner personne, mais qui savourent la vie qu'ils ont. C'est ce que la Confédération nous suggère de faire: savourer nos jours. Le rayon orange est le rayon du mouvement et de la croissance dans notre perception de nous-mêmes, tout comme la densité de rayon orange (la densité des végétaux et des animaux) est la densité du mouvement, de la croissance, et de l'aspiration à la lumière. Tout comme les animaux sauvages apprécient leur environnement, ainsi il nous faut nous nous savourer nous-mêmes ainsi que notre vie, afin de mettre en équilibre le centre énergétique de rayon orange.

Il peut sembler étrange de conseiller aux gens de travailler à savourer leur vie, et cependant c'est un conseil bien utile. Nous portons tous un bagage hétéroclite dans notre vie quotidienne. Certaines de nos expériences sont des choses agréables, certaines sont neutres, et certaines paraissent mauvaises. Le truc pour affronter le moment présent avec un corps énergétique clair et dégagé c'est de nous focaliser sur les bonnes choses.

Le Rayon Orange et Autrui

> *"Une des clés est assurément de voir chaque entité, au sein d'une relation, comme une fleur d'une beauté unique, qu'il vaut mieux contempler que couper ou déraciner."*[65]

---

[65] Q'uo – reçu en channeling par L/L Research – 19 février 2003.

Chapitre V: Le Centre Energetique de Rayon Orange

Nous avons parlé des bonnes choses qui nous arrivent à nous, Joueurs avec un grand J, lorsque nous nous considérons dignes d'estime tels que nous sommes. Voyons à présent les avantages qu'il y a à considérer les autres tout aussi dignes d'estime tels qu'ils sont.

Le centre énergétique de rayon orange ne concerne pas les abstractions. Il ne concerne pas l'amour de l'humanité. Le chakra de rayon orange concerne strictement la manière dont nous utilisons notre puissance personnelle et dépensons notre énergie vitale dans nos relations avec nous-mêmes et les autres pris individuellement. Le chakra du ventre concerne les relations personnelles.

La Relation! Mot à la mode! Il a même son acronyme: 'le mot-R'. Ce mot est entré dans la langue anglaise au XIVe siècle par l'intermédiaire du latin puis du français. En latin, *"relatio (génitif: relationis)"*, signifie littéralement "un récit, un rapport " *relatus*: signifie 'relié'. Son usage premier était de nature romantique. Les gens qui avaient une relation étaient reliés entre eux non pas par le sang, mais par un lien sentimental ou de mariage.

Au début du XVIe siècle le monde juridique s'est emparé de ce mot pour indiquer des liens spécifiques entre clients et hommes de loi. Quand les sciences ont pris leur essor, à la Renaissance, la physique et la chimie ont adopté ce mot en lui donnant le sens d'une attraction naturelle. Certains éléments ont l'un pour l'autre une affinité naturelle (Merci mon Dieu!). L'oxygène et l'hydrogène sont très bien en eux-mêmes, mais que ferions-nous s'il n'y avait pas deux parts d'hydrogène mises en relation avec une part d'oxygène, i.e. H_2O, i.e. de l'eau? Les schémas d'attirance naturelle constituent une grande partie du fonctionnement de la Création.

Nous découvrons que nous avons des 'atomes crochus' ou une attraction naturelle instantanée pour certaines personnes et non avec d'autres. Ceci nous ramène au mot-R et à notre attirance naturelle entre êtres humains. Nous ne pouvons pas nous empêcher d'aimer certaines personnes plus que d'autres.

Chapitre V : Le Centre Energetique de Rayon Orange

Chacun de nous a une aura d'énergies issues de son corps énergétique, et qui constitue notre 'vibration' personnelle. Certaines personnes vibrent naturellement avec nous d'une manière harmonique et agréable, de sorte que partager de l'énergie avec elles est un cadeau.

Avec d'autres personnes, nos vibrations sont tellement différentes des leurs que nous ne parviendrons probablement jamais à les apprécier vraiment à un niveau de conscience humaine. Cependant, au niveau de l'âme nous sommes tous également 'bons'. Nous sommes tous un. Faire appel à ce souvenir d'unité quand nous sommes forcé d'entrer en relation avec ces personnes débloque le centre de rayon orange, de sorte que l'énergie vitale du Créateur peut circuler librement à travers ce chakra.

J'aime ce que dit Q'uo à propos des gens à traiter comme des fleurs : en ne les sortant pas de leur habitat naturel ni en les coupant pour les placer dans un vase, mais en les appréciant simplement tels qu'ils sont. C'est un moyen puissant qui permet de garder clair le chakra de rayon orange. Ce moyen semble simple, mais il ne l'est pas.

Notre culture suggère que la manipulation d'autrui pour son propre bien à lui ou pour notre propre bien à nous, est acceptable. Enfants, nous apprenons comment demander poliment des choses, en ajoutant 's'il te/vous plaît' et 'merci'. Nous apprenons comment graisser les rouages de nos échanges sociaux. Nous apprenons à sourire alors que nous n'en avons pas envie, pour être polis. Nous apprenons à dire des 'mensonges pieux' pour éviter d'offenser ceux que nous aimons ou à qui nous voulons plaire. Nous apprenons à nous 'bien comporter'.

En eux-mêmes et par eux-mêmes, ces apprentissages représentent de solides avantages sur le petit échiquier, et des points de départ acceptables sur le Grand Échiquier. Il est agréable de voir évoluer nos relations personnelles en douceur. Cependant, ces comportements appris et artificiels ne nous donnent aucune idée, dans un sens intérieur, de ce qu'est la

Chapitre V: Le Centre Energetique de Rayon Orange

puissance personnelle, de ce qu'on éprouve en étant puissant, ou de la meilleure façon de mettre à profit cette puissance quand on joue sur le Grand Échiquier.

Une démocratie spirituelle règne sur le Grand Échiquier. Les condamnés à mort dont les meurtres et autres crimes ont été commis pour les motifs les plus négatifs et les plus noirs sont aussi estimables et honorables que nous, d'après la philosophie de la Confédération. Du point de vue de la Confédération, qui voit la Création comme un tout, les actes des gens, même commis dans la haine, s'effacent devant leur valeur unique au niveau de l'âme. La compassion qui règne sur le Grand Échiquier voit au-delà des erreurs et folies, et voit «le morceau de Un», comme le nomme Joshiah[66], que sont toutes les entités.

Ainsi, bien que sur le petit échiquier le jugement soit logique et nécessaire, il n'a pas de valeur sur le Grand Échiquier. En fait, il est même plutôt un obstacle. Lorsque nous émettons des jugements les uns sur les autres nous comprimons et allons même jusqu'à bloquer le centre énergétique de rayon orange.

Quand nous avons affaire à une personne dont nous n'apprécions pas les vibrations, nous pouvons utiliser quelques techniques simples en faisant appel à notre propre corps énergétique pour nous créer un espace sécurisé.

Premièrement, si nous nous trouvons en face d'un employé impoli ou d'une connaissance importune et que nous sentons agressé et mal à l'aise, il suffit d'un petit moment pour se mettre en auto-défense psychique. Nous pouvons faire semblant de nous peigner les cheveux: nous nous caressons toute la tête d'une seule main, puis nous passons la main sur les épaules comme pour en enlever quelques grains de poussière, et enfin lissons de la main notre corps comme nous défroissons des vêtements sur un portemanteau. Nous avons ainsi nettoyé et

---

[66] Joshiah est une source reçue en channeling par Bub Hill. Adresse Web de cette source: http://www.joshiah.com/. Outre un livre, *Conscious Creation*, publié aux éditions Hill en 2007, des CDs et dossiers en MP3 de transcriptions non révisées peuvent être obtenus par courriel.

Chapitre V: Le Centre Energetique de Rayon Orange

rafraîchi notre aura. N'oublions pas, pendant que nous faisons cela, de demander que l'énergie que nous n'apprécions pas quitte l'espace personnel de notre aura.

Quand nous avons fermé ces circuits nous nous sommes créé un endroit sécurisé. Nous avons défini notre espace psychique et nous sommes protégé des vibrations toxiques émises par cette personne.

Et nous aurons fait cela sans nous séparer un seul instant de cette personne dans notre cœur. Nous continuons à voir sa valeur au niveau de l'âme. Nous nous honorons nous-mêmes en établissant des limites par cette auto-défense. Nous honorons l'amour en voyant l'unicité de nous-mêmes et de tous les autres au niveau profond, spirituel.

Si nous avons avec une personne une relation vraiment très proche, comme celle d'une grande amitié ou d'amour, il se peut que certains traits de cette personne nous contrarient cependant. Ce peut être la manière dont elle mâche sa nourriture, ce peut être le ton de voix particulier d'une amie qui nous porte sur les nerfs. Sans raison précise nous nous sentons irrité par ces petites choses.

Dans ces cas-là il est utile de faire semblant d'apprécier quelque chose que nous n'apprécions pas. La majorité des émotions que nous éprouvons sont créées par nous-mêmes. Si nous agissons comme si nous aimions quelque chose ou quelqu'un nous pouvons créer l'habitude de le faire vraiment.

Je me souviens de mon premier emploi de bibliothécaire à la faculté d'ingénierie de la Speed Scientific School de l'Université de Louisville. J'avais 22 ans. Ma supérieure hiérarchique était la femme qui avait créé la bibliothèque technique en 1941, deux années avant ma naissance. Elle y avait régné sans partage pendant toutes ces années. J'ai été engagée en 1965 et j'étais sa première assistante. Elle n'avait aucune idée de la manière dont elle pourrait établir une relation avec moi. Dans un premier temps, chaque jour au travail a été pour moi une torture. Or, je savais que pour respecter mon contrat

Chapitre V: Le Centre Energetique de Rayon Orange

professionnel il me fallait rester un an. Cette année s'annonçait longue et difficile pour moi.

Puis j'ai mis au point un plan d'action: j'allais agir comme si je l'aimais beaucoup.

J'ai fait le projet de trouver des moyens de la faire sourire et se sentir plus à l'aise. J'ai commencé à l'appeler "Chef", mot utilisé dans une série télévisée très populaire à l'époque: *Get Smart*. Même quand elle me confiait les tâches les plus idiotes, et elle était passée maître dans cet art, je lui faisais un grand sourire en disant "Bien, Chef!". Elle adorait.

Après un mois, je me suis sentie tout à fait capable de l'aimer telle qu'elle était. Ce qui avait commencé comme une fiction était devenu réalité. La raison est que quand un Joueur fait appel à l'amour, l'amour afflue et l'amour enseigne. Nous ne sommes pas obligés d'aimer. Nous devons seulement amorcer le flux d'amour en déterminant une manière d'agir comme si nous aimions.

C'est comme quand nous sourions sur commande et non parce que nous en avons envie. La mobilisation de ces muscles faciaux change vraiment la chimie de notre corps et le sourire cesse d'être mécanique et devient un vrai sourire quand nous le laissons apparaître.

L'amour m'a montré pourquoi elle agissait comme une idiote. L'amour m'a montré ses craintes et son sentiment profond de ne pas être à la hauteur, d'être indigne. Mon cœur est allé vers elle et elle l'a senti. En l'acceptant telle qu'elle était je suis devenue son défenseur et son aide.

Nous avons terminé notre année ensemble dans une relation idéale. Et au cours de cette année elle m'a appris l'art de diriger une bibliothèque, de la proue à la poupe, de fond en comble. J'ai ensuite pu obtenir un emploi où je disposais de ma propre bibliothèque scolaire dans une école supérieure privée. Ma supérieure hiérarchique m'avait équipée des outils dont j'avais besoin pour cet emploi. C'était un emploi en or pour une jeune femme comme moi, et j'adorais avoir ma propre 'boutique'.

CHAPITRE V: LE CENTRE ENERGETIQUE DE RAYON ORANGE

L'habitude d'amour est comme n'importe quelle habitude. Selon les psychologues, il faut environ trois semaines pour former une habitude. Et il faut environ le même laps de temps pour se débarrasser d'une habitude ou en changer. Pour le Joueur avec un grand J c'est faire preuve de sagesse que de faire appel à l'amour pour régler les petits problèmes qu'il peut avoir avec des amis ou partenaires. Nous nous prenons bientôt à sourire lorsque tel mâche bruyamment sa nourriture car c'est son petit caprice à lui et il est le seul à le faire de cette façon. Et quand nous entendons le ton de voix qui nous irrite nous sourions aussi en nous disant que nous reconnaîtrions n'importe où ce cher 'braillement barbare'[67].

Ces petites choses sont insignifiantes sur le petit échiquier parce que sur cet échiquier-là les relations signifient avoir des relations sexuelles, avoir des amis, établir des partenariats, ou satisfaire à un quelconque besoin trivial.

Ces mêmes choses sont très importantes sur le Grand Échiquier cosmique. Car, quand nous nous sentons agacé, irrité, ou autrement perturbé dans notre 'soi' émotionnel, notre corps énergétique se comprime au niveau du rayon orange. Il peut même être bloqué complètement si nous sommes vraiment, vraiment bouleversé. De tels nœuds émotionnels nous dérobent notre force personnelle et la paix de notre esprit. Sous l'influence de ces sentiments négatifs il est peu vraisemblable que nous fassions en permanence des choix Service D'Autrui par rapport aux gens qui nous exaspèrent. Nous nous mettons hors Jeu quand nous ne parvenons pas à faire de bons choix positifs.

Mohammed Ali et Howard Cosell sont deux bons exemples de la façon de traiter les gens qui nous irritent. La boxe est un sport sanglant et Ali était 'une grande gueule' et un grand poseur dans sa jeunesse. Cela exaspérait certains journalistes sportifs,

---

[67] Dans le poème de Walt Whitman, *Song of Myself*, chapitre 52: "I sound my barbaric yawp over the roofs of the world (je fais résonner mon braillement barbare au-dessus des toits du monde – NdT)."

Chapitre V: Le Centre Energetique de Rayon Orange

comme Howard Cosell. Mais Cosell pouvait lui aussi être fort en gueule et insensible. Cependant, au fil des ans Ali et Cosell sont devenus des amis car chacun a trouvé des raisons d'honorer et respecter l'autre en parfaite harmonie, tout en continuant à jouter verbalement.

Quand nous traitons nos relations avec autrui sous l'angle du Service D'Autrui, ces nœuds émotionnels ont tendance à se défaire. Nous pouvons apprécier toutes sortes de gens quand notre première pensée est celle du service. "Ne demandez pas ce que votre pays peut faire pour vous. Demandez-vous plutôt ce que vous pouvez faire pour votre pays" a dit John F. Kennedy. Le conseil donné par la Confédération est semblable: "Ne demandez pas ce qu'autrui peut faire pour vous. Demandez-vous ce que vous pouvez faire pour autrui". Quand on se polarise vers le positif, aider autrui c'est nous aider nous-mêmes. Et ce que nous donnons nous est rendu au centuple, car l'amour est réfléchi par l'amour.

Les Distractions qui affaiblissent les Relations de Rayon Orange

> *Dans un sens négatif, bon nombre de gadgets utilisés parmi vos peuples, c'est-à-dire ce que vous nommez vos appareils de communication et autres distractions comme des jeux impliquant moins de compétition, peuvent être vus comme ayant la distorsion de garder inactivé le complexe mental/corps/esprit, de sorte que l'activité de rayon jaune et de rayon orange est très affaiblie, ce qui diminue de beaucoup la possibilité d'une activation du rayon vert.* [68]

Les relations de rayon orange représentent une partie substantielle du grain à moudre qui alimente notre moulin métaphysique. Il va sans dire que notre moulin mout fin, et ce

---

[68] Ra reçu en channeling par L/L Research le 27 février 1981.

qui est happé par son mécanisme perturbe nos sentiments. C'est pour cette raison qu'il est souvent inconfortable de travailler sur une relation; que ce soit avec nous-mêmes ou avec une autre personne.

A un premier rendez-vous, ou quand nous parlons à un étranger/une étrangère, nous étalons nos bonnes manières du dimanche. Nous parvenons même à en jouer pendant plusieurs rendez-vous. Vient un jour, cependant, où les deux parties de la relation se révèlent et s'expriment avec franchise. Alors arrive le catalyseur.

Souvent, quand nous devenons vrai, ce que nous avons à dire à l'autre est pénible à entendre pour celui/celle-là. Et cependant, les relations ont besoin d'un certain niveau d'honnêteté pour permettre la croissance spirituelle des deux parties. Et il est nécessaire que nous partagions la lumière de notre propre vérité dans nos relations, afin de conserver ouvert notre rayon orange.

Dès qu'un certain niveau de confiance a été atteint dans une relation, ces moments de communication nécessaire deviennent plus faciles. Mais l'inconfort de devoir parler de sentiments pénibles ne disparaît jamais tout à fait.

Faut-il s'étonner, dès lors, que nous cherchions refuge dans des distractions qui n'impliquent pas des moments de qualité passés ensemble?

Il y a des années d'ici, Sammy Davis, Jr., animait une émission d'entretiens télévisés. Un soir je l'ai vu interviewer Steve Lawrence et Eydie Gorme. Ce couple de chanteurs très populaires s'était rencontré sur le plateau d'un spectacle télévisé où ils étaient tous les deux invités. Ils étaient tombés amoureux, s'étaient mariés, et avaient élevé leurs enfants. Ils avaient aussi continué leurs tournées d'artistes.

Sammy avait demandé à Eydie quel était le secret de leur long et heureux mariage. Eydie avait répondu en toute honnêteté: "nous essayons de ne jamais avoir une conversation sérieuse quand nous sommes en tournée". Je savais naturellement qu'ils ne pouvaient pas réussir à gérer les choses à ce point. Je les ai

CHAPITRE V : LE CENTRE ENERGETIQUE DE RAYON ORANGE

immédiatement visualisés dans une loge, en train de passer au pilon un problème qui ne pouvait pas attendre.

Nous trouvons facilement des moyens d'échapper aux relations et au travail qu'elles génèrent. Nous nous saoulons de télévision quand nous nous retrouvons ensemble. Nous sommes alors ensemble sans être ensemble. Nous regardons tous les deux la même chose mais nous ne sommes pas vraiment ensemble. La télévision nous évite une relation personnelle.

Ou bien nous devons nous occuper des enfants et nous choisissons le tube cathodique comme babysitter. Alors que nous pourrions aller faire de longues promenades et répondre aux questions sans fin des petits, aller à la bibliothèque, nourrir les canards dans le parc, bref faire des choses qui impliquent une relation directe avec les enfants, nous préférons allumer la télé et trouver pour eux une chaîne qui passe des dessins animés. En excluant la relation directe avec nos enfants nous permettons qu'ils soient élevés par la télévision. Les gens qui programment les chaînes ont des intentions bien spécifiques par rapport aux enfants. Et parmi celles-ci, il y a la volonté de faire d'eux des consommateurs qui considèreront qu'acheter des jouets en permanence est une quête valable et un bon système de valeurs qui rend heureux. Voilà ce qu'apprennent les enfants, même si aucun jouet ne rend aucun de nous heureux longtemps.

Nous avons certes des tâches à effectuer, comme tondre le gazon, ratisser l'allée, jardiner. Elles peuvent constituer de bonnes opportunités de contemplation et de méditation. Mais si nous écoutons un iPod ou un transistor plutôt que le chant des oiseaux, le vent ou le silence, voilà des opportunités manquées.

Et puis il y a les jeux sur ordinateur. Pour beaucoup de gens, le temps libre c'est du temps à consacrer aux jeux sur ordinateur. Ils semblent être une bonne forme de récréation qui permet de se détendre. Mais un temps excessif passé à jouer à ces jeux a pour résultat que l'on se détache de ce qui se passe en nous, et plus encore de ce qui se passe avec ceux qui sont importants pour nous dans notre vie.

CHAPITRE V: LE CENTRE ENERGETIQUE DE RAYON ORANGE

Pour que les gens polarisés négativement puissent continuer à faire usage du pouvoir de nos gouvernements et cultures, la première chose qui doit être faite c'est distraire les gens orientés positivement et détourner leur attention des événements réels. Les médias de masse sont de tels moyens de distraction. Et trop souvent nous les choisissons tous.

Sauf chez les gens qui n'allument leur télé que quand ils souhaitent regarder un programme spécifique, le tube cathodique reste souvent allumé en permanence, peu importe ce qui apparaît sur l'écran. Et ensuite ils choisissent parmi des alternatives plutôt que d'avoir le courage d'éteindre la télé et engager une conversation ou discuter de projets communs.

Sans être hypocrite, je ne peux recommander à personne de faire ce que je ne fais pas moi-même; je ne vais donc pas vous suggérer de vous débarrasser de votre télé ou de votre iPod. Je vais seulement demander que nous prenions tous conscience de notre utilisation du temps libre. Apprécions les spectacles et la musique, mais rappelons-nous de prendre aussi le temps de la relation avec soi-même et avec autrui.

L'erreur n'est pas nécessairement de regarder la télé, de surfer sur l'internet ou de jouer à des jeux sur ordinateur. Certains de ces jeux n'impliquent que peu ou pas du tout de polarisation négative. Le Solitaire, par exemple, est innocent, mais des jeux de combat qui enlèvent aux joueurs toute hésitation à presser des détentes sont indubitablement suggestifs d'une polarisation négative puisqu'ils font voir les gens comme des cibles.

L'erreur pour le Joueur avec un grand J c'est de laisser échapper les chances de se polariser et de monter de niveau sur le Grand Échiquier. Saisissez le moment! Le Joueur fait bien de passer du temps réel avec ses relations, et de les chérir.

La Sexualité de Rayon Orange

Le désir de rayon orange d'avoir une relation sexuelle ne crée un blocage que si une seule des entités vibre dans ce domaine, ce

Chapitre V: Le Centre Energetique de Rayon Orange

> *qui a pour résultat que l'entité qui vibre sexuellement dans cette zone a alors un appétit insatiable pour cette activité. Ce que recherchent ces niveaux vibratoires c'est l'activité de rayon vert.*
>
> *Il y a la possibilité d'un transfert d'énergie de rayon orange ou de rayon jaune polarisé vers le négatif: un être étant vu comme un objet plutôt que comme un autre 'soi'; l'autre se voyant comme le pilleur ou le maître de la situation*[69].

Chez la plupart des gens, les relations sexuelles ont une grande importance. De nos premiers émois sexuels jusqu'à la tombe nous cherchons comment user le mieux de notre sexualité. Garder clair notre centre énergétique de rayon orange tout au long du drame de nos relations sexuelles est essentiel pour devenir un Joueur sur le Grand Échiquier.

Ce travail ne se fait pas naturellement, et il n'est facile pour aucun Joueur. En général, nous ne savons pas comment changer notre 'feuilleton personnel' en comédie légère. Et cependant, quand le drame ferme notre rayon orange nous restons coincé sur le petit échiquier. Et ce n'est pas ça que nous voulons! Nous voulons garder notre chakra orange dégagé et ouvert afin que l'amour/lumière du Créateur puisse circuler librement jusqu'au cœur.

Rester ouvert dans la sexualité de rayon orange est très difficile. Il est rare qu'à notre époque les hommes et les femmes parviennent à découvrir leur nature sexuelle d'une manière qui soit positive. Très souvent, nos expériences sexuelles sont assombries par la manipulation, l'obligation ressentie de devoir accomplir des exploits, les abus émotionnels et physiques. Si vous êtes de ceux qui ont eu une vie sexuelle parfaitement normale, je vous félicite. Ce n'est pas le cas pour la plupart d'entre nous.

La plupart des jeunes gens sont sous la pression intense de leurs pairs qui les incitent à des performances. Peut-être que ce n'est

---

[69] Ra reçu en channeling par L/L Research – 25 février 1981.

Chapitre V: Le Centre Energetique de Rayon Orange

pas cela qu'ils voudraient s'ils y pensaient vraiment. La pensée profonde n'est pas encouragée par notre société. C'est être 'conforme' qui l'est. En voulant devenir 'conformes', certains jeunes hommes deviennent des prédateurs sexuels.

Par exemple, j'ai été abusée sexuellement par une bande de quatre garçons alors que j'avais à peine quatre ans. Heureusement pour moi, aucun de ces garçons âgés de sept à huit ans n'étaient à même d'avoir une érection, de sorte que mon corps physique n'a pas été pénétré. Je n'ai pas eu de blessure grave. Je n'ai eu que des contusions ainsi que l'inconfort et l'humiliation d'avoir les quatre membres ligotés à des buissons de mûres pour que mon corps soit accessible. Après avoir fait ce qu'ils voulaient faire, un des garçons a détaché une de mes mains pendant que les autres se précipitaient sur leur vélo et s'enfuyaient. Je me suis alors retrouvée seule dans la petite clairière que les gamins avaient faite. Je me suis égratignée aux buissons auxquels j'avais été attachée pendant que de ma main libérée je détachais mes autres membres.

Bien que je n'aie pas eu de blessure physique grave, j'ai subi un substantiel dommage émotionnel. Je pesais moins de vingt kilos à cette époque et j'avais été violentée par quatre garçons, tous plus grands que moi. Et cependant je 'ai pas pu m'empêcher d'être convaincue que j'aurais pu trouver le moyen d'éviter ce désastre.

Je savais que j'avais été violentée. Je me sentais souillée. Mes vêtements m'avaient été dérobés, et mon identité aussi. J'ai dû revenir à la maison à pied, presque nue étant donné que je n'avais pu retrouver que ma petite culotte. J'étais perdue et j'ai dû demander de l'aide alors que j'étais dans cette embarrassante nudité. Comme j'avais été utilisée comme un objet sexuel, j'ai pris conscience des émois sexuels des hommes d'une manière perturbante et crue, bien longtemps avant que je n'aurais dû en faire l'expérience en tant que femme.

A cause de cette expérience, l'image que j'avais de moi-même a été biaisée pendant des années, jusqu'à la mi-parcours de mes

Chapitre V : Le Centre Energetique de Rayon Orange

études supérieures. Je suis graduellement sortie des sentiments délétères qui s'étaient installés lors de cet abus sexuel. Mais pour bon nombre d'entre nous, des problèmes chroniques avec les relations de rayon orange persistent jusqu'à l'âge adulte à cause d'abus de ce genre. Souvent, un long et persistant travail est nécessaire pour pouvoir se libérer de la souffrance et du traumatisme enfouis.

Je mentionne ce détail de mon histoire parce que je crois que le niveau des abus sexuels est beaucoup plus élevé que ne le perçoit le public au sens large. Mon but est que ceux d'entre nous qui ont été abusés par des membres de la famille, des 'amis' ou des étrangers soient réconfortés par mon expérience. Il est possible de traiter des sentiments de culpabilité et de honte provoqués par l'invasion de notre corps et de notre être. Nous pouvons pardonner. Nous pouvons guérir.

Des abus moins nets que le viol caractérisé sont également communs dans notre société actuelle. Le viol avec administration préalable de drogue (*'date rape'*) est devenu très répandu. De nombreux jeunes hommes dont le rayon orange est bloqué s'arrogent le droit de droguer une femme dans le but de s'assurer une relation intime avec elle. Leur excuse est que les femmes veulent en fait cette relation mais craignent trop le qu'en dira-t-on pour l'accepter sans être forcées.

Les variétés de manipulation de consentement et d'asservissement abondent dans les relations sexuelles. Même de très jeunes gens prennent l'habitude de dire à des jeunes femmes qu'ils les aiment afin de convaincre celles-ci d'accepter une relation sexuelle. Ou bien ils les menacent de les abandonner si elles n'acceptent pas d'avoir des relations sexuelles avec eux, leur disant qu'ils trouveront facilement des partenaires plus conciliantes.

Alors les jeunes femmes cèdent car elles veulent satisfaire et garder leurs petits amis. Ces femmes sont souvent trop jeunes pour savoir comment affronter ou parfois même éprouver le désir physique. Elles acceptent les relations sexuelles dans l'espoir de préserver des liens romantiques. Cet espoir est habituellement vain. Une fois la conquête faite par l'homme, la femme est en général abandonnée. Il a conquis. Le jeu est terminé. Il passe à l'objet suivant de sa convoitise sexuelle. Ce n'est pas le cas de tous les jeunes gens. Mais cela est trop souvent vrai. Et la prédation sexuelle est implicitement acceptée dans notre culture.

Comment une femme pourrait-elle ne pas se sentir offensée d'un tel traitement ? Ou bien elle éprouve du ressentiment et évite les relations sexuelles, ou bien elle accepte d'être considérée et utilisée comme un objet sexuel.

Elle peut même décider de devenir elle-même un prédateur sexuel qui imite le comportement dominateur et agressif de l'homme. Il y a une fausse liberté dans ce choix. C'est la femme qui a alors la situation en main. Elle a changé de rôle: de proie elle est devenue prédatrice.

Cependant, en adoptant ce comportement il y a peu d'espoir qu'elle puisse avoir un véritable échange d'énergie sexuelle tel que l'a sa contrepartie masculine. Le chakra du cœur ne s'ouvre pas quand il y a des dépenses d'énergies manipulatrices. Tous les comportements manipulateurs nous polarisent vers le Service De Soi et défont le bon travail de polarisation vers le Service D'Autrui.

Voilà l'état de notre culture actuelle. La culture dans sa totalité est suractivée et bloquée au niveau du rayon orange. Cela signifie que les Joueurs avec un grand J vont devoir affronter un constant vent debout provenant de la 'Matrix' quotidienne s'ils veulent dégager leur centre énergétique de rayon orange.

Pourquoi, dans notre société, certains hommes violent-ils des femmes? Quelle est l'impulsion? Manifestement, il ne s'agit pas d'un désir de rayon rouge. Ces gamins de sept ans qui m'ont violée étaient trop jeunes pour le désir physique. Mais ils n'étaient pas trop jeunes pour imiter leurs aînés en ayant une volonté de domination d'autrui. Violer c'est imposer sa volonté à autrui; ce n'est pas du désir sexuel.

Chapitre V : Le Centre Energetique de Rayon Orange

Relisez ce que Ra dit, ci-dessus: il est dit que la volonté de rayon orange d'avoir une relation sexuelle crée un blocage si une seule entité vibre dans cette zone, ce qui a pour résultat que l'entité qui vibre sexuellement dans cette zone se retrouve avec un appétit insatiable pour cette activité.

En étudiant la dynamique sexuelle de rayon rouge entre mâles et femelles nous avons vu que, par instinct, certains grands primates mâles copulent librement avec les femelles de leur clan. Les femelles de ces espèces forment par instinct des liens fidèles avec un seul mâle dominant, qui prendra soin d'elle quand elle aura des petits.

Nous sommes plus que des primates, étant donné notre nature humaine, et de nombreux mâles humains matures choisissent de former avec une seule femme une relation fidèle qui dure toute la vie. Ce comportement est peut-être bien apparenté à celui des grands primates, mais l'instinct sexuel immature du jeune humain, non informé par l'éthique, est de s'accoupler avec autant de femmes que possible. Cette situation invite à l'agression et à l'abus sexuels.

Il y a de la rage et de la peur enfouies au cœur de la prédation sexuelle. De nombreux hommes sont intimidés par le divin féminin. Les femmes sont porteuses de cette énergie sacrée. La comédienne Judy Tenuta disait, très justement "approche-toi de la Déesse". Mis à part son accordéon et ses pitreries sur scène, elle a professé là une vérité profonde. Les hommes bloqués au niveau du rayon orange n'ont aucun désir de s'approcher de la Déesse! Voilà le problème fondamental de leur propre sexualité. Chaque instinct qui s'exprime dans leur nature émotionnelle immature les met en garde contre le pouvoir de la féminité. Ces hommes veulent garder leurs distances par rapport à cette immensément puissante énergie de la sexualité féminine et privilégient l'amour de la mère.

Mais ce désir va directement à l'encontre de leur progrès spirituel. Le groupe Ra est très clair sur ce point. Le 27 février 1981 ils disaient:

CHAPITRE V: LE CENTRE ENERGETIQUE DE RAYON ORANGE

> *"L'activation du rayon vert est toujours vulnérable au rayon jaune ou au rayon orange de la possession, qui est majoritairement de rayon jaune mais déborde souvent dans le rayon orange. La peur de la possession, le désir de possession, la peur d'être possédé, le désir d'être possédé, sont tous des distorsions qui sont cause d'une désactivation du transfert d'énergie de rayon vert".* [70]

Notez le mot important: la peur. C'est la peur qui ferme le chakra de la relation.

A moins que l'homme ne parvienne à s'y retrouver dans les énergies de la relation, tant avant l'accouplement exclusif ou le mariage, qu'après l'engagement envers une seule femme, tout en conservant hardiment la clarté de son mental et de son cœur, il veut que cette Déesse se tienne tranquille. Il veut qu'elle soit docile et ne mette pas en question son commandement à lui. C'est quelque chose que les hommes peuvent rarement espérer, du moins dans les États-Unis d'Amérique du XXIe siècle.

Néanmoins, le mâle émotionnellement immature s'y essaie. Et quand, inévitablement, il échoue à dominer l'autre 'soi' féminin, il forme un énorme nœud de colère vis-à-vis des femmes en général. Les fils héritent cette attitude de leur père. Ne pensez pas que ces gamins de sept ans aient eu tout seuls l'idée de me violer. Ils concrétisaient les fantasmes des pères en abusant d'une petite fille qui faisait confiance à tout le monde.

Examinons une situation bien moins extrême mais bien plus commune: les hommes en général craignent le pouvoir des femmes. Spécialement au sein des cultures monothéistes des sociétés arabes, juives et chrétiennes, les hommes se défient des femmes et mettent en doute qu'il y a du bon en elles.

En général les hommes voient leur mère comme 'bien'. Et quand ils se marient, les hommes font souvent passer leur relation avec leur épouse en tant que femme, à une relation avec leur épouse en

---

[70] Ra, reçu en channeling par L/L Research – séance (32) du 27 février 1981

CHAPITRE V: LE CENTRE ENERGETIQUE DE RAYON ORANGE

tant que mère. Bien des hommes en viennent à appeler leur femme 'Maman' ou 'Mamy'.

La maternité confère aux femmes une sorte de virginité permanente, elles sont des madones. Ce rôle n'éveille en général pas un intérêt sexuel chez les hommes. Cependant, les hommes restent souvent auprès de leur épouse, même s'il n'y a plus d'intérêt sexuel de leur part, s'ils estiment que leur épouse est une bonne mère pour eux et leurs enfants.

Toutes les autres femmes sont vues par ces hommes, du moins subconsciemment, comme des objets sexuels. Et les objets sexuels n'ont pas de vertu. C'est pourquoi les hommes n'ont pas à respecter les femmes qu'ils traquent à la chasse. Il n'y a pas de désir de rechercher le cœur de la féminité chez une seule femme, de dépasser le conditionnement culturel et les instincts sexuels des grands primates.

Quand des hommes sont amenés devant les tribunaux pour prédation sexuelle ici en Amérique, ils échappent souvent au châtiment parce qu'ils parviennent à convaincre le jury que: "elle en demandait". Et cela est vrai, en dépit du fait que les femmes ne demandent pas à être violées et ne recherchent rien d'autre que l'approbation de leurs pairs masculins et féminins par rapport aux vêtements qu'elles portent, aux cosmétiques dont elles usent, à leurs piercings, tatouages et bijoux.

Dans certaines sociétés, où les hommes ont réussi mieux qu'aux États-Unis à faire des femmes des citoyens de seconde zone, les hommes d'une famille où une femme a été violée ont le droit de tuer celle-ci pour laver l'honneur de la famille. Le violeur n'est pas puni. Ces cultures emballent leurs femmes dans de lourdes draperies et les cachent dans des harems pour les protéger d'elles-mêmes. Le mythe, dans ces cultures, est que les femmes sont faibles et ne peuvent pas s'empêcher de succomber au péché.

Ces croyances et comportements sont bizarres pour tout esprit rationnel. Ce sont des expressions du fait que les hommes de ces cultures ne veulent pas passer à une sexualité de rayon vert. Ils préfèrent que leur cœur ne soit pas impliqué. Ils ont peur d'être possédés. Ils veulent que la concupiscence reste simple et

Chapitre V: Le Centre Energetique de Rayon Orange

commode, et ne finisse pas en attachement. Ils n'ont aucun désir de mûrir au-delà du rayon rouge et d'une sexualité mal développée de rayon orange.

Et puisqu'ils ne permettent pas à leurs émotions de mûrir en une sexualité qui tende à faire d'une seule femme aimée leur partenaire et compagne pour la vie, ils restent avec un désir éternellement inassouvi. Ils sont suractivés et dès lors bloqués au niveau du rayon orange. Leur désir continue donc à augmenter tout au long de leur vie sexuellement active. Ce désir n'est jamais assouvi ou focalisé sur une expression qui permette de dépasser le désir de dominer ou de manipuler les femmes.

Mais certaines femmes aussi manipulent et dominent les hommes; en général en utilisant leur beauté ou bien un chantage émotionnel. Ces femmes veulent faire tomber les hommes dans le "doux piège" du mariage. Leur désir d'un foyer et d'une famille est juste ce qu'il est au stade du primate. Par instinct, ces femmes recherchent le mâle 'alpha' qui leur procurera une belle caverne où elles mettront au monde et élèveront leurs petits.

Dans le pouvoir sexuel nous incluons le 'mam-isme' et le 'pap-isme'. La mère et son fils ont un lien spécial qui comporte une sexualité latente, par la nature même de l'humanité. Un père et sa fille ont aussi ce lien teinté de sexualité.

Nous avons parlé des parents qui abusent sexuellement de leurs enfants de nos jours. N'oublions pas qu'il peut exister aussi une co-dépendance très toxique entre le 'fils à sa maman' ou la 'fille à son papa' et la maman ou le papa en question. L'origine de cela peut être la force de sentiments sexuels interdits et est très difficile à faire disparaître sans aide. Ce type de relations trop proches au sein de la famille de naissance est souvent la cause de la destruction d'un mariage.

Si certains pensent se trouver dans une telle relation, il serait bon qu'ils consultent. Le moyen le plus simple de commencer est d'entreprendre une recherche sur le mot-clé 'codépendance'. Une codépendance toxique de cette espèce peut fermer très promptement le rayon orange. Il existe de l'aide en ligne, et en groupes dans la zone où vous habitez.

CHAPITRE V: LE CENTRE ENERGETIQUE DE RAYON ORANGE

Quand on tient compte de tout cela on voit combien il est merveilleux de voir un homme et une femme parvenir à créer un havre sexuel sûr l'un pour l'autre. Il est très difficile d'accomplir cela sur le petit échiquier. Sans le miracle de l'amour qui invite hommes et femmes à s'élever, nous serions tous bloqués.

Comment nous élever? En partie en retardant l'activité sexuelle. Peut-être parce que j'ai été abusée dans mon enfance, j'avais décidé de ne jamais sortir avec un garçon ... jusqu'à ce que je tombe amoureuse à l'âge de dix-sept ans. En ne fréquentant pas avant de tomber amoureuse j'ai donné à mon corps une chance de rejoindre mon mental et mes émotions. Quand je me suis donnée pour la première fois, à l'âge de dix-neuf ans c'était en toute confiance, à mon fiancé. Ma passion s'est déclenchée très naturellement. Je me suis sentie comme une belle fleur qui s'épanouissait.

Mon fiancé était inconstant. Il m'a abandonnée peu de temps après avoir pris ma virginité. Mais je dois lui accorder des points pour sa persévérance: nous avons été fiancés pendant deux ans avant que je me donne à lui; Il a persévéré jusqu'à ce qu'il soit venu à bout de mes réserves et de ma morale de petite fille. Ayant réussi, il est parti.

Son amour pour moi tenait à mon rôle de vierge. Quand il a eu pris ma virginité il a perdu tout intérêt sexuel et s'est même plaint que tout ce qui m'intéressait c'était de faire l'amour. Il m'a laissée pendant l'été, juste neuf jours avant notre mariage. J'étais enceinte. J'ai perdu l'enfant avant la fin de mon deuxième mois de grossesse. Je pleure encore toujours la perte de mon bébé. Mais je ne pleure pas la perte de mon premier amour.

J'éprouve cependant de la reconnaissance envers lui. En me courtisant bien il m'a fait le cadeau de ma propre passion. Mon cœur est resté brisé pendant plusieurs années après son départ, mais ma nature sexuelle s'était éveillée et se portait bien. A ce jour, alors que je suis dans la soixantaine, quand je sens déborder la nature sexuelle de mon corps physique, je me réjouis.

De nos jours, des fillettes sont incitées à devenir sexuellement actives dès l'école primaire. Les garçons peuvent avoir des érections et des orgasmes des années avant que les filles puissent éprouver une passion naturelle qui leur permette d'y répondre. La culture est telle que les garçons peuvent exercer une pression intense sur les filles pour qu'elles deviennent sexuellement actives bien avant l'apparition des émotions sexuelles naturelles. L'abus des femmes est inscrit dans nos normes culturelles actuelles. Et je voudrais encourager garçons et filles à se maîtriser suffisamment pour défier cette culture et dire non à l'activité sexuelle précoce.

Je ne suis pas un homme, donc quand je décris la situation des hommes je peux seulement espérer être dans le vrai. D'après mes observations, les hommes n'ont pas comme les femmes un blocage naturel de rayon rouge devant l'activité sexuelle d'aventure. Dès que leurs hormones s'activent ils paraissent prêts à avoir des relations sexuelles. Philip Roth décrit de manière frappante dans *Portnoy's Complaint* la période de l'adolescence masculine où les hormones se déchaînent. Chez certains hommes, ce stade de désir aléatoire et universel de coucher avec tout ce qui bouge dure toute la vie. Inutile de dire que rester à ce stade du processus de maturation émotionnelle garde de nombreux hommes confortablement enchaînés au petit échiquier.

Chez de nombreuses femmes, ces abus sexuels répétés par des hommes suscitent une dynamique d'attitudes ou d'actes de colère et de dégoût. Je me souviens d'une femme venue me consulter et qui a dit d'un homme qui avait tenté d'abuser d'elle: "Voilà comment sont les hommes". Il y a derrière ces paroles un profond chagrin, un profond désespoir. Une femme qui pense cela est très susceptible d'être bloquée ou au moins contractée au niveau du rayon orange.

Il existe une sexualité naturelle, spontanée, organique, qui nous a été donnée par le Créateur. Peut-être est-il bizarre de le souligner. Mais de nombreuses femmes n'ont jamais éprouvé le sentiment spontané d'excitation apporté par le catalyseur d'être

Chapitre V : Le Centre Energetique de Rayon Orange

auprès de son partenaire. Pour elles il ne s'agira jamais que d'une question de stratégie et d'accommodements sur le petit échiquier.

Mon avis à tous les jeunes c'est d'y aller doucement et de rester sexuellement abstinents jusqu'à ce qu'ils/elles aient trouvé le/la partenaire avec qui ils souhaitent établir une relation permanente. Cela ne les rendra pas populaires ou branchés. Mais cela sauvegardera leur corps énergétique. Car quand nous faisons l'amour nous mêlons intimement nos auras. Pour être en sûreté dans des situations aussi intimes nous devons vraiment pouvoir faire confiance à notre partenaire et éprouver pour lui/elle respect et affection.

Nous pouvons progresser et mûrir sexuellement à condition d'y mettre le temps et de faire des choix éthiquement sages. Nous avons beaucoup à pardonner en faisant ce travail du rayon orange. Nous avons à pardonner à notre culture d'être aussi superficielle. Nous avons à pardonner aux mass médias de faire défiler sans trêve devant nos yeux et notre imagination des images de sexe. Nous avons à pardonner à nous-mêmes de tellement vouloir appartenir à quelqu'un que nous sommes prêt à accepter des échanges à un niveau plus bas que celui de rayon vert. Et nous avons à pardonner à ceux qui voudraient abuser de nous.

Le pardon est la clé qui permet de dégager le rayon orange. Le groupe Ra dit que le pardon arrête l'inertie d'action qui est parfois appelée karma.[71]

Pour garder dégagé notre chakra de rayon orange il est extrêmement utile de se rappeler cette vérité qui dérange: nous n'avons peut-être pas envie de pardonner. Nous avons peut-être plutôt envie d'aiguiser notre rage jusqu'à ce qu'elle soit acérée et exacerbée. Mais cette envie nous garde collé au petit échiquier à moins que nous ne soyons polarisé négativement. Comme un casse-tête chinois, l'absence de pardon piège celui qui souhaite se

---

[71] Ra, reçu en channeling par L/L Research le 4 mars 1981.

polariser positivement. Elle nous lie les mains et paralyse notre capacité d'agir.

Pour la philosophie de la Confédération le pardon est un outil puissant pour les Joueurs avec un grand J:

> *"Vous pouvez pardonner aux gens ou aux situations qui vous écrasent. La puissance du pardon est immense."*[72]

Ce qu'il faut garder en tête quand il s'agit de pardonner c'est que, le plus souvent, les gens qui nous font du mal ne savent pas ce qu'ils font. En fait on peut dire que la plupart du temps, personne d'entre nous ne sait quel est l'impact de ses actions sur ses relations. Nous sommes tous inconscients de notre pouvoir de blesser et de guérir. Pratiquer le pardon de soi et de ceux avec qui nous entretenons des relations aide à conserver dégagé notre corps énergétique et permet au flux des énergies de monter à travers nous jusqu'au cœur.

En termes de sexualité, en gardant dégagé notre centre énergétique de rayon orange nous pouvons nous rappeler que nous recherchons un(e) partenaire qui vibre avec nous en affection, respect, et amour. Le Joueur habile attend le/la véritable partenaire dans un état de complète indépendance de mental et de cœur.

Le Rayon Orange et la Nature

> *Le corps de rayon orange est le complexe du corps physique. Ce complexe corporel n'est pas encore le corps que vous habitez, mais le corps formé sans prise de conscience personnelle, le corps dans la matrice avant que n'y entre le complexe esprit/mental.* [73]

---

[72] Q'uo reçu en channeling par L/L Research le 15 janvier 2006.
[73] Ra, reçu en channeling par L/L Research le 18 avril 1981.

Chapitre V : Le Centre Energetique de Rayon Orange

Quand nous travaillons à garder dégagé notre chakra de rayon orange nous comprenons mieux notre corps physique de rayon orange. J'ai déjà parlé de ce corps de grand primate, de ses instincts, et de la manière dont cet héritage influence notre façon de penser.

Mais la question est plus vaste que cela. Notre corps fait partie du monde global de rayon orange, c'est-à-dire du monde végétal et animal: le monde de la nature. Quand nous parvenons à nous échapper de notre intellect mû par la logique, et que nous laissons notre corps s'intégrer au monde naturel, alors s'ouvrent à nous de nombreuses possibilités de renforcer notre équilibre. Lorsque notre corps perçoit la rythmique, nous décelons souvent plus facilement les moments où notre corps énergétique est décalé par rapport aux événements.

Bon nombre d'entre nous apprécient l'exercice en pleine nature: peut-être aimons-nous jouer au golf, faire du jogging, courir, faire du vélo, ou nager. Dans mon enfance j'ai passé de nombreux étés à danser en pleine nature en suivant la méthode de Florence Fleming Noyes.[74] Pendant que mes pieds nus dansaient sur les planches souples du pavillon en plein air ou sur l'herbe qui l'entourait, je sentais que j'exprimais de l'intérieur les rythmes des animaux, des arbres, des étoiles, et de la nature entière. Je faisais complètement un avec mon monde. Plus tard dans ma vie c'est le jardinage qui est devenu mon mode de communication très directe et très consciente avec la terre.

Quelle que soit la manière dont nous nous relions au monde de la nature, nous pouvons être certain que cela est très propice à la guérison de notre corps énergétique, car le corps de rayon orange conserve la connaissance complète, bien qu'inconsciente, de l'unité de toutes choses et de l'harmonie de toutes les parties du Créateur.

---

[74] Pour de plus amples renseignements concernant *Noyes Rhythm*: l'adresse est: the Noyes School of Rhythm at Shepherd's Nine, 245 Penfield Hill Road, Portland, CT 06480. Téléphone: 860-342-0328 ; site web http://noyesrhythm.org/.

CHAPITRE V: LE CENTRE ENERGETIQUE DE RAYON ORANGE

Les cultures indigènes telle que celle des Américains Natifs sont très conscientes de l'unité et des interrelations de toutes choses. Elles ont des totems animaux qui représentent leurs tribus, et chaque personne possède aussi son totem individuel. Ces totems ont des rôles de guides et d'assistants tout au long de la vie des membres de ces tribus. Dans certains systèmes, une seule personne peut avoir jusqu'à neuf différents totems ou guides. Habituellement il y a un totem principal. L'identification de nos propres totems peut nous aider à nous ancrer dans le monde instinctuel du rayon orange.

Il est sensé de nous connecter à ce système, spécialement pour ceux d'entre nous qui vivent en Amérique du Nord, où les Américains natifs ont vécu en harmonie et en symbiose avec le sol des milliers d'années durant, avant que les envahisseurs venus d'Europe ne leur dérobe la liberté de parcourir le pays et s'en emparent. Le pays est vivant et ses esprits sont habitués à communiquer avec les gens.

Je recommande chaudement aux Joueurs avec un grand J de se familiariser avec les belles traditions spirituelles des Américains natifs car leur harmonie avec la nature fait partie de notre héritage. Ils ont énormément à nous dire à propos de notre lien avec la Mère Terre, quelque chose que la plupart d'entre nous ont en grande partie oublié dans notre vie urbaine moderne.

Pour identifier vos totems, demandez-vous quels sont les animaux que vous remarquez le plus fréquemment. Quels animaux recherchez-vous quand vous visitez un zoo? Quels sont les animaux qui interviennent en général dans vos rêves? Quels animaux voyez-vous le plus fréquemment quand vous surfez sur les chaînes de télévision ? Ou bien quel animal qui vous terrifie le plus? Ces questions vous conduiront à vos totems.

Il serait intéressant de faire une recherche par mot-clé sous le vocable 'totem', ou de lire un livre comme *Animal Totems: The Power and Prophecy of Your Animal Guides* écrit par Millie Gemondo et Trish MacGregor. Identifiez vos animaux totems et voyez comment les Américains natifs relient votre totem particulier à votre nature et aux thèmes de votre expérience de vie.

L'ancrage de notre corps énergétique dans l'environnement de rayon orange nous réconforte au niveau le plus profond, là où nous appartenons à la terre plutôt que là où la terre nous appartient. Cet ancrage aide à garder notre corps énergétique bien dégagé.

La Responsabilité de Rayon Orange

> *Quand l'opportunité vous est offerte de vous incarner dans votre densité sur votre sphère, vous passez d'abord par le processus de la création du scénario ou script, disons, du film personnel de votre vie. Vous en choisissez la distribution. Vous choisissez qui va jouer le rôle de la mère, du père, de l'époux/épouse, de l'/des amant(s), de l'ami(e), de l'ennemi(e), et ainsi de suite. Vous vous mettez d'accord avec ces entités, non pas sur le plan terrestre, mais dans le monde plus subtil que cet instrument appelle les plans intérieurs.*
>
> *Les relations peuvent paraître très difficiles, les souffrances très grandes; mais tout cela fait partie de vos propres choix. Il est sans doute difficile de croire ou de comprendre comment vous avez pu choisir d'exiger de vous-mêmes de souffrir; et cependant, tout ce que nous pouvons dire c'est que quand on se trouve hors de l'illusion dans laquelle vous vous trouvez en ce moment cela ressemble à un jeu d'enfant - et un très bon jeu - de plonger dans cet océan de confusion et de nager dans ses eaux.*[75]

La Confédération dit qu'avant de nous incarner par le processus de la naissance, nous établissons pour nous-mêmes l'agenda de notre période de vie. C'est nous qui sommes responsable des situations dans lesquelles nous nous trouvons jour après jour. Il n'y a pas d'agent extérieur à nous-mêmes à blâmer pour les

---

[75] Q'uo, reçu en channeling par L/L Research le 22 novembre 1995.

CHAPITRE V: LE CENTRE ENERGETIQUE DE RAYON ORANGE

difficultés de notre vie. Le mérite ou le blâme repose fermement sur nos propres épaules. Comme l'a dit Harry Truman: *"The buck stops here"* ("à partir d'ici, c'est à vous!").

Nous avons tous entendu dire: "C'est la volonté de Dieu" en parlant d'une perte ou d'un problème qui éprouve quelqu'un. En disant que cette situation est la volonté de Dieu nous évitons de nous sentir responsable de cette situation. Nous pouvons nous dire que nous sommes une victime et que Dieu est le persécuteur.

Mais, selon la Confédération, ce n'est pas comme cela que fonctionne la Création. Nous choisissons nous-mêmes ces pertes et ces situations difficiles. Nous avons voulu faire l'expérience de toute la gamme des émotions et des sentiments dans cette incarnation, ici dans le paysage émotionnel brillant et intense de la troisième densité.

Avant la naissance, alors que nous établissions le plan de notre vie ici-bas, nous avons choisi de subir des périodes de mise à l'épreuve dans cette incarnation afin de progresser spirituellement. En dehors de l'état d'incarnation, lorsque, en tant qu'âme nous étions conscient de l'unicité de toutes choses et de la valeur de nos objectifs de devenir meilleur que nous ne l'étions, nous étions enthousiaste à l'idée de placer dans notre vie des relations stimulantes et des problèmes qui se répéteraient tout au long de notre incarnation. Ces leçons incarnationnelles ont été soigneusement mises au point pour se dérouler et se répéter dans notre vie.

Quand il a des difficultés dans ses relations avec lui-même et avec d'autres, le Joueur avec un grand J doit analyser ces difficultés. Il lui faut voir clair dans ce qui lui arrive et dans ce qu'il ressent. Il est judicieux qu'il se pose la question: "pourquoi ai-je choisi ce catalyseur"?

Nous avons tous des thèmes répétitifs de catalyseurs. En les identifiant dans notre expérience de vie nous les craignons moins quand ils refont surface, comme ils le feront sûrement. En identifiant ce que nous font ressentir ces catalyseurs nous

Chapitre V : Le Centre Energetique de Rayon Orange

pouvons inférer quelle est, cette fois, la leçon fondamentale de notre vie.

En partant de l'hypothèse que tout est bien sur le Grand Échiquier (et peu importe ce que semble nous indiquer le petit échiquier), nous nous trouvons déjà à mi-chemin de la capacité de relever ces défis dans une attitude positive. Nous pouvons dire: "Ah oui ! ça doit faire partie du jeu de questions-réponses de cette incarnation". Cela ne nous empêche pas de souffrir, mais nous savons au moins ce qui se passe et nous pouvons coopérer positivement. La connaissance nous donne de la force et nous ne sommes plus une victime mais un Joueur.

Il est particulièrement important de se rappeler cela quand certains proches semblent nous maltraiter. Ils le font peut-être, en effet. Cela arrive. Mais il se peut aussi que nous voyions la situation sous nos propres couleurs et que nous ayons mal compris ce qui a été dit et quelles étaient les intentions.

Quand nous entendons quelque chose qui blesse nos sentiments alors, en tant que Joueur avec un grand J il nous faut prendre du recul et ne pas réagir immédiatement. Demandons plutôt à l'autre 'soi' de répéter ce qu'il ou elle a dit. Dans la majorité des cas, en faisant cela nous évitons une querelle inutile à propos d'un rien parce que nous découvrons qu'en fait nous avons mal interprété des paroles, un ton de voix, ou une expression.

Voici un bon exemple qui concerne mon mari et moi-même. Je me trouve souvent dans un très grand inconfort, et ce depuis ma naissance. Je me suis toujours efforcée de dépasser cela et j'espère toujours que je parais tout à fait normale. Mais parfois, la douleur submerge temporairement mes émotions. Je ne parais pas différente, je n'agis pas différemment, mais la lecture de ma vibration montre qu'elle est affectée, car le chakra de rayon rouge est comprimé à cause de la douleur.

Au début, mon mari, Jim, s'est préoccupé de ces moments car il pensait qu'il avait heurté mes sentiments. Il ne cessait pas de me questionner à ce sujet mais il a fini par découvrir que mes mauvaises vibrations ne le concernaient pas lui, mais bien le drame de mon corps. Aujourd'hui, au lieu de me demander s'il

Chapitre V: Le Centre Energetique de Rayon Orange

a heurté mes sentiments quand il perçoit que ma vibration n'a pas la 'qualité' ordinaire, il me demande si j'ai mal. Cela me permet de me rendre compte de la situation et de poursuivre nos journées dans le bonheur.

Nous avons tous nos bons et nos mauvais jours. Il y a des moments où nous suivons le courant sans effort, d'autres où le courant nous échappe. Dans les bons moments nous nous réjouissons. Dans les moments durs, émotionnellement parlant, il faut nous réconforter et nous aimer nous-mêmes en toute conscience, avoir de la compassion pour nos misères.

Et quand ceux qui nous entourent passent par des moments difficiles, il nous faut les réconforter et les aimer avec tout autant de conscience. Nous sommes tous un. Parfois ils sont comme le Bon Fils: ils se sentent bien avec leur Créateur et tout ce qui Lui appartient leur appartient. Mais parfois ils sont comme le Fils Prodigue: ils se sentent abandonnés et rejetés, et cherchent à retourner vers un foyer qui les a rejetés. Ces rôles sont les deux côtés d'une même médaille: la médaille de la vie authentiquement ressentie sur la Planète Terre. Quand nous voyons un être aimé qui se conduit aujourd'hui comme le Fils Prodigue, sans hésiter allons chercher le veau gras.

A la fin de chaque journée nous trouverons utile d'examiner nos pensées et nos sentiments par rapport à nos relations. Évaluons ces pensées et émotions avec compassion. Agissons de l'intérieur en réagissant avec des pensées aimantes afin de redresser nos distorsions et dégager notre chakra de rayon orange.

CHAPITRE VI: LE CENTRE ÉNERGETIQUE DE RAYON JAUNE

La Famille de Naissance et le Rayon Jaune

> *Dans le chakra de rayon jaune, la culture au sein de laquelle vous vous trouvez en ce moment peut porter à l'attention consciente de chacun les sur-stimulations et désirs de contournement qui font partie des relations du 'soi', tels que le groupe de la famille de naissance, le groupe familial créé par mariage, le groupe créé par le travail, et ainsi de suite.*
>
> *La valeur de ce système d'apprentissage qui est impliqué dans le concept de la famille, du clan et d'autres groupes, ne peut être surestimée. C'est dans cette direction que des visions progressistes peuvent ouvrir de nouvelles perspectives permettant de renforcer et de favoriser l'ouverture du chakra de rayon jaune de manière à encourager une orientation vers le centre énergétique de rayon vert et l'énorme déplacement d'énergie qui peut affluer à mesure que s'ouvre le cœur.*[76]

La citation ci-dessus, en provenance de la Confédération, insiste sur les "visions progressistes" dans les relations au sein d'un groupe. Le but d'une telle vision est de développer l'amour de rayon vert grâce à l'ouverture du rayon jaune. Ce chapitre explore la manière dont peut se produire l'ouverture progressive du rayon jaune.

Le chakra de rayon jaune concerne les relations officialisées comme au sein de la famille de naissance, du mariage, ou du travail. Il existe sans aucun doute d'idéales familles de naissance, de mariage et de travail. Il se peut que nos familles particulières n'en fassent pas partie! La Confédération nous propose des suggestions sur les façons dont nous pouvons garder ouvert notre

---

[76] Q'uo, reçu en channeling par L/L Research le 19 février 2003.

Chapitre VI: Le Centre Energetique de Rayon Jaune

corps énergétique au niveau du rayon jaune. Cela est particulièrement difficile quand nous sommes plongé dans des engagements familiaux, qu'il s'agisse de la famille de naissance ou de mariage, qui suscitent des réactions émotionnelles tendant à contracter ou fermer notre corps énergétique.

Ce rapport sur les vues de la Confédération est proposé selon l'optique propre aux entités E.T. En ce qui concerne le fait particulier de garder ouvert le corps énergétique, cette optique reconnaît les difficultés de la Densité du Choix - c'est-à-dire le monde terrestre ordinaire dans lequel nous vivons et partageons des expériences - et ne regarde pas la représentation idéale d'un monde parfait dont pratiquement aucun d'entre nous ne fait l'expérience ordinaire.

Quand nous analysons nos expériences avec nos familles nous voyons très vite pourquoi les informations données par la Confédération se focalisent sur les difficultés qu'elles présentent. La plupart d'entre nous ont au moins quelques ennuis familiaux, dus à ce que la Confédération appelle l' "honneur/devoir", de la gestion des relations au sein de ces groupes formels.

Cette expression: "honneur/devoir" est utile au Joueur avec un grand J, car elle révèle la dynamique perçue par la Confédération dans les relations de rayon jaune. Il est évident que les devoirs familiaux impliquent des tâches terre-à-terre qui doivent être accomplies. Mais en même temps, en utilisant ces termes, la Confédération souligne que tous les devoirs sont aussi des honneurs.

Ceci nous aide à voir pourquoi ces relations formelles représentent un moyen d'avancement rapide dans la recherche spirituelle du Joueur. Quand des gens vivent ensemble ou travaillent ensemble jour après jour pendant une longue période, la famille agit comme une 'salle des miroirs'. Les interactions familiales peuvent nous faire porter des jugements de valeur sur l'un ou l'autre membre de la famille. Ce jugement nous montre notre propre côté ténébreux.

Nous ne nous sentons agressé par ce que les autres nous font que quand ces choses représentent aussi des problèmes intérieurs que

CHAPITRE VI: LE CENTRE ENERGETIQUE DE RAYON JAUNE

nous n'avons pas fait évoluer ou dont nous ne nous sommes pas libéré. Les membres de la famille nous offrent donc des catalyseurs qui nous permettent de faire face et de résoudre ces problèmes. Et il n'est possible de les résoudre que quand nous sommes parvenu à les aimer tels qu'ils sont. Puisque nous sommes tous 'un', ces catalyseurs nous apportent du grain à moudre plus rapidement que si nous les recevions autrement.

Cela se produit jusqu'à un certain point dans n'importe quelle relation quand est passée la période des apparences, et qu'il s'agit de se montrer l'un à l'autre tel qu'on est. Mais les relations permanentes peuvent embrouiller nos centres énergétiques bien plus facilement que des lubies et connaissances passagères, étant donné la familiarité qui se développe parmi les membres d'une famille au fil des ans.

Parfois, ces relations peuvent devenir néfastes. La familiarité peut devenir trop de familiarité. Il se peut que nous nous tenions mutuellement pour acquis. Parfois nous nous laissons même aller à des griefs mesquins et des critiques chroniques. Dans de nombreuses familles, que ce soit à la maison, au travail ou sur le terrain de sport, une dynamique se développe parmi les membres de cette famille, qui débouche sur le harcèlement constant ou la manipulation d'un membre de la famille par un autre.

D'habitude, le schéma de ce harcèlement se développe inconsciemment. Le centre énergétique de rayon jaune est bloqué sans que nous ayons jamais eu l'intention de perdre en polarité ou de renoncer au Grand Échiquier.

Il y a autant de manières d'être moins qu'aimants au sein de nos familles qu'il y a d'êtres humains en ce monde. Chaque situation est unique. Certains schémas sont cependant récurrents. C'est pourquoi, plutôt que de parler en termes généraux de domaines typiques de dysfonctionnement dans certaines familles de naissance, je vais donner un exemple que j'ai vécu personnellement. Nous verrons ainsi quel est le travail de rayon jaune dans la famille de naissance. Et puisque mes deux parents bien aimés ont passé les portails d'une vie meilleure, ils ne m'en voudront pas d'utiliser leur histoire!

Chapitre VI : Le Centre Energetique de Rayon Jaune

Mes parents n'ont pas été heureux d'être forcés à se marier. Mom et Pop ont été tous les deux fâchés d'être piégés quand ils m'ont créée. A l'époque mon père avait 26 ans et ma mère en avait 20.

Ils se sont rencontrés pendant la guerre, en 1942. Pop était batteur de jazz dans une formation de la Force Aérienne, Mom était chanteuse et danseuse aux USO[77]. Une rencontre de hasard lors d'un rallye de socialisation suivi d'un pique-nique a suscité un coup de foudre mutuel et j'ai été conçue. Les plans établis par Pop, de faire une tournée avec un grand orchestre à la fin de son contrat avec l'armée, et ceux de Mom de poursuivre une carrière prometteuse aux côtés de Dave Garroway dans le spectacle *Today* alors radiodiffusé à Chicago, sont partis en fumée. Leur vie a changé du tout au tout avec mon arrivée.

La colère et le ressentiment peuvent s'exprimer de nombreuses manières qui permettent de les garder cachés. Mon père avait l'esprit vif, avait une formation d'ingénieur, et aimait la discussion. Ce trait de caractère avait quelque peu de mal à passer auprès des gens en général, et de ma mère en particulier. Elle, elle n'aimait pas la discussion. Son esprit, tout aussi vif, était plutôt tourné vers l'intuition et la réflexion plutôt que la discussion et autres jeux intellectuels.

C'était elle la 'tête' et l'érudite du couple. Son esprit regorgeait d'anecdotes, de détails historiques et d'observations littéraires. Elle était très capable de tenir tête et de défendre son point de vue. Mais elle préférait ne pas marquer de points. Elle préférait converser avec créativité, spontanéité et brio.

Il n'était pas rare qu'une conversation commencée le soir autour de la table finisse en drame parce que mon père poussait ma mère dans ses derniers retranchements pour ses opinions sur des sujets dans lesquels elle ne voulait pas s'engager. Mon père persistait et la poussait peu à peu à bout. Alors elle éclatait et quittait la pièce en larmes. Pop se contentait alors de secouer la tête.

---

[77] USO (United Service Organizations) une organisation privée de divertissement, faisant le lien entre le public américain et les militaires de l'armée américaine (NdT).

Chapitre VI: Le Centre Energetique de Rayon Jaune

Il n'a jamais vu que son style intellectuel et 'raisonnable' de harcèlement était signe d'une colère réprimée à l'idée d'avoir été pris au piège dans le mariage. Et elle n'a jamais vu que son ressentiment devant ce harcèlement prenait ses racines dans son ressentiment d'avoir dû se marier.

Cette routine a persisté tout au long de ma croissance. Je fuyais ces disputes aussi souvent que je le pouvais, allant me réfugier dans ma chambre pour trouver la paix si je n'avais pas de baby-sitting à faire. Les Beach Boys l'ont très bien mis en chanson:

There's a world where I can go and tell my secrets to,
In my room.
In this world I lock out all my worries and my fears
In my room,

Do my dreaming and my scheming,
Lie awake and pray,
Do my crying and my sighing,
Laugh at yesterday
In my room[78].

Pour paraphraser la citation de Q'uo en début de chapitre, j'étais sur-stimulée par cette disharmonie et je cherchais à en fuir la cause en me réfugiant dans ma chambre. Là je pouvais créer ma propre atmosphère, écouter mes musiques préférées et me complaire dans mes propres pensées. Je pouvais garder mon propre espace bien en ordre. C'était merveilleusement apaisant.

Dans son âge mûr, ma mère a pris conscience de la toxicité de ce mode de harcèlement. Elle en a rompu le cercle vicieux en gardant toujours prête une réponse standard aux stratégies de discussion de Pop. C'était: "Tu as peut-être raison, mon ami".

---

[78] "In My Room" écrit par Brian Wilson et Gary Usher, enregistré sur la face "B" d'un single, "Be True To Your School" en 1963

(Il y a un monde où je peux aller, où je peux dire mes secrets: Dans ma chambre. Dans ce monde je mets dehors tous mes soucis et mes peurs. Dans ma chambre. Je fais des rêves, je fais des plans, Je me couche, je reste éveillé et je prie, Je pleure et je soupire, Je ris de la journée d'hier, Dans ma chambre) (NdT).

CHAPITRE VI: LE CENTRE ENERGETIQUE DE RAYON JAUNE

Elle avait appris à sembler s'impliquer plutôt que de refuser de répondre. Et puisqu'elle se montrait d'accord avec Pop, il était acculé. Ce n'était pas une solution parfaite, mais elle lui permettait de garder dégagé son corps énergétique de rayon jaune.

Je dois dire que quand il est mort, mon père a quitté la troisième densité avec les honneurs. C'était un homme très polarisé vers le Service D'Autrui. Toute sa vie il a fait de la musique à titre bénévole, jouant dans un 'grand orchestre' qui une fois par mois offrait gratuitement de la musique de danse à des personnes âgées dans des homes. Il a renoncé à la carrière de tournées qui se dessinait pour le batteur de jazz qu'il voulait devenir, pour un travail d'ingénieur chimiste afin de pouvoir nourrir sa famille. Il s'est engagé dans l'armée pour pouvoir servir son pays au cours de la deuxième guerre mondiale. Quand il a été retraité il conduisait en voiture de vieilles personnes à leurs rendez-vous médicaux, et il transportait et leur apportait des repas chauds. Il est resté fidèle à tous les idéaux éthiques à la portée de sa compréhension, même quand cela lui a beaucoup coûté. Il fréquentait une église et priait beaucoup. C'était un homme humble. Et il a aimé ma mère du mieux qu'il a pu, durant toute sa vie.

Ce n'était pas un méchant homme. Il était bon, honnête et doux, sous la dure écorce qu'une dépression nerveuse avait fait apparaître en lui. Il a toujours travaillé: dès l'âge de cinq ans il vendait des journaux, non pas pour son propre bénéfice, mais pour aider à nourrir sa famille. C'est quelque chose qui marque. C'est cette écorce qui l'a empêché de voir les dégâts causés par son "gène de la discussion" dans la cellule familiale.

A la fin de sa vie il m'a dit ce qu'il ressentait par rapport à Mom. Cela a été une révélation. Il est resté auprès d'elle quand les choses se sont gâtées parce que, a-t-il dit, elle était plus intéressante que quiconque parmi ses relations. Il aimait parler avec elle. Il n'est jamais parvenu à se figurer pourquoi elle prenait si vite la mouche!

Chapitre VI: Le Centre Energetique de Rayon Jaune

Tout notre système familial tendait à mettre en place des schémas défensifs à cause des disputes entre Mom et Dad. Mes deux frères et moi-même sommes la plupart du temps restés en dehors de cette disharmonie. Moi, l'aînée et la baby-sitter, je sortais en général avec mes frères et nous nous occupions ensemble. Entre nous il y avait une atmosphère de paix et de coopération. Si la simple fuite a été mon premier mécanisme de défense par rapport aux problèmes familiaux, créer un groupe sous-familial en organisant des activités pour mes jeunes frères et moi-même a été mon second mécanisme de défense. Cela a bien marché. Nous avons vraiment eu du bon temps en grandissant ensemble.

Et voici la clé des relations familiales: être créatif et proactif pour modifier l'énergie en se focalisant sur l'élargissement des sentiments d'amour qui existent. Alors que nous, les enfants, aimions et acceptions nos parents tels qu'ils étaient, nous avons choisi de créer un environnement plus harmonieux pour nous-mêmes. Nous avons fait passer nos corps énergétiques dans un courant plus libre et ouvert. Nous ne pouvions rien en ce qui concernait la colère de nos parents, mais nous pouvions choisir et nous avons choisi de vivre dans un environnement plus paisible. Comme nos deux parents travaillaient à plein temps et devaient souvent participer à des spectacles en soirée, nous étions souvent libres de pouvoir le faire grâce à la babysitter – moi!

Pratiquement chaque famille de naissance fonctionne sur l'un ou l'autre modèle toxique. Chaque famille est différente mais il est bien rare que tous les enfants d'une famille de naissance ressentent que leur enfance a été facile ou que leurs besoins émotionnels ont tous été rencontrés. Année après année, chaque famille tombe dans des ornières où il n'est en général pas agréable de poursuivre son chemin. C'est pourquoi, en ce qui concerne nos familles de naissance, la Confédération recommande que nous prenions un peu de temps pour tâter la dynamique de base de notre famille.

Chapitre VI: Le Centre Energetique de Rayon Jaune

Une fois repérés les schémas récurrents d'interaction toxique au sein de notre famille, nous pouvons trouver des moyens de modifier ces modèles, ou du moins nos réactions à ces modèles à mesure qu'ils se développent autour de nous. Cette distance émotionnelle libère notre énergie. Et en tant Joueur sur le Grand Échiquier c'est cela notre objectif: garder fluide le cours de notre énergie.

Puisque, d'après la Confédération, la famille de naissance est choisie par nous avant la naissance, nous pouvons être assuré que nous nous trouvons au bon endroit, dans le bon environnement, dans la meilleure situation possible pour l'apprentissage de nos leçons incarnationnelles en tant qu'enfant. Devenu adulte, de nombreuses années peuvent être nécessaires pour dépasser notre ressentiment envers l'un ou l'autre membre de la famille, mais c'est un travail que nous avons eu l'intention d'accomplir en venant ici. Il nous faut prendre nos responsabilités et accepter nos familles de naissance. Il nous faut faire la paix avec les membres de notre famille de naissance.

Avec mes parents, mes problèmes étaient dus aux responsabilités familiales qu'ils m'avaient mises entre les mains afin que eux aient plus de temps à consacrer à leurs objectifs de formation, de carrière et de spectacles. Cela a été considéré comme acquis pendant toute mon enfance pendant que je travaillais d'arrache-pied. C'était comme si moi j'étais leur parente et non l'inverse.

Comme Mom n'appréciait pas le fait d'être mère, elle ne se préoccupait pas beaucoup de moi. Elle me confiait de nombreuses tâches. Et, bien que fusse heureuse d'aider, j'ai aussi éprouvé du ressentiment à cause de mon enfance perdue. Dès l'âge de sept ans j'ai dû garder mes frères, et à dix j'ai dû faire la cuisine. Jamais je n'ai eu l'idée de jouer. J'aspirais à être son centre d'attention à elle. Je ne l'ai jamais été.

Avec Pop, mon catalyseur était son perpétuel perfectionnisme. Quand j'accomplissais quelque chose, ses commentaires portaient toujours sur ce qui 'clochait'. Il n'était jamais satisfait

Chapitre VI : Le Centre Energetique de Rayon Jaune

de lui-même et jamais satisfait de moi. Si j'avais été une humoriste faisant son numéro sur une scène, il aurait été un public dur à dégeler!

Quand dans son âge mûr Mom a opté pour la sobriété après une descente dans l'alcool, j'y ai vu une chance pour moi d'arriver à l'harmonie avec elle. Connaissant son amour des mots et son horreur de l'affrontement, j'ai suggéré que nous correspondions par écrit. Nous avons échangé une douzaine de lettres pendant un semestre. A la fin de cette période nos problèmes étaient résolus à notre mutuelle satisfaction. Elle était libérée de sa culpabilité et moi de mon ressentiment. Nos quelque douze dernières années passées ensemble m'ont donné une joie sans mélange.

Pop était un dur-à-cuire. Cependant, alors que je priais pour trouver un moyen d'être en harmonie avec lui un dimanche matin à l'église en 1978, J'ai reçu l'impression que je devrais le rencontrer dans un endroit étrange après le service religieux: le vestiaire des dames. Je m'y suis rendue et il était là. Je lui ai confessé mon désir d'apaiser nos différends. Naturellement, il n'avait pas la moindre idée qu'il y eût des différends à apaiser.

Je lui ai dit combien cela me brisait le cœur de ne jamais arriver à le satisfaire ou lui plaire. Mon incapacité à lui plaire me désespérait. Quand je le lui ai dit, il a été stupéfait et s'est écrié: "mais tu es la meilleure fille qu'un homme puisse avoir!".

C'est tout ce que j'avais besoin d'entendre. Nous avons été en paix l'un avec l'autre jusqu'à la fin de sa vie. A la Saint-Valentin qui a suivi, j'ai reçu une carte de lui. Elle avait été faite à la main, et contenait ces deux vers :

Roses are red, violets are blue.
Pop loves his daughter and is glad it is you![79]

De la grande poésie? NON! Un baume sur mon cœur? OUI!

---

[79] Les roses sont rouges, les violettes sont bleues. Pop aime sa fille; que ce soit toi comme c'est heureux ! (NdT)

Chapitre VI: Le Centre Energetique de Rayon Jaune

Je prends dans ma propre famille encore un exemple de souffrances au sein de la famille de naissance: entre mon jeune frère et moi-même. J'ai toujours été une chrétienne mystique, non dogmatique. Mon frère et devenu un Chrétien fondamentaliste très dogmatique au cours de ses années de collège. Il s'est convaincu que mon âme était en péril à cause de mon channeling. Pendant 23 années il profita de toutes les occasions familiales pour me faire la leçon et pour me persuader de renoncer à être un canal.

De mon point de vue je servais spécifiquement mon Seigneur en m'offrant comme canal. Je n'ai donc pas pu me plier à ses souhaits. Pendant près d'un quart de siècle j'ai subi ces conversations empoisonnées sans discuter, quoique ses opinions me brisassent le cœur. Finalement, j'ai réalisé que j'avais trop de peine à continuer. Je lui ai dit que s'il ne pouvait pas promettre de ne plus essayer de me changer je n'irais plus lui rendre visite à Noël.

Au Noël suivant je n'ai pas vu mon frère ni sa famille. Près de deux ans plus tard mon frère m'a téléphoné. Au cours d'une conversation avec un ami juif qu'il tentait de convertir, son ami lui a demandé: "si je ne veux pas me convertir est-ce que je suis encore ton ami?".

"Bien sûr" a dit mon frère, "je ne t'éloignerai jamais de mon cœur à cause d'une différence d'opinion."

Alors dans un éclair il a pensé: "mais, est-ce que je ne peux pas dire cela à ma propre sœur?" Il m'a alors téléphoné et m'a promis que jamais plus il n'essayerait de me changer. Et il a tenu parole!

Nos relations avec la famille de naissance durent une vie. Le but du Joueur avec un grand J est d'injecter de l'amour, de la paix et de la compréhension dans ces relations, en célébrant avec générosité les membres de sa famille pour ce qu'ils sont exactement, mais aussi en s'honorant lui-même en plaçant les limites nécessaires de manière à ce qu'il ne devienne pas un paillasson pour ceux qui le harcèlent, et quelles que soient leurs bonnes intentions.

CHAPITRE VI : LE CENTRE ENERGETIQUE DE RAYON JAUNE

Dans certaines familles, le niveau de dysfonctionnement est tel que nous avons besoin de nous éloigner complètement, au moins pour un temps, de leur influence. Quand cela se produit, le Joueur doit le faire sans rejeter définitivement ces gens de son cœur. Il peut s'éloigner physiquement, si nécessaire, mais il lui faut continuer à les aimer de loin autant qu'il le peut.

Mariage et Rayon Jaune

> *Nous encourageons, dans le quotidien d'une relation de couple, le retour renouvelé à l'endroit où a eu lieu le mariage, là où deux âmes se sont unies avec le Créateur pour créer le temple d'une vie d'amour dévoué et engagé.*
>
> *Entrez dans le silence de ce tabernacle qui se trouve à l'intérieur du cœur. Entrez dans ce silence partagé dans lequel chacun peut entendre parler le Créateur.*
>
> *Laissez l'amour être ce qu'il est mais permettez à un amour que vous ne connaissez pas de soutenir et d'épauler ce que vous comprenez pour le moment comme étant de l'amour.* [80]

Si nous nous sommes marié dans cette vie-ci, peut-être partageons-nous des souvenirs embrumés de la beauté de la journée de notre mariage. Je me souviens en particulier de ma jolie robe et de ma belle coiffure, de la compagnie de mes demoiselles d'honneur, et de tous les détails charmants de ce jour heureux. A part le puissant catalyseur du choix d'avoir un enfant, choisir de se marier est la plus puissante décision de rayon jaune que nous faisons dans cette vie. C'est de tout notre cœur que nous nous faisons la promesse mutuelle de nous aimer pour le meilleur et pour le pire jusqu'à ce que la mort nous sépare.

---

[80] Q'uo, reçu en channeling par L/L Research le 21 septembre 2003.

CHAPITRE VI: LE CENTRE ENERGETIQUE DE RAYON JAUNE

Je vais une fois encore puiser à la source de mes propres expériences pour donner un exemple des problèmes rencontrés au sein de nos relations de couples.

J'ai de bons souvenirs de mes deux journées de mariage, et je sais combien sincère a été, les deux fois, mon intention quand j'ai prononcé ma promesse!

Mon premier mariage n'a pas pris. Mon motif, quand je me suis mariée alors, n'était pas l'amour mais l'ambition. Déjà au cours de nos années de collège mon premier mari, Jim DeWitt, était un talentueux musicien et chanteur de 'folk'. Après avoir répété et chanté ensemble pendant trois années sous le nom de *Jim and Carla*, nous nous sentions prêts pour la gloire. Nous étions encore des collégiens, jeunes, séduisants, et nos voix étaient bien assorties. Nous avions créé 60 belles chansons originales, et nos cœurs étaient remplis de l'amour et de la lumière que nous voulions partager avec le monde. Jim faisait partie du groupe de méditation original mis sur pied par Don Elkins en 1962, et lui et moi partagions les grands idéaux dont il est questions dans le présent livre. Nos intentions étaient pures.

Quand, en automne 1964 nous avons reçu une offre de partir en tournée avec *Peter, Paul & Mary*, Jim a dit qu'il ne serait pas moralement acceptable pour lui que nous voyagions ensemble si nous n'étions pas mariés. J'ai donc accepté le mariage. J'aimais bien Jim, et lui m'aimait bien aussi. Mais ce n'était pas pour moi un amour romantique. Tout ce que je voulais c'était pouvoir chanter !

Dès que nous avons été mariés, Jim a décidé que nous ne partirions pas en tournée après tout. Il sentait sur sa nuque le souffle chaud de la renommée, et a paniqué un jour qu'un chasseur d'autographes s'est approché de nous dans un restaurant local. Il a donc raccroché sa guitare et renoncé pour de bon à sa carrière d'artiste.

La raison apparente de mon premier mariage ayant dès lors complètement disparu, j'ai choisi de tenir ma promesse et d'avancer dans la vie en me concentrant sur les bonnes choses que nous avions en commun. Je me suis cependant sentie

Chapitre VI: Le Centre Energetique de Rayon Jaune

soulagée quand, en 1968, Jim m'a demandé de divorcer. Comme le dit le personnage interprété par Romy Schneider dans le grand classique, *Good Neighbor Sam,* à propos de son mariage de cinéma: "comme ça m'a fait du bien quand ça s'est arrêté!".

Mon deuxième mariage n'a pas du tout été un mariage, mais un cheminement main dans la main. Don Elkins n'était pas d'accord avec le piège légal du mariage, mais il souhaitait ma compagnie. J'adorais Don. Alors nous avons sauté ensemble par dessus le balai, tradition écossaise oblige. Nous sommes restés ensemble pendant seize années, jusqu'à la mort de Don en 1984. Cela a été en quelque sorte un non-mariage divinement heureux.

Ma troisième relation 'durable' a été mon deuxième mariage, avec mon époux actuel, Jim McCarty. Je loue le Seigneur pour l'incroyable chance que j'ai eue de me retrouver avec le meilleur garçon de la terre. Je suis toujours si amoureuse de mon Mick que ma vue se brouille quand je suis près de lui. Nous sommes mariés depuis plus de vingt ans, et notre mariage est toujours solide. Les bons mariages sont possibles. Mais pas nécessairement probables.

Au XXIe siècle, le mariage n'est plus le choix permanent, définitif qu'il était censé être par le passé. La permanence reste l'idéal. Mais quand les mariages échouent, la société ne condamne plus. La moitié des gens qui de nos jours veulent se marier et échanger leurs vœux dissolvent leur union dans les quelques années qui suivent. La raison en apparaît clairement quand se produit un divorce aussi célèbre que celui du Prince Charles et de la Princesse Diana.

Le Prince ne s'est pas marié par amour, mais pour avoir des héritiers de son nom. Une fois produits «l'héritier et un héritier de rechange», Charles n'a plus trouvé dans son cœur de raisons de rester fidèle à son épouse. L'amour de sa vie, Camilla Parker-Bowles, avait épousé un autre homme. Mais ils ont choisi de vivre ensemble cependant, d'abord discrètement puis, grâce aux technologies modernes, très ouvertement.

CHAPITRE VI: LE CENTRE ENERGETIQUE DE RAYON JAUNE

Si la Princesse avait été plus âgée et plus mature quand est devenue publique l'embarrassante conversation téléphonique entre le Prince Charles et Camilla, il est très possible qu'elle aurait choisi d'ignorer la défection sentimentale du prince. Il est évident que c'est ce que la famille royale attendait. C'est ce que de nombreux personnages royaux avaient fait avant elle. Il y a de grands enjeux dans les mariages d'État. Il était espéré que la future Reine verrait où était son devoir, son honneur/devoir. Et c'est un honneur de ce trouver à ce poste où en gardant simplement un cœur ouvert et aimant, et en accomplissant les devoirs liés à la charge, on peut procurer force et soutien à une nation entière.

Mais l'héritage de Lady Diana était aristocratique et non pas royal. Et elle était très jeune quand elle s'est mariée. Elle avait toujours été la préférée de sa famille. Quand est venu le temps de sacrifier son orgueil et son bonheur pour tenir sa royale promesse, elle n'est pas parvenue à se convaincre que le sacrifice en valait la peine. Elle a rendu publics ses griefs, et le mariage n'a pas tardé à être dissous.

Dans un monde où la pression des conventions ne suffit plus à garder uni un couple royal, il n'y a clairement plus de pression véritable de la part de la société

pour rester mariés. Même de la part des autorités religieuses qui président aux mariages nous ne recevons plus nécessairement des admonestations quand nous voulons dissoudre une union.

Les choses deviendraient sans doute plus claires si notre société était vraiment honnête par rapport à la nature contractuelle d'un mariage. Si nous traitions le mariage comme nous traitons les types de contrats commerciaux, nous formerions ce genre d'alliance avec un sens plus profond des liens qui engagent.

Peut-être que nous ferions une promesse valable un an, ou cinq ans et renouvelable, au lieu de promettre pour la vie entière. Peut-être que nous établirions par contrat que l'épouse ou l'époux sera payé(e) pour rester à la maison et s'y occuper des enfants. Et ainsi de suite, à l'infini, selon les besoins des partenaires qui établissent le contrat de mariage. Cela n'aide pas

Chapitre VI: Le Centre Energetique de Rayon Jaune

du tout quand ceux qui s'embarquent dans un contrat pour la vie cachent les détails pratiques dans les voiles de la mariée et les petits paquets de graines d'amour enrubannés de faveurs aux tons pastels.

Il y a cependant un présent authentique dans tout mariage religieux: le Créateur infini unique. Comme dit le groupe Q'uo:

> *"Dans tout pacte métaphysique il y a une tierce partie qui dépasse les deux entités. On peut appeler cet être le Créateur. Peut-être ferions-nous mieux de l'appeler Amour vivant. Ceux qui ne se marient pas et cherchent ensemble cherchent seuls le visage de l'amour. Ceux qui cherchent dans le cadre d'un pacte de mariage incorporent ce qu'ils cherchent dans leur recherche conjugale. Cela donne à ceux qui saisissent et comprennent la signification métaphysique du mariage une grâce et une tendresse qui autrement ne viendrait pas naturellement."*[81]

> *Forte de ma propre expérience, je peux certifier que quand deux conjoints mêlent leur parcours spirituel à leur vie terrestre, le renforcement de chacun par l'autre est quasiment miraculeux. Je fais une Offrande Matinale depuis l'âge de douze ans. Quand nous nous sommes mariés, en 1987, Jim s'est joint à moi. En 2001 nous avons ajouté à cela une offrande vespérale: la Méditation de Gaia. Ces deux moments de prière, méditation et visualisation rythment nos journées depuis des années à présent, et donnent à notre routine journalière le sens du sacré que nous désirons tous les deux.*

Les catalyseurs qui peuvent sonner la fin d'un mariage sont nombreux. Les écarts sexuels et l'abus émotionnel ou physique viennent probablement en tête de liste. Les gens ne sont pas toujours aimables l'un envers l'autre. Il se peut que notre conjoint(e) ait été élevé dans une famille où il y avait de l'abus. Alors il ou elle aura une tendance subconsciente à répéter ce

---

[81] Q'uo, reçu en channeling par L/L Research le 28 juin 1987

Chapitre VI : Le Centre Energetique de Rayon Jaune

schéma. Il se peut aussi que l'un des conjoints soit un pilier de bar qui a besoin de la fausse assurance d'un(e) nouveau/nouvelle partenaire de sexe pour se donner de la confiance en soi.

Les schémas de suractivation et d'évitement, de concupiscence et de jalousie sont alors déclenchés. Certains ont besoin d'être possédés. D'autres ont besoin de posséder. La correspondance n'est pas toujours assurée quand on se choisit un(e) partenaire. Il y a apparemment un nombre infini de façons de faire crouler les choses!

Quand on se trouve dans le doute concernant la justesse du pacte de mariage qui a été conclu, il est bon de se souvenir de l'avis donné par Q'uo: souvenons-nous du jour de notre mariage. Revoyons le chœur où nous avons échangé nos voeux. Regardons l'autel et ses accessoires sacrés. Ressentons la présence de ce Créateur unique qui nous a accompagnés dans notre mariage quand nous avons échangé nos promesses. Et demandons à cette Présence l'aide dont nous avons besoin pour rester fidèles à nos engagements.

En tant que Joueur avec un grand J nous savons que nous avons fait un pari divin en nous mariant. Nous savons que chaque mise que nous posons sur le Grand Échiquier est triplée. Si nous pouvons nous soutenir l'un l'autre nous soutenons alors l'autre 'soi', notre 'soi' et le Créateur. Si nous pouvons nous accepter l'un l'autre, la puissance de cette acceptation rejaillit sur notre capacité à accepter la beauté de toute la Création. Le potentiel de catalyseurs excellents et d'un bon compagnon avec qui travailler ces catalyseurs est formidable.

Les difficultés et défis d'un mariage de rayon jaune sont toujours substantiels, même chez les couples les mieux assortis. Souvenez-vous toujours de cette tierce personne dans le contrat de mariage: le Créateur. Dans les difficultés, retrouvez-vous tous les deux et revenez vers l'autel où l'engagement a été pris pour rechercher compassion et compréhension, et pour guérir ensemble.

CHAPITRE VI: LE CENTRE ENERGETIQUE DE RAYON JAUNE

Nous reparlerons du mariage dans *Comment vivre la Loi Une – Niveau II: Le Travail Extérieur,* au niveau du diagnostic des problèmes perçus. Pour ce volume qui met en place le tableau, ce qu'il est important de se rappeler au sujet du mariage c'est qu'en ce qui concerne notre passage de niveau, à l'École de la Planète, il est capital de s'assurer que le mariage et ses problèmes n'ont pas bloqué la circulation de l'énergie dans notre centre énergétique de rayon jaune. Les relations, ça marche ou ça ne marche pas. Cela ne nous empêche pas de travailler en tant que chercheur spirituel. Notre premier soin en tant que Joueur avec un grand J c'est de nous assurer que notre corps énergétique est libre de toute compression.

La Sexualité de Rayon Jaune

> *Lorsque nous parlons d'un véritable échange d'énergies il nous faut prendre en considération le fait que l'énergie entre deux personnes a fait un très long voyage depuis l'attraction de rayon rouge initiale qui en est venue à initier le congrès sexuel. Elle est partie de la concupiscence pour arriver à une relation personnelle et ensuite souvent à une relation légalisée ou engagée avec un(e) partenaire. Ensuite, le couple a l'opportunité de demander que le Créateur Lui-même entre dans la relation sexuelle au travers du cœur ouvert.*[82]

Lorsque notre vie sexuelle se déroule au sein d'une relation de couple, il y a sur nous une pression qui n'existe pas dans les relations sexuelles de rayon orange. Comme je l'ai dit plus haut, toutes les mises sont triplées quand on se marie. Si on gagne, on gagne gros. Si on perd, on perd gros. L'expression: "comme on fait son lit, on se couche" m'a toujours semblée ironique à l'époque de mon premier mariage, et ensuite pendant les années main-dans-la-main, quand je me disais: "je veux bien prendre la

---

[82] Q'uo, reçu en channeling par L/L Research le 25 mars 2007.

Chapitre VI: Le Centre Energetique de Rayon Jaune

responsabilité d'avoir fait ce lit, mais je n'ai jamais pensé que j'y coucherais seule."

Il nous faut envisager la très réelle possibilité que notre désir sexuel pour notre partenaire pourra s'estomper. Ou bien que celui de notre partenaire sexuel pour nous s'estompera. Lors de mon premier mariage, notre vie sexuelle s'est désintégrée dès le lendemain du mariage. L'intérêt sexuel que mon mari avait pour moi a disparu pour de bon. Il n'est plus venu à moi que pour un soulagement sexuel sommaire.

Ce modèle s'est plus que confirmé dans ma relation sentimentale avec Don. Une fois liés, Don a choisi l'abstinence. J'ai alors dû choisir entre accepter et ne pas accepter cette situation. Je n'avais que 25 ans lorsque nous avons uni nos forces, mais j'ai accepté à ma façon. Des seize années que nous avons passées ensemble j'ai moi aussi été abstinente pendant sept d'entre elles. Pour les neuf autres années j'ai choisi un amant dont les motifs étaient purs et dont l'amour qu'il avait pour moi était authentique. Don a volontiers accepté ce discret arrangement car il comprenait que j'avais besoin d'un amant, même si la situation était différente pour lui. Il savait bien que je l'adorais. Sur tous les autres plans nous étions extrêmement bien assortis.

La situation a été bien différente entre Jim McCarty et moi. Son intérêt sexuel pour moi n'a jamais flanché pendant toutes ces années et au fil de mes différents gabarits qui sont allés de 55 kg quand nous nous sommes rencontrés, à 40 kg pendant plusieurs années pendant le contact avec Ra, pour atteindre graduellement 88 kg au fil des ans. Il m'aime dans toutes les variantes de mon 'moi'. Il dit: "parfois tu es une nymphe, parfois un chérubin joufflu. Mais tu es toujours toi". Béni soit-il!

Quand la chimie sexuelle fonctionne bien, l'amour dans le mariage est le meilleur de tous. En tant que couples, nous apprenons à mutuellement connaître nos corps et nos préférences. Nous pouvons devenir le/la meilleur(e) amant(e) du monde pour notre partenaire. J'aime ce processus de découverte de moyens toujours plus unifiés et harmonisés de partager

Chapitre VI : Le Centre Energetique de Rayon Jaune

l'énergie sexuelle ou, exprimé différemment, de partager les jeux du corps et du Créateur dans les champs du Seigneur.

Quand nous nous marions, nous ne savons jamais ce que sera notre vie sexuelle. Et en ce qui concerne la préservation de la circulation propre et claire de nos énergies corporelles, nous ne pouvons prévoir aucun résultat en particulier. Il faut rester fidèle à soi-même. Le défi dans le mariage c'est d'aimer le partenaire exactement tel qu'il est.

Une ressource puissante dans le mariage est la simple tolérance. La sexualité n'est jamais identique dans les couples. Selon le contenu de la première rencontre sexuelle, on peut être sexuellement excité par une vaste gamme de différents traits et caractéristiques. Et notre partenaire compte sur nous pour rendre ces préférences acceptables et les concrétiser.

Il y a dans le mariage des comportement toxiques que nous ne devons pas accepter, de la souffrance infligée par exemple. Dites tout simplement 'non'! Et abandonnez ce mariage si les abus n'arrêtent pas, car il y a alors danger pour nous-mêmes et aussi nos enfants.

Mais pour des fantasmes qui paraissent inoffensifs il est bon que nous approchions le lit conjugal avec une attitude d'acceptation et de flexibilité. Les couples unis qui recherchent le moyen de se rapprocher sexuellement le trouvent. Alors restez tolérant et rappelez-vous l'affection véritable qui est derrière notre sexualité. Cette affection authentique existe en taille unique.

Une autre ressource très utile pour garantir la clarté dans la sexualité de rayon jaune est la patience. Le mariage n'est pas un baptême de l'air. Ce n'est pas un séjour de vacances. C'est un long voyage de côte à côte en poids-lourd. Alors soyez prêts à vivre en apprenant. Voyez les quelque dix premières années comme un voyage d'étude.

Jouez le jeu quand votre partenaire veut vous faire comprendre qu'il/elle aime les films X, ou des cordelettes de velours, ou des lieux qui nous semblent peu appropriés pour faire l'amour. N'allez pas jusqu'à l'illégalité, entendons-nous bien, mais voyez ce qui peut être fait pour vous accommoder aux goûts particuliers de votre partenaire. Il s'agit là d'une fonction naturelle, et non pas d'une chose insignifiante ou repoussante.

Quand ils se mettent en couple dans le mariage, il est bon que les Joueurs avec un grand J fassent le bilan de l'attirance de rayon rouge et de l'idylle de rayon jaune qui ont précédé la décision de se marier. Donnez-vous des rendez-vous. Appréciez la qualité du temps passé ensemble même s'il est rare. Notre vie sexuelle s'épanouit quand on lui accorde du temps et de l'attention.

Notre culture attend de nous que nous voyions tout à deux "pour toujours". Nous le faisons de moins en moins souvent, du moins pour une vie entière. Et nous y perdons beaucoup. Ayant pu constater les avantages d'un travail sur les problèmes relationnels pendant des dizaines d'années, je peux dire que les deux choses les plus belles de ma vie sont mes souvenirs et mes expériences de vie auprès de deux hommes exceptionnels: Don Elkins et Mick (c'est le surnom que je donne à Jim McCarty). Commentaire de Q'uo:

> *"La beauté émanant du rayon jaune devient une chose bien plus subtile et de plus riche texture car, dans l'énergie de rayon jaune se trouve l'énergie du couple, et c'est dans la sécurité et l'intimité de ces relations continues et prolongées que ceux qui deviennent spirituellement matures sont capables d'élargir et renforcer considérablement leur concept de la beauté. Les qualités d'un(e) partenaire peuvent être imparfaites à l'extrême et cependant, au fil du temps et à mesure que se multiplient les bienfaits d'une histoire partagée, les entités au sein d'une relation en couple se couvrent d'une telle patine d'amour reçu et donné que même l'entité la plus ordinaire devient parfaitement elle-même et donc belle parce qu'elle est cette personne. Et finalement, le poids de plomb de l'opinion physique de la beauté devient léger comme le cerf-volant qui s'envole dans*

le vent et prend son essor mû par l'énergie du souffle de l'amour".[83]

L'Environnement de Rayon Jaune

> *Le corps de rayon jaune est votre véhicule physique tel que vous le connaissez présentement et dans lequel vous faites l'expérience de catalyseurs. Ce corps a les caractéristiques du mental/corps/esprit et est l'équivalent de l'illusion physique, comme vous l'avez appelée.*[84]

Notre chakra de rayon rouge correspond aux éléments qui ont un complexe corporel. Notre chakra de rayon orange correspond au monde de la nature, dans lequel les animaux, en particulier, possèdent un complexe mental/corps. Notre chakra de rayon jaune correspond à nous-mêmes dans notre vie ordinaire. Nous, les humains, possédons un complexe mental/corps/esprit.

Le rayon jaune est le chakra de notre humanité. Il est plus que notre corps. Il est ce 'moi' qui est en train de lire ces mots. Notre héritage, qui est en trois dimensions, est un corps de grand singe avec ses instincts et sa mentalité. Dans la troisième densité nous espérons devenir davantage qu'un animal. Nous espérons découvrir et développer la partie spirituelle de notre complexe mental/corps/esprit.

Au moins un sens limité de considérations morales et éthiques est un des éléments de l'assemblage de toute personne mentalement saine. Dewey B. Larson, dont le *Reciprocal System of Physics* (*Système de Réciprocité en Physique*) coïncide si bien avec la philosophie de la Confédération, appelle les humains des "unités biologiques éthiques" dans son livre *Beyond Space and Time*[85]. Être humain c'est avoir une

---

[83] Q'uo, reçu en channeling par L/L Research le 28 juin 2002.

[84] Ra, reçu en channeling par L/L Research le 18 avril 1981.

[85] Cet ouvrage a été publié par North Pacific Publishers en 1995.

Chapitre VI: Le Centre Energetique de Rayon Jaune

conscience, c'est savoir que les choses ne sont pas toujours blanches ou noires, c'est souhaiter devenir plus que nous ne sommes même si nous continuons à vivre dans la zone grise.

Nous autres humains avons un désir ardent; un désir ardent tellement fort qu'il a trouvé son expression dans toutes les sociétés sur Terre. C'est notre aspiration à connaître et vénérer le Créateur, et d'honorer ce qui est sacré. La véritable condition humaine est celle de la 'divine insatisfaction', comme l'a exprimé José Ortega y Gasset.[86]

Cette aspiration s'accompagne d'un désir de savoir ce qui est juste et ce qui ne l'est pas. Qu'est-ce qui fait qu'une chose est 'juste' ? Qu'est-ce qui fait qu'une chose est 'injuste'? Par nature, nous recherchons le comportement juste. Les questions de polarité ne sont pas simplement quelque chose que la Confédération considère comme capital. Les psychologues disent qu'elles sont inhérentes à notre nature humaine. A mesure que nous appréhendons ce qui se rapporte au rayon jaune il est important que nous nous voyions comme totalement humains et que nous définissions notre humanité comme une faim de vivre dans la loyauté et d'utiliser notre volonté à faire des choix éthiques judicieux.

Le rayon jaune est le dernier centre de notre corps énergétique par lequel passe (ou est bloquée) l'énergie d'infini amour/lumière du Créateur avant qu'elle atteigne le chakra du cœur. Il travaille avec les relations les plus importantes de notre vie. Le rayon jaune est un centre profondément puissant, le passage vers le chakra du cœur. Il est important pour nous, Joueurs avec un grand J, de reconnaître nos problèmes de rayon jaune à mesure qu'ils apparaissent, et de conserver dégagé notre corps énergétique pendant que nous passons par les sentiments et pensées qu'ils produisent.

---

[86] La citation entière est: "L'essence de l'homme est l'insatisfaction, l'insatisfaction divine; une sorte d'amour sans objet d'amour, la souffrance que nous ressentons dans un membre que nous n'avons plus."

CHAPITRE VI : LE CENTRE ENERGETIQUE DE RAYON JAUNE

En apparence, le centre énergétique de rayon jaune a une forme arrondie, en forme d'étoile, qui comporte de nombreuses facettes ou 'pétales' qui se développent à mesure que nous dégageons et équilibrons ce centre. Comme j'aime l'idée d'abriter une fleur dorée dans mon ventre !!!!

Puisque, d'après la Confédération, chaque densité se compose de la densité présente additionnée de nuances de la densité à venir, des petites touches de densité de rayon vert pendillent devant le Joueur de troisième densité, comme la carotte suspendue à un bâton, supposée faire avancer l'âne. Les brillantes et véritablement chaleureuses énergies de la quatrième densité positive sont destinées à nous appâter, à nous pousser vers la recherche de l'amour inconditionnel.

En réalité, il se peut que nous trouvions parfois ces leçons d'amour trop difficiles à affronter. Nous leur tournons le dos et reprenons le chemin du territoire connu de la deuxième densité. Dans nos sociétés dites de troisième densité, les humains succombent toujours au bon vieil appât bien familier de la violence territoriale de deuxième densité. Dans le mental de nombreux chefs d'état, depuis le temps des Césars et empereurs jusqu'à ceux du présent, il y a toujours eu énormément d'ambition agressive. Au lieu de se contenter de protéger le territoire local des invasions, de nombreux dirigeants ont choisi d'aller conquérir de grandes portions du monde entier. Tant dans les nations-états que dans les grandes multinationales, la forte agressivité a fréquemment prévalu sur la coopération civilisée et la courtoisie.

En tant que Joueurs avec un grand J nous ne pouvons pas nous permettre de faire de tels choix au niveau personnel. Nous ne pouvons pas oublier que nous sommes tous un. Nous devons nous rappeler que quand nous faisons du mal au corps d'autrui nous faisons du mal à notre propre corps.

A chaque fois que nous entendons des justifications politiques à une guerre, ou que notre route est coupée par un conducteur grossier dans la circulation routière, rappelons-nous la vérité de l'amour inconditionnel. Non, ce n'est pas une solution correcte de tuer quelqu'un, à moins que nous n'ayons à défendre notre foyer et notre famille contre une agression. Non, ce n'est pas une solution correcte de répondre à un comportement grossier par de la colère. Nous sommes sur Terre pour trouver l'amour dans le moment présent.

Notre tendance humaine générale est de diviser le monde en 'nous' et 'les autres'. Il est bien plus commode d'exclure les gens qui ne sont pas 'comme nous' que de trouver des points communs entre nous et d'autres gens dont les façons ne ressemblent pas aux nôtres ou ne nous sont pas familières. Un trait humain particulièrement générateur d'inégalités est le préjugé racial, religieux ou ethnique vis-à-vis de nombreux groupes ici sur Terre.

La Confédération dit bien que chaque race est différente. Mais la différence ne réside pas dans la couleur de la peau ou dans la valeur de l'âme. Elle réside dans les qualités et dans la structure de notre mental archétypal. Puisque, selon la Confédération, notre ADN diffère car nous sommes tous venus d'ailleurs ou avons été génétiquement modifiés par des extraterrestres dans le lointain passé, nos archétypes terrestres sont quelque peu recouverts par les mentaux archétypaux de nos planètes d'origine.

Cette diversité culturelle constitue un mélange riche et capiteux permettant de voir et valoriser de diverses manières notre corps, notre mental, notre environnement culturel, et nous-mêmes. Nous avons tous passé de nombreuses vies dans divers corps raciaux génétiquement encodés, apprenant les richesses de chaque système archétypal. Comme nous sommes tous devenus de vieilles âmes ici, nous avons le potentiel de devenir extrêmement tolérants par rapport aux différences perçues chez chacun.

Il est dommage que l'attraction du comportement de deuxième densité soit toujours aussi forte en nous. Les préjugés se portent toujours bien en ces derniers jours de troisième densité. Il nous faut évacuer ces pensées de notre mental quand nous les y découvrons tapies.

CHAPITRE VI : LE CENTRE ENERGETIQUE DE RAYON JAUNE

Cela va nous coûter jusqu'à la dernière once de passion et de détermination en nous. Les préjugés sont des voleurs furtifs. Si nous les laissons entrer ils nous dérobent l'espoir de devenir plus que nous ne sommes présentement. Ils rendent notre chakra de rayon jaune aussi rigide que la peau d'un tambour. Et alors notre cœur reste fermé.

Quand nous pensons à des questions concernant les préjugés nous voyons en général des mouvements spectaculaires comme la déségrégation de nos écoles ou les lois concernant l'égalité des chances. Mais pour l'homme de la rue, le préjugé réside dans de petites choses : ce sont les gens que nous permettons à nos enfants de fréquenter, et ceux que nous interdisons à nos enfants de fréquenter ; C'est dans le titre de civilité accordé à telle personne quand nous nous adressons à elle, alors que nous appelons par son prénom une autre personne de même âge mais de couleur différente.

Nous, les Joueurs avec un grand J, nous devons faire attention à ces tours que nous jouent nos pensées et nos comportements afin que nous y réfléchissions et recherchions de l'aide si nécessaire. Il est bon d'avoir toujours sous la main la prière qui dit : "Je suis un être humain, aide-moi à le devenir" pour les moments où nous décelons en nous des idées préconçues.

La Guérison de Rayon Jaune

> *La grande difficulté quand on tente d'offrir un transfert d'énergie de rayon jaune est que ce processus n'est pas inhérent au rayon jaune.*[87]

Un sujet de rayon jaune qui intrigue à première vue, c'est la guérison. Nombreux sont ceux qui se disent guérisseurs. Les guérisseurs ont toujours occupé une place d'honneur dans l'histoire de la spiritualité. Il y a Élie, dans l'Ancien Testament,

---

[87] Ra, reçu en channeling par L/L Research le 12 août 1981.

Chapitre VI: Le Centre Energetique de Rayon Jaune

qui place son corps sur le corps mourant d'un jeune garçon et qui le ramène à la vie en trois respirations. Il y a Jésus et les Apôtres dans le Nouveau Testament, qui guérissent les malades et ressuscitent même les morts. Il y a toujours eu des gens nés avec, dans leurs mains, le don naturel de guérir.

Il y a cependant deux types d'énergie de guérison: la guérison de rayon jaune qui est l'imposition de la volonté du guérisseur au patient; et la guérison de rayon vert qui est un échange d'énergies au niveau du cœur ouvert.

La guérison de type rayon jaune ne constitue pas un échange d'énergies. La volonté du guérisseur pousse l'énergie de guérison dans le corps énergétique du patient. Il s'agit du typique 'échange' d'énergie unidirectionnel qui concerne les trois premiers chakras. Ce n'est pas un échange du tout. Une personne donne et une autre reçoit.

Voilà pourquoi une personne peut 'imposer ses mains' sur nous et améliorer notre état pendant un certain temps. Mais peu à peu l'énergie s'affaiblit et nous revenons à notre état de santé d'avant. De manière générale, la guérison de rayon jaune est une bonne chose. Il n'y a pas d'énergie mauvaise ou Service De Soi dans de tels efforts de guérison. Il y a seulement des limites à ce type de soins où le cœur n'est pas ouvert et où la vision sacrée d'un véritable échange d'énergies de guérison authentique n'éclaire pas les intentions du guérisseur.

Lorsqu'un(e) guérisseur(-euse) par nature décide de développer son canal de guérison, le succès ne sera assuré que s'il/elle ouvre son cœur, et pas avant. Le processus habituel qui permet de devenir un guérisseur au cœur ouvert consiste à visualiser le 'soi' avec une compassion telle qu'il devient possible de guérir ce 'soi'. Une fois le 'soi' guéri, le guérisseur de rayon vert peut alors voir ses patients avec compassion et leur offrir un environnement dans lequel ils peuvent choisir un alignement alternatif à l'intérieur de leur corps énergétique. Les patients choisissent librement d'accepter ou non cette modification des équilibres des chakras de leur corps.

CHAPITRE VI: LE CENTRE ENERGETIQUE DE RAYON JAUNE

La Polarité Négative et le Rayon Jaune

> *La voie négative, comme on peut l'appeler, utilise une combinaison du rayon jaune et du rayon orange dans ses schémas de polarisation. Ces rayons, utilisés d'une manière particulière, provoquent un contact avec l'infini intelligent.*[88]

La Confédération suggère que si nous voulons passer en quatrième densité dans la polarité négative, notre tâche principale est de développer les trois chakras inférieurs avec une volonté acharnée et inébranlable. Comme les lecteurs de cet ouvrage sont présumés se polariser vers le Service D'Autrui il n'est pas besoin de parler de l'usage du rayon jaune en polarité négative, si ce n'est pour dire qu'il est souvent possible de repérer une personne polarisée négativement par le fait qu'elle a toujours toutes les situations bien en main. Nous autres âmes qui se polarisent en positif nous nous basons sur, et nous fions aux sentiments et émotions. Nous apprécions les gens pour leurs projets et leur compassion plutôt que pour un calendrier scrupuleusement suivi. Nous sommes parfois un peu désordonnés.

La personne qui se polarise négativement est en général extrêmement ordonnée. Elle s'efforce de contrôler son apparence, son image, ses émotions et ses sentiments afin de pouvoir librement se focaliser sur la façon dont elle peut manipuler toute situation pour la faire tourner à son propre avantage. Elle voit son apparence et son image comme des atouts à utiliser dans cette manipulation des sentiments des gens qui l'entourent et de leur perception des événements.

Il est à noter que cette polarisation vers le Service de Soi s'appuie sur la volonté et non sur la foi, sur la crainte et non sur l'amour. Elle s'appuie sur la volonté au profit du 'soi'. Et elle

---

[88] Ra, reçu en channeling par L/L Research le 27 février 1981.

veille à instiller et manipuler la crainte chez autrui. Avec les chakras rouge, orange et jaune, l'âme qui se polarise en négatif utilise les rayons bleu et indigo, c'est-à-dire le centre d'énergie de communication localisé au niveau de la gorge, et le chakra du travail conscient localisé entre les sourcils, pour monter de niveau. Elle ignore complètement le chakra du cœur.

La voie de la polarisation négative est un chemin très difficile en fait, car elle n'a pas recours à l'amour et ne reconnaît même pas le pouvoir de l'amour. Puisque tout dans la Création est fait d'amour, la voie de la polarité négative est très justement nommée "la voie de ce qui n'est pas". Ainsi que nous l'avons déjà mentionné, la Confédération dit que cette voie négative de polarisation s'efface à partir du milieu de la sixième densité. En fin de compte, la voie positive de polarisation est la plus courte, la plus facile et la plus vraie.

Si nous constatons que nous nous préoccupons de plus en plus de garder tout sous contrôle et en ordre dans notre vie, il est bon de prendre un moment pour analyser cette attitude dans la perspective de la polarité négative qu'elle implique. Il est parfois nécessaire de laisser faire et lâcher prise. Pour la personne qui se polarise vers le positif, il vaut beaucoup mieux être expressive, émotive, et ne pas faire trop attention aux détails que d'être organisée à l'extrême et éprouver des émotions négatives vis-à-vis de ceux qui l'entourent. Lâchez du lest et humez les roses!

Ceux qui sont d'orientation positive voient que l'important dans le monde c'est le 'nous', c'est suivre le cours avec ceux qui nous entourent, c'est les inclure dans notre petit monde. Pour ceux qui sont d'orientation négative, l'important dans le monde c'est le 'moi', c'est le monde qui tourne autour de nous, ce sont nos propres préoccupations. Le Joueur positif souhaite conserver une ferme orientation vers le 'nous' dans sa vie de tous les jours.

CHAPITRE VI: LE CENTRE ENERGETIQUE DE RAYON JAUNE

Ne pas Brûler les Etapes

> *Les structures de l'illusion, les relations, la famille, les amitiés en groupe, constituent un modèle élégant et éloquent d'apprentissage. Dans chaque relation a été versée une quantité énorme de pensée pré-incarnative. L'on peut voir chaque relation comme une leçon, préparée avec soin, de don et de réception d'amour. Et il est bon que vous vous reconnectiez avec persistance aux énergies des chakras inférieurs pendant que vous vous livrez à une communication claire, à la lecture de matières, et à tout le travail en conscience qui est si délicieux pour ceux qui cherchent la sagesse plutôt que l'amour.* [89]

A mesure que nous percevons comment la Confédération voit les trois chakras inférieurs, nous apercevons les trois pièges très répandus dans la progression du chercheur en spiritualité: le désir quasiment irrésistible de brûler les étapes. Voyons les choses en face: il est plus amusant d'accomplir le travail de rayon bleu de la communication et celui de rayon indigo de la tenue d'un journal personnel, l'étude de ses rêves, la contemplation, la lecture de livres inspirants, la méditation, et tous les autres outils et ressources du rayon indigo, que de détecter les blocages de rayons inférieurs dans notre corps énergétique.

Oui, c'est sans doute plus amusant, mais c'est surtout moins bénéfique pour le Joueur. Si nous nous focalisons sur les chakras supérieurs sans tenir dégagés tous nos centres énergétiques, nous nous préparons à vivre de durs moments. Le travail sur les chakras supérieurs requiert toute la puissance passant par le cœur pour que nous n'épuisions pas notre corps physique et notre corps émotionnel en accomplissant ce travail. Il est dès lors bon de voir le nettoyage quotidien des chakras

---

[89] Q'uo, reçu en channeling par L/L Research le 11 février 2001.

CHAPITRE VI: LE CENTRE ENERGETIQUE DE RAYON JAUNE

comme des tâches ménagères à accomplir dans notre foyer intérieur sacré - le temple de notre prise de conscience et de notre corps énergétique.

Nous pouvons voir notre corps énergétique comme une maison à deux niveaux. Au rez-de-chaussée se trouvent les trois chakras inférieurs et tout ce qui les concerne. Nous pouvons voir par exemple la pièce de rayon rouge comme une chambre à coucher avec salle de bain attenante, la pièce de rayon orange comme la cuisine et la salle à manger, et la pièce de rayon jaune comme le salon et le bureau. Dans des chapitres précédents de ce rapport nous avons parlé des matières liées aux chakras inférieurs: sexualité, survie, relations personnelles, relations officialisées. Nous avons tous envie de quitter ces pièces de la vie ordinaire et de monter l'escalier qui mène aux pièces "d'en haut", c'est-à-dire du chakra du cœur, du chakra de la gorge, et du chakra du front.

Cependant, nous ne pouvons pas monter les escaliers en toute sécurité avant que nos "pièces d'en bas", c'est-à-dire le chakra racine, le chakra de l'abdomen et le chakra du plexus solaire, aient été nettoyées. Comment nettoyer nos émotions? En leur consacrant du temps dans la soirée, quand nous avons quelques minutes bien à nous. En récapitulant les pensées et sentiments que nous avons éprouvés pendant la journée. En utilisant notre pouvoir d'analyse pour évaluer ces pensées et ces sentiments. En localisant les pensées sur lesquelles nous avons buté.

En examinant ensuite ces pensées. Est-ce qu'il s'agit de pensées 'coincées' qui font partie de ce que les Bouddhistes nomment 'l'ancien mental' ? Est-ce que ces mécanismes qui nous ont piégé et coincé sont avec nous depuis l'enfance? Si c'est le cas, il nous faut débloquer ces mécanismes une fois pour toutes. Nous débloquons ces mécanismes quand nous pardonnons à ceux qui les ont créés dans notre mémoire, et nous nous pardonnons à nous-mêmes de nous être laissé prendre dans ces mécanismes.

Voici une façon d'y penser. Disons que le moment originel du coincement, celui où il y a eu une souffrance profonde qui s'est

CHAPITRE VI: LE CENTRE ENERGETIQUE DE RAYON JAUNE

cristallisée en nous, est comme un drap de lit qui s'est sali et fripé. Nous retenons un souvenir, une photocopie, de son aspect: sale et chiffonné au moment du traumatisme.

Dans la réalité, s'il s'agissait vraiment d'un drap on le laverait, le sécherait, le secouerait, le repasserait, le plierait, et il redeviendrait comme neuf. Un travail a été accompli sur ce traumatisme passé dans notre mental conscient, et apparemment, tout va bien maintenant. Cependant, notre mémoire aime retenir la photocopie de ce moment lointain et oublier que nous avons nettoyé et mis de côté depuis longtemps ce "drap mémoriel".

Dès lors, prêtez attention, vous les Joueurs, quand un souvenir du passé remonte à la surface. Sachez qu'il s'agit d'une photocopie et non plus d'une réalité. Car du temps a passé. Nous sommes très différents maintenant, de ce que nous étions alors. Il nous faut pardonner et poursuivre notre route.

Focalisez-vous sur cette émotion qui paraît toxique et douloureuse. Voyez la comme une pensée d'impatience. Permettez à l'expérience de cette impatience de couler à travers vous. Intensifiez la. Puis laissez-la décliner, et attendez la réaction de l'esprit qui, dans ce cas, est la patience. Car, dans un univers d'unité il y a toujours une énergie d'équilibrage qui complète toute situation.

Laissez ensuite cette dynamique d'équilibrage, cette patience, s'intensifier jusqu'à ce qu'elle soit aussi forte dans votre mental que l'était l'impatience. Ré-examinez la pensée ou le souvenir. Est-elle/il en équilibre à présent? Avez-vous perçu la totalité de la dynamique de patience/impatience?

Quand le travail sur les souvenirs anciens est terminé, laissez-les aller. Conservez la sagesse et voyez les bénéfices et bienfaits de cette expérience ancienne, mais récoltez l'amour contenu dans ce moment présent ainsi que la sagesse glanée et, comme a dit Robbie Robertson: "laissez le reste partir au vent". Si vous voulez, vous pouvez écrire sur une feuille de papier le souvenir dont vous voulez vous délivrer et brûler ensuite cette feuille. Cela donne un confortable sentiment d'accomplissement.

Chapitre VI: Le Centre Energetique de Rayon Jaune

Animaux de Compagnie, Fantômes et Rayon Jaune

> *Pour la deuxième densité, exprimer le début d'une compréhension de rayon jaune c'est s'individualiser suffisamment pour que l'entité concernée soit à même de donner et recevoir cette qualité qui est connue comme étant l'amour. Des exemples primaires de cela sont les animaux de compagnie que beaucoup dans cette culture apprécient, chaque animal de compagnie devenant plus individualisé avec les soins aimants de l'entité de troisième densité.* [90]

Bon nombre d'entre nous ont des animaux de compagnie. Une des fonctions les moins connues de notre voyage à travers la vie de rayon jaune est que nous pouvons 'investir' nos animaux. Les informations données par la Confédération suggèrent qu'à mesure que nous investissons nos animaux par l'amour et l'affection que nous avons pour eux, leur complexe 'esprit' s'éveille. Ensuite ils sont prêts, à leur mort, à se réincarner non plus en tant qu'animaux mais en tant que bébés de troisième densité.

Nous pouvons aussi constater le désavantage d'un tel investissement quand nos animaux de compagnie deviennent sujets aux complexités émotionnelles de la troisième densité. Les animaux de compagnie peuvent devenir jaloux et coléreux. Ils peuvent développer des névroses, juste comme les humains.

La Confédération suggère que non seulement les animaux mais aussi les vieux arbres et lieux perçus comme spéciaux ou sacrés, peuvent s'éveiller et devenir conscients grâce à l'amour qui est déversé en eux.

Un autre aspect, rarement bien expliqué, de la vie de rayon jaune est le phénomène des fantômes. Les fantômes sont des produits du processus de la mort. Cela est rare, mais il peut se

---

[90] Q'uo, reçu en channeling le 18 février 1996.

Chapitre VI: Le Centre Energetique de Rayon Jaune

produire qu'une personne dont la volonté s'est concentrée avec intensité sur l'expérience de vie, ne soit pas capable d'abandonner complètement le corps de rayon jaune pour suivre le processus du passage de niveau. L'âme elle-même avance, mais l'enveloppe de la personnalité, un de nos 'corps' dans la vie de rayon jaune, reste piégé dans cette densité. Cela peut se produire du fait d'une mort soudaine. Le plus souvent c'est parce que la personne reste complètement fixée sur un aspect de sa vie et ne parvient pas à lâcher prise.

Cette enveloppe de personnalité peut être sauvée par quelqu'un qui n'a pas peur de lui parler. Un jour j'ai emménagé dans un nouvel appartement. Pendant la première nuit que j'y passé j'ai commencé à m'endormir, mais soudain il y a eu une apparition qui flottait en l'air au-dessus de mon lit. Elle paraissait être une dame âgée. Elle était en détresse et en pleine hystérie. J'ai décidé de trouver son histoire.

J'ai découvert que cette dame avait vécu dans mon appartement jusqu'à sa mort. Des voisins m'ont dit qu'elle avait un fils. Il avait été malhonnête et en grandissant avait trempé dans des délits comme des 'rodéos à la voiture volée', ou le vol à l'étalage. Sur le point de mourir, elle était obsédée par ce souci. Les voisins m'ont dit qu'il avait fait des séjours en centre de détention pour jeunes délinquants mais qu'il était à présent réhabilité et qu'il réussissait dans la vie. J'ai attendu cette nuit-là de me trouver dans un état entre veille et sommeil, sachant que c'est le moment que choisissent les fantômes pour se manifester. Quand elle est apparue je lui ai parlé, je lui ai raconté ce qu'on m'avait appris sur son compte, et je lui ai assuré que son fils était bien. Je crois que cela a marché car je ne l'ai plus jamais revue, et j'ai vécu dans cet appartement pendant douze ans.

En résumé: les rayons rouge, orange et jaune constituent le trépied qui soutient notre travail de Joueurs avec un grand J. A présent nous savons comment faire en sorte que ces trois centres nous soutiennent bien. Nettoyez-les, nettoyez-les, et re-nettoyez-les encore et toujours!

CHAPITRE VI: LE CENTRE ENERGETIQUE DE RAYON JAUNE

Nous en arrivons à présent au centre énergétique principal: le rayon vert, c'est-à-dire le chakra du cœur. Pour les Joueurs qui se polarisent positivement, ouvrir le cœur c'est le travail spirituel essentiel de notre existence ici sur Terre. Il nous fait passer des caractéristiques vibratoires des grands singes intelligents aux caractéristiques vibratoires d'êtres spirituels revêtus de corps humains pendant cette vie.

CHAPITRE VII: LE CENTRE ENERGETIQUE DE RAYON VERT

L'Esplanade du Cœur

> *Pour l'œil non exercé il peut sembler qu'un cœur unifié et holistique attende celui/celle qui s'approche du portail ouvrant sur le cœur ouvert. Mais en fait, le chakra du cœur a deux niveaux distincts. Nous pouvons les appeler 'esplanade du cœur' et 'sanctum intérieur du cœur'.*
>
> *Vous parcourez l'esplanade de votre propre cœur quand vous êtes fin prêt à faire face à votre côté sombre. Tout ce que vous n'avez pas encore reconnu ou développé à l'intérieur de l'ensemble de votre personnalité vient à votre rencontre sur l'esplanade du cœur ouvert. C'est là que vous allez affronter votre côté sombre. Pour entrer dans le sanctum intérieur de votre cœur il vous faut accomplir le travail de reconnaître, comprendre, accepter, éprouver de la compassion envers, et ensuite retrouver, chaque particule de lumière non développée qui est une partie de vous.*[91]

Dans les trois chapitres qui précèdent, nous avons parlé des chakras de rayon rouge, orange et jaune et nous avons répété à plusieurs reprises la nécessité de conserver dégagé le conduit du corps énergétique qui mène au cœur. Notre objet est d'assurer une circulation continue et à plein débit de l'infinie énergie d'amour/lumière du Créateur déversée dans notre chakra du cœur.

Pendant les premières années de mon étude de la matière transmise par ceux de la Confédération, mon impression a été qu'ils suggéraient qu'une fois que nous avons réussi à faire se déverser toute l'énergie dans le chakra du cœur, nous pouvions

---

[91] Q'uo, reçu en channeling par L/L Research le 3 janvier 2006.

Chapitre VII: Le Centre Energetique de Rayon Vert

nous reposer dans la cathédrale de notre cœur ouvert sans devoir faire d'autres efforts.

Mais un plus ample questionnement des sources de la Confédération sur ce point a révélé que l'entrée du cœur ouvert est gardée par des lions qui le protègent d'une entrée prématurée. Les Joueurs avec un grand J ont encore un obstacle à franchir avant de pouvoir entrer dans leur cœur ouvert. Cet obstacle est l'esplanade qui précède le chakra du cœur.

Ce qui me vient à l'esprit quand je pense à l'esplanade du cœur, ce sont certaines photographies de la cathédrale Saint Marc à Venise, prises depuis la vaste place qui précède celle-ci, et sur laquelle des milliers de pigeons picorent des graines données par les touristes. Commencée en l'an 829 de notre ère et arrivée plus ou moins à sa présente forme en 1071, elle abrite les ossements de Saint-Marc et a été la 'chapelle' du Doge de Venise jusqu'en 1797, année où Napoléon Ier a forcé le dernier Doge, Ludovico Manin, à quitter son office. Elle est devenue la Cathédrale de Venise en 1807.

Cette impressionnante cathédrale de style byzantin, avec ses dômes et son clocher, occupe tout l'arrière-plan des photographies en une panoramique splendeur. Mais elle paraît cependant petite sur ces photos parce que la place qui l'entoure est immense. Il y a un long chemin à parcourir en traversant la place pour arriver à l'entrée de l'édifice.

Quand nous entreprenons d'entrer dans notre propre cœur, le même long parcours nous attend. Oui, les Joueurs avec un grand J savent qu'il leur faut garder dégagés les centres énergétiques inférieurs. Quand des problèmes surviennent, concernant la survie et la sexualité de rayon rouge, les relations personnelles de rayon orange, et les relations officialisées de rayon jaune, nous savons que, même si nous ne pouvons pas résoudre ces problèmes sur-le-champ, nous pouvons tout de même choisir de ne pas en être préoccupé ou nous sentir contracté. Ainsi nous gardons libre la circulation d'énergie dans tout le corps énergétique.

Chapitre VII: Le Centre Energetique de Rayon Vert

Quand nous approchons de notre chakra du cœur nous voyons nous, Joueurs avec un grand J, que nous avons aussi à travailler sur "la reconnaissance, la compréhension, l'acceptation, la compassion, et enfin le rachat" de tout ce que nous percevons comme des imperfections. Nous devons nous pardonner d'être nous-mêmes. Nous devons arriver à nous plaire.

Il est intéressant de noter que le Joueur qui se polarise vers le Service De Soi ignore complètement le chakra du cœur. Il n'a pas à se connaître ou à s'apprécier. Il ne s'intéresse qu'à acquérir du pouvoir sur les autres. Le chakra du cœur ne lui sert à rien. Mais, l'entité qui réussit à se polariser en négatif sait très bien ce qu'elle veut. La polarité positive implique la connaissance et l'amour de soi et d'autrui. La polarité négative implique la manipulation du 'soi' et de ce qui l'entoure pour atteindre les objectifs qu'elle considère utiles.

Apprendre à Se Connaître

Les émotions difficiles peuvent être vues comme des messages qui expriment au cœur le besoin de travailler sur ces émotions d'une manière telle qu'il devienne possible d'équilibrer et clarifier ces sentiments. Car à l'intérieur de chaque émotion se trouve une vérité profonde. La clé du travail sur les émotions c'est de réaliser que le siège, dirons-nous, des émotions, est le centre énergétique de rayon vert ou chakra du cœur.

Si l'on s'efforce de travailler sur des émotions bloquées et négatives à partir du centre énergétique d'où elles proviennent sans aller au chakra du cœur, il y a peu de chance ou d'opportunité de pardon de soi. C'est pourquoi, bien qu'il soit très important d'évaluer et voir chaque émotion négative comme provenant probablement de certains centres énergétiques, il est bon de travailler sur ces émotions en suivant le modèle de la libre circulation d'énergie, en allant et en retournant sans cesse

CHAPITRE VII: LE CENTRE ENERGETIQUE DE RAYON VERT

> *au chakra du cœur et en restant dans cette émotion primordiale qui est appelée 'la foi'.*[92]

Avez-vous déjà entendu la chanson de Oscar Hammerstein tirée du film *The King and I*[93], "Getting to Know You"? En voici un couplet:

> *Getting to know you, getting to know all about you.*
> *Getting to like you, getting to hope you like me.*
> *Haven't you noticed, suddenly I'm bright and breezy?*
> *Because of all the beautiful and new things I'm learning about you*
> *Day by day*[94] [95].

Quand le Joueur avec un grand J traverse la grande esplanade pour entrer dans l'espace sacré de son cœur ouvert, il trouve sur son chemin des émotions négatives et des désirs enfouis, plus nombreux que les pigeons de la place San Marco. La Confédération ne nous encourage pas à travailler sur ces sombres émotions et désirs insatiables au niveau de nos trois chakras inférieurs. Elle nous engage à comprendre ces sentiments depuis le niveau du chakra du cœur.

Nous parlerons plus longuement des problèmes liés aux chakras inférieurs dans *Comment vivre la Loi Une – Niveau 2- Le Travail Extérieur*, en examinant les suggestions de la Confédération pour trouver de bonnes solutions aux problèmes et un stable sentiment de paix au milieu de l'agitation de la vie. Le but du présent volume est de vous apporter seulement les

---

[92] Q'uo, reçu en channeling par L/L Research le 12 mai 2000.

[93] Le Roi et moi (NdT)

[94] Paroles © d' Oscar Hammerstein, extraites du site Web http://www.stlyrics.com/lyrics/thekingandi/gettingtoknowyou.htm.

[95] Apprendre à vous connaître, apprendre à tout savoir de vous,
Apprendre à vous apprécier, espérer que vous m'appréciez.
N'avez-vous pas remarqué combien je suis soudain gaie et enjouée ?
C'est à cause de toutes les belles choses que j'apprends sur vous, jour après jour.
(NdT)

Chapitre VII: Le Centre Energetique de Rayon Vert

informations essentielles qui permettent de gagner au Jeu de la Vie.

Pour que le Joueur puisse gagner au Jeu de la Vie, il n'est pas nécessaire que ses problèmes soient résolus. Pour jouer gagnant et quitter la troisième densité pour le niveau suivant ce qu'il faut, outre servir autrui, c'est comprendre et accepter ce qu'il ressent à propos de lui-même. Cela n'est pas facile pour la plupart d'entre nous. Il est difficile de se détendre quand on voit le côté sombre de notre humanité.

Nous avons tous des qualités que nous percevons comme bonnes. En général, elles ne contractent pas notre corps énergétique. Mais nous avons aussi des qualités que nous percevons comme des défauts. En général nous réprimons bon nombre des sentiments et émotions négatifs que nous éprouvons envers nos qualités indésirables. Nous jugeons inacceptables ou indignes de nous ces sombres émotions et traits de caractère. Nous les dissimulons à notre vue mentale.

Cependant, les réprimer ou les nier ne sert à rien. Il nous faut y travailler jusqu'à ce que nous nous acceptions tels que nous sommes, émotions importunes comprises.

Un exemple simple de ce trait humain: moi et mon gène des achats. Si je m'écoutais, je porterais quelque chose de neuf chaque jour. Je ferais banqueroute si j'achetais autant de vêtements. Alors je réprime mon désir constant d'acheter de jolis vêtements. Je ne réprime pas le fait que c'est là un des travers de ma nature humaine. Mais je travaille dessus.

Il m'a fallu du temps et de la réflexion avant de comprendre pourquoi j'aime tellement les vêtements. Et voici ce que j'ai découvert. Quand j'étais petite, je manquais chroniquement de vêtements. Que ce soit à l'école ou quand j'ai commencé à travailler, je n'ai jamais eu suffisamment de jolies tenues pour m'habiller du lundi au vendredi. Cela m'a été un problème puisque je ne pouvais pas attendre le samedi pour faire la lessive et le repassage. A cette époque, tout devait être repassé. Je devais constamment 'jongler' avec la dernière pièce d'habillement que j'avais repassée. Et maintenant je me sens

Chapitre VII : Le Centre Energetique de Rayon Vert

toujours en manque. Il est peu probable que dans cette vie-ci je perde jamais le désir d'avoir des tas de vêtements!

Je m'accepte avec cette distorsion, ce désir bé-bête qui n'est jamais satisfait. Je le vois comme superficiel, mais je ne le condamne pas à l'intérieur de moi. Je suis arrivée à m'accepter telle que je suis. Quand je souhaite entrer dans mon cœur ouvert, ce caprice de ma personnalité, dont je vois bien qu'il n'a aucun avantage spirituel, ne m'arrête pas. Car je me connais. Je me suis réconciliée avec le fait que je possède un gène d'achats compulsifs. J'analyse mon désir d'achats et je le vois comme de l'énergie de rayon orange. Il fait partie de ma relation avec moi-même.

Bien sûr, dans notre côté sombre il n'y a pas que le désir insatiable de vêtements. Le travail à faire pour pouvoir parcourir l'esplanade qui précède notre cœur peut être dû à des blocages énergétiques ou des suractivations dans l'un ou l'autre des trois chakras inférieurs. Par exemple, les persistants sentiments d'indignité que j'éprouve proviennent de mes énergies de rayon rouge qui concernent la survie. Et le travail que mon mari et moi-même accomplissons chaque jour sur notre mariage pour qu'il devienne à chaque fois une nouvelle création, a sa source dans le chakra de rayon jaune.

Vos blocages et distorsions sont probablement très différents des miens. Je vous donne ces exemples personnels pour que vous voyiez comment aborder le travail qui vous permettra de vous connaître et vous aimer vous-même.

Sommes-nous venus sur Terre pour nous corriger? Je ne le pense pas. Nous sommes venus ici pour apprendre comment mieux aimer et être aimé. Arriver à nous comprendre et à nous accepter n'a rien à voir avec quelque chose à corriger. Nous le faisons parce que nous avons besoin de nous connaître nous-mêmes suffisamment bien pour nous accepter et nous aimer authentiquement, et tout spécialement notre 'côté sombre' que nous préférons dissimuler. Il est nécessaire que nous accomplissions ce travail pour pouvoir entrer dans le *sanctum*

Chapitre VII: Le Centre Energetique de Rayon Vert

sanctorum du cœur et nous y reposer enfin dans l'amour inconditionnel.

Est-ce que cela est facile? Non. Il ne m'est pas difficile d'accepter le gène d'acheteuse compulsive qui est en moi, mais le gène meurtrier pose davantage de problèmes. Et je sais qu'il est bien là car, par deux fois dans cette vie, j'ai réagi instinctivement à une agression par une tentative non réfléchie de tuer l'agresseur. Dans un cas j'étais trop petite pour atteindre les yeux de la brute et ne suis parvenue qu'à lui griffer les joues; mais j'aurais tué cet homme si je l'avais pu. Dans l'autre cas j'étais en train de nettoyer des légumes avec un couteau de cuisine quand le chef de cuisine, mon patron, m'a serrée de trop près. L'arme que je tenais était meurtrière, mais il a promptement décampé quand il a vu que j'étais prête à utiliser mon couteau contre lui.

Dans aucune de ces circonstances je n'ai porté une atteinte sérieuse à un autre être humain. Je sais cependant que le meurtre était dans mon cœur. En ces instants j'ai fait l'expérience d'une puissante partie de mon 'moi' sombre.

Voici un autre exemple du côté sombre de ma personnalité. En quatrième année primaire j'ai trouvé une pièce de 25 cents sur le lavabo des toilettes des filles. Comme j'ai été tentée de subtiliser cette pièce ! Je voulais m'acheter de nouveaux crayons de couleur, et un grand paquet coûtait vingt cents en 1952. Quelle lutte j'ai dû mener avec ma conscience avant d'apporter les 25 cents à l'institutrice pour qu'elle puisse demander qui l'avait perdue.

J'imagine que vous pouvez me pardonner facilement mes erreurs. Elles vous paraissent probablement insignifiantes. Je n'ai pas vraiment volé. Je n'ai pas vraiment assassiné. Je n'ai pas vraiment mis en péril la situation financière de ma famille à cause de ma manie des vêtements.

Mais vous-êtes vous pardonné à vous-même les mêmes genres de distorsions dans votre propre personnalité? Traverser la grande esplanade qui précède le cœur, voilà notre tâche. Quand nous pouvons nous accepter avec toutes nos imperfections,

Chapitre VII: Le Centre Energetique de Rayon Vert

quand nous pouvons enfin nous sentir "libre et à l'aise, de bonne humeur et plein d'entrain", nous sommes presque prêt à affronter les lions du portail du *sanctum sanctorum* du cœur ouvert.

Maintenant, il y a toujours le raccourci qui mène au cœur ouvert: la foi aveugle. Quand un chercheur choisit de faire sien un symbole de l'amour inconditionnel de ce cœur ouvert, il lui est possible de prendre un raccourci. Dans le parcours chrétien ce raccourci a pour nom Jésus le Christ. Dans le parcours bouddhiste le raccourci de la foi est le gourou. Il nous est possible de nous glisser dans le cœur ouvert en évitant l'affrontement des lions de l'entrée si nous nous accrochons aux basques de notre foi en le Christ ou en notre gourou.

L'inconvénient de cette méthode qui permet d'éviter le travail intérieur nécessaire à l'équilibrage de nos émotions et sentiments c'est que nous ne devenons jamais des Joueurs avec un grand J dans ce cas. Nous ne devenons jamais des entités magiques qui se sont réalisées. Nous n'intériorisons jamais notre foi. Nous n'accomplissons jamais la traversée du monde extérieur vers le monde intérieur. Nous croyons en quelque chose qui est en dehors de nous mais nous ne croyons pas que ce quelque chose se trouve aussi à l'intérieur de nous.

En tant que Joueur nous nous voyons comme une partie holographique du Créateur unique.

Ceux de la Confédération encouragent notre participation à un parcours religieux dans le système de croyance que nous trouvons utile. Ils soutiennent tout ce que nous trouvons utile dans notre recherche, qu'il s'agisse d'une religion orthodoxe ou de sources d'inspiration non-orthodoxes. Mais ceux de la Confédération voient le libre choix du Service D'Autrui comme notre responsabilité personnelle et non comme une réponse automatique à des "ordres venus d'en haut". Ils suggèrent que nous intériorisions la conscience christique.

Jésus n'a pas seulement exhorté ses disciples à le suivre. Il leur a aussi demandé de revêtir Son manteau de conscience christique ou, dit autrement, de devenir des cohéritiers du

CHAPITRE VII: LE CENTRE ENERGETIQUE DE RAYON VERT

Créateur et de demeurer dans le Créateur comme Ses fils et Ses filles, ainsi qu'Il l'a fait. Il a exhorté ses disciples à faire tout ce qu'Il avait fait Lui, et davantage encore.[96]

Dans la tradition bouddhiste, l'injonction: "si tu rencontres le Bouddha sur ton chemin, tue-le" se rapproche beaucoup de cette signification: il ne faut pas se contenter de suivre le gourou, il faut être ce gourou.

En général, les religions chrétiennes et les gourous bouddhistes n'enseignent pas cela. Leurs pasteurs et leurs prêtres prêchent la dépendance à Jésus et à l'Église, ou au gourou. Ils ne permettent à leurs ouailles d'entrer dans le cœur ouvert que par l'intermédiaire du pasteur, du prêtre, du gourou, qui sont les représentants terrestres de l'amour inconditionnel. Pour eux, ceux de la Confédération blasphèment quand ils suggèrent que nous pouvons nous passer de l'obéissance dogmatique aux figures religieuses.

Si vous acceptez cela, alors c'est que vous êtes relié à de nombreuses personnes qui n'ont jamais éprouvé le besoin de connaître quoi que ce soit sur elles-mêmes sauf qu'elles ont accepté Jésus comme leur Sauveur personnel ou leur gourou comme la personnification de l'amour inconditionnel.

Cependant, le présent rapport concerne les enseignements de la Confédération, une source qui se situe en dehors des traditions dogmatiques. Ce rapport est offert comme une ressource à ceux dont une telle adhésion inconditionnelle à des dogmes

---

[96] **14: 10**
Ne crois-tu pas que je suis dans le Père, et que le Père est en moi ? Les paroles que je vous dis , je ne les dis pas de moi-même; et le Père qui demeure en moi, c'est lui qui fait les œuvres.
14: 12
En vérité, en vérité, je vous le dis , celui qui croit en moi fera aussi les œuvres que je fais , et il en fera de plus grandes, parce que je m'en vais au Père;
14: 13
et tout ce que vous demanderez en mon nom, je le ferai , afin que le Père soit glorifié dans le Fils
(La Bible en ligne – NdT) ;

Chapitre VII: Le Centre Energetique de Rayon Vert

n'interviennent pas dans leur propre vie. Je suis l'une de ces personnes. Peut-être en êtes-vous aussi.

Je suis une fidèle disciple de Jésus Christ, à ma propre manière mystique et non-dogmatique. Ma vie Lui rend témoignage et je fréquente régulièrement l'église de ma paroisse pour y chanter et Le vénérer.

Mais j'accepte aussi le manteau personnel du Christianisme. C'est à cette pratique-là de la responsabilité individuelle de notre parcours spirituel que la Confédération nous encourage.

Et dans cette pratique, quand nous traversons cette esplanade, il nous faut noter chaque émotion difficile, chaque blocage d'énergie, à mesure qu'ils se révèlent en nous, et ensuite les amener au centre de notre cœur. Là, sur les marches qui mènent à l'entrée de notre *sanctum* intérieur, nous tenons dans nos bras notre 'soi' imparfait et nous lui pardonnons. L'énergie circule en va-et-vient depuis les chakras inférieurs jusqu'au cœur, puis à nouveau vers les chakras inférieurs, où le pardon au 'soi' achève le dégagement des centres inférieurs.

Ce travail n'est jamais complètement terminé pendant notre vie d'humain sur Terre. Nous faisons sans cesse de nouvelles découvertes sur notre côté sombre à mesure que nous rencontrons des situations nouvelles dans notre vie. Nous trouvons en nous de nouvelles manières d'accomplir le travail de pardon à nous-mêmes à mesure que nous découvrons les nouvelles manières dont nous pouvons commettre ce que nous percevons comme des erreurs personnelles. Dans notre Jeu de la Vie il y a bien du temps à passer sur l'esplanade qui donne accès à notre cathédrale du cœur ouvert, pendant tout le temps de notre partie sur le Grand Échiquier.

Une façon de comprendre la raison de cette division dans le chakra de rayon vert est de réaliser que la Confédération place cette esplanade précédant le cœur dans l'espace/temps (le monde extérieur, physique) par opposition au temps/espace (le monde intérieur, métaphysique). En tant qu'humains ou "complexes mental/corps/esprit", nous vivons dans les deux mondes. Notre chakra cristallin de rayon vert, en forme de lotus,

Chapitre VII: Le Centre Energetique de Rayon Vert

se trouve à cheval entre les deux et connecte le monde extérieur au monde intérieur.

Nos rayons rouge, orange et jaune, ainsi que l'esplanade de notre chakra de rayon vert, sont situés dans l'espace/temps et concernent notre monde extérieur. Ils concernent notre mental et notre corps.

Le *sanctum* intérieur du chakra de rayon vert, du cœur, et les chakras supérieurs de rayons bleu, indigo et violet, sont situés dans le temps/espace, et concernent notre monde intérieur. Les énergies de ces chakras supérieurs concernent aussi bien notre mental que notre corps. Elles aident à développer notre nature spirituelle.

Dans la série de films *Harry Potter*, Harry, Ron et Hermione se rendent à la gare ordinaire, d'espace/temps pour prendre le train qui les conduira à l'École Hogwart de Sorcellerie et de Magie. Harry et ses amis ne peuvent pas se rendre à Hogwart en empruntant les voies neuf ou dix de la vie ordinaire. Ils doivent suivre ce que le groupe Ra appelle une déviation à quatre-vingt-dix degrés, qui a les qualités d'un tesseract (ou hypercube-NdT).[97] Ils ne perçoivent pas cela avec leur intellect! Mais ils doivent trouver le quai " neuf trois-quarts " qui les fait entrer dans une gare magique du temps/espace. C'est comme cela qu'ils peuvent se rendre à l'École Hogwart.

Une fois parcourue l'esplanade qui précède le chakra du cœur, il nous est possible de faire l'équivalent de monter à bord du train qui attend au quai neuf trois-quarts: nous montons les marches, passons les lions de l'entrée, nous quittons le monde ordinaire, extérieur, pour entrer dans le monde magique, intérieur, du cœur ouvert.

L'entrée du cœur intérieur peut toujours être bloquée par notre propre aversion de nous-mêmes et la non-acceptation de soi. Notre travail de Joueur est d'adopter envers nous-mêmes une attitude aimante, affectionnée, et tolérante. Arriverons-nous

---

[97] Le tesseract est analogue à un cube en quatre dimensions existant dans la quatrième dimension temporelle et non spatiale.

jamais à ne pas commettre d'erreurs de pensée? C'est peu probable. Néanmoins, nous pouvons sans aucun doute nous réjouir de ce que nous sommes précisément. Et avant de pouvoir devenir plus que nous ne sommes dans le présent, les Joueurs que nous sommes doivent parvenir à aimer les parties que nous apercevons pour le moment.

Blocage du Chakra de Rayon Vert

> *Le rayon vert est le mouvement, à travers diverses expériences d'échanges d'énergies, qui concerne la compassion et l'amour qui pardonne tout, vers le rayon bleu qui est le premier rayon à irradier le 'soi' indépendant de toute action en provenance d'autrui.*
>
> *L'entité de rayon vert est inopérante devant un blocage dû à autrui. L'entité de rayon bleu est un Co-Créateur.* [98]

Avez-vous remarqué combien il est difficile de garder son cœur ouvert? Nous pouvons faire toutes les choses convenables à un Joueur avec un grand J. Nous pouvons méditer, prier, ou simplement vouloir être en tout temps de la polarité Service D'Autrui; assister à des offices divins à l'église, au temple, à la mosquée ou à l'ashram, ou rester en méditation assise, tout cela peut élever notre cœur et notre mental à des hauteurs exaltantes. Un artiste, un orateur, un écrivain, un musicien inspirés peuvent faire la même chose. Nous nous sentons élevé, aimant, plein de compassion, et ferme.

Puis soudain le téléphone sonne et nous retombons sur terre. Un vendeur, un(e) ami(e), ou un membre de la famille va nous manipuler. Sommes-nous capable de garder la compassion de notre cœur complètement focalisée sur la valeur de cette personne au niveau de son âme alors que cette même personne

---

[98] Ra, reçu en channeling par L/L Research le 20 mars 1981.

Chapitre VII : Le Centre Energetique de Rayon Vert

nous harcèle autant qu'elle peut pour nous faire faire les choses comme elle l'entend ?

Ou bien, disons que nous sommes en train de conduire au milieu d'un trafic dense sur une autoroute. Un véhicule nous fait une queue de poisson, un autre nous dépasse à grande vitesse. Il m'est arrivé de parcourir tout le chemin jusqu'à la ville de Louisville qui se trouve à environ 25 minutes de chez moi, en étant promptement dépassée par un chauffard de cette espèce. Et j'aperçois toujours ses feux arrière quand j'arrive en ville. Pendant tout ce temps, ce chauffeur pressé est parvenu à gagner quelque 30 secondes. Pouvons-nous le respecter au niveau de l'âme tandis qu'il met en danger sa propre vie et la nôtre pour quasiment rien ?

Si nous parvenons à conserver un cœur ouvert tout au long d'une sollicitation téléphonique ou de la manipulation par un proche, nous sommes en vérité des Joueurs avec un grand J ! Si nous parvenons à faire la même chose pendant qu'un excité s'agite auprès de notre voiture, alors nous sommes digne de gagner des points supplémentaires au Jeu et de nous voir entouré d'une auréole !

Et ce ne sont pas seulement les assauts frontaux de fauteurs de trouble et abuseurs qui peuvent nous donner des raisons de fermer notre cœur. Au moins les abuseurs annoncent la couleur dès le départ. Un tas d'autres catalyseurs nous arrivent par la bande, par la manière dont les gens nous parlent. Les opinions implicites ou explicites qu'ont les autres de nous peuvent aussi fermer notre cœur. Les mots PEUVENT blesser. Et quand nos sentiments sont blessés nous risquons d'oublier de regarder au niveau de l'âme les gens qui nous entourent.

Pour pouvoir garder le cœur ouvert nous devons relever le défi de voir les gens comme faisant un avec nous-mêmes, quel que soit leur comportement. En tant Joueur avec un grand J notre objectif est de les aimer inconditionnellement, sans rien attendre en retour. Connaissant le Jeu, nous choisissons de ne pas réagir en rendant la pareille à ceux qui abusent de nous ou nous insultent.

Chapitre VII: Le Centre Energetique de Rayon Vert

Il est très facile et très tentant de nous laisser déstabiliser par la manipulation, la crainte, la grossièreté, l'irrespect et la stupidité d'autrui. Mais en réagissant à ceux-là l'espace d'un battement de cœur au niveau des chakras inférieurs, notre cœur peut se fermer si nous permettons à nos sentiments naturels de troubler notre vie.

C'est peut-être pour cette raison qu'il y a si peu de politiciens et autres gens influents qui agissent d'un cœur ouvert. Les gens au cœur ouvert qui entrent dans le monde de la politique et du pouvoir rencontrent des obstacles formidables quand ils essaient de voir les gens et les situations avec la compassion d'un cœur ouvert. Leur chakra de rayon vert se ferme habituellement très vite. Le pouvoir est très attrayant pour ceux qui vibrent dans les rayons jaune et orange mais pas dans le rayon vert.

On pourrait dire qu'il est stupide de laisser se fermer notre chakra du cœur quand nous sommes exposé aux paroles ou actions décourageantes d'une autre personne. Mais notre chakra du cœur n'a pas été conçu pour être sage. Il a été conçu pour être plein d'amour. Jésus sur la croix nous montre un bon exemple de quelqu'un qui refuse de fermer son chakra du cœur en réponse aux mauvais traitements. Suspendu à la croix, une couronne d'épines lui perçant le front, battu au fouet, Il prie: "Pardonne-leur car ils ne savent pas ce qu'ils font".

Voilà la grande clé qui permet de pardonner à ceux qui nous utilisent et abusent de nous. Ils ne savent pas vraiment ce qu'ils font. Ils ne nous voient pas comme des âmes. Ils ne savent pas encore comment nous voir comme des âmes. Ce ne sont pas encore des Joueurs avec un grand J. Ils sont encore dans le monde terrestre où nous apprenons tous l'art d'utiliser les gens. Ils nous voient comme des ressources, non réellement comme des gens. Pour eux nous sommes des "unités de chair à canon" – des pions sur leur petit échiquier. Quand ses sentiments sont heurtés par certains, le Joueur avec un grand J choisit de répondre en les voyant comme des âmes. Pour pouvoir continuer à jouer, il faut conserver cette façon de les voir

Chapitre VII: Le Centre Energetique de Rayon Vert

comme des parties du Créateur, tout comme nous sommes, nous, des parties du Créateur.

Nous allons probablement échouer d'innombrables fois dans cette tentative. Il n'y a pas de mal à cela. Nous aurons toujours une autre chance aussi longtemps que nous gardons la détermination de:

"trouver une place;

donner un peu d'espace;

tout recommencer"

comme l'a chanté Cliff Richard.[99]

Comment trouver une place pour nous pardonner à nous-mêmes?

Comment trouver de l'espace pour cela?

Nous en appelons à la ressource de la foi du Joueur avec un grand J. Si notre impulsion terre-à-terre nous dit de ne pas pardonner, nous pouvons faire appel à la foi pour ignorer cette voix. Les maîtres spirituels peuvent pardonner n'importe quoi. Nous sommes de très jeunes maîtres spirituels mais nous avons ce qu'il faut. Nous POUVONS nous pardonner à nous-mêmes. Et c'est ce qui crée pour nous la magnifique capacité de pardonner à autrui.

La Foi et Le Pardon

> *Il faut accepter la réelle vulnérabilité de la non-connaissance, de l'action faite comme si on était loyal. Car c'est seulement quand on agit de cette manière que s'accélère le processus de l'évolution spirituelle qui permet de faire l'expérience immédiate de l'entrée dans le tabernacle avec le Créateur.*
>
> *C'est cette expérience immédiate de l'unité avec la déité qui éclaire la foi. Ces moments au sommet de la montagne de vos*

---

[99] Cette chanson fait partie de son album, *Green Light*, ©1987, tous droits réservés par Cliff Richard.

CHAPITRE VII: LE CENTRE ENERGETIQUE DE RAYON VERT

> *expériences au sein du schéma incarnationnel sont précieux comme l'or, ils sont à conserver comme des trésors dans la mémoire, et à rappeler au souvenir encore et encore.*
>
> *Car la foi n'a pas sa place au sommet de la montagne. La foi a sa place "dans la vallée de l'ombre de la mort", si nous pouvons citer un de vos ouvrages sacrés.*[100] *Ainsi l'on agit comme si l'on avait la foi, et ce faisant on est empli de foi. Car rien ne peut être compris ou su. Il est très important de comprendre cela dans votre illusion.*[101]

Au chapitre V j'ai parlé du choix d'agir comme si j'aimais ma supérieure hiérarchique quand j'ai obtenu mon premier poste de bibliothécaire professionnelle. Mon inclination naturelle était de la trouver immensément antipathique car elle avait des manies et bizarreries qui faisaient d'elle une personne difficile à fréquenter. Néanmoins, j'ai agi comme si elle m'était chère, et après quelques semaines cela est devenu la réalité. J'ai aménagé en mon cœur un espace pour la voir d'une manière nouvelle, et cet espace s'est empli d'une vision d'elle bien plus pleine de compassion.

Telle est la nature de l'action accomplie comme si l'on avait la foi.

Connaissez-vous la chanson de Led Zeppelin: "*Stairway to Heaven* (*L'escalier vers les cieux*)"? Voici un extrait des paroles écrites par Robert Plant:

> *There's a lady who's sure all that glitters is gold*
> *And she's buying a stairway to heaven*
>
> *Yes, there are two paths you can go by, but in the long run*

---

[100] **23: 3**
Il restaure mon âme, Il me conduit dans les sentiers de la justice, A cause de son nom.
23: 4
Quand je marche dans la vallée de l'ombre de la mort, Je ne crains aucun mal, car tu es avec moi: Ta houlette et ton bâton me rassurent. (Bible en Ligne)

[101] Hatonn, reçu en channeling par L/L Research le 3 février 1981.

CHAPITRE VII : LE CENTRE ENERGETIQUE DE RAYON VERT

There's still time to change the road you're on.
Dear lady, can you hear the wind blow, and did you know?
Your stairway lies on the whispering wind.[102]

Je ne sais pas s'il était dans l'intention de Robert Plant de voir les "deux chemins" comme la voie du Service D'Autrui et celle du Service De Soi. Mais le sens correspond bien ici pour comprendre la foi. La voie du Service De Soi est le chemin du matérialisme, là où l'on achète cet escalier et la maison qui est autour. Si une spiritualité est recherchée par une personne Service De Soi il s'agit d'une spiritualité dans laquelle toutes les choses sont tenues pour sues. Le chemin négatif englobe tout ce qui est connu et sous contrôle.

Les religions dogmatiques offrent ce sentiment de sûre connaissance du bien et du mal, de l'acceptable et du non-acceptable. Les gens orientés négativement professent souvent une foi religieuse. Mais leur foi dit que seuls ceux qui croient comme eux croient sont dans le vrai. L'escalier qu'ils achètent est en noir et blanc, en mal et en bien. Il entoure une maison robuste où l'on se dit bien-pensant. Bien qu'elle soit probablement bâtie sur du sable, pour certains c'est un endroit rassurant. Toutes les valeurs y peuvent être apprises par cœur et acceptées sans réflexion. Et ces valeurs peuvent être mises à profit pour juger, condamner, se séparer de la plupart des autres personnes dans le monde.

Pour le Joueur qui est sur la voie du Service D'Autrui l'escalier repose "sur les ailes du vent qui murmure": celles de l'esprit. Rien n'est tenu pour connu. Rien n'est sous contrôle. Il demeure dans le mystère, le paradoxe et l'inconnu. Il n'a aucune preuve

---

[102] Je connais une dame qui est certaine que tout ce qui brille est de l'or
Et voilà qu'elle achète un escalier vers les cieux
Oui, on peut y arriver par deux chemins, et il est toujours temps d'en changer.
Chère Dame, entendez-vous souffler le vent? Le saviez-vous ? Votre escalier repose sur les ailes du vent qui murmure (NdT) © Robert Plant et Jimmy Page. Tous droits réservés.

matérielle que sa foi est valable; il n'en a que l'intuition. Jamais il n'obtiendra une telle preuve, si ce n'est subjectivement.

Et quand nous jetons un regard rétrospectif sur notre vie après avoir été, pendant un certain temps, un Joueur avec un grand J, nous obtenons de nouvelles preuves subjectives que le vent qui murmure sait très précisément ce qu'il fait. Mais au début nous sommes tous des fous. Nous n'avons que notre foi pour nous soutenir quand nous nous jetons avec confiance dans l'abîme.

Ce qui est remarquable dans la foi c'est que nous choisissons de sauter sans avoir aucune preuve extérieure. Nous sautons parce que nous embrassons le mystère, le paradoxe, l'incertitude qui caractérisent une vie vécue dans la foi. Nous laissons ces qualités nous attirer vers le plein ciel de la foi sans preuves. Nous trouvons notre assiette dans ce plein ciel, et nous plongeons organiquement dans notre foi dès que nous avons fait le saut.

Je pense à Néo, dans *The Matrix*, qui plonge d'un immeuble à la suite de Morpheus qui a fait un saut impossible mais réussi jusqu'à l'immeuble d'à côté. Néo ne réussit pas à franchir l'écart à sa première tentative et il tombe dans l'allée très loin en bas. Néo est blessé: "je pensais que ce n'était pas du réel!" dit-il. "Ton mental l'a rendu réel" lui répond Morpheus.

Exactement de la même manière, quand notre mental se solidifie autour de mots ou actes blessants d'autrui, nous les rendons réels. C'est seulement alors qu'ils peuvent nous blesser ou nous déstabiliser.

Plus loin dans le film, Morpheus conduit Néo dans un endroit où des enfants sont entraînés à avoir la foi ou, selon les termes du film, à "échapper à la Matrice". Morpheus tend une cuiller à Néo: "n'essaie pas de plier cette cuiller, cela est impossible" dit Morpheus. "Au lieu de cela, essaie de réaliser la vérité: c'est qu'il n'y a pas de cuiller". Alors Néo plie la cuiller.

"Il n'y a pas de cuiller" devient un cri de ralliement qui ramène Néo à réaliser que le 'monde réel' est une illusion, tandis que le

CHAPITRE VII: LE CENTRE ENERGETIQUE DE RAYON VERT

monde des idéaux et pures intentions, qui semble irréel, est la seule véritable réalité.

C'est le point de vue de notre mental qui fait de nous, soit un Joueur avec un grand J dans notre propre Jeu, soit un pion dans celui de quelqu'un d'autre. Pour faire le saut ou plier la cuiller, avant même de posséder la foi nécessaire, nous agissons comme si nous avions cette foi. Ce faisant, nous découvrons que cette foi est mystérieusement entrée dans notre cœur. A chaque fois que nous choisissons d'avoir la foi que tout est bien (car c'est cela l'essence de la foi), nous renforçons ce 'muscle' de la foi.

En général, notre vie n'est pas aussi spectaculaire que dans *The Matrix*. Au lieu de devoir faire un saut impossible, il nous est demandé de traiter les agents Dupont, Durand et Duval dans notre vie, comme nous souhaiterions être traités, peu importe la façon dont ils nous traitent eux. Au lieu d'être invité à plier une cuiller, nous sommes invité à voir au-delà du comportement des gens difficiles, de voir plutôt leur vraie nature d'âmes d'une grande beauté.

Notre premier acte de foi, quand nous passons les lions qui gardent l'entrée du cœur ouvert, c'est le pardon à soi-même. Comme le dit un hymne ancien: "simplement tels que nous sommes"[103], nous venons au Siège de l'amour inconditionnel. Et nous arrivons à l'entrée de cette cathédrale tel que nous sommes et tel que nous nous sommes pardonné.

Alors que j'écris le présent rapport, le glissement vers 2012 a commencé. Il se poursuivra encore pendant un siècle ou davantage après 2012, d'après la Confédération. Nous faisons en ce moment l'expérience de vague après vague d'énergies de

---

[103] Cet hymne, a été écrit par Charlotte Elliott en 1836. En voici un extrait. Pour apprécier cet hymne si vous n'êtes pas de foi chrétienne, il suffit de remplacer "O agneau de Dieu" par "O Cœur intérieur" :

Tel(le) que je suis, ballotté(e) par de nombreux conflits, par de nombreux doutes,

Combats et craintes intérieurs, extérieurs, O Agneau de Dieu, me voici.

Tel(le) que je suis, Ton amour inconnu a brisé toutes les barrières;

Et pour être à Toi, oui, à Toi seul, O Agneau de Dieu, me voici.

quatrième densité. Il est temps de lâcher prise en ce qui concerne l'auto-jugement sur nos comportements passés. Pensez à ces mots "lâcher prise". Quand vous percevez de l'auto-jugement, lâchez prise. Quand vous éprouvez un sentiment de manque d'estime de soi, laissez aller. Les Joueurs avec un grand J voyagent 'léger'. Les jugements du passé sont du 'lourd'.

Dans le monde du chakra de rayon vert, il suffit de porter les erreurs d'aujourd'hui; le soir venu, il est temps que le Joueur les dépose, les abandonne, vide les poches de son bagage mental et émotionnel. A première vue, il peut sembler injuste de ne pas se punir pour les fautes et erreurs perçues. Mais le Joueur avec un grand J constate bientôt que cette pratique a pour résultat une attitude mentale et émotionnelle harmonisée et libérée.

Ce n'est pas que le Joueur soit à présent immunisé contre l'erreur ou libéré de toute responsabilité. En fait, le Joueur est tellement conscient de sa responsabilité en tant que partie du Créateur, qu'il s'occupe d'abord de son côté sombre dans le présent, jour après jour. Chaque jour, il balaie son esplanade avec conscience, en faisant son examen personnel. Et quand il s'éveille au jour nouveau, lui aussi est neuf, frais, et pardonné.

Comment Voir avec des Yeux Neufs

La pénétration du voile peut être vue comme commençant à avoir ses racines dans la gestation de l'activité de rayon vert, cet amour plein de compassion qui n'exige rien en retour. Si cette voie est suivie, les centres énergétiques supérieurs vont s'activer et se cristalliser jusqu'à ce que naisse l'adepte. En l'adepte existe le potentiel de déstructurer le voile dans une mesure grande ou moindre, jusqu'à ce que tout puisse à nouveau être vu comme faisant un. L'autre 'soi' est le catalyseur primaire sur cette voie

CHAPITRE VII: LE CENTRE ENERGETIQUE DE RAYON VERT

> *particulière du percement du voile, si vous voulez l'appeler ainsi.*[104]

Ceux de la Confédération nous décrivent comme pourvus d'un "voile d'oubli" dans notre mental pendant que nous vivons en troisième densité. Ce voile nous isole de toute conscience immédiate de notre mental subconscient. Ce voile est en place en troisième densité pour nous permettre de choisir comment penser et agir de notre propre volonté.

Quand, par l'exercice de son libre arbitre, le Joueur avec un grand J choisit de se polariser vers le Service D'Autrui, il a déjà commencé à pénétrer le voile. Quand nous offrons du Service D'Autrui sans que rien ne soit demandé ou attendu en retour, nos actions compatissantes et généreuses créent leur propre environnement énergétique dans lequel nous grandissons en tant qu'âme. Nous découvrons le sentiment magique de la différence. Quand nous continuons à faire des choix positifs nous créons pour nous un tout nouveau monde intérieur.

Revigoré par cette atmosphère intérieure, nous pouvons nous sentir vibrer d'amour. Nous pouvons nous sentir briller et rayonner de cet amour inconditionnel qui nous traverse. Et nous commençons enfin à croire en nous. C'est une opération rétroactive: plus nous mettons en pratique le Service D'Autrui, plus nous ressentons de la légèreté et du rayonnement dans notre être. Et le voile commence à se lever.

Vus sous cet angle, le télévendeur, le chauffard, et toutes les autres personnes irritantes et grossières que nous rencontrons nous deviennent très utiles. Ce sont des gens sur qui nous pouvons nous exercer à l'amour. Nous pouvons à nouveau aimer les gens dans leur totalité, au niveau de leur âme. Notre monde se transforme. Nous ne sommes plus des victimes ou des pécheurs. Nous sommes des Joueurs avec un grand J, prêts à rencontrer la personne suivante qui nous fournira du grain à

---

[104] Ra, reçu en channeling par L/L le 5 avril 1982.

moudre pour notre moulin, des moyens de mettre l'amour en pratique.

Il y a un aspect pratique à la compassion de notre cœur ouvert. Lorsque Don Elkins a interrogé le groupe Ra sur la réaction de rayon vert en face d'une personne qui meurt de faim, il supposait que le cœur ouvert dictait que ceux qui ont faim puissent recevoir des informations permettant de réussir le passage en quatrième densité. Ra a répondu:

> *"Cela est inexact. Pour un complexe mental/corps/esprit qui est en train de mourir de faim, la réponse appropriée est l'alimentation du corps."*[105]

La personne au cœur ouvert ne se contente pas d'aimer les gens qui l'entourent. Si ces gens ont faim, elle les nourrit aussi. Car eux et elle sont un. Elle se nourrit elle-même.

Le Sanctuaire Intérieur du Chakra du Cœur

> *Venez avec nous dans le cœur. Accompagnez-nous maintenant. Sentez cette énergie traverser les distorsions dans chaque centre et monter encore vers le cœur. Voyez cette énergie comme si elle venait d'en haut ; elle appelle l'inspiration et se déverse comme un liquide dans le cœur. Ces deux-là se rencontrent là où les lions gardent la porte. Et vous vous inclinez devant les lions. Vous ne dites pas: "je mérite d'être ici". Vous dites: "Faites-moi grâce, car je cherche l'amour".*
>
> *Et les lions s'inclinent devant vous et la porte s'ouvre. Et vous entrez dans cette pièce, ce saint des saints. Voici le cœur ouvert. Asseyez-vous. Retirez vos chaussures. Vous êtes sur un sol sacré. A présent vous êtes avec le Créateur, qui peut vous accorder le repos. Vous êtes aimé avec une passion qui crée et anéantit des mondes. Oh, combien vous êtes aimé !* [106]

---

[105] Ra, reçu en channeling par L/L Research le 22 mars 1981.
[106] Q'uo, reçu en channeling par L/L Research le 22 novembre 1996.

Chapitre VII: Le Centre Energetique de Rayon Vert

Beaucoup sont mal à l'aise devant l'idée exprimée par "Faites-moi grâce". La raison en est que demander grâce semble être l'équivalent de fuir ses responsabilités et plier l'échine devant une puissance supérieure. Mais les lions sont des symboles de la garde que nous montons nous-mêmes devant notre cœur ouvert. C'est à nous-mêmes que nous demandons grâce.

Le travail fondamental du Joueur avec un grand J c'est de pénétrer de plus en plus profond dans le cœur ouvert. C'est toujours cela la première priorité. C'est sur ce travail du retour sans cesse renouvelé au cœur ouvert que repose le Jeu sur le Grand Échiquier.

Le cœur ouvert a une attitude. Cette attitude éclaire tout notre travail extérieur et nous aide à bien faire nos choix. Tout travail extérieur vient à la suite de cette focalisation essentielle sur une atmosphère intérieure d'amour inconditionnel.

Parfois, quand je ne suis pas alignée sur l'amour, je glisse hors du Grand Échiquier. Je m'écrase sur le petit échiquier. Je me sens fatiguée, confuse, embrouillée. Quand je réalise cela et que je décide de revenir au Grand Échiquier je peux le faire en un battement de cœur. Mentalement je me rends à la porte du sanctuaire intérieur de mon cœur, je rassemble mon 'moi' épars, prie pour que grâce me soit faite, et rebascule dans mon chakra du cœur. Waah ! Que c'est bon!

Est-ce que vous connaissez cette petite comptine:

Me voici, tout déchiré et sali!
Bise-moi vite ou comme un dindon j'enfuis.

C'est vraiment comme cela que je me sens parfois quand je reviens à moi et que je me souviens que je suis un Joueur avec un grand J et non une victime. Et les lions de l'entrée me laissent passer car j'accepte mon propre désordre et ose croire en l'amour inconditionnel, même au milieu de la saleté de mon espace de jeu.

Notre capacité à entrer et rester dans le cœur ouvert est capitale. Le temps commence à manquer en troisième densité pour devenir des Joueurs avec un grand J. Alors que notre monde s'apprête à basculer (au solstice d'hiver de 2012) en quatrième densité, la densité de l'amour, il faut que nous fassions maintenant ce Choix initial, que nous nettoyions nos trois chakras inférieurs, et que nous entrions dans ce monde de l'amour inconditionnel dans notre saint des saints, qui est prêt à nous offrir le baume de Galaad[107].

Le Saint des Saints nous attend. Ne craignons pas d'avoir perdu la chance de le trouver dans l'amour le plus grand et d'y demeurer. Nous pouvons nettoyer notre corps énergétique et nous rassembler dans notre cœur en seulement une ou deux secondes. Il suffit de choisir de le faire. Et choisir de le faire dépend de deux choses: nous souvenir de ce que nous souhaitons faire et où nous voulons être; et d'exprimer l'intention de le faire et d'y être.

Exprimer notre intention est un signal donné au monde métaphysique qui attend de nous aider. Quand nous affirmissons notre volonté et allons chercher le souvenir intérieur de notre objectif, toutes les forces du Créateur se déversent en nous. L'inspiration et la force se déversent au travers de notre chakra de la couronne, au sommet de la tête, dans le *sanctum* intérieur de notre cœur. Quand nous établissons une pure intention dans notre mental, le principe tout entier du Créateur y répond.

Voilà l'essence de la montée de la kundalini. L'énergie du Créateur qui se déverse sans rencontrer d'obstacle au travers de nos chakras inférieurs dégagés, se précipite pour rencontrer l'inspiration que nous avons activée à partir du monde de l'esprit en focalisant notre volonté. C'est bien comme il a été dit: "demandez et vous recevrez".

Comment Appareiller pour le Jour du Passage

---

[107] Bible en ligne – Jérémie **8: 22**
N'y a-t-il point de baume en Galaad ? N'y a-t-il point de médecin ? Pourquoi donc la guérison de la fille de mon peuple ne s'opère -t-elle pas? (NdT)

CHAPITRE VII: LE CENTRE ENERGETIQUE DE RAYON VERT

> *Nous encourageons chacun, en pensant au juste usage du temps, à se rappeler de voir avant toute chose si le 'soi' est bien aligné pour correspondre à la vibration d'amour. Chacun ressent cette constante à l'intérieur, et nous voudrions nous arrêter un instant pour permettre à chaque personne d'aller dans son cœur, de placer l'attention à l'endroit intérieur qui est l'équivalent métaphysique du cœur, le centre énergétique de rayon vert.*
>
> *Ici se trouve le siège de l'amour qui vient dans le corps créé. Ici se trouve ce saint des saints où l'amour demeure complètement, non déformé, pur. En vous rendant en ce lieu intérieur sacré, ouvrez votre cœur et sentez l'amour du Créateur infini unique.*
>
> *Comme le Soleil éclaire le ciel, le Créateur demeure en pleine force en vous, éclairant votre chemin. La clé qui ouvre la porte de votre cœur sacré est le silence, un mouvement vers l'intérieur pour écouter le silence. Et cette habitude de se tourner vers l'intérieur, de se centrer en premier lieu sur le Créateur qui est Amour, met chacun en position favorable à mesure que chacun se met à la recherche de la vérité de son être propre et de son propre voyage.* [108]

Je reparlerai de l'utilisation du silence pour entrer dans le cœur ouvert dans *Comment vivre la Loi Une – Niveau 3: Le Travail Intérieur*. Pour l'heure, dans ce premier volume de mon rapport sur les enseignements de la Confédération, le seul concept du fait que le silence est toujours une clé permettant d'ouvrir la porte du cœur intérieur est suffisant.

Le silence est puissant pour le Joueur. Il y a plus d'informations dans le silence que dans les paroles. Quand nous pensons ou entendons des paroles, nous savons que c'est de la sagesse humaine qui parle. Quand nous nous centrons sur le silence, nous pouvons être assuré que ce sont le Créateur et toutes les forces de l'esprit qui parlent, en pensées qui sont trop profondes pour des mots. Ces pensées vont directement dans notre cœur et

---

[108] Q'uo, reçu en channeling par L/L Research le 15 septembre 1996.

CHAPITRE VII: LE CENTRE ENERGETIQUE DE RAYON VERT

lui communiquent de grandes quantités d'informations pleines de lumière. Nous ne les entendons pas, nous les ressentons. Nous sentons leur force et leur pouvoir fortifiant. Nous sentons l'amour inconditionnel qui imprègne ce silence. Quand le mental s'arrête, le Créateur se manifeste.

Nous n'avons pas à méditer cérémonieusement pour entrer dans le silence. Nous pouvons aller à la pêche et écouter l'eau. Nous pouvons jouer au golf sur de calmes parcours. Nous pouvons aller nous promener dans la nature et laisser les chants d'oiseaux et des grenouilles orner notre silence. Nous pouvons faire de l'exercice (en nous débarrassant de nos écouteurs et de nos iPods) et, ce faisant, laisser le silence nous emplir. Nous pouvons éteindre le poste de télé et laisser de côté l'Internet. Pendant une minute ou deux nous pouvons juste rester assis et inviter le silence. Dans les cas d'urgence, un moment de silence, recherché avec sincérité, accomplira son bon travail en nous en restaurant notre mémoire.

La Confédération nous encourage à voir toute notre vie comme sacrée; toutes nos expériences comme offrant des moyens de vivre la vie d'un Joueur avec un grand J. Nous pouvons jouer au Jeu de la Vie, en cheminant, en nous emparant d'un moment de silence si nécessaire, que nous ayons ou non un moment de loisir en cet instant. Et voilà une bonne chose, car nous manquons tous de temps, pas seulement parce que notre vie est très encombrée, mais aussi parce que nous approchons de la fin de la troisième densité.

Pendant que j'écris ceci, notre lumière de troisième densité est en train de décliner. Après 2012, l'émergence de la lumière de quatrième densité sera complète. Ceux qui ont déjà fait leur Choix pour alors sont bien placés. Il reste suffisamment de lumière de troisième densité pour la poursuite du travail de polarisation et de passage de niveau.

Mais pour ceux qui ont dérivé, qui ne se sont pas éveillés au monde de l'esprit pendant cette incarnation, pour ceux qui n'ont pas fait ce premier Choix, c'est une autre histoire. Ceux dont le corps sera activé pour la troisième densité seulement, ne

Chapitre VII: Le Centre Energetique de Rayon Vert

disposeront plus d'une quantité de lumière de troisième densité permettant de faire leur Choix initial.

S'ils ne sont toujours pas polarisés au début de la quatrième densité, il est probable qu'ils resteront déconcertés en permanence dans leur vie par la vue extérieure qui s'offrira à eux, au point qu'ils choisiront de battre en retraite vers des temps plus simples et de confiner leurs pensées aux énergies des débuts de la troisième densité: protection et défense de leur clan, et conservation des ressources du clan. En fait, la vue extérieure qui s'offre à nous en ce moment montre que bon nombre d'entre nous sont déjà retournés à ces valeurs, et excluent d'entrer dans leur propre cœur pour voir l'Unicité de tout.

La Confédération nous encourage à avoir foi que tout est bien. Si vous êtes en train de lire ce livre, vous êtes déjà en train de vous éveiller et de choisir de devenir un Joueur avec un grand J. L'ouverture du cœur n'est pas un long parcours. Elle peut se faire très promptement.

En un sens, la situation dans laquelle nous nous trouvons peut être vue comme un labo de chimie, comme si nos âmes étaient dissoutes dans des béchers de laboratoire, ici en troisième densité: des récipients pourvus de deux cols dans le haut et d'un réservoir dans le bas. En tant qu'âmes, nous entrons dans ce réservoir du bas au moment de la naissance. A mesure que nous travaillons avec nos catalyseurs et que, d'une part, nous faisons des choix Service D'Autrui, l'âme liquide monte et se dépose dans le col de droite. Si nous faisons suffisamment de choix Service De Soi, notre essence monte et se dépose dans le col de gauche. De toute façon, nous progressons en polarisation.

Arrivés à la fin de leur incarnation, l'essence des Joueurs sera contenue dans l'un et/ou l'autre des cols. L'essence de ceux qui n'auront pas fait de choix de polarisation, que ce soit le Service D'Autrui ou le Service De Soi, restera dans le réservoir.

Lorsque, le temps accompli, la mort physique nous invitera à la Moisson de troisième densité, les Joueurs qui se seront suffisamment polarisés pour être montés dans un des cols de leur bécher monteront les marches de lumière et passeront en quatrième densité, soit positive, soit négative. Quand ceux qui n'auront pas joué, ceux dont l'essence se trouvera toujours dans le réservoir inférieur, passeront les portes de la mort pour entrer dans une vie plus grande et monteront les marches de lumière, ils resteront dans la densité actuelle. Ils seront "aveuglés par la lumière".[109]

Ce n'est pas une tragédie. Si nous ne montons pas de niveau au cours de cette moisson de troisième densité nous nous retrouverons bientôt dans de nouveaux corps physiques placés sur une autre planète de troisième densité pour une répétition de ce cycle de troisième densité. Nous redoublerons le troisième niveau à l'école cosmique des âmes. Ceux de la Confédération ne parlent ni de ciel, ni d'enfer: seulement de l'évolution naturelle de l'âme. Ils ne décrivent pas une fin définitive et ultime des âmes quand notre corps meurt. Ils nous voient comme des citoyens de l'éternité.

Ceux qui auront été récoltés en quatrième densité positive pendant cette période resteront vraisemblablement sur la Terre. La planète Terre vibre déjà presqu'entièrement en quatrième densité positive. Les quelques uns qui passeront en quatrième densité négative iront ailleurs pour leurs expériences de quatrième densité. Nous autres Joueurs avec un grand J nous occuperons une nouvelle fois la scène de la Terre aux premiers jours de la quatrième densité.

Comment Devenir des Adeptes

---

[109] *Blinded by the Light* est une chanson écrite par Bruce Springsteen (© 1973, all rights reserved) qui fait partie du Manfred Mann's Earth Band album of 1976, *The Roaring Silence*. En voici le refrain:

"Aveuglé par la lumière!

Remonté comme un diable,

Encore un coursier dans la nuit."

Chapitre VII: Le Centre Energetique de Rayon Vert

> *Quand on repose sur l'énergie du cœur ouvert c'est alors que commencent les disciplines de la personnalité.*[110]

Quand les Joueurs avec un grand J s'efforcent sans relâche d'entrer dans leur cœur intérieur, ils deviennent des adeptes. Le mot 'adepte' fait penser à un secret, à de l'occulte. Cependant, c'est un résultat naturel du processus suivi par le Joueur avec un grand J qui fait des choix conscients pour augmenter sa polarité. Et il s'agit tout autant d'un processus pratique, terre-à-terre, que d'un processus qui fait appel au travail intérieur. Les Joueurs deviennent des adeptes quand ils appliquent des valeurs de quatrième densité positive, comme la compassion, le fait de voir autrui comme eux-mêmes, aux circonstances de la vie quotidienne.

Aucun autre groupe ne manifeste davantage cette vérité que notre population Indigo sans cesse croissante. Déjà, selon la Confédération, de nombreux Joueurs avec un grand J morts récemment sont passés en quatrième densité positive. Et ils ont choisi de revenir sur cette Terre de troisième densité, le corps énergétique de leur âme étant lié à un corps physique doublement activé. Mais ils peuvent également exister en quatrième densité. Le groupe Q'uo dit à leur propos:

> *"A mesure que les énergies de rayon vert interpénétrantes imprègnent cette planète, le défi, pour toutes les entités, est d'être à même de faire face clairement et directement à la vérité d'elles-mêmes. Les entités doublement activées sont avantagées en ce sens qu'elles peuvent devenir complètement honnêtes avec elles-mêmes. Cela crée une atmosphère dans laquelle elles peuvent être plus calmes et sereines dans des conditions qui peuvent être vues comme difficiles."*[111]

---

[110] Q'uo, reçu en channeling par L/L Research le 19 février 2003.
[111] Q'uo, reçu en channeling par L/L Research le 7 juillet 2006.

CHAPITRE VII: LE CENTRE ENERGETIQUE DE RAYON VERT

Nous avons appelé ces enfants des "Enfants Indigo" ou "Enfants de Cristal", notamment. Je crois que la grande majorité des enfants qui naissent maintenant sont des Indigos.

Peur eux, le voile est très mince. Certains d'entre eux, tout comme Néo, peuvent plier des cuillers en demandant mentalement qu'elles plient, ou accomplir d'autres 'trucs' qui semblent miraculeux. Mais habituellement les Indigos ne s'intéressent pas à ce genre de démonstrations peu pratiques. Ils se focalisent sur des solutions.

Ce sont des champions nés. Cette nouvelle espèce s'intéresse aux aspects pratiques de la guérison de l'environnement et aux besoins physiques des humains de troisième densité qui vivent encore sur la Terre. Les talents innés qu'ils amènent avec eux à la naissance leur permettent de mieux voir au travers du voile d'oubli.

Quand ils rencontrent des pensées neutres ou négatives ils les rejettent. Ils ont la Règle d'Or bien en main. Et ils ne s'en servent pas pour rechercher la solitude d'une caverne ou d'un sommet de montagne. Ils sont prêts à parcourir les ruelles les plus humbles de nos cités, les endroits les plus abîmés et maltraités de nos campagnes pour y apporter les changements qui s'imposent. Ce sont des adeptes en formation qui n'ont pas besoin de badges de sainteté comme des titres ou des uniformes. Des jeans et un tee-shirt leur suffisent.

Un bon exemple de ces Enfants Indigo est le jeune Canadien Ryan Hreljac qui, en deuxième année primaire a appris de son instituteur qu'il y a en Afrique des gens qui n'ont pas accès à l'eau propre. Il a décidé d'épargner de l'argent pour établir des puits pour eux. Il a pris des petits jobs qui lui ont permis de gagner l'argent nécessaire à un puits. Comme beaucoup d'autres entendaient parler de ce qu'il faisait ils ont eux aussi envoyé des dons. Au moment où j'écris ces lignes, la fondation du jeune Hreljac de dix-sept ans a permis de construire 266 puits et se renforce.

Hreljac n'a pas demandé au gouvernement d'assumer ces dépenses. Il n'a pas fait appel à des ONG existantes. Il a lui

CHAPITRE VII: LE CENTRE ENERGETIQUE DE RAYON VERT

même entrepris sa campagne et au fil du temps il a créé sa propre Organisation Non Gouvernmentale: la Ryan's Well Foundation[112]. Il a l'intention de consacrer sa vie à veiller à ce que tous les Africains aient accès à de l'eau propre. Ces Enfants Indigos sont des Joueurs avec un grand J, dès le plus jeune âge.

Ces Indigos sont malgré tout des enfants. Il leur faut toujours la guidance de parents et amis aimants pendant qu'ils grandissent. La clé, pour travailler avec ces enfants parfois très indépendants, c'est de se rappeler qu'ils vibrent dans le Service D'Autrui. Au lieu d'essayer de discipliner de tels enfants, il vaut mieux devenir leurs partenaires.

Si des parents souhaitent que leur Enfant Indigo se tienne tranquille, par exemple, il n'est en général pas efficace de leur ordonner de rester tranquille, sans explications. Il vaut beaucoup mieux lui expliquer ce souhait et lui demander son aide. Son voile est mince. Il veut aider. Il est tout à fait prêt à donner et recevoir de l'amour.

Et nous pouvons suivre son exemple en choisissant de résider, en pensée, dans notre chakra de rayon vert. A mesure que nous augmentons le temps passé dans le tabernacle de notre cœur ouvert, notre expérience de la vie se modifie graduellement. En vivant le souvenir de qui nous sommes vraiment, nous ne sommes plus aussi exposé à être piégé dans les difficultés passagères. Notre endurance s'accroît à mesure que nous nous habituons à traiter les petites et grandes catastrophes de la vie au moins partiellement du point de vue du Grand Échiquier. Alors, baigné dans la chaleureuse atmosphère du cœur nous pouvons demeurer serein et confiant, même si nous réagissons superficiellement de manières très diverses aux catalyseurs qui nous arrivent.

Est-ce que tout cela va nous arriver en même temps? Probablement pas. Le processus normal de l'évolution spirituelle c'est deux pas en avant, un pas en arrière. La Création est établie de manière à mettre cycliquement à

---

[112] Voir le site http://www.ryanswell.ca/.

CHAPITRE VII: LE CENTRE ENERGETIQUE DE RAYON VERT

l'épreuve notre prise de conscience. Une fois apprise et assimilée une leçon d'amour, qu'il s'agisse de patience, de foi, du bon usage de la volonté, ou d'une quelconque autre leçon, nous aurons "une petite interrogation de 10 minutes" sur cette leçon.

Les Joueurs avec un grand J peuvent s'attendre à être continuellement mis à l'épreuve. Ceux de la Confédération ne nous promettent pas une illumination gagnée pour de bon, une fois pour toutes. Leurs informations indiquent que nous aurons à travailler avec nos catalyseurs, à renforcer notre polarité, et notre équilibre, jusqu'à notre dernier soupir. Nous aurons toujours des efforts à fournir pour demeurer dans notre cœur ouvert. Mais cela sera de plus en plus facile.

A mesure que les Joueurs s'enveloppent dans le souvenir intérieur et l'amour inconditionnel ils font l'expérience personnelle du "Paradis sur Terre ". Ils pénètreront le voile grâce à l'amour reçu du Créateur et grâce à leurs réactions d'amour inconditionnel envers le Créateur et envers la Création qui les entoure.

La Sexualité de Rayon Vert

> *Si tous les deux vibrent dans le rayon vert il y a un transfert d'énergies mutuellement fortifiant, l'élément négatif ou féminin, comme vous dites, tirant l'énergie des racines de l'être[113] au travers des centres énergétiques ainsi revitalisés; l'élément positif ou masculin, comme vous le voyez dans votre illusion, trouvant dans son transfert d'énergies une inspiration qui satisfait et alimente la partie esprit du complexe mental/corps/esprit, les deux étant ainsi polarisés et libérant l'excès de ce que chacun a en abondance par la nature de l'énergie intelligente, c'est-à-dire les énergies*

---

[113] Original: 'being-ness' (NdT)

Chapitre VII : Le Centre Energetique de Rayon Vert

> *négatives/intuitives, positives/physiques comme vous pourriez les appeler.*[114]

Quand notre attitude envers notre partenaire est empreinte d'amour inconditionnel nous pouvons faire l'expérience d'un échange d'énergies sexuelles au niveau du rayon vert. La Confédération suggère que mâles et femelles sont dynamiquement opposés et magnifiquement harmonisés dans leur nature sexuelle.

Ceux de la Confédération sont en accord avec la pensée orientale qui voit l'énergie féminine comme "yin" : sombre, en attente, dans l'acceptation, porteuse de fruits et pleine de l'inspiration qui provient de la capacité à porter la vie nouvelle. Ils caractérisent la femme comme ayant en abondance cette énergie inspirée mais aussi comme ayant tendance à manquer d'énergie physique.

L'énergie sexuelle masculine est vue par eux, ainsi que par la pensée orientale, comme 'yang' : claire, agressive, décidée et énergique. Ils caractérisent l'homme comme ayant de l'énergie physique en abondance, mais manquant d'énergie d'inspiration.

Dans la sexualité de rayon vert, les deux sont des amants véritables. Ils s'aiment et s'acceptent l'un l'autre exactement pour ce qu'ils sont. Comme ils font un physiquement ils transfèrent automatiquement l'un vers l'autre les énergies que chacun a à offrir, et ainsi les deux amants s'équilibrent. Dans cet échange d'énergies tous deux sont nourris, et aucun n'est en manque, car chacun a puisé dans ce qu'il a en abondance. C'est quand on parle de sexe de rayon vert que prend tout son sens l'expression "faire l'amour".

Je me rappelle un épisode de la série télévisée *All in the Family*, qui effleurait le sujet de l'échange d'énergies. Archie et Edith Bunker sont mari et femme dans cette série, rôles joués par Carroll O'Conner et Jean Stapleton. Edith répond à une petite

---

[114] Ra, reçu en channeling par L/L Research le 25 février 1981, séance 31.

annonce dans un magazine, pensant qu'il s'agit de rencontrer d'autres couples pour se faire de nouvelles relations. Mais en fait l'annonce est pour des couples échangistes. La stupéfaction d'Edith devant le comportement de l'autre couple et sa panique grandissante quand elle réalise ce qu'il attend d'elle sont hilarants.

A un moment, Edith et la partenaire féminine de l'autre couple sont dans la cuisine en train de parler. L'autre femme, comprenant enfin que Edith et Archie ne vont pas faire d'échanges avec elle et son mari, explique qu'elle trouve son mariage ennuyeux et sans relief. Elle dit que les échanges leur permettent de remplir les vides de leur vie sexuelle sans attraits. "Est-ce que vous n'éprouvez pas le besoin de quelque chose de plus?" demande-t-elle à Edith. Edith répond: "Quand Archie et moi sommes ensemble, c'est Noël". La relation intime de rayon vert est réellement une fête.

Quand les amants vibrent tous deux dans le rayon vert, une très grande liberté se manifeste. Voici ce qu'en dit Ra:

> *Il est à noter que quand un transfert d'énergies de rayon vert a été effectué par deux mentaux/corps/esprits qui s'accouplent, les autres rayons sont accessibles sans qu'il soit nécessaire qu'aucune des deux entités ne progresse de manière équivalente. Dès lors, une entité vibrant dans le rayon bleu ou une entité vibrant dans le rayon indigo, dont les autres vibrations de rayon sont claires, peut partager cette énergie avec un autre 'soi' de rayon vert, et agit alors comme un catalyseur pour la poursuite de l'apprentissage/enseignement de l'autre 'soi'.*

Autrement dit, l'échange d'énergies de rayon vert élève les deux partenaires au niveau de sexualité atteint par l'un ou l'autre des partenaires.

La Guérison de Rayon Vert

Chapitre VII: Le Centre Energetique de Rayon Vert

> *L'énergie utilisée est amenée dans le complexe du champ du guérisseur par la main étendue utilisée dans un sens polarisé. Cependant, cette énergie circule au travers des différents points énergétiques et traverse le centre énergétique vert dans un microcosme de la configuration énergétique pranique de la Chambre du Roi; cette énergie poursuit son chemin dans la troisième spirale qui traverse le centre énergétique bleu et de là elle est renvoyée, par le passage, vers l'infini intelligent.*
>
> *C'est à partir du centre vert que le prana de guérison passe dans la main droite polarisée qui guérit, et de là passe dans celui/celle à guérir.*[115]

Nous reparlerons de guérison dans *Comment vivre la Loi Une – Niveau 3: Le Travail Intérieur*. Pour l'heure il suffit de survoler le sujet. J'ai voulu inclure ce chapitre parce que de nombreuses personnes sont des guérisseurs nés, déjà connus pour leur don de guérison. Si vous êtes une de ces personnes, vous comprendrez mieux ce que disent ceux de la Confédération sur le fonctionnement de la guérison de rayon vert.

Un des nombreux aspects magiques des pyramides c'est leur propriété de guérison. D'après la Confédération, la forme pyramidale possède des facultés naturelles de guérison qui proviennent directement de sa géométrie. La Grande Pyramide de Gizeh est le meilleur exemple d'une pyramide aux dimensions qui permettent de guérir.

Ceux de la Confédération disent que l'énergie d'amour/lumière du Créateur s'accumule dans la base de la pyramide grâce au fonctionnement naturel de sa forme géométrique et aux rapports entre angles, hauteur, largeur, etc. Cette structure a été donnée aux Égyptiens par le groupe Ra comme une aide pour s'aligner sur la Loi Une. Il est intéressant de lire leur description de la manière dont, venus de sixième densité, ils se sont rendus présents dans notre troisième densité, juste suffisamment pour

---

[115] Ra, reçu en channeling par L/L Research le 12 août 1981.

pouvoir demander aux matériaux utilisés d'élaborer la pyramide et d'en former la structure. Selon ceux de Ra, aucun outil n'a été utilisé pour élaborer cette structure. Ceux de Ra ont simplement demandé à la "roche éternelle" de prendre la forme d'une pyramide, demande qui a été suivie d'effets. Comme le dit la Bible: quand on a la foi on peut soulever des montagnes.

Cette forme pyramidale force la masse d'énergie qui entre par le bas de la pyramide à spiraler naturellement jusqu'à un certain point de la partie inférieure de la pyramide. Ensuite, elle respirale en prenant la forme d'une double goutte d'eau, c'est-à-dire une forme arrondie qui devient pointue aux deux extrémités. Au milieu de cette forme en goutte, l'énergie passe au travers de ce que les archéologues ont nommé la Chambre du Roi.

Tout ce qui est placé en cet endroit reçoit l'opportunité de rééquilibrer ou recharger le système énergétique de son corps. De la nourriture placée à ce niveau, en cet endroit d'une pyramide, garde indéfiniment sa fraîcheur, parce que la nourriture est de nature de deuxième densité et accepte toujours le rechargement puisqu'elle n'est pas affectée par un voile d'oubli. Les lames de rasoir placées en un tel endroit restent fraîchement aiguisées, même après de nombreuses utilisations, pour la même raison. Nous autres humains qui avons le libre choix, quand nous recevons une telle opportunité de guérison nous pouvons accepter ou rejeter le rééquilibrage de notre système énergétique.

Pour compléter les explications sur la manière dont l'énergie spirale au travers de la pyramide, la Confédération explique que l'énergie forme une deuxième spirale en forme de goutte, après la première spirale qui est celle de la guérison, et cette deuxième spirale se termine au sommet de la pyramide. Là, quand l'énergie quitte ce sommet, elle se déploie en une troisième spirale, un peu comme la flamme d'une bougie qui se déploie au sommet de la mèche de cette bougie.

Le début de cette troisième spirale a elle aussi des propriétés magiques. Au moment où elle quitte le sommet de la pyramide

CHAPITRE VII: LE CENTRE ENERGETIQUE DE RAYON VERT

elle crée un vortex de transformation. Nous pouvons observer ce genre de choses en des lieux comme le Triangle des Bermudes, où une pyramide édifiée par l'ancienne culture de l'Atlantide a sombré au fond de la mer et s'est malheureusement 'désaccordée'. Elle émet maintenant cette énergie par à-coups et de temps en temps. Quand un avion ou un navire passe au-dessus de la pyramide engloutie, là où la spirale de départ émet cycliquement l'énergie de ce vortex, le vaisseau en question disparaît immédiatement de notre réalité de consensus.

Pour revenir à la guérison de rayon vert, la Confédération suggère que les guérisseurs sont des équivalents vivants d'un positionnement de Chambre du Roi. Quand ils étendent leurs mains au-dessus d'un patient à soigner, ils offrent à ce patient une opportunité de choisir de rééquilibrer son corps énergétique.

Les guérisseurs peuvent le plus utilement offrir leur énergie de guérison en *permettant* à l'énergie d'amour/lumière du Créateur, qui se déverse en nous à tout moment, de passer par leurs mains, au lieu de la *forcer* en exerçant leur volonté. Quand un guérisseur utilise sa volonté pour soigner, il soigne à partie du chakra de rayon jaune. Cette guérison peut se produire et perdurer un certain temps, mais elle disparaît bientôt graduellement.

Quand un guérisseur s'offre comme un instrument par l'intermédiaire duquel le Créateur peut agir, alors la guérison survient et possède les propriétés de la Chambre du Roi. Dès lors si, par expérience, vous avez découvert que vos mains peuvent guérir, sachez que vous œuvrez strictement comme un instrument; laissez le Créateur jouer Sa mélodie de guérison pendant que vous vous concentrez sur l'amour et que vous vous offrez vous-même calmement au Service D'Autrui. L'énergie offerte au patient sait ce qui est nécessaire et ce qui doit être fait. Avant de travailler avec un patient, obtenez toujours sa permission de faire passer en lui l'énergie que vous allez canaliser.

L'on pourrait penser que le guérisseur risque alors de souffrir d'un excès de cette énergie. Mais au contraire, exactement

Chapitre VII: Le Centre Energetique de Rayon Vert

comme dans la pyramide, le prana spirale encore une fois au travers des centres énergétiques bleu et indigo du corps énergétique du guérisseur, et quitte le corps en spiralant au niveau du chakra violet pour ensuite aller se rassembler à nouveau dans le Créateur.

Ce type de Service D'Autrui peut être appris. Quand des Joueurs se sentent attirés par un tel service, la Confédération suggère qu'ils se dirigent vers la guérison de type Reiki, dans laquelle les guérisseurs savent qu'ils n'accomplissent pas un travail par et pour eux-mêmes mais qu'ils sont des instruments d'une guérison sacrée.

Nous avons couvert beaucoup de matières dans ce chapitre. Alors résumons:

Il faut trois éléments pour entrer dans notre cœur ouvert:

1. Nous connaître nous-mêmes, y compris nos pires défauts.
2. Nous pardonner complètement à nous-mêmes.
3. Nous accepter inconditionnellement tel que nous sommes.

Ce processus nous fait entrer dans la foi.

Pour conserver un cœur ouvert il faut répéter le processus quotidiennement en scrutant à l'intérieur de nous pour être certain que nous continuons à être pardonné et accepté par nous-mêmes. Pardonner et accepter autrui n'est qu'une extension du pardon et de l'acceptation de soi.

Chapitre VIII: Le Chakra de Rayon Bleu

Comment se Préparer à Communiquer

> *Le rayon bleu imprime les apprentissages/enseignements de l'esprit dans chacun des chakras dans le complexe mental/corps/esprit, animant ainsi le tout et communiquant aux autres cette totalité d'être.*[116]

Quand nous parlons du chakra de rayon bleu nous impliquons l'énergie spirituelle ou métaphysique pure, intégrée, ce que nous n'avons pas fait précédemment. Les chakras du corps énergétique dont nous avons déjà parlé dans le présent rapport sont tous localisés dans le tronc du corps physique, le long de la colonne vertébrale, en partant du rayon rouge au niveau du périnée et en montant vers le rayon orange dans l'abdomen, puis vers le rayon jaune dans le plexus solaire. Au chapitre VII nous avons parlé du chakra de rayon vert qui se trouve dans la région de la poitrine et du cœur.

Les rayons inférieurs s'occupent des problèmes immédiats de notre corps physique, de nos émotions et de nos réactions par rapport aux catalyseurs qui se présentent à nous. La Confédération qualifierait ces questions liées aux chakras inférieurs de questions de 'mental/corps'. Le chakra du cœur peut, lui aussi, se fermer du fait d'un catalyseur impliquant les chakras inférieurs: des sentiments froissés ou du ressentiment, par exemple.

Laissons de côté pour le moment le tronc et ses problèmes, dans ce premier volume concernant les principes de la Confédération. Nous montons vers la gorge. Quand nous regardons le chakra de rayon bleu nous voyons à l'œuvre, pour la première fois, un

---

[116] Ra, reçu en channeling par L/L Research le 16 mars 1981.

mental/corps/esprit intégré. Tout le travail effectué pour dégager nos chakras jusqu'au cœur donne à présent des fruits. Il n'est plus question de garder dégagé un corps énergétique. Nous n'avons pas accès à notre centre énergétique de rayon bleu avant d'être solidement établi dans notre cœur ouvert et d'avoir tous les chakras en action. Nous ne sommes pas dans le rayon bleu avant que notre voix ne soit devenue celle de l'amour.

Notre chakra de rayon bleu est insensible au blocage. Il est solidement ancré dans la région de l'esprit. Si notre énergie peut entrer dans l'étincelant chakra à mille facettes de la gorge, rien ne peut nous empêcher de communiquer notre brillante vérité. C'est cela la fonction du chakra de la gorge: communiquer depuis le cœur. Un cœur ouvert nous donne un élan vers la communication ouverte.

Les Sons Sacrés

> *Lorsque vous utilisez des mots et un langage sacrés, et quand vous produisez consciemment certains sons en étant conscients du caractère sacré de ces sons, la voix donne vie à des énergies sous-jacentes orientées temps/espace ou non localisées qui font réagir certaines zones de vibration à travers tout l'univers infini du Créateur unique.*[117]

Vraiment, la communication ouverte est une ressource précieuse pour le Joueur avec un grand J. Et cela commence avec le dialogue intérieur avec soi. Nous devons savoir ce que nous pensons avant de pouvoir le communiquer. Et parfois ce n'est pas facile.

Quand je suis déconcertée par une situation et que je ne sais pas comment l'aborder, je parle souvent tout haut à moi-même. La raison en est que cela m'aide à y voir plus clair. Quand je pense

---

[117] Q'uo, reçu en channeling par L/L Research le 25 mars 2007.

Chapitre VIII : Le Centre Energetique de Rayon Bleu

à une situation compliquée, elle tourne et tourne dans ma tête sans me révéler la clé qui me permettra de la débloquer.

J'ai découvert que quand je me parle tout haut j'écoute bien mieux ce que je dis que quand je me contente de le penser. Il y a quelque chose d'extrêmement utile dans l'extériorisation des pensées qui tournent dans la tête. Enfin je m'entends moi-même! Et quand je parle à haute voix, sachant que mes soucis sont sacrés, j'invoque mon système de guidance. J'invoque cette 'petite voix' qui m'aide à mieux entendre les informations.

Si vous avez des problèmes existentiels à résoudre et que vous ne souhaitez pas consulter un thérapeute, vous pouvez être votre propre thérapeute. Trouvez un endroit tranquille et parlez simplement à haute voix à vous-même, en sachant que vos préoccupations sont sacrées. Écoutez bien vos propres paroles pendant que vous les exprimez. Il est possible que vous découvrirez alors une nouvelle perspective de vos pensées véritables et de la personne que vous êtes vraiment.

Avant d'aborder le sujet principal de ce chapitre, je voudrais partager quelque chose qui n'est pas de l'information en provenance de la Confédération mais qui provient de mon expérience du chant et du spectacle. Notre voix joue elle aussi un rôle dans la communication claire. Notre souffle est sacré puisqu'il est la vie même. Quand nous parlons à haute voix nous donnons forme à ce souffle sacré et en faisons des sons. Ces sons ont un effet sur ceux qui nous entourent, ils attirent leur attention ou les mettent plus à l'aise.

Quand notre voix est agréable nous avons naturellement plus de confiance en nous. Nous savons alors que les autres aiment nous écouter, ce qui nous détend, de sorte que nous pouvons garder notre mental focalisé sur ce que nous avons à dire et pouvons le faire de la meilleure manière. Et obtenir une voix plus agréable n'est pas difficile.

Si vous ne trouvez pas votre propre voix apaisante et réconfortante, il existe une technique simple pour améliorer la qualité de votre voix. Habituellement, une voix bien accordée vient du diaphragme. Si vous n'aimez pas particulièrement votre voix vous parlez probablement de la gorge, de la cavité nasale, ou d'un endroit de la tête.

Si vous parlez de la gorge, votre voix peut avoir un ton contraint, plat, sans sonorité. Votre son est 'coincé'.

Si vous parlez du nez, votre voix aura une qualité nasale que les gens pourront trouver déplaisante.

Si vous avez une voix de tête, votre voix sera fluette, perçante et aigüe quand vous êtes excité(e). Vous avez peut-être du mal à vous faire entendre.

Vous avez peut-être remarqué que les chanteurs et acteurs professionnels ont souvent une voix sonore. C'est parce qu'ils ont été entraînés à produire leur sons à partir du fond de leur poitrine. Vous pouvez facilement vous entraîner de la même manière.

Imaginez que vous faites sortir votre voix du fond de votre poitrine. Respirez profondément avant de parler et projetez ensuite votre voix du fond de la poitrine. Pratiquez cela pendant quelques jours et vous serez agréablement surpris de constater la différence de sonorité de votre voix. Vous aurez acquis du 'coffre'.

Faire monter la voix depuis le niveau du cœur fait davantage que rendre la voix plus agréable et sonore. Cela éveille le chakra du cœur. La voix s'imprègne alors de la sincérité des mots venus du cœur et des vibrations d'harmonie et d'affection. Vous devenez un instrument vivant dont les paroles sont exprimées musicalement. Et l'interlocuteur, qu'il s'agisse de vous-même ou de quelqu'un d'autre, entend la différence et y réagit.

Notre voix est en quelque sorte notre signature. Nos animaux de compagnie réagissent à notre voix et pas à une autre. Nous pouvons repérer la voix de nos enfants parmi une foule. Et le son de la voix de l'être aimé est unique. Quand nous entendons cette voix spéciale nous nous sentons bien. Il est donc bon d'harmoniser notre voix et de la rendre agréable à entendre.

La voix peut aussi être un puissant moyen de guérison. Une parole aimable peut guérir des sentiments blessés. Et une douce

Chapitre VIII: Le Centre Energetique de Rayon Bleu

chanson est encore meilleure. Le chant est au parler ce que la poésie est à la prose. Quand nous écoutons une conversation ou quelqu'un qui lit de la prose, nous utilisons la partie logique, rationnelle de notre mental. Quand nous écoutons de la poésie ou du chant nous faisons appel à la partie intuitive, psychique, de notre mental. L'ajout d'une mélodie ou d'une rime à des mots condense et renforce le pouvoir de la voix.

J'introduis souvent des chants dans mes exposés afin d'aider les gens à utiliser simultanément les deux parties de leur cerveau pendant qu'ils écoutent ce que j'ai à dire sur le pouvoir de l'amour inconditionnel Vous aussi vous pouvez faire chanter votre voix pour réconforter un être aimé, pour louer ou offrir des remerciements, ou simplement pour exprimer de la nostalgie ('sing the blues'). Le chant fait du bien à l'âme. Ne vous en faites pas si votre voix n'est pas 'belle'. Si vous mettez votre cœur dans votre chant les vibrations apaiseront et réconforteront ceux qui l'entendent, tout comme le petit enfant est apaisé par la berceuse que lui chante sa maman.

Comment Parler Vrai

> *Nous encourageons à penser soigneusement lors de l'utilisation de mots. A chaque fois qu'il y a erreur de communication et qu'il est perçu qu'il y a envie de persuader ou de blesser, il faut faire un effort honnête et immédiat pour éclaircir la communication et la rétablir comme un canal d'énergie clair et agréable entre deux personnes.*
>
> *C'est ce qui est beau dans la communication du clair rayon bleu. Quand le cœur est ouvert et que les mots sont bien choisis, chaque mot véhicule l'énergie du cœur et peut être perçu, non pas comme quelque chose de blessant, mais comme quelque chose qui vient aider.* [118]

---

[118] Q'uo, reçu en channeling par L/L Research le 30 août 2004.

CHAPITRE VIII: LE CENTRE ENERGETIQUE DE RAYON BLEU

Quand ils font usage de leur voix, les Joueurs avec un grand J utilisent avec justesse la puissance — la puissance de leur souffle et la capacité à faire de leur souffle un instrument de communication compatissante et honnête

Le Joueur ne cesse d'intégrer de nouvelles informations dans tout son être. Il absorbe les informations depuis tous les chakras inférieurs du corps énergétique. Ensuite, il fait passer tous les sentiments et pensées des chakras inférieurs dans le chakra du cœur.

Lorsque nous sommes parvenu à ouvrir notre cœur, nous pouvons commencer à dialoguer avec les énergies intégrées de tous nos chakras. Et quand nous communiquons, nous faisons en permanence intervenir tous nos chakras, car leurs énergies réagissent à notre dialogue sous la forme de réactions émotionnelles. Nous continuons à faire circuler ce flux des chakras inférieurs vers le cœur, puis à nouveau vers les chakras inférieurs, puis à nouveau vers le haut, mettant ainsi à jour, augmentant, intégrant notre compréhension.

Dans le rayon bleu nous parlons depuis cette position renforcée que nous avons atteinte en intégrant toutes nos émotions dans notre cœur et en les comprenant et pardonnant à nous-mêmes. Cette perspective nous permet de comprendre et pardonner les mêmes énergies chez autrui. Notre attention et notre communication deviennent alors des dons d'amour.

Nous nous maintenons au-dessus de nos réactions émotionnelles afin de ne pas nous laisser envahir par elles pendant la discussion. Si ce sont nos émotions qui prennent le contrôle, alors nous abandonnons le contrôle à nos chakras inférieurs et nous nous éloignons du cœur ouvert. Si nous intégrons nos réactions au cœur ouvert, alors nous pouvons parler avec cette énergie qui est de rayon bleu.

Notre but est de transcender l'expression de l'être purement sexuel, ou de l'être au sein d'une relation, ou de l'être qui s'identifie avec un groupe.

CHAPITRE VIII: LE CENTRE ENERGETIQUE DE RAYON BLEU

Le Joueur a toujours pour intention consciente d'utiliser avec discernement et précaution sa voix et ses pensées. Connaissez-vous le livre[119] *Speak your truth to power?* Nous travaillons à exprimer notre vérité au Pouvoir quand nous élevons notre voix dans la communication, conscient que ce partage de nos idées est une activité sacrée.

Et cela est vrai même quand nous ne disons pas grand-chose. Dans les échanges quotidiens avec des employés, fonctionnaires, et connaissances, souvent un simple "merci " ou "bonne journée" dit avec le sourire exprime adéquatement nos voeux aimants. Mais même dans ces échanges superficiels le Joueur avec un grand J parle du fond de son cœur.

Comment S'Exprimer avec Honnêteté

> *Il y a toujours une certaine difficulté à pénétrer dans l'énergie de rayon bleu car cela demande ce vous autre avez en grande pénurie, c'est-à-dire l'honnêteté. Le rayon bleu est le rayon de la libre communication avec le 'soi' et avec l'autre 'soi'.*[120]

Parler avec honnêteté est une véritable prouesse. Ce n'est pas qu'il soit dans nos intentions d'être moins qu'honnête. Mais nous agissons souvent à partir d'une position de semi-connaissance. Nous faisons souvent des suppositions erronées au sujet des sentiments non exprimés d'autrui. Souvent dans ma vie j'ai été surprise de découvrir que ce que je pensais de l'une ou l'autre personne était tout à fait faux. Et partant de cette supposition incorrecte, mes paroles ne véhiculaient pas la vérité qu'il était dans mon intention de partager.

Il se peut aussi que nous ne soyons pas en contact avec nos propres sentiments. Parfois nous sommes esclaves de vieilles

---

[119] *Dites votre vérité à ceux qui sont au pouvoir.* Ouvrage écrit par Kerry Kennedy (2004 - paperback 2007), 7e des 11 enfants de Robert and Ethel Kennedy (NdT).

[120] Ra, reçu en channeling par L/L Research le 22 avril 1981.

habitudes. Nous pouvons offrir à propos de nous des 'vérités' qui devraient être mises à jour. Nos goûts et opinions se développent et se modifient tout au long de notre vie. Au lieu de proposer des réponses standard, automatiques, dans certaines circonstances, nous pouvons améliorer la qualité de notre communication en prenant un petit moment pour réexaminer nos idées toutes faites. Est-ce que nous ressentons toujours de cette manière? Est-ce toujours cela que nous pensons? Ou bien sommes-nous sorti de la 'boîte' de nos opinions anciennes? Pour effectuer un travail qui permette de rester dans le rayon bleu quand nous nous exprimons, il nous faut d'abord œuvrer en tant que Joueur avec un grand J à l'intérieur de nous-mêmes.

Le simple fait d'entrer en contact avec nos sentiments véritables et non recouverts d'une couche de vernis peut se révéler très difficile. Dans notre enfance nous avons été éduqués à ce que nous devrions ressentir et penser. Nous avons été équipés d'un ensemble de réponses polies que nous ressortons afin de graisser le mécanisme social. Au début, ces lignes de conduite et réponses apprises sont utiles à la personnalité en croissance. Mais après un certain temps elles peuvent constituer une prison.

Et rien ne nous dévie plus vite d'une communication de rayon bleu que le désir d'impressionner quelqu'un. Le Joueur avec un grand J doit évaluer ses réponses dans une conversation afin de s'assurer qu'il ne biaise pas ses paroles dans le but de se mettre en avant ou de faire bonne impression. La tentation est grande! Nous avons tous nos histoires favorites. Nous aimons à les raconter et à les répéter. Il n'est toutefois pas nécessaire de réagir à chaque histoire que nous entendons par le récit d'une de nos propres histoires, pour bien communiquer. Parfois, ce dont l'interlocuteur a besoin c'est seulement d'une oreille attentive.

Nos habitudes de communication tendent à refléter notre préférence pour le discours plutôt que pour l'écoute. Vous connaissez peut-être l'histoire de cette personne qui, au cours d'une soirée, monopolise la conversation et n'arrête pas de parler d'elle-même. Enfin, elle s'arrête un instant et dit: "Assez

Chapitre VIII : Le Centre Energetique de Rayon Bleu

parlé de moi. Parlons plutôt de vous. Que pensez-vous de moi?".

Laissons notre ego au vestiaire!

Il est difficile de se rendre compte de la puissance de nos paroles. Le meilleur moyen d'en prendre conscience est de se rappeler les fois où des gens ont blessé nos sentiments par des paroles dites avec désinvolture, parfois même en manière de plaisanterie peut-être. Une des raisons pour lesquelles le courriel me plaît c'est que ce véhicule nous permet de relire ce que nous sommes en train de communiquer avant d'appuyer sur la touche 'envoyer'. Quand nous sommes en conversation avec une autre personne, tout ce que nous disons atteint son but à l'instant où nous l'exprimons. Impossible de revenir en arrière. Le vieil adage qui conseille de «tourner sept fois sa langue dans sa bouche » avant de parler est de bon conseil.

Restons toujours sur nos gardes pour nous assurer de rester honnête et transparent dans toute conversation délicate. Il est facile de déraper et de s'écarter de mots ouverts et honnêtes dans de telles situations. Nous pouvons craindre de ne pas être entendu correctement. Nous pouvons craindre que notre franchise puisse blesser les sentiments de notre interlocuteur. Nous pouvons craindre que cet interlocuteur ne nous rejette s'il sait ce que nous pensons véritablement. Nous pouvons découvrir que nous biaisons nos paroles dans le but de persuader, ou de manipuler les réactions ou réponses d'une autre personne. Alors, pris au piège de ces craintes et préoccupations, nous arrêtons de parler depuis le rayon bleu et parlons depuis le rayon orange ou depuis le rayon jaune, ou bien nous restons dans un silence inconfortable.

Je peux prendre dans ma propre vie un exemple de manque de franchise partant d'une bonne intention, et cet exemple concerne mon frère, Tommy. J'ai déjà dit que pendant 23 années il a essayé de me convaincre d'abandonner le channeling, en me prenant «entre quat'z'yeux» pour me parler à chaque réunion annuelle des Rueckert. Mes sentiments étaient blessés. Cependant, je ne me permettais pas d'exprimer ma peine. J'avais reçu depuis l'enfance une éducation chrétienne qui ordonnait de tendre la joue droite quand on avait reçu une gifle sur la joue gauche. J'ai donc gardé pour moi mon ressentiment et ma colère, et j'ai essayé de le soutenir bien que mon désaccord fût profond. Je l'ai fait pour une raison méritoire. Je voulais soutenir mon frère plus que je ne voulais exprimer mes honnêtes réactions. Mais ce "silence des agneaux" n'était pas une technique efficace de communication. J'ai enfin dit ma vérité et préparé ainsi la voie à une relation nouvelle et meilleure.

Des modèles comme celui de la relation entre Tommy et moi ont la vie dure. Il nous est parfois très difficile d'arriver à savoir comment nous préserver nous-mêmes et l'un l'autre en traçant des limites nécessaires. Certains diront que parce que Tommy et moi ne sommes pas capables d'exprimer nos différends en matière de religion nous n'avons pas vraiment une communication de rayon bleu. Mais je dirais que, souvent, le silence a de grandes vertus. Quand deux personnes qui s'aiment ne parviennent pas à se mettre d'accord après une bonne discussion, il est parfaitement approprié d'être d'accord de ne pas être d'accord, sans faire pleuvoir les jugements mutuels. Chez la plupart des gens il existe des croyances et opinions tellement ancrées qu'elles ne changeront pas, peu importe la persuasion ou contrainte exercée.

Ken Keyes, auteur de *Handbook to Higher Consciousness*, propose une suggestion très efficace à ceux qui s'efforcent de préserver l'honnêteté dans leurs relations. Quand il nous est difficile d'arriver à une communication claire avec un conjoint, un ami ou une relation d'affaires, dit-il, il est habile de faire débuter toutes nous phrases par "Je crée". Voici exemple de début de conversation: "Je crée que nous ne nous entendons pas l'un l'autre". L'autre personne pourrait répondre: "Je crée que moi aussi j'éprouve de la frustration en n'étant pas entendu(e)". Le but de l'utilisation de "je crée" est de faire passer combien subjective est notre compréhension de ce que nous entendons.

Chapitre VIII: Le Centre Energetique de Rayon Bleu

Il peut sembler fastidieux de ralentir ainsi la communication. Et cette technique ralentit en effet. Mais en utilisant des phrases qui commencent par "je crée", une intention couplée de communication sincère peut faire son chemin et atteindre le sujet concerné. Quand il y a nécessité de s'entendre l'un l'autre, cette technique est bien utile.

Quand chacun commence ses phrases par 'je', les deux interlocuteurs sont empêchés de se blâmer l'un l'autre comme dans "tu as fait ci" ou "tu as dit ça". Les accusations ne sont pas de la communication de rayon bleu. S'il nous faut partager une préoccupation avec quelqu'un nous pouvons dire: "je me sens mal à l'aise à propos de quelque chose que tu as dit. Voici ce que j'ai cru comprendre". Nous pouvons ainsi partager notre sensibilité et découvrir si nous avons correctement entendu ce qu'a voulu dire l'autre personne, sans accuser celle-ci ni la séparer de nous dans notre cœur.

Et puis il y a la difficulté de parler avec de complets étrangers. Comment être totalement honnête quand l'interlocuteur est un parfait étranger? Il y a indubitablement une grande différence entre mon confort et ma facilité de parole si je parle avec quelqu'un que je connais et dont je peux me fier à l'affection, et ma parole quelque peu embarrassée si j'essaie d'établir une communication avec quelqu'un que je vois pour la première fois. Je pense que cela est normal. Il peut être difficile d'offrir des paroles honnêtes et sincères à un étranger, ou même de se sentir à l'aise en sa présence.

Dans une telle situation il peut être utile d'être convaincu que la personne qui se trouve en face de nous pour la première fois est, elle aussi, nerveuse. Nous pouvons nous concentrer sur le moyen de mettre à l'aise cette personne plutôt que sur la façon dont nous nous sentons. Nous pouvons regarder cette personne dans les yeux et écouter de tout notre cœur ce qu'elle a à dire. Cette attention et cette attitude accueillante aide l'autre personne à se sentir détendue en notre présence. La conversation se déroule bientôt avec naturel.

Chapitre VIII : Le Centre Energetique de Rayon Bleu

Un exemple de ce processus est celui qui se produit souvent lors de nos semaines d'études publiques et réunions de méditation à L/L Research. Les gens sont toujours les bienvenus pour se joindre à nos cercles de recherche, et nous recevons des visiteurs du monde entier, même si la majorité vient des États-Unis

Quand de nouvelles personnes passent notre seuil elles sont en général fourbues et tendues. Elles viennent d'arriver à Louisville, de réserver une chambre d'hôtel et de louer une voiture. Elles ont suivi les panneaux indiquant la direction de notre maison dans les faubourgs de Louisville, endroit qui n'est pas facile à trouver. Elles ont apprécié nos transcriptions mais ne savent rien de nous personnellement. Et elles vont pour la première fois prendre part à un cercle de channeling. Elles sont en général contentes d'être là, mais légèrement mal à l'aise.

Nous débutons nos réunions par un entretien avec tout le cercle. Le/la visiteur(-euse) commence à se détendre à mesure que les voix des participants se répondent et s'harmonisent. Nous partageons tous ce que nous avons dans le cœur, le minimum étant les noms, d'où nous venons, et comment nous avons connu ce qui a été transmis par la Confédération, ou bien encore ce qui se passe dans notre processus spirituel en ce moment. La nature de la communication autour du cercle est très souvent de rayon bleu. Très vite, les nouveaux découvrent qu'ils sont en sécurité dans notre cercle et qu'ils peuvent dire ce qu'ils ont sur le cœur sans crainte d'être jugés. Ils fondent! Ils s'intègrent au cercle. Ils appartiennent dès lors au cercle. Ce partage dans le cercle fait une grande différence.

En général, pour la fin de la réunion la nervosité de nos visiteurs a complètement disparu. S'étant reposés dans la chaleur du cercle assis et ayant partagé l'expérience de l'écoute des voix des membres de ce cercle, de la voix du canal et des pensées offertes, ils se sont installés solidement dans leur propre cœur ouvert et de là ont pris leur élan vers une communication de rayon bleu. Après la réunion, s'ils en ont le temps, la plupart des visiteurs restent tard et partagent leurs expériences et idées comme s'ils avaient faim de compagnie et de communication ouverte.

Cela est beau à voir et est probablement une des raisons principales des visites à nos réunions. Sur Internet il est possible de lire les transcriptions de nos séances de transmission ou bien de les télécharger pour les écouter, mais la pleine expérience de faire partie du cercle ne se produit que quand on fait partie du groupe assis, assemblé dans l'harmonieuse communication de rayon bleu.

Prêtez-moi l'Oreille!

> *Un signe du talent de communicateur est l'oreille qui écoute et est capable de distinguer où l'autre entité demeure dans son mental et son cœur à elle. Il est évident que l'on ne communique généralement pas avec un enfant de six ans comme on communique avec une personne de soixante ans. Cependant, les différences entre consciences de diverses entités dans votre densité sont telles qu'il se peut qu'un enfant de six ans comprenne mieux ce que vous dites qu'une entité de soixante ans qui dort encore dans la félicité de la troisième densité non éveillée.*
>
> *Dès lors, nous encourageons chacun à pratiquer l'écoute et à s'efforcer d'adapter ce qui est communiqué aux besoins de l'entité particulière. Ce travail est délicat et subtil, mais nous pensons qu'il constitue une bonne discipline[121].*

La plupart d'entre nous s'expriment dans un style de conversation qui n'inclut l'écoute que d'une partie de ce que l'autre nous dit. Nous arrêtons d'écouter l'autre personne au milieu de sa pensée, parce que nous sommes déjà en train de formuler notre réponse à ce que cette autre personne a pu exprimer seulement à moitié.

---

[121] Q'uo, reçu en channeling par L/L Research le 12 mai 1996.

Chapitre VIII: Le Centre Energetique de Rayon Bleu

Nous interrompons même parfois cette personne parce que nous pensons que nous avons déjà compris ce que l'autre est en train de dire, pour pouvoir offrir ce que nous avons à dire en suite de cela. Mais nous pouvons nous tromper dans nos déductions. Et nous avons ainsi interrompu le débit naturel de la conversation et perturbé l'énergie de la conversation, pour un piètre résultat.

Ces deux habitudes empêchent la communication de rayon bleu. Les Joueurs avec un grand J se font un point d'honneur d'écouter leurs interlocuteurs jusqu'à ce que ceux-ci aient fini de parler. Nous pouvons avoir la surprise de découvrir que nous n'avons pas écouté du tout ce que disait cette personne, parce que nous avons présumé que nous savions déjà ce qu'elle allait dire.

L'écoute est une partie essentielle du talent de communication de rayon bleu. En nous éduquant à "être toute ouïe", nous finissons par savoir réellement écouter les gens. Et eux s'en rendront compte aussi. La simple courtoisie consistant à écouter avec attention ce que les gens ont à nous dire est une aide merveilleuse pour arriver à ce sentiment de sécurité et de clarté dans la communication, qui distingue le discours de rayon bleu.

La condition essentielle pour devenir un auditeur de talent est de demeurer dans notre cœur ouvert. Nous n'écoutons pas quelqu'un par simple politesse et tolérance. Nous l'écoutons parce que nous savons que nous sommes un au niveau de l'âme. Nous aimons et respectons cette personne comme nous nous aimons et respectons nous-mêmes.

R-E-S-P-E-C-T

> *Cherchez à savoir quels sont les besoins de l'entité avec laquelle vous parlez, et essayez ensuite de communiquer directement vers/dans le cœur de cette énergie. Cela accorde à autrui le plein respect et contribue à une communication effective.*[122]

---

[122] idem.

CHAPITRE VIII : LE CENTRE ENERGETIQUE DE RAYON BLEU

"What you want,
Baby, I got.
What you need,
Do you know I got it!
All I'm askin'
Is for a little respect.
R-E-S-P-E-C-T,
Find out what it means to me.
R-E-S-P-E-C-T,
Take care, TCB.[123] [124]

Quand Otis Redding a écrit ces paroles il nous demandait de nous occuper de 'ça' et de faire attention les uns aux autres. Nous avons tous besoin de respect! Quand nous communiquons avec les gens nous montrons notre respect en nous adressant consciemment, attentivement, directement au cœur les uns des autres, en atteignant chacun là où il vit.

C'est un talent de rayon bleu que de pouvoir évaluer nos interlocuteurs. Les entités de la Confédération que je canalise pour L/L Research disent qu'elles orientent toujours ce qu'elles transmettent de manière à ce que la personne la moins futée dans le cercle puisse saisir ce qu'elles disent. Grâce à cette politique nous avons reçu en 1975, un exposé sur "Ce qu'est l'Amour", que nous avons pu traduire en livre à colorier pour enfants. Nous sommes fiers de ce petit livre à colorier, étant donné qu'il existe peu de bons livres à colorier pour les petits.

La raison pour laquelle nous avons reçu ce message "Ce qu'est l'Amour" est qu'un des participants avait amené son fils âgé de sept ans à une de nos réunions. Il voulait faire l'expérience

---

[123] Paroles de la chanson "Respect", écrite et interprétée par Otis Redding en 1965, tous droits réservés. Aretha Franklin l'a chantée en 1967, et c'est cette version qui est la mieux connue. Voir paroles complètes à l'adresse
http://www.lyrics007.com/Aretha%20Franklin%20Lyrics/Respect%20Lyrics.html.

[124] Ce que tu veux, Petit, je l'ai. Ce qu'il te faut, tu sais je l'ai ! Tout ce que je demande c'est un peu de respect. R-E-S-P-E-C-T, trouve ce que ça signifie pour moi. R-E-S-P-E-C-T. Attention, Petit, veille à ça! (NdT)

d'une séance de channeling. Il avait demandé: "C'est quoi l'amour?". La Confédération ne s'est pas montrée condescendante. Les entités ont simplement utilisé dans leur réponse des mots et images qu'il pouvait comprendre.

Nous devons tous mesurer nos paroles et savoir à qui nous parlons. Ceux d'entre nous qui ont des professions techniques et savantes doivent être spécialement vigilants dans leur façon de s'exprimer auprès de quelqu'un qui n'a pas le même genre d'expertise. La plupart des professions et métiers emploient un jargon qui est spécifique à leur travail et indéchiffrable pour le reste du monde.

Il m'arrive de ne pas parvenir à communiquer avec un volontaire technicien. Je trouve qu'utiliser un intermédiaire possédant à la fois des connaissances techniques et celles de notre travail à L/L Research facilite énormément la communication. Je suis habile dans l'emploi des mots, mais le jargon informatique me dépasse. Si nous voulons être compris il nous faut utiliser des mots que nos interlocuteurs peuvent comprendre sans l'aide d'un glossaire technique.

All You Need Is Love

> *Si votre désir le plus profond est d'apprendre comment aimer avec sagesse et savoir ce que c'est qu'avoir de la compassion tout en vous prévalant de justice, alors vous entrez dans les énergies d'acceptation et de justice qui sont impliquées dans le rayon bleu.*[125]

Le cœur d'une communication de rayon bleu réussie, c'est l'amour. Ce n'est pas l'éloquence. Ce n'est pas une éblouissante maîtrise du vocabulaire. Cela n'a rien à voir avec le degré d'érudition, ni avec le nombre d'exemples qui peuvent être cités

---

[125] Q'uo, channeled through L/L Research on September 3, 2006.

Chapitre VIII: Le Centre Energetique de Rayon Bleu

pour venir à l'appui d'une opinion. C'est l'amour, et l'amour seulement.

All you need is love, c'est ce qu'ont chanté les Beatles[126]. Dans la communication de rayon bleu, l'amour triomphe d'une multitude de fautes. Voilà une qualité qui n'est pas souvent appréciée ou encouragée au cours de notre éducation, dans notre entourage. En ce qui me concerne, j'ai davantage appris comment faire admettre un point de vue que d'entrer dans mon cœur et exprimer ma vérité à partir de là. Quand les gens se préparent à communiquer ils pensent en général à partir de leur mental et ne font pas appel à leur circuit de la compassion.

Mais si notre voix n'est pas aimante, compatissante, peu importe la bonne organisation de nos pensées, la belle présentation de nos opinions. Elle n'aura jamais la résonance de rayon bleu. Si nous parlons depuis notre cœur, alors peu importe si nos mots ne suivent pas, s'ils sont embarrassés. L'amour brille à travers eux.

Une bonne illustration de cela est l'histoire de Bambi, un apprenti en channeling que j'ai eu dans les années 1980. Bambi avait grandi dans un orphelinat. Il avait été "élevé à la dure", comme nous disons dans le sud. Enfant, il était connu pour être le défenseur des petits contre les harceleurs qui sévissaient dans les plaines de jeux. Il a travaillé dur toute sa vie. Ce n'est ni un érudit ni un orateur éloquent. Mais c'est le meilleur homme du monde. Et il parle toujours depuis son cœur.

Cette qualité transparaissait quand il retransmettait en channeling. Tout le monde aimait entendre Bambi retransmettre. L'énergie d'amour que véhiculaient ses mots embarrassés et ses longues pauses était merveilleuse. A la lecture des transcriptions de ce qu'il a transmis, la puissance de ce qu'il a canalisé est perdue. L'inspiration transmise par ses paroles provenait directement de son cœur. Il était porteur d'une

---

[126] Écrit et interprété par John Lennon, © 1967 by Lennon-McCartney, tous droits réservés.

CHAPITRE VIII: LE CENTRE ENERGETIQUE DE RAYON BLEU

très haute énergie d'amour. Il l'est toujours, mais il ne fait plus de channeling.

Comment le Joueur avec un grand J peut-il mettre en avant cette qualité dans sa communication? En se rappelant que la focalisation doit se faire dans notre cœur avant que nous ouvrions la bouche pour parler. Aucun message ne peut mieux passer que celui qui vient d'un endroit où l'on aime consciemment l'autre personne. Il peut paraître lourd, à première vue, de devoir passer par le processus de l'entrée dans le cœur avant de parler. Mais les Joueurs avec un grand J découvrent bientôt combien une telle préparation rend plus facile la communication.

La communication de rayon bleu véhicule l'énergie de l'épée de vérité de l'Archange Michaël. Il y a une clarté merveilleuse dans la pensée de rayon bleu. Salomon, grande figure de l'Ancien Testament avait répondu au Créateur qui lui demandait quel don il souhaitait recevoir: "la sagesse". Vous vous souvenez peut-être du brillant jugement qu'il a rendu quand deux femmes se sont disputé la maternité d'un bébé. Salomon a dit qu'il allait couper en deux le nourrisson et donner une moitié à chacune de ces femmes. Salomon savait que la femme qui agirait avec amour en abandonnant l'enfant serait véritablement la mère de cet enfant.

Marianne Weidlein[127] est conseillère pour des personnes et entreprises; elle m'a un jour suggéré de me demander ce que "mon moi le plus élevé, le meilleur" ferait dans une certaine situation où je voulais émettre un jugement sain. J'ai découvert que cette technique me plaçait dans mon cœur ouvert et m'envoyait ensuite, comme d'un tremplin, vers ma sagesse la plus compatissante. A l'intérieur de notre 'moi' ordinaire nous avons tous notre 'moi' le plus élevé et le meilleur. Et ce 'moi' nous est accessible à tous.

---

[127] Le site Web de Weidlein est http://www.empoweringvision.com/index.htm. Ses livres, dont *Empowering Vision: For Dreamers, Visionaries and Other Entrepreneurs*, sont disponibles en librairie. Elle est d'excellent conseil pour les hommes d'affaires qui ont des problèmes de gestion du temps.

Chapitre VIII : Le Centre Energetique de Rayon Bleu

La Sexualité de Rayon Bleu

> *RA : Je suis Ra. Avec le transfert d'énergie de rayon vert vous arrivez à présent au grand tournant, au point de vue sexuel, mais aussi dans chacun des autres modes d'expérience. Le rayon vert peut ensuite être tourné vers l'extérieur, et l'entité donne alors au lieu de recevoir.*
>
> *Le premier don au-delà du rayon vert est le don d'acceptation ou liberté, qui donne à celui qui reçoit un transfert d'énergie de rayon bleu l'opportunité d'un sentiment d'être accepté, ce qui rend l'autre soi libre de s'exprimer auprès de celui qui émet ce rayon.*
>
> *Il est à noter que quand un transfert d'énergie de rayon vert a été opéré par deux mentaux/corps/esprits dans l'accouplement, les rayons suivants sont disponibles sans qu'il soit nécessaire que les deux entités progressent de manière égale. Ainsi, une entité vibrant dans le rayon bleu ou une entité vibrant dans le rayon indigo peut partager cette énergie avec l'autre 'soi' qui est dans le rayon vert, agissant ainsi comme un catalyseur permettant la continuation de l'apprentissage/enseignement de l'autre 'soi'. A moins qu'un autre 'soi' n'atteigne le rayon vert, un tel transfert d'énergie au travers des rayons n'est pas possible.*[128]

Nous ne sommes jamais plus émotionnellement vulnérable que quand nous nous trouvons au lit avec notre partenaire sexuel.

Cette vulnérabilité n'est pas écrasante dans les expériences de rayon rouge parce qu'il s'agit là de désir physique. Si nous sommes rejeté verbalement par un partenaire cela peut faire mal, mais nous pouvons toujours laisser ses paroles glisser sur nos plumes et trouver un autre partenaire sexuel. Les 'autres partenaires' se trouvent à la pelle dans les bars, les agences de rendez-vous, et sur l'Internet.

---

[128] Ra, reçu en channeling par L/L Research le 27 février 1981, séance 32.

Chapitre VIII: Le Centre Energetique de Rayon Bleu

Si nous créons un lien sexuel de rayon orange avec ce que le groupe Ra nomme un "autre soi", les enjeux montent d'un cran. Quand nos sentiments sont heurtés par un(e) ami(e) et amant(e) qui critique nos attributs personnels, les mots peuvent vraiment blesser.

Je me souviens encore avec une pointe d'amusement du moment où mon deuxième amant m'a demandé de m'asseoir afin qu'il puisse s'assurer que j'avais bien des seins. Sur le moment, mon émotion n'a pas été de l'amusement. Elle a été de la colère. Heureusement, j'ai eu la présence d'esprit de voir que ses paroles montraient sa superficialité et ne constituaient pas une critique valable de moi-même ou de ma valeur. Bien que je lui aie pardonné cette demande, j'ai mis fin à notre relation quinze jours plus tard, quand il a exprimé le désir profond qu'il avait d'épouser la fille aux petits seins que j'étais et que je ne n'ai pas ressenti l'envie de partager ce niveau d'affection.

Cette requête de m'asseoir correspondait à un niveau plutôt superficiel de vulnérabilité du rayon orange. Des blessures de sentiment et de la confusion survenant à un niveau plus profond du rayon orange peuvent provenir de problèmes de possession: soit du fait de se sentir possessif/-ve, soit du refus d'être possédé(e). Souvenez-vous de la citation de ceux de la Confédération au Chapitre V, à propos du sentiment de possession:

> *"L'activation du rayon vert est toujours vulnérable au rayon jaune ou au rayon orange de la possession, qui est majoritairement de rayon jaune mais qui déborde souvent dans le rayon orange. La peur de la possession, le désir de possession, la peur d'être possédé: ce sont toutes des distorsions qui provoquent la désactivation du transfert d'énergie de rayon vert".* [129]

Ce dont nous pouvons être sûr à propos du mystère de l'amour romantique, c'est qu'habituellement les deux partenaires

---

[129] Ra, reçu en channeling par L/L Research – séance (32) du 27 février 1981

CHAPITRE VIII : LE CENTRE ENERGETIQUE DE RAYON BLEU

n'aiment pas de manière égale. Dès lors, si un(e) des amant(s) a une nature possessive, il y aura très probablement un déséquilibre entre les partenaires. Le partenaire qui aime avec moins d'intensité acceptera mal et refusera les conversations semblant impliquer de la possession. Il ne se sentira jamais en sécurité et détendu s'il se sent emprisonné. Celui qui aime le plus intensément doit lâcher prise et faire confiance à son partenaire.

En tant que conseillère, j'ai répété cela un nombre incalculable de fois. Il est facile de donner ce conseil. Il est plus difficile de le suivre. Cependant, la possessivité ajoutée au désir du partenaire de ne pas être possédé demeure sans doute la cause la plus répandue de blocage de rayon orange, dans le domaine de la sexualité.

Il existe encore bien d'autres façons de ruiner la confiance de celui/celle qu'on aime et la communication avec celui/celle-ci. L'une d'elles est le contrôle. Il est très délicat de négocier les termes d'une relation irrégulière mais stable. Il se peut qu'un des partenaires veuille établir la fréquence et le lieu des rencontres. Celui dont l'opinion n'a pas été demandée est susceptible de ne pas être d'accord. Si des tentatives de résolution du problème par la parole ne débouchent pas sur une solution satisfaisante pour les deux parties, alors le ressentiment peut s'installer et anéantir le sentiment de sécurité ainsi que la possibilité d'un partage dans l'ouverture.

Combien de manières y a-t-il de quitter son/sa partenaire? Paul Simon en a mentionné au moins 50, dans sa chanson :

> *"You just slip out the back, Jack;*
> *Make a new plan, Stan.*
> *You don't need to be coy, Roy,*
> *Just get yourself free.*
> *Hop on the bus, Gus.*
> *You don't need to discuss much!*

Chapitre VIII : Le Centre Energetique de Rayon Bleu

> *Just drop off the key, Lee*
> *And get yourself free"*[130]

Le revers de la médaille en cet âge, dans cette culture où les relations sexuelles avant le mariage sont acceptées par une grande partie des gens de bonne foi, est qu'il nous faut souvent rompre les liens d'une relation fragile. Quel que soit le partenaire à l'origine de la rupture, il faut l'accepter. Si nous ne le faisons pas, il est certain qu'il y aura un blocage de rayon orange.

Les blocages dans la sexualité de rayon jaune ont en général une connotation de possession et de contrôle. Les enjeux sont seulement d'un cran plus élevés. Lorsque nous épousons un 'autre soi' ou entrons dans une relation fortement engagée destinée à être permanente, nous entrons dans le domaine des 'affaires'. Nous avons signé un contrat, juridique ou commercial. C'est le droit civil qui régit ce type de contrat, ce sont les lois qui nous affectent.

Si nous nous séparons dans le cadre d'un mariage, c'est plus que notre cœur qui est brisé. Les possessions de notre ménage doivent être triées et partagées. La garde des enfants doit être décidée, et la situation est toujours douloureuse pour toutes les parties concernées. La plupart d'entre nous ont vécu, de près ou de loin, les souffrances immenses que peuvent susciter des situations parfois inextricables. La sexualité de rayon jaune peut être comme un champ de mines. Et il est dangereux de parcourir ce champ de mines sans précautions et anticipation des conséquences.

C'est aussi dans les liens des mariages légaux que se produisent la plupart des abus physiques, émotionnels et sexuels. Je ne dis pas que l'abus par un conjoint est dû au simple fait du mariage. Les partenaires abuseurs viennent en général de foyers où l'on a

---

[130] Mélodie et paroles de Paul Simon. Tous droits réservés. Premier enregistrement, en 45 tours chez Columbia en 1975.
Cours vers le lac Jack; Change de plan Constant; Sois pas timide Aristide quitte la bastide. Saute dans le bus Gus. Pas de laïus. Laisse la clé André et débarrasse le plancher. (traduction libre – NdT)

Chapitre VIII: Le Centre Energetique de Rayon Bleu

abusé d'eux. Si nous nous attachons à une personne qui a été abusée dans son enfance, il nous faut tenir compte du fait que nos chances d'être victimes d'abus sont bien plus grandes après le mariage.

Le mariage véhicule, dans la plupart des cas, des attentes démesurées tant de la part des hommes que de la part des femmes. Quand ces attentes sont déçues, la désillusion peut devenir toxique. Le désir de posséder une autre personne, spécialement, a tendance à devenir une obsession qui mène à la défiance et à la rage. Dans les premiers temps on peut se sentir flatté d'être aimé jusqu'à l'obsession. Mais soyez averti qu'alors le décor est mis en place pour le désastre qui va suivre.

La sexualité de rayon vert est merveilleuse! Elle est un échange ouvert et libre d'amour inconditionnel. Chacun accepte complètement l'autre. C'est une chose magnifique. Mais quand nous passons de l'échange d'énergie à la sexualité de rayon bleu nous entrons dans un lieu sûr. Ceci est immensément réconfortant. Pour de nombreuses personnes il est difficile ne serait-ce que d'imaginer une relation sexuelle impliquant un tel niveau de communication honnête et de compassion réconfortante. Mais l'échange d'énergies de rayon vert avec notre partenaire sexuel peut nous servir de tremplin pour plonger dans le rayon bleu en donnant à notre partenaire la totale liberté de s'exprimer comme il/elle le sent.

Nous pouvons pratiquer la sexualité de rayon bleu en créant délibérément ce 'lieu sûr' pour notre partenaire. Ce sont les confidences sur l'oreiller qui sont en général les plus profondes. Si nous, Joueurs avec un grand J, sommes tentés de renoncer à la totale acceptation de rayon bleu, nous pouvons nous rappeler que notre vœu est de constituer un endroit sûr pour notre partenaire. A l'arrivée d'un catalyseur, demandez immédiatement au 'soi' le plus élevé et le meilleur de prendre la relève. C'est une ressource très puissante que d'établir une alliance de rayon bleu. Et nous pouvons le faire l'un pour l'autre.

CHAPITRE VIII: LE CENTRE ENERGETIQUE DE RAYON BLEU

Bien sûr, il nous faudra peut-être passer le reste de notre vie à apprendre comment y arriver. Le groupe Ra a dit:

> *"La grande clé des transferts d'énergie sexuelle bleue, indigo et enfin de ceux du grand chapiteau de la colonne d'énergie sexuelle violette, c'est le lien, la distorsion, métaphysique qui a pour nom 'amour inconditionnel' parmi vos peuples.*
>
> *Dans le transfert d'énergie de rayon bleu, la qualité de cet amour est affinée au feu de la communication honnête et de la clarté; ceci, dirons-nous, pour parler de manière générale normale, demande une partie substantielle de votre espace/temps pour s'accomplir, bien qu'il y ait des exemples d'accouplement si bien affinés dans des incarnations précédentes et si bien présents à la mémoire, que le rayon bleu peut être pénétré immédiatement.*
>
> *Ce transfert d'énergies est d'un bénéfice très grand pour celui qui est en recherche, en ce sens que toute communication émanant de ce chercheur est, de ce fait, affinée et les yeux de la franchise et de la clarté se posent sur un monde nouveau. Telle est la nature de l'énergie de rayon bleu et tel est le mécanisme de sa potentialisation et de sa cristallisation."*[131]

La plupart d'entre nous n'ont pas le luxe d'une relation sexuelle avec quelqu'un dont les instincts sont tellement alignés sur nos besoins qu'il ne nous est jamais nécessaire de travailler à atteindre la sexualité de rayon bleu. Il nous faut faire un important travail mental et émotionnel pour réaliser qu'il faut suivre une très longue courbe d'apprentissage avant de pouvoir amener dans notre vie la communication de rayon bleu, et spécialement dans nos relations sexuelles.

Mais cela est possible! Mon mari et moi, après un modeste investissement dans à peine deux décennies de mariage, avons trouvé le moyen d'être l'un pour l'autre un lieu sûr, tout en

---

[131] Ra, reçu en channeling par L/L Research le 14 avril 1982, séance 84.

Chapitre VIII: Le Centre Energetique de Rayon Bleu

conservant la capacité d'offrir un jugement sain et une opinion honnête. Le bénéfice en est substantiel: la clarté, le réconfort et le discernement circulent avec facilité entre deux personnes qui communiquent au niveau du rayon bleu. Et le rayon bleu met en place le décor de la sexualité sacrée.

Réalisez que l'énergie sexuelle peut être une force extrêmement puissante. Prenez donc le temps d'être attentif, affectionné, et de bien dire les choses qu'il y a à dire. Car la manière de dire les choses est très importante.

Pour Résumer

> *L'entité orientée positivement va transmuer la forte énergie sexuelle de rayon rouge en transferts d'énergies de rayon vert, et en rayonnement dans le bleu et l'indigo, et va similairement transmuer l'identité et la place occupée dans la société en des situations de transfert d'énergies dans lesquelles l'entité pourra fusionner avec et servir autrui, et enfin rayonner sur les autres sans attendre aucun transfert en retour.*[132]

Voici une petite liste de points à vérifier pour s'assurer que l'on est bien dans le rayon bleu:

1. Sommes-nous bien ancré dans notre cœur ouvert? Ressentons-nous un amour inconditionnel pour la personne avec laquelle nous communiquons?
2. Sommes-nous complètement honnête?
3. Sommes-nous certain que ceci est bien ce que nous pensons et voulons dire?
4. Sommes-nous certain que nous répondons bien à ce que l'autre pense vraiment et à ce qu'il/elle a vraiment dit?
5. Sommes-nous innocent de tout désir de faire impression sur, de contrôler, ou de vouloir persuader l'autre?

---

[132] Ra, reçu en channeling par L/L Research le 29 mai 1981, Séance 54.

Chapitre VIII: Le Centre Energetique de Rayon Bleu

6. Écoutons-nous vraiment l'autre?
7. Sommes-nous libre d'énergies telles que l'accusation ou le grief?
8. Est-ce que l'autre est totalement en sécurité avec nous?
9. Est-ce que nous avons dirigé notre communication directement au cœur du point d'origine de l'autre? Est-ce que notre communication témoigne d'un respect total ?
10. Est-ce que nous restons dans notre cœur même quand un catalyseur survient au milieu d'une conversation?

Si nous pouvons répondre 'oui' à toutes ces questions, alors nous vibrons indubitablement dans le rayon bleu. Et en tant que Joueurs avec un grand J, nous pouvons nous réjouir. Nous sommes en train de gagner au Jeu de la Vie sur le Grand Échiquier. Dès que la communication de rayon bleu est devenue notre pratique quotidienne, notre vie acquiert une grâce et une beauté que nous n'aurions pas pu imaginer avant d'entreprendre cette transformation en communication de rayon bleu.

Chapitre IX – Le Niveau du Fanal

Comment Devenir un Joueur-Phare

> *Vous vous trouvez au milieu d'un tore[133], disons, de lumière créée qui est votre interface avec tout ce qui est. Voilà l'essence des rayons indigo et violet. Au-delà de toutes les techniques de la discipline de la personnalité, au-delà de tout détail, savoir-faire ou technique, il y a cette essence primordiale de connexion entre des énergies qui sont très profondément différentes, des énergies qui, une fois mises ensemble, font de vous un véritable et puissant phare.[134]*

Dans ce chapitre nous examinerons les rayons indigo et violet du corps énergétique. Nous les étudierons ensemble dans ce chapitre car à de nombreux égards ils fonctionnent ensemble pour créer l'interface du Joueur avec un grand J avec le Grand Échiquier.

Avant de parler séparément du rayon indigo et du rayon violet, je voudrais dire un petit mot du résumé donné dans la citation ci-dessus au sujet de ces deux centres énergétiques.

Quand nous travaillons avec nos chakras inférieurs, notre préoccupation est de garder dégagé le passage qui mène au chakra du cœur. Nous n'atteignons pas le sommet du corps énergétique pour y chercher l'inspiration, nous gardons simplement dégagé le passage du corps énergétique pour l'infinie énergie d'amour/lumière du Créateur qui entre dans le corps énergétique par le chakra de rayon rouge au bas de la colonne vertébrale et sort du corps énergétique par le chakra de rayon violet au sommet de la tête.

---

[133] Surface fermée en forme d'anneau (ou de beignet)

[134] Q'uo, reçu en channeling par L/L Research le 27 octobre 2007.

Il est tout spécialement nécessaire que cette énergie soit dégagée jusqu'au cœur. L'ouverture du chakra du cœur donne au Joueur, même débutant, l'opportunité de réussir. Les chakras supérieurs sont très utiles au Joueur avec un grand J mais ils ne sont pas essentiels pour réussir. Garder le cœur ouvert est donc la tâche numéro un.

Le rayon indigo, tout comme le rayon bleu, ne peut pas fonctionner du tout si le cœur n'est pas ouvert et dégagé. Donc, lorsque nous travaillons dans les rayons indigo et violet il nous faut garder le cœur ouvert. Dans le travail de rayon indigo nous avons accès pour la première fois à la possibilité d'obtenir de l'aide "d'en haut". Nous formons notre intention d'aller vers le haut au travers des rayons indigo et violet, et ensuite en traversant le passage vers l'infini intelligent, pour une inspiration spécifique obtenue du monde de l'esprit.

Je parle d'inspiration 'spécifique' pour faire la différence entre la guidance universelle et inconditionnelle de l'amour de rayon vert et la guidance spécifique, spécialisée, de sources métaphysiques. C'est seulement quand nous accédons à nos rayons indigo et violet avec une intention claire que ces sources peuvent entrer dans notre champ d'énergie en empruntant le passage de l'infini intelligent.

La Confédération suggère qu'en tant qu'individus, nous sommes des interfaces vivantes entre la réalité de la Terre de troisième densité, avec ses nombreuses limitations, et le monde illimité de l'univers métaphysique ou du temps/espace. Nous possédons la capacité inhérente d'accéder à ce monde illimité en formant notre intention de le faire, et en demandant ensuite l'inspiration et l'information.

Utiliser les rayons indigo et violet pour accéder au passage ouvrant sur l'infini intelligent c'est comme choisir d'ouvrir un programme informatique en cliquant sur l'icône correspondante. Microsoft nomme la souris de l'ordinateur un 'dispositif d'interface humaine'. Microsoft ne se doute probablement pas que ce terme a un double sens pour le Joueur avec un Grand J!

Chapitre IX : Le Niveau du Fanal

Dans notre analogie à propos de l'utilisation des rayons indigo et violet par un Joueur avec un grand J, l'icône en question est le passage vers l'infini intelligent. Nous avons la possibilité de cliquer sur cette icône en choisissant de diriger notre 'souris' de l'intention et de la préparation à cette icône. Un clic sur cette 'icône' ouvre le 'logiciel' de l'univers métaphysique, ou de temps/espace, du temps et de l'espace infinis, et son 'menu' nous devient disponible.

Le menu que l'on ouvre en empruntant le passage vers l'infini intelligent inclut des éléments tels que la méditation, la prière, et le travail dans la foi. La Confédération appelle ce menu : "la discipline de la personnalité" ou "le travail en conscience". On trouve ces éléments au menu de nombreux systèmes religieux. Mais la Confédération n'est pas un groupe religieux dans le sens habituel. Elle parle de ces éléments en partant du principe que nous allons emprunter ce passage à partir de notre propre processus intérieur d'utilisation de cette énergie d'une manière aimante et sage, et ceci est possible indépendamment de nos convictions religieuses.

Dans la citation qui chapeaute ce chapitre nous, en tant que corps énergétique, pouvons nous voir comme demeurant au milieu d'un beignet ou tore d'énergie. Nous attirons l'énergie d'amour/lumière depuis le bas du système de chakras vers le haut. En même temps, nous attirons de l'énergie de lumière/amour au travers du passage vers l'infini intelligent, dans le rayon violet et vers le bas dans les chakras de notre corps. La simultanéité de ces actions provoque la rencontre des deux énergies qui se mêlent alors. Cette union crée un motif dans lequel les énergies unifiées deviennent un cercle de lumière qui s'étend autour de nous, comme une fontaine cascadante sans cesse réalimentée. C'est cela l'effet 'phare'.

C'est cette action que la prière, la méditation et autres activités de rayon indigo facilitent. Le Joueur dont les chakras de rayon indigo et de rayon violet étincellent et dont l'intention est de demander de l'inspiration, demeure au sein d'une cascade de lumière et d'amour qui connecte le monde de l'espace/temps, l'ici et maintenant, avec le monde du temps/espace qui est le monde de l'infini et de l'éternité.

Nous reparlerons de ce que dit la Confédération à propos de ces deux chakras dans notre livre *Comment vivre la Loi Une – Niveau 3: Le Travail Intérieur*. Dans le présent volume nous apprenons les bases du fonctionnement des rayons indigo et violet, et ce que recouvrent ces rayons. Bien qu'il soit possible de réussir sans accéder à ce passage vers l'infini intelligent simplement en gardant notre cœur ouvert, il est possible d'affiner de manière illimitée le Jeu sur le Grand Échiquier en utilisant ces deux derniers chakras du corps énergétique.

Le Rayon Indigo

> *La mise à l'équilibre du rayon indigo est essentielle au type de travail qui concerne le complexe 'esprit', et qui influe ensuite sur la transformation ou transmutation de la troisième densité en quatrième densité, ceci étant le centre énergétique qui reçoit les déversements les moins déformés d'amour/lumière en provenance de l'énergie intelligente, et aussi la potentialité de la clé qui ouvre le passage vers l'infini intelligent.*[135]

Le chakra du rayon violet se trouve au milieu du front, là où certains Hindous placent un point rouge. Bien que les femmes hindoues portent en général le point rouge pour indiquer qu'elles sont mariées et dévouées à leur époux, le moine hindou porte le point rouge pour indiquer qu'il se concentre sur son troisième œil, l'œil du discernement métaphysique. Cette dernière signification du point rouge est celle qui est compatible avec la description que donne la Confédération du rayon indigo.

C'est également la zone, dans notre corps physique, où se trouve la glande pinéale, une glande que la science lie aux phénomènes paranormaux et à la capacité de percevoir les

---

[135] Ra, reçu en channeling par L/L Research le 30 janvier 1981, Séance 15.

énergies subtiles ainsi qu'aux cycles de croissance et de développement physiques[136]. Le rayon indigo est décrit par la Confédération comme étant de forme triangulaire ou à trois pétales, chez la plupart des gens. Le groupe Ra souligne que "certains adeptes ayant mis à l'équilibre les énergies inférieures, peuvent créer des formes possédant davantage de facettes"[137].

Quand le Joueur avec un grand J est devenu habile à garder son cœur ouvert, il lui est très facile d'atteindre ce rayon indigo et de procéder au travail en conscience que rend possible ce "dispositif d'interface humaine". En fait, la vie est trop courte pour pouvoir devenir vraiment adroit dans l'utilisation des vastes ressources du rayon indigo. Mais il peut être amusant de s'y exercer!

Le Rayon Violet

INTERLOCUTEUR: Pourriez-vous me dire comment chacun des rayons, du rouge au violet, apparaîtrait chez une entité parfaitement équilibrée et non déformée?

RA: Je suis Ra. Nous ne pouvons pas vous dire cela car chaque équilibre est parfait et chacun est unique. Ce n'est pas notre intention d'être obscurs.

Donnons un exemple. Chez une entité particulière, prenons l'exemple d'un Missionné[138]: les rayons peuvent être vus comme extrêmement égaux: rouge, orange, jaune. Le rayon vert est extrêmement brillant. Ceci est équilibré, disons, par un indigo plus terne. Entre ces deux points d'équilibre réside le rayon bleu de celle qui communique, étincelant avec une force au-dessus de

---

[136] David McMillin a écrit un bon article sur les aspects physiques et métaphysiques de la glande pinéale. Il est extrait de son livre *The Treatment of Schizophrenia* écrit en 1991. Cet ouvrage comprend une bonne bibliographie permettant d'étendre les recherches, et il se trouve sur le site Web Meridian, à l'adresse http://www.meridianinstitute.com/mh/pineal.html.

[137] Ra, reçu en channeling par L/L Research le 13 mai 1981 – Séance 51.

[138] Le groupe Ra se réfère à moi dans son exemple.

> *l'ordinaire. Dans le rayon violet nous voyons ce spectrographe unique, si vous voulez, et en même temps le pur violet entourant le tout ; ceci est ensuite entouré de ce qui mélange le rayon rouge et le rayon violet, indiquant l'intégration du mental, du corps et de l'esprit ; ceci à son tour entouré du modèle vibratoire de la véritable densité de cette entité.*
>
> *Cette description peut être vue à la fois comme en déséquilibre et en parfait équilibre. Cette dernière interprétation est extrêmement utile pour traiter avec d'autres 'soi'. L'aptitude à ressentir des blocages n'est utile qu'au thérapeute. Il n'y a à vrai dire pas la moindre petite fraction de jugement quand on voit un équilibre dans les couleurs. Bien sûr, quand nous voyons un grand nombre de plexus énergétiques affaiblis et bloqués nous pouvons comprendre que l'entité n'a pas encore bien agrippé le bâton et entamé la course. Cependant, les potentialités sont toujours présentes. Tous les rayons, complètement à l'équilibre, sont là, attendant d'être activés.*[139]

Le rayon violet est fondamentalement un tableau affichant tout notre corps énergétique. Plus que tout ce que nous pouvons faire ou dire, c'est un rapport précis et non déformé de notre situation vibratoire du moment.

Si vous vous êtes rendu dans votre magasin de décoration pour racheter de la peinture d'une certaine couleur, vous avez vu que l'employé du magasin a pris votre échantillon et l'a fait 'lire' par un appareil. L'appareil lit les couleurs qui composent l'échantillon de peinture, et les proportions de ces couleurs présentes dans l'échantillon. Il imprime un rapport donnant la formule permettant de reproduire la couleur de l'échantillon. L'employé introduit dans une machine une certaine quantité de toutes les couleurs indiquées dans le rapport, puis il ajuste sur la machine les proportions du rapport. La machine mesure les couleurs et les déverse dans un pot à peinture. Quand le pot est

---

[139] Ra, reçu en channeling par L/L Research le 13 mars 1981, Séance 38.

Chapitre IX: Le Niveau du Fanal

plein et a été secoué pour mélanger les couleurs, votre échantillon de couleur est reproduit.

De la même manière, notre rayon violet nous donne un rapport identifiant qui nous sommes, par rapport aux valeurs des couleurs des chakras dans notre corps énergétique. Ceux de la Confédération disent qu'ils n'ont pas besoin de connaître notre nom parce qu'ils peuvent 'lire' le rayon violet de notre spectrographe. Ils disent que cela est un moyen de loin plus précis pour nous identifier que l'utilisation de notre nom. Il se peut que d'autres personnes aient le même nom que nous. Mais le tableau de notre rayon violet est unique.

La Confédération dit que chacun de nous a un rayon violet différent et que chacun est cependant parfait – parfait pour nous. Nous pouvons utiliser le rayon violet pour nous protéger et pour travailler en conscience, quand nous empruntons le passage vers l'infini intelligent, mais nous ne pouvons rien faire au chakra de rayon violet proprement dit, ou avec lui. Il est tel qu'il est, un rapport de dernière minute montrant qui nous sommes. Il est notre fiche d'identité métaphysique. Le groupe Ra en dit ceci:

"L'entrée d'énergie s'arrête à l'indigo. Le rayon violet est un thermomètre ou indicateur du tout."[140]

Le rayon violet se situe juste au-dessus du sommet de la tête. Sa forme est le "lotus aux mille pétales" appelé 'sahasrara' par les Yogis[141] qui font écho à ceux de la Confédération quand ils disent considérer ce rayon comme le centre du contact avec le Créateur.

Le rayon violet est le plus fixe des chakras. Le groupe Ra dit qu'il est la "somme de la totalité des distorsions du complexe mental/corps/esprit". Quand nous pénétrons dans ce chakra nous entrons dans la zone qui nous révèle la nature sacrée des choses et des actes, même les plus ordinaires et triviaux.

---

[140] Ra, reçu en channeling par L/L Research le 29 mai 1981, Séance 54.

[141] Pour en savoir plus, consultez le site http://www.tantra-kundalini.com/sahasrara.htm qui donne une brève description du sahasrara ainsi que des liens avec d'autres sites.

Comment Equilibrer les Rayons des Chakras

> *Chaque centre énergétique a une grande variété de vitesses de rotation ou, comme vous pouvez peut-être le voir plus clairement comparé à de la couleur: de brillances. Plus fortement la volonté de l'entité se concentre sur et affine ou purifie chaque centre d'énergie, plus brillant ou, rotativement parlant, actif, devient le centre énergétique.*
>
> *Il n'est pas nécessaire que les centres énergétiques soient activés dans l'ordre, dans le cas d'une entité consciente de 'soi'. De fait, certaines entités peuvent avoir des centres énergétiques extrêmement brillants tout en étant très déséquilibrées dans leur aspect de rayon violet, cela étant dû à un manque d'attention à la totalité de l'expérience de l'entité.*
>
> *La clé de l'équilibre peut dès lors être vue dans la réaction non étudiée, spontanée et honnête des entités aux expériences, qui utilisent ainsi l'expérience au maximum; ensuite en mettant en pratique les exercices de mise à l'équilibre et en adoptant l'attitude appropriée pour la manifestation du spectre le plus purifié au niveau du centre énergétique du rayon violet.*
>
> *Voilà pourquoi la brillance ou vitesse de rotation des centres énergétiques n'est pas considérée comme étant au-dessus de l'aspect équilibré ou de la manifestation équilibrée de rayon violet chez une entité en ce qui concerne la moissonnabilité, car les entités qui ne sont pas équilibrées, spécialement au niveau des rayons primaires, ne seront pas capables de soutenir suffisamment pour être moissonnées, l'impact d'amour et de lumière de l'infini intelligent.*[142]

Bien qu'elle note l'importance, pour le Joueur, de l'utilisation des chakras indigo et violet dans le travail en conscience comme

---

[142] Ra, reçu en channeling par L/L Research le 30 mars 1981, Séance 41.

Chapitre IX : Le Niveau du Fanal

la méditation et la prière, la Confédération ne recommande pas de se plonger dans un programme d'activités de ce type, qui néglige les chakras inférieurs, pour devenir moissonnable. Elle souligne toujours la nécessité de la mise à l'équilibre de tout le système des chakras du corps.

Je connais personnellement quatre personnes qui dans leur jeunesse ont fait de 'mauvais voyages' en consommant du LSD. Elles les décrivent comme des expériences très inconfortables; comme si un trou avait été percé dans leur mental. La raison pour laquelle cela se produit, et la raison pour laquelle il est peu sage de rechercher l'élévation de conscience par l'usage de drogues, est que la personne utilise la drogue pour atteindre un niveau de lumière et d'amour plus élevé que ce qui lui est naturel à elle.

Souvent, elle l'atteint, mais son corps énergétique n'a pas assez d'équilibre pour pouvoir supporter longtemps l'effet de cet état. Sous l'influence de la drogue, son corps énergétique 'saute' sous l'impact de l'infini intelligent sur son système, tout comme une ligne électrique 'saute' quand elle reçoit un afflux de courant qui dépasse sa capacité. L'usage des drogues c'est un peu comme si on invitait la foudre à frapper le corps énergétique. Il y a de fortes chances d'être cuit !

La Confédération recommande un moyen sûr pour travailler à l'équilibrage des chakras et pour devenir suffisamment robuste et stable pour ouvrir et utiliser le rayon indigo, et ainsi faire passer un 'courant plus puissant'. Elle suggère que nous observions nos pensées et réactions au cours de nos activés ordinaires. Elle ne suggère pas d'interférer avec ces pensées et réactions. Tout ce que nous faisons et pensons a sa raison d'être. Mais elle suggère de passer en revue ces pensées et réactions chaque soir avant de s'endormir.

Cette "technique d'équilibrage", comme la nomment ceux de la Confédération, est assez simple. Pour cet exercice, il est demandé que le Joueur s'assoie et s'accorde quelques instants de tranquillité à la fin de chaque journée. Quelles pensées a-t-il eues? Quels sont les problèmes qui se sont posés? S'est-il fâché? A-t-il été très heureux? A chaque 'distorsion' qu'il contemple (c'est ainsi que ceux de la Confédération nomment tous nos sentiments et pensées) il se demande si cette pensée, si ce sentiment, lui a permis de garder son cœur ouvert. Si un catalyseur a provoqué une distorsion qui ferme son cœur, ne serait-ce que momentanément, alors ceux de la Confédération suggèrent de travailler avec ce catalyseur pour rouvrir le cœur et rééquilibrer le système de la manière suivante:

1. En premier lieu, le Joueur se rappelle chaque expérience dans sa forme originelle, distordue. Il insiste même sur, ou exagère, la réaction ou l'émotion qu'il a eue, de manière à ce qu'il puisse la ressentir à nouveau très clairement et en pleine conscience.
2. Puis il se demande quel est l'opposé de ce sentiment. Il se laisse envahir par le ressenti de ce sentiment opposé tout comme il a été envahi par le ressenti d'origine. Par exemple, s'il a éprouvé de l'hostilité, il commence par accentuer le sentiment d'hostilité en se rappelant l'épisode qui a provoqué chez lui cette émotion. Ensuite, il fait appel au sentiment d'amour, qui est l'opposé de l'hostilité, et se laisse envahir par ce sentiment.

Cet exercice est destiné à équilibrer la distorsion originelle du Joueur quand il la revit et vit ensuite sa dynamique opposée. En général, cet exercice allège le poids de l'émotion d'origine et la place dans le contexte de la gamme complète des émotions et pensées. Il place le Joueur à une certaine distance de la réaction d'origine et élargit sa perspective. Et il lui fait savoir quels sont ses problèmes. Le Joueur se connaît de mieux en mieux à l'issue de cet exercice. Quand il en a terminé avec l'exercice d'équilibrage il découvre en général que son cœur s'est ouvert.

Ceux de la Confédération suggèrent de voir la valeur du système des chakras d'une manière holistique. D'après leur façon de penser, il est aussi important d'avoir un fort rayon rouge qu'un fort rayon vert. Il est aussi important d'avoir un fort rayon orange qu'un fort rayon bleu. Et il est aussi important d'avoir un fort rayon jaune qu'un fort rayon indigo. Ce à quoi

Chapitre IX : Le Niveau du Fanal

tend le Joueur avec un grand J c'est à avoir un système de chakras ouvert et harmonieux dans son 'soi' tout entier, de sorte qu'il puisse passer avec aisance d'un chakra à l'autre, comme le demandent les circonstances.

Je prends leurs avis au sérieux quand j'agis comme canal. Je demande de l'aide en établissant mon corps énergétique dans une configuration équilibrée qui est comme un réglage 'sécurisé' pouvant être sélectionné quand on ouvre un programme sur l'ordinateur. J'atténue volontairement les chakras les plus forts jusqu'à ce que je sente que tout le système est en équilibre et bien stable. Ensuite je demande à avoir le contact le plus élevé et le meilleur que je puisse supporter dans cette configuration sécurisée. Je n'ai aucune envie de faire 'sauter' mon système!

Voici ce qu'en disent ceux de Q'uo :

"Il est impossible d'accomplir du travail en conscience avant de commencer à avoir une vue holistique de votre énergie, de prendre en considération chaque aspect de votre ressenti. Ce que vous essayez de faire en ouvrant le cœur, ce n'est pas sauter du cœur vers le rayon indigo, mais simplement vous mettre à même d'utiliser les ressources du chakra du cœur, ce qui augmente la possibilité d'accomplir un travail en conscience.

Comme ce cœur ne fait pas que s'ouvrir mais est aussi persuadé, par le constant alignement de l'individu, de rester de plus en plus ouvert, il y a finalement apparition d'un réglage habituel 'par défaut' du cœur ouvert et du recours au concept d'amour, ainsi qu'un besoin de faire partie du principe d'amour et de lumière sur la planète Terre. C'est de cette manière que vous parviendrez à garder votre système ouvert et serez prêt à dire des paroles d'amour, à chanter des mélodies de sagesse, et à vous rapprocher main

> *à main, cœur à cœur, l'un de l'autre, à mesure que vous vous exercez à faire un dans l'amour.*[143]

Le Joueur avec un grand J est porté à œuvrer avec les éléments du 'menu' du passage vers l'infini intelligent que l'activation du rayon indigo rend possible. Et cela est bien. Mais il est essentiel de continuer à explorer certaines techniques comme la méditation, la prière, la lecture inspirante, et la réflexion sur tous les autres éléments présentés au 'menu' de ce passage.

Je souligne cela parce que de nombreux Joueurs avancés dans leurs pratiques métaphysiques rencontrent des problèmes ou se sentent épuisés. La responsabilité en incombe souvent au fait qu'ils n'ont pas tenu compte de la valeur de leurs chakras inférieurs. Cela les déséquilibre et tout le système s'arrête comme sous l'influence d'une drogue. Les éléments du menu du passage sont très importants!

Heureusement, quand l'équilibrage et l'alignement du corps énergétique sont accomplis pour stabiliser le flux énergétique, le 'câblage' se renforce et il est alors sans risque d'accomplir le travail en conscience.

Surtout, essayez les différentes techniques du passage décrites dans le présent chapitre ainsi que dans les deux suivants. Mais restez prudent et rappelez-vous toujours que c'est en gardant le cœur ouvert et en partant de cet amour inconditionnel que le Joueur avec un grand J réussit à monter de niveau.

Rester simple. Voilà ce que recherche le Joueur habile. Souvenez-vous des règles de base et ne travaillez avec les techniques des rayons indigo et violet que pour autant qu'elles vous soient utiles, de votre propre jugement, sans vous déséquilibrer. Ces techniques sont les cerises sur le gâteau. Ne leur accordez pas trop d'importance. C'est l'amour inconditionnel qui est l'enjeu du Jeu.

Blocage du Rayon Indigo: les Suspects Habituels

---

[143] Q'uo, reçu en channeling par L/L Research le 14 avril 2007.

Chapitre IX: Le Niveau du Fanal

> *Il est important de noter que le système énergétique du mental, du corps, et de l'esprit du complexe d'énergies ne peut être manipulé au delà de certaines limites. C'est-à-dire que s'il y a un blocage dans les trois centres énergétiques inférieurs - qui concernent la survie, la manière dont le 'soi' considère le 'soi' ou établit un rapport avec d'autres entités prises individuellement, ainsi que la façon dont le 'soi' établit un rapport avec les groupes de troisième densité, comme l'environnement de travail et la famille - alors la puissance du Créateur infini unique qui entre dans le corps en quantités infinies ne peut atteindre le centre du cœur avec une pleine énergie.*
>
> *Il y a de nombreuses manières de déformer, bloquer ou dérouter ces énergies inférieures. Chacune travaille avec le concept du 'soi': avec le concept du 'soi' dans une relation, et avec le concept du 'soi' en groupes, d'une façon qui déforme et filtre cette énergie. Et chacun étant unique, il suscite cette distorsion et ce blocage partiel à sa propre manière. Et c'est pour cela que chacun a ce que cet instrument appelle 'un nœud à dénouer' qui ne ressemble à aucun autre, une confusion à résoudre qui n'est pas précisément identique à la confusion de quelqu'un d'autre.*[144]

La Confédération suggère que les trois sources les plus communes de blocage du rayon indigo sont le jugement, la crainte, et le démérite.

Voyons d'abord le jugement. Nous avons un sens aigu de la justice. Bien que nous observions à l'envi que notre monde n'est pas toujours un lieu de justice, nous aimons sentir que nous vivons dans un monde de valeurs stables.

La plupart d'entre nous ont appris les Dix Commandements quand ils étaient enfants. Nous savons qu'il ne faut pas tuer, voler, convoiter, mentir, ou manquer de respect envers ses

---

[144] Q'uo, reçu en channeling par L/L Research le 19 mars 2000.

parents. Mais notre vie quotidienne nous offre de nombreuses occasions de "faire des choses justes" qui ne se trouvent pas dans les Dix Commandements. Par exemple, nous faisons peut-être tout ce qui peut être attendu de nous dans une relation, mais nous pouvons en même temps éprouver du ressentiment parce que nous avons à le faire. Et alors nous pouvons nous juger sévèrement à cause de notre mauvaise attitude. Il y a autant de manières de passer à côté de nos idéaux qu'il y a de grains de sable sur les plages.

L'attrait de l'auto-jugement c'est sa clarté. Nous aimons savoir où nous en sommes. Nous aimons nous sentir justifié dans nos actes et opinions. Alors nous n'arrêtons pas de nous juger nous-mêmes et autrui. Nous aimons tenir notre comptabilité: crédits et débits en comportements et attitudes. C'est comme si nous voyions l'évolution spirituelle comme linéaire et visant à ajouter toujours plus de crédits que de débits. Mais c'est l'opposé qui est vrai. L'évolution spirituelle est qualitative et non pas quantitative. Elle utilise l'énergie du pardon et de l'acceptation, et non pas un bilan comptable.

Il est inévitable que nous passions et repassions à côté de nos idéaux. Cela fait partie de l'être humain. Et il est bon de noter ces défaillances par rapport à la perfection telle que nous la percevons. Le Joueur avec un grand J est toujours à l'affût de moyens qui lui permettront de faire des choix plus judicieux. Ces erreurs sont du grain à moudre pour notre moulin de progrès personnel.

Cependant, si notre auto-jugement dépasse le désir sincère d'apprendre de nos erreurs, alors cet auto-jugement est susceptible de devenir néfaste. Trop d'auto-jugement provoque l'obstruction du passage vers le cœur. Le but du Joueur est de garder le cœur ouvert. L'auto-jugement doit disparaître.

La Confédération ne décrit pas l'image d'un Dieu qui juge. Le Yahvé vengeur de l'Ancien Testament n'y apparaît pas. Le Créateur infini de la Confédération ne tient pas une comptabilité. Il nous aime infiniment. Il nous aime exactement tels que nous sommes.

Chapitre IX: Le Niveau du Fanal

La Confédération suggère que c'est nous qui sommes responsable de notre propre jugement, tant dans cette vie-ci qu'après. Nous sommes responsables de notre propre pardon et d'un recommencement à zéro quand nous nous trouvons dans l'erreur. Et nous sommes aussi responsables de notre montée des marches de lumière au moment du passage de niveau, ainsi que du choix précis de l'intensité de lumière dans laquelle nous nous sentons le plus à l'aise.

Si le jugement est entre nos mains, alors nous avons la capacité d'être dur ou indulgent envers nous-mêmes. Nous pouvons faire notre bilan et nous trouver défaillant, ou bien nous pouvons nous pardonner et tout recommencer quand nous nous trouvons dans l'erreur. Le groupe Q'uo group dit:

> *"Votre défi c'est de trouver des moyens d'ouvrir votre cœur au moment présent et à l'amour qui s'y trouve. Votre jugement cruel vous fera échouer sans cesse. Nous vous demandons de vous convaincre que chaque erreur, chaque faute, chaque opportunité manquée, est un don fait à l'Infini unique, tout autant que chaque moment où vous jugez que vous êtes, comme le dirait cet instrument, sur les rails ou sur la traverse. Lourd ou gracieux, embarrassé ou fluide, votre esprit est aimé complètement".*[145]

Pour que le Joueur puisse faire son travail en conscience, il lui faut se focaliser sur l'amour dans le moment et s'il se fourvoie, ce qui se produit en permanence, il doit s'engager clairement et consciemment dans le pardon de soi. Il doit dissiper les énergies néfastes de l'auto-désillusion et de l'auto-désapprobation, et revenir à son cœur ouvert.

Une autre source fréquente de blocage est la peur. Bon nombre de nos peurs trouvent leur origine dans notre désir de nous sentir en sécurité. Nous pouvons par exemple craindre l'intimité parce que nous avons été meurtri dans une relation précédente. Nous pouvons refuser d'analyser nos motivations quand nous

---

[145] Q'uo, reçu en channeling par L/L Research le 19 novembre 1995.

faisons certaines choses parce que nous craignons ce que nous allons trouver.

Le Joueur éprouve presque inévitablement de la peur à mesure qu'il se connaît mieux, quand il commence à découvrir ses côtés sombres. Comment pouvons-nous accepter et aimer les aspects sombres de notre personnalité qui vont à l'encontre des Dix Commandements dans la poursuite de notre but? C'est seulement quand nous nous rappelons que la Confédération affirme que nous faisons tous partie de la Création et que le cercle de l'existence pris dans son ensemble contient inévitablement aussi tout le côté sombre dont est dotée la nature humaine, que nous pouvons sans crainte aller de l'avant.

Pour les Joueurs avec un grand J, c'est sans doute la crainte de ne pas se montrer à la hauteur et de ne pas réussir qui est la plus commune. Quand nous nous éveillons et nous accoutumons au Grand Échiquier, nous allons dans le mur de temps en temps. Nous ne savons plus comment avancer. Le principe de Q'uo est le suivant:

> *"Nous dirions qu'il y a deux sortes d'états d'esprit et de cœur. La première est l'état d'esprit mental. Il ne peut contenir comme obstacles que ceux qui sont redoutés mentalement. Pour celui qui est aventurier à l'intérieur de son propre mental, les barrières de la peur ne s'élèvent pas".*[146]

Pour Q'uo, le second mental est le cœur. Le Joueur qui est un "aventurier à l'intérieur de son propre mental" pense à partir de son cœur ouvert. Le cœur ouvert ne craint pas de faire des erreurs. Il suit les énergies et impulsions de l'amour et agit sans crainte. Et voilà l'attitude que doit adopter le Joueur avec un grand J: l'intrépidité. Le processus de l'éveil et de la maturation spirituels ressemble un peu à de l'orpaillage. Les Joueurs tamisent beaucoup de sable et de boue quand ils cherchent l'or

---

[146] Q'uo, reçu en channeling par L/L Research le 1er mars 1991.

qui gît à l'intérieur de leur nature profonde. C'est un processus parfois salissant. Mais il n'est pas à redouter.

Je le répète, la peur ferme le passage qui mène au cœur. Le Joueur sait que quand il rencontre de la peur à l'intérieur de lui il lui faut travailler sur cette peur jusqu'à ce qu'il soit libéré de ses effets contraignants. Il lui faut regagner son cœur ouvert.

La troisième cause la plus fréquente de blocage qui nous empêche d'accomplir un travail de rayon indigo est notre sentiment d'indignité. Notre société nous inonde de raisons de nous sentir indigne: nous sommes trop mince, trop gros, trop jeune, trop vieux, etc. Mais la Confédération assure que nous ne devons pas considérer comme réels ces sentiments d'indignité. Q'uo dit ceci:

> *"Chaque entité a des zones profondément personnelles où l'énergie est attirée et empêchée de poursuivre des buts métaphysiques. Et c'est dans ces endroits peu hospitaliers de la personnalité que celui qui travaille en conscience se rend par la pensée, non par pour se condamner, non pas pour tenter d'exciser chirurgicalement des parties du 'soi', mais bien pour voir ces endroits comme des lieux où une si grosse épaisseur de terre recouvre des pierres précieuses que la focalisation sur le service et l'apprentissage glisse vers des préoccupations triviales.*
>
> *"Nous ne recommandons en aucune manière que les entités se coupent de ces activités que le 'soi' considère comme inférieures à ce qui est métaphysique. Au contraire, nous encourageons chacun à adopter une vision ou une attitude concernant le 'soi' qui est bien illustrée dans 'My Funny Valentine.' Nous trouvons les paroles de cette chanson très appropriée à cet égard: 'My funny valentine, your looks are laughable; unphotographable, yet you're my favorite work of art'*[147]*. C'est comme cela que vous pouvez vous voir en*

---

[147] Chanson de Rodgers et Hart (© Rodgers and Hart, tous droits réservés):
"Mon drôle de Valentin, cher et comique Valentin, tu fais sourire mon cœur. Ton apparence est ridicule, pas photographiable, pourtant tu es mon objet d'art favori.

tant qu'entité spirituelle: comme un objet d'art drôle mais très, très mignon.[148]

Voilà la vision du mental du cœur: de la compassion et de l'affection pour le 'soi' tel qu'il est. Le cœur veut que le 'soi' soit une œuvre d'art plutôt qu'une pile de registres avec les bonnes actions inscrites d'un côté et les faiblesses de l'autre, et un 'soi' fréquemment perçu comme déficitaire et indigne. Le Joueur avec un grand J doit se considérer comme digne tel qu'il est, comme nous le sommes tous, même s'il s'efforce dans le même temps d'améliorer ses 'coups' sur le Grand Échiquier.

Cette acceptation de soi se joint à l'intrépidité au non-jugement, à l'intérieur de notre corps énergétique, pour créer un environnement convenable à l'accomplissement du travail en conscience en utilisant les rayons indigo et violet pour accéder au portail de l'infini intelligent. En restant le cœur ouvert nous sommes prêt pour de nouvelles aventures !

Révision des Exercices de Mise à l'Equilibre

> *Les endroits où l'énergie est retenue dans le corps énergétique ont souvent un rapport avec le passé et des choses qui sont, en matière d'intentions et objectifs, mortes. Cependant, la fonction de la mémoire leur a donné d'une manière ou d'une autre une vie irréelle et fausse à l'intérieur de l'entité qui a en grande partie opéré sa progression à partir de ces obstacles constitués d'erreurs de perception concernant le 'soi'.*
>
> *Quand vient le soir de la journée, nous avons recommandé qu'il est bon d'examiner, comme on le peut, les points qui ont sollicité l'attention, que ce soit pour le bonheur ou pour*

Ta silhouette n'est pas tout à fait grecque? Ta bouche est un peu molle?
Quand tu l'ouvres pour parler est-ce que tu brilles?
Mais ne change pas d'un poil pour moi: reste mon drôle de Valentin à moi!
Chaque jour c'est la Saint-Valentin." (traduction libre - NdT)

[148] Q'uo, channeled through L/L Research on March 19, 2000.

> *le malheur. Voyez la façon dont le mental fonctionne quand il est activé. Trouvez ce qui le met en route. Nommez ces activateurs. Apprenez à les connaître. Acceptez-vous avec ceux-ci. Efforcez-vous de créer pour le 'soi' un lieu sûr où ces choses peuvent être examinées pendant tout le temps de leur durée quelle qu'elle soit.*
>
> *En réalité, beaucoup de l'apprentissage du 'soi' ne se fait pas en bousculant le 'soi' mais plutôt comme on s'assied autour d'un feu de camp en compagnie des diverses parties du 'soi' et en permettant à chacune de raconter son histoire.[149]*

Pour faire du travail en conscience, il est essentiel de garder le corps énergétique dégagé et fluide; Le portail vers l'infini intelligent ne s'ouvre pas devant ceux dont le mental est focalisé sur des modèles de pensée qui tournent autour de vieux griefs, des rêves perdus ou des souvenirs amers.

Je répète cela parce que le travail de dégagement de ces vieux débris est nécessaire pour que le Joueur avec un grand J puisse dépasser le chakra de rayon vert, celui de l'amour inconditionnel, pour pouvoir faire appel à l'inspiration et aux informations venant d'en haut, qui peuvent raccourcir le chemin de son évolution spirituelle. Et il est difficile de se débarrasser d'une vieille douleur.

Se garder en équilibre au cours du processus de l'apprentissage du 'soi' est une tâche ardue. La meilleure attitude n'est pas celle du dégoût quand nous rencontrons des parties sombres du 'soi'. Ce n'est pas non plus celle de la complaisance et de l'autosatisfaction au vu de notre côté sombre. Ce qui est bon c'est de simplement rechercher la vérité et, quand nous la trouvons, de la soumettre au processus d'équilibrage. Ensuite nous voyons notre 'soi' profond s'intégrer graduellement à

---

[149] Q'uo, reçu en channeling par L/L Research le 5 octobre 2003.

notre personnalité de surface, de manière naturelle et organique, à mesure que nous poursuivons ce travail d'équilibrage.

La suggestion donnée par Q'uo, de s'asseoir autour d'un feu de camp avec toutes les parties de nous-mêmes et de les laisser s'exprimer dans une atmosphère d'acceptation aimante est très appropriée et produit des résultats. Quand vous relâchez de vieilles souffrances, n'oubliez pas de les remercier pour les enseignements qu'elles ont contenu. Quand le mental est focalisé sur la gratitude et la reconnaissance, le corps énergétique se détend et l'énergie circule avec aisance. Alors nous sommes prêt pour ce que la Confédération appelle la discipline de la personnalité et le travail en conscience.

Chapitre X:
Le Travail en Conscience

La Discipline de la Personnalité

> *Il y a l'énergie qui entre par le bas du système énergétique, passant des pieds au chakra-racine, et progressant vers le haut à partir de celui-ci. Mais il y a aussi la lumière intérieure du Créateur infini unique qui est attirée dans le système énergétique au travers du passage de l'infini intelligent par le rayon violet et vers les centres énergétiques vert, bleu et indigo.*
>
> *Le travail dans la discipline de la personnalité est du travail de rayon indigo. Il est grandement facilité par le travail quotidien sur ce qu'on désire. Car plus intense est ce désir, plus puissante est l'énergie qui afflue d'en haut par le portail ouvrant sur l'infini intelligent. Et plus puissante est alors l'attraction qui fait monter cette énergie depuis le chakra-racine vers la lumière intérieure qui est mobilisée par le chercheur en métaphysique qui travaille en conscience.*[150]

Nous comprenons tous le concept de la discipline. Mais nous le voyons peut-être seulement comme un synonyme de 'punition'. Quand les gens parlent de discipliner un enfant, par exemple, ils pensent souvent à punir cet enfant pour une action perçue comme un méfait. Ce n'est pas ce sens-là que donnent à ce mot ceux de la Confédération. Ils l'utilisent dans le sens de l'autodiscipline.

Nous avons tous recours, de diverses manières, à une certaine autodiscipline: peut-être nous levons-nous de table avant d'être rassasié afin de rester mince. Peut-être gardons-nous pour nous des pensées dont nous nous voyons bien que les proposer ne

---

[150] Q'uo, reçu en channeling par L/L Research le 19 mars 2000.

Chapitre X : Le Travail en Conscience

serait ni utile ni recommandé. Peut-être élaborons-nous un budget pour discipliner ainsi des habitudes dispendieuses.

La discipline de la personnalité, ainsi que l'appellent ceux de la Confédération, signifie que le Joueur avec un grand J tire sur les rênes des pensées et actions qu'il perçoit comme non-équilibrées, en les soumettant à des exercices de mise à l'équilibre. Le but de ce travail est de se libérer des activateurs qui déséquilibrent émotionnellement, mentalement et spirituellement. Pour pouvoir travailler avec les deux chakras les plus élevés pour attirer l'inspiration, il nous faut un cœur ouvert de manière fiable, et une humeur égale.

Avez-vous déjà vu un de ces petits tabourets à trois pieds sur lesquels on s'assied pour traire des vaches ? Ils sont très commodes: on les fait pencher en avant sur deux des trois pieds et on atteint ainsi le pis avec facilité. L'instabilité inhérente à ces trépieds est utile pour cette tâche. Et la plupart des nouveaux Joueurs sur le Grand Échiquier ont une personnalité qui présente l'instabilité inhérente du tabouret à trois pieds parce qu'ils sont habitués à chercher à atteindre. Et quand nous cherchons à atteindre quelque chose que nous désirons, nous nous mettons exprès en déséquilibre quand nous nous penchons pour saisir ce que nous visons.

Dans la discipline de la personnalité nous créons un niveau de 'personnité'[151] qui ne vise pas à atteindre. Si les trois pieds de la personnalité sont le mental, les émotions et les facultés de la volonté, alors nous neutralisons le support de la volonté en ajoutant un quatrième pied: le pied de la spiritualité ou de la foi. Alors nous sommes assis de manière bien stable et carrée sur notre véritable essence[152]. Nous utilisons toujours notre mental, nos émotions et le pouvoir de notre volonté, mais tout cela est joint fermement à cette foi qui sait que tout est bien et que ce qui nous correspond vient vers nous tout naturellement quand

---

[151] Original: 'personhood' (NdT)
[152] Original: 'beingness' (NdT)

Chapitre X: Le Travail en Conscience

nous offrons nos énergies à une vie de foi vécue de moment en moment, de jour en jour.

Par exemple, la personnalité à trois pieds peut buter sur des problèmes d'argent. Elle passe alors un temps précieux à chercher à obtenir plus d'argent. La personnalité à quatre pieds qui travaille elle aussi pour payer ses factures, a simultanément recours à la faculté de la foi en affirmant qu'il y a suffisamment d'argent pour ce qui est nécessaire aujourd'hui. La foi nous fait arrêter de chercher à obtenir et nous permet de nous installer joyeusement dans exactement qui et où nous sommes.

Cet usage de la foi, dont le mantra est: "tout est bien", nous stabilise. Le Joueur qui opère dans le monde de l'esprit est rendu plus robuste et plus stable. Il laisse l'énergie du Créateur circuler librement. Son cœur reste ouvert.

La foi est quelque chose qui grandit quand on lui fait de la place. Faisons le saut dans la foi qui dit que tout est bien, même quand notre intellect et nos émotions nous disent le contraire. Et nous découvrons que cette affirmation est vraie dès que nous prenons notre élan pour faire ce saut. C'est dans cet environnement de l'envol dans une foi stable, robuste et durable que nous pouvons entreprendre notre travail en conscience. Et le mot 'travail' a ici le même sens que pour le mécanicien.

Disons par exemple qu'un transformateur à haut voltage travaille quand du courant est amené vers sa bobine par une pile. Le fil du transformateur est déjà enroulé. Le transformateur est prêt à fonctionner. Mais il ne le peut pas avant d'être alimenté par une charge en provenance d'une source de courant. Eh bien, nous non plus nous ne pouvons pas travailler en conscience avant d'être alimenté par notre source d'énergie.

Don Elkins a questionné le groupe Ra sur le travail en conscience:

> *"Si nous n'avons pas de polarité en électricité, nous n'avons pas d'électricité; nous n'avons pas d'action. Dès lors, je suppose qu'il en va de même pour la conscience. Si*

> *nous n'avons pas de polarité en conscience nous n'avons pas non plus d'action ni d'expérience. Est-ce exact ?*
>
> *RA: Je suis Ra. C'est exact. Vous pouvez utiliser le terme général 'travail'.*
>
> *INTERLOCUTEUR: Alors le concept du Service De Soi et du Service D'Autrui est obligatoire si nous voulons qu'il y ait un travail, qu'il s'agisse de travail en conscience ou de travail mécanique dans l'acception physique newtonienne. Est-ce correct ?*
>
> *RA: Je suis Ra. Cela est correct à condition d'ajouter quelque chose. Le serpentin, comme vous pouvez comprendre ce terme, est enroulé ; il est en potentiel ; il est prêt. La chose qui manque en l'absence de polarisation, c'est la charge.*
>
> *INTERLOCUTEUR: Alors la charge est fournie par la conscience individualisée. Est-ce exact ?*
>
> *RA: Je suis Ra. La charge est fournie par l'entité individualisée utilisant les déversements et afflux d'énergie par les choix de la libre volonté".*[153]

Nous fournissons la source d'énergie pour le travail en conscience en choisissant avec constance d'être du Service D'Autrui, c'est-à-dire en nous polarisant positivement. Nous chargeons ensuite la bobine en choisissant consciemment les afflux d'énergie recherchés.

Notre première polarisation en tant que Joueur avec un grand J est simple et primaire. Nous choisissons la polarité positive. Nous choisissons d'être au service d'autrui. En choisissant avec constance d'être au service d'autrui nous ouvrons notre cœur et obtenons ainsi la capacité d'accéder à l'amour inconditionnel, ce qui est l'état durable de notre chakra du cœur et du Créateur.

La polarisation peut être affinée par le Joueur qui décide de faire ce que ceux de la Confédération appellent le travail en

---

[153] Ra, reçu en channeling par L/L Research le 9 février 1981, Séance 20.

Chapitre X: Le Travail en Conscience

conscience. Quand le Joueur avec un grand J décide de se focaliser sur une manière particulière de polarisation alors qu'il entre dans le passage vers l'infini intelligent, il utilise ses facultés de désir et de volonté pour charger la puissante bobine de son inhérente nature spirituelle.

Quand il accomplit du travail en conscience, il est vital que le Joueur ait confiance en lui-même, se voie comme un être puissant, et soit convaincu qu'il existe des sources d'aide au-delà du portail. Le Joueur avec un grand J doit tenir compte de la puissance inhérente de son propre potentiel enroulé quand il approche du portail. S'il doute de sa puissance il n'ira pas bien loin au-delà du portail. Nous faisons bien de nous voir comme des entités dotées d'une énorme puissance potentielle. Nous pouvons alors nous consacrer au bon usage de cette puissance de volonté et de foi.

Et nous devons créer la charge permettant notre travail en conscience en focalisant exactement notre libre arbitre sur la manière dont nous voulons utiliser l'énergie qui afflue vers nous au travers du portail en provenance du monde de l'esprit. Si nous mettons en doute que de réelles, authentiques, sources d'inspiration et d'information entrent par le portail ou si nous mettons en doute notre aptitude à nous connecter avec elles, nous n'irons pas loin.

La préparation du travail en conscience consiste donc à discipliner notre personnalité de manière à ce que celle-ci soit stable et demeure dans sa propre essence. Nous pouvons ensuite commencer à nous relier à ces sources puissantes qui se déversent par le passage. Nous devenons calme et centré. Nous nous orientons selon notre polarité positive. Nous désirons chercher la vérité. Nous restons fidèle à nos idéaux les plus élevés.

Alors nous sommes prêt à aller de l'avant.

Chapitre X: Le Travail en Conscience

Techniques du Travail en Conscience

Pratique de la Présence du Créateur Unique: la Méditation

> *Mettez-vous en état de ressentir l'essence de votre désir. Que désirez-vous ? Ceux qui sont prêts à travailler avec le passage vers l'infini intelligent disent des choses comme: "je désire rechercher la vérité. Je désire une expérience en direct du Un. Je cherche à savoir afin de servir", et des sentiments de cette nature fondamentale, qui ne demandent rien du 'soi' si ce n'est de demeurer enfin auprès du Bien-aimé et de pratiquer la présence du Créateur infini unique.*
>
> *Quand vous découvrez ce désir, mes amis, commencez à sentir vibrer l'énergie dans votre troisième œil. Sentez-la devenir vivante. Oh, désir sacré! Il est vital d'être passionnés dans votre recherche. Imaginez alors ce contact, ce moment pendant lequel ce désir donne des fruits par l' inspiration qui est concentrée pour vous seulement, et adéquate dans tous ses détails pour tout ce que vous souhaitez savoir ou utiliser pour pouvoir servir.*[154]

La méditation utilisée comme technique de recherche spirituelle est recommandée par la plupart des religions et traditions de spiritualité. Elle est omniprésente dans la littérature de spiritualité. Elle est tellement populaire qu'elle fait à présent partie de notre culture 'pop'. Cet usage populaire a beaucoup affaibli le sens de ce terme. Certains utilisent ce terme en ignorant tout de ce qu'il recouvre. Il est devenu presque une plaisanterie. Il est donc déroutant pour le nouveau Joueur avec un grand J de recevoir le conseil de méditer. Comment ? Que faut-il faire?

Ma réponse à ces questions est simple: pratiquez la présence du Créateur unique. Je pense que cette phrase contient une indication implicite qui oriente le Joueur dans la bonne direction. En outre, ceux de la Confédération parlent souvent de

---

[154] Q'uo, reçu en channeling par L/L Research le 27 octobre 2007.

Chapitre X: Le Travail en Conscience

la pratique de la présence de l'Unique. Pour expliquer cette pratique je vais me baser sur la vie de deux hommes dont les ouvrages m'ont inspirée dans ma propre démarche spirituelle: le Frère Laurent[155] et Joël Goldsmith.

Le Frère Laurent a vécu en France au XVIIe siècle. Il a passé son enfance dans la pauvreté et l'ignorance. Il a ensuite rejoint l'armée engagée dans la Guerre de Trente Ans. Ayant reçu la révélation de la puissance de Dieu, il est entré comme frère convers dans un monastère de Carmes déchaussés en Lorraine. Toute sa vie il a fait d'humbles travaux de cuisine et de cordonnerie.

Sa profonde paix intérieure lui a attiré de nombreux admirateurs et après sa mort l'un d'eux, Joseph de Beaufort, a rassemblé ses écrits dans un petit ouvrage: *Maximes spirituelles fort utiles aux âmes pieuses pour acquérir la présence de Dieu, recueillies de quelques manuscrits du Frère Laurent de la Résurrection, religieux convers des Carmes déchaussés, avec l'abrégé de la vie de l'auteur, et quelques lettres qu'il a écrites à des personnes de piété.* Paris, 1692[156]. Le Frère Laurent a devancé de près de quatre siècles l'œuvre de Neale Donald Walsch: la série des *Conversations avec Dieu*, en disant:

> *"Dieu ne se révèle qu'au cœur humble qui s'ouvre sincèrement à Lui et à la volonté qui s'abandonne à Sa volonté et à Ses fins. La seule manière dont Dieu opère cela est par la relation avec nous. Notre Père Se révèle dans tout*

---

[155] Frère Laurent de la Résurrection (Nicolas Hermann) (?-1691), né à Hérimesnil, près de Lunéville, mort à Paris (3). Simple frère convers, exclusivement mystique et des plus élevés, le F. Laurent n'a pas d'autre souci que le royaume de Dieu. A force de multiplier «des actes de foi et d'amour», il parvient à un état dans lequel, écrit-il, « il me serait aussi peu possible de ne point penser à Dieu qu'il m'a été difficile de m'y accoutumer au commencement ». (site: http://www.abbaye-saint-benoit.ch/histoiredusentimentreligieux/volume06/tome06010.htm

Chapitre X: Le Travail en Conscience

> *Son amour et Sa vérité dans une conversation privée et continue avec le mental, le cœur et l'âme."*[157]

Cette "conversation continue" du Frère Laurent s'adresse à notre mental profond et à notre cœur profond. Notre partie de la conversation peut être exprimée à haute voix, pensée silencieusement, ou écrite comme l'a fait Walsch. Le reste est notre écoute du silence. Laurent dit:

> *".... me présentant ainsi devant Dieu je Le prie de former en mon âme Sa parfaite image et de me rendre entièrement semblable à Lui. » (L 2)."*[158]

Né en 1892 d'une famille juive new-yorkaise commerçante, Joël Goldsmith a eu dès l'adolescence des visions intérieures qui l'ont décidé à étudier les enseignements de Jésus et à devenir franc-maçon. Maçon exceptionnel, il a été initié au 32 degré à l'âge de 22 ans.

Il a également acquis une connaissance exceptionnelle des enseignements de Jésus. Devenu *Christian Science Practitioner* il a exercé son art de guérir pendant 15 années au sein de Église Scientiste Chrétienne. En 1947 il a quitté cette Église pour fonder son propre système mystique chrétien, qu'il a nommé *The Infinite Way*: La voie infinie.

Dans un de ses excellents ouvrages sur la méditation, *Practicing the Presence,*[159] voici ce qu'il dit:

> *"Le Frère Laurent a nommé cela 'la pratique de la présence de Dieu'. Pour les Hébreux il s'agit de garder le mental focalisé sur Dieu et d'être reconnaissant envers Dieu de toutes les manières. Pour Jésus il s'agit de demeurer dans le*

---

[157] Cette citation (NdT: en re-traduction libre) est extraite de textes disponibles en anglais sur le site
http://www.practicegodspresence.com/reflections/the_closer_walk.html.
Textes français: voir site du Carmel en France: www.carmel.asso.fr/Florilege-de-textes,221.html#sommaire_2 (NdT)

[158] idem.

[159] Joël S. Goldsmith, *Practicing the Presence:* New York, Harper, [1958].

> *Verbe. C'est une pratique qui mène ultimement à se reposer totalement sur l'Invisible infini qui, ensuite, amène l'Invisible à notre conscience dans la mesure où nous en éprouvons le besoin".*[160]

Comment le Joueur se prépare-t-il à la méditation? D'abord il se prépare à accéder au portail en s'assurant que son cœur est ouvert et que son énergie circule librement. Il se met physiquement dans une position confortable. Il se calme jusqu'à être bien centré et silencieux à l'intérieur de lui-même.

Ensuite il précise son intention et focalise son désir et sa volonté sur l'ouverture de ce passage, et "clique sur le menu des options" qui se présente dès que le passage est ouvert. Il sélectionne 'Pratique de la Présence' dans ce menu.

Il commence la séance en exprimant une nouvelle fois mentalement son intention. Le groupe Q'uo suggère une phrase comme "Je désire connaître la vérité" ou "Je souhaite faire l'expérience de Toi en direct, ô Créateur". Des phrases comme: "Je suis un être humain. Aide-moi à le devenir"[161] peuvent être utiles aussi. En exprimant notre intention bien clairement nous ouvrons le canal par lequel peut avoir lieu cette 'conversation en continu'.

Puis il devient silencieux et le reste pendant toute la période de méditation.

Voilà essentiellement en quoi consiste la pratique de la Présence du Créateur unique.

Il existe de nombreuses manières de garder notre mental réceptif, à l'écoute, et quiet. Ceux qui font de la Méditation Transcendantale répètent sans cesse un mantra, ou phrase, que leur instructeur leur a donné. A celui qui médite il est conseillé de méditer environ vingt minutes deux fois par jour. Si cela

---

[160] Cette citation (traduite) est extraite du site http://www.spiritsite.com/writing/joegol/part12.shtml, qui présente une sélection de citations extraites des ouvrages de Goldsmith.

[161] Cette courte prière est extraite de l'ouvrage anonyme reçu en channeling, *The Handbook of the New Paradigm*, cité plus haut.

vous tente, vous pourrez trouver d'autres conseils sur le site http://www.tm.org/ [162].

Dans un autre style de méditation, il y a la technique bouddhique de méditation *Vipasana* où le méditant concentre son regard sur la flamme dansante d'une bougie. En pratiquant ce type de méditation nous permettons à nos pensées de s'élever et de retomber, sans nous y attacher, sans les suivre. Au lieu d'essayer d'apaiser la surface du mental, nous le laissons aller et apprenons graduellement les lois d'interaction entre le mental et le corps, lois qui produisent la souffrance ou la paix, tout en continuant à focaliser notre attention sur la flamme.

Ceux qui pratiquent *Vipasana* restent assis souvent plus que vingt minutes; ils y passent parfois des heures. Ma source favorite d'apprentissage de ce type de méditation, parce que je connais et admire celle qui dirige cette École: Barbara Brodsky, est le site http://www.deepspring.org/, qui inclut des instructions et un calendrier des classes et retraites.

De nombreux méditants ne suivent aucune pratique en particulier mais optent simplement pour une concentration sur leur respiration régulière dont ils comptent les inspirations et expirations. Ou bien encore ils visualisent leur respiration comme une lumière blanche qui entre dans le corps lors de l'inhalation et en sort à l'exhalation.

Un membre de la Confédération, Hatonn, dit que :

> *"La méditation est l'effort d'entrer en contact avec votre identité originelle, la conscience du Tout. Cette conscience est une réalité très différente, une réalité qui transcende celle de l'illusion".* [163]

La Confédération suggère que nous pouvons voir la méditation comme une réinitialisation de notre connexion avec la partie la plus profonde de notre être. Car tout est Un et le Créateur que

---

[162] NdT: plusieurs sites en langue française proposent des moyens de pratiquer la Présence de Dieu (entre autres les Soufis du Canada)

[163] Hatonn, reçu en channeling par L/L Research le 8 mai 1974.

Chapitre X: Le Travail en Conscience

nous appelons dans notre corps énergétique et dans notre vie est notre conscience et notre nature ultimes.

Il est difficile de comprendre la méditation d'un point de vue intellectuel. Cette 'conversation' ou 'contact avec notre identité originelle' se fait en silence. Nous n'avons pas recours à des mots, sauf pour exprimer notre intention. Le Créateur utilise rarement des mots. La conversation est silencieuse. Et cependant, comme le dit le Frère Laurent de la Résurrection, la sagesse obtenue dans cette communication silencieuse nous met sur la bonne voie.

Pratiquer la Présence du Créateur est peut-être le choix le plus passif de toutes les options proposées dans le menu qui donne accès au passage. Nous invitons la Présence, la Conscience et l'Essence du Créateur à entrer dans notre passage par notre rayon violet et par notre rayon indigo.

Concernant la méditation, la question posée le plus souvent est: "Comment cela peut-il fonctionner ? Je ne parviens jamais à vider complètement mon mental. Je ne parviens pas à obtenir le silence intérieur".

Ma réponse à cela est: "Pas de souci". Peu importe si nous pensons que nous réussissons ou non. La pureté et l'intensité de notre désir et de notre intention de pratiquer la Présence du Créateur sont tout ce qui compte. En ce qui me concerne, je ne suis jamais parvenue à vider mon mental. Mais je médite trois fois par jour, et ce depuis 1962. Je peux témoigner des bénéfices de cette technique.

Vient ensuite une autre question très souvent posée: "quels vêtements porter, comment s'asseoir?". Les Bouddhistes recommandent de s'asseoir en Lotus, jambes croisées, sur un petit coussin (*zafou*) posé à même le sol. Cette posture ouvre le bas du corps énergétique et permet l'entrée directe de l'énergie vers le cœur. Traditionnellement ils portent aussi des vêtements confortables afin que le mental ne soit pas distrait par l'inconfort physique.

Chapitre X: Le Travail en Conscience

Je trouve que, à part la nécessité de rester éveillé - ce qui exclut la position couchée -, peu importe la manière de s'asseoir et peu importent les vêtements. Ce sont la pureté et l'intensité du désir de la Présence qui comptent.

Si vous décidez de vous essayer à cette technique, je vous suggérerais de commencer modestement, en méditant d'abord pendant seulement deux ou trois minutes à la fois. Ensuite, atteignez graduellement la durée pendant laquelle vous souhaitez méditer de manière régulière. Soyez patient avec vous-même. Il faut du temps pour que le corps physique s'habitue à rester assis, les yeux fermés, en ne faisant rien. Nous avons l'habitude de rester assis, mais notre attention est toujours attirée vers l'extérieur: sur le travail que nous faisons, sur le film, l'émission TV que nous regardons, le jeu vidéo auquel nous jouons. Donc commencez modestement!

Les bénéfices de cette technique de travail en conscience s'accumulent lentement mais sûrement quand nous pratiquons la Présence avec constance, quotidiennement. Pas besoin de passer de longues heures à méditer pour en retirer des bénéfices. L'important c'est d'être constant et persévérant, et de pratiquer quotidiennement.

Certaines personnes sont tout à fait insensibles aux subtiles énergies reçues dans la méditation, d'autres y sont hyper-sensibles. La plupart se situent quelque part entre ces deux extrêmes! Mais si vous vous mettez à la méditation et que vous êtes alarmé par sa puissance, alors il est sans doute utile que vous vous mettiez à la recherche d'un groupe de méditation auquel vous pourrez vous joindre jusqu'à ce que vous soyez complètement accoutumé à ces énergies. La présence des autres membres du groupe atténuera votre expérience individuelle, de sorte que vous pourrez recevoir confortablement les énergies de la méditation.

Un conseil: ne passez pas trop de temps à méditer chaque jour. Un petit moment consacré à cette étonnante technique suffit amplement. Ceux qui restent trop longtemps en méditation peuvent perdre le contact avec le travail des chakras inférieurs, et s'éloignent de leurs relations, de leurs occupations, et de toutes les parties normales de leur vie ordinaire. La méditation est censée aider le Joueur à vivre de manière plus éclairée sa vie ordinaire; non pas à l'en écarter.

Je reviendrai plus longuement sur cette technique de la pratique de la Présence du Créateur dans le troisième volume: *Comment vivre la Loi Une – Niveau 3: Le Travail Intérieur*. Rassurez-vous, impossible de vous tromper. Si cette pratique vous attire, allez-y. Trouvez un lieu tranquille, privé, concentrez-vous, exprimez votre intention, et immergez-vous dans le silence. Pas besoin d'un rituel élaboré. La technique est simple. Voyez-la comme un temps d'écoute mais aussi un temps où vous êtes entendu. Détendez-vous et profitez-en!

La Prière

Chacun de vous est un temple et un prêtre dans ce temple. Le temple est votre corps, votre personnalité et vos talents. Le prêtre est la conscience intérieure qui dirige cet édifice et son service, la disposition des talents et trésors du temple, ainsi que l'usage et l'aide apportée des facultés de l'être qui alimentent ce ministère. Chaque prêtre a besoin de passer du temps dans ce sanctuaire qui ne concerne rien d'autre que le 'soi', et cette connexion sacrée entre le 'soi' et le Créateur infini, entre l'aimé et l'amant, entre l'étincelle et la source de cette étincelle, de ce grand feu, de cette grande lumière, de ce grand amour, de cette grande Pensée est le Créateur infini unique.

Il est utile de se figurer que l'on entre non pas dans la pièce vide de la prière impersonnelle, mais dans une pièce très personnelle qui est le cœur du 'soi' et dans laquelle attend la figure du Créateur tel que le Créateur est pour vous. Beaucoup voient le Créateur comme le Père. Beaucoup voient le Créateur comme la Mère. Certains voient le Créateur comme le Christ, comme le fait cet instrument. Quelle que soit Son image, réalisez que le

> *Créateur vous attend là et que vous entrez pour y être avec votre 'soi' véritable quand vous entrez dans le sanctuaire du silence.*[164]

La prière est fondamentalement un moyen d'exprimer verbalement la Pratique de la Présence. Bien que, quand ceux de la Confédération parlent de travail indigo celui-ci fasse souvent mention de la prière, ils ne s'appesantissent pas sur cette technique. C'est parce qu'eux-mêmes n'utilisent pas de mots. Ils utilisent la communication de concepts et non des mots dans leur propre vie et quand ils font passer des messages au travers de canaux, comme moi par exemple. Étant totalement télépathes, ils préfèrent naturellement les perles rondes, vivantes et fertiles de la communication de concepts qui sont véhiculés par le silence intérieur, à la platitude et à la spécificité des mots exprimés verbalement.

Mais cette option du menu déroulant du passage est souvent sélectionnée par les Joueurs parce que les humains sont habitués à utiliser des mots. Nous sommes émus par certains mots. A nous ils ne semblent pas plats et limités. Les paroles agissent de manière bien plus instantanée et facile que le silence pour nous amener un sens immédiat de la Présence que nous recherchons. Quand nous nous exprimons par la prière, la pression de la réponse de la Présence sacrée se fait sentir. Et quand nous nous ressentons comme des Joueurs avec un grand J il y a une énergie sacerdotale qui se relie à l'expérience: l'énergie du ressenti du sacré dans les choses ordinaires. Les Joueurs sont des prêtres du temple de leur propre cœur ouvert.

La prière est l'option la plus facilement accessible de toutes celles du menu, en ce qui concerne le travail en conscience. Nos prières n'ont pas besoin d'être grandiloquentes. Elles doivent seulement venir du cœur. Et il nous faut corriger la fausse assertion qui nous a été inculquée dans l'enfance, selon laquelle seules les prières déjà écrites ou les prières à l'église sont vraiment des prières!

---

[164] Q'uo, reçu en channeling par L/L Research le 7 octobre 2001.

Chapitre X: Le Travail en Conscience

Quand la plupart des Occidentaux évoquent le mot 'prière' ils pensent à des 'prières d'église', en particulier à la plus populaire d'entre elles dans la foi chrétienne: le 'Notre Père'. Extraite des instructions de Jésus à Ses disciples qui lui avaient demandé comment prier, il s'agit d'une série de demandes:

- que le règne du Créateur vienne sur la Terre,
- que la volonté du Créateur soir faite sur la Terre comme au Ciel,
- que notre pain quotidien soit assuré,
- que nos offenses soient pardonnées comme nous pardonnons à ceux qui nous ont offensés,
- que nous ne tombions pas dans la tentation,
- que nous soyons délivrés du mal.

Le Notre Père commence par une salutation au Créateur et se termine sur une louange qui donne au Créateur «le Royaume, la Puissance et la Gloire dans les siècles des siècles». C'est une prière complète, et si nous choisissons de n'en connaître qu'une seule par cœur, celle-ci est bonne. Je dis cela parce qu'elle contient toutes les nuances de la prière: la louange, la reconnaissance, la faim de la Présence de l'Aimé, un désir de justice, de repentance pour les erreurs perçues chez soi-même, et l'imploration d'une protection contre la négativité.

Il existe des tas de prières toutes rédigées dont certaines, comme le Notre Père, sont devenues très populaires parce qu'elles expriment des besoins universels. Mon livre épiscopal de prières *Book of Common Prayer*[165] contient plus de 800 pages de prières pour le culte quotidien et hebdomadaire, les mariages, funérailles, etc. etc. Ces prières écrites ont en commun une beauté d'expression qui les fait sembler plus dignes que nos propres mots qui peuvent être hésitants et maladroits.

---

[165] The Book of Common Prayer according to the Use of the Episcopal Church: New York, Church Hymnal Corporation, [1979].

En fait, beaucoup de gens pensent qu'ils ne peuvent prier qu'en lisant les mots d'une prière toute faite ou en les écoutant prononcés à l'église. Mais cela n'est pas du tout exact. Bien que les prières écrites et ritualisées soient de merveilleux instruments d'inspiration et constituent une réelle ressource pour le Joueur, rien ne peut égaler les prières qui viennent de notre propre cœur.

Le mot 'prière' provient du latin médiéval utilisé au XIIe siècle: 'precaria', qui signifie "choses obtenues par la demande et non assurées". Tandis qu'en pratiquant la Présence nous nous contentons de rester assis passivement en permettant à une Conversation silencieuse de se passer entre le Créateur et nous, par la prière nous intervenons et demandons ce dont nous avons besoin.

Le Joueur a le choix de ses demandes. La prière la plus simple et la plus sincère est souvent: "Aide-moi, Seigneur!" ou encore: "Ô Seigneur! Sois auprès de moi!". Le Joueur voudra peut-être substituer "Aide-moi, Seigneur !" à ce que nous disons plus volontiers quand un ennui survient: "Oh, Zut ! ****!"

En fin de compte, le Joueur accompli est une prière vivante. Plus nous prenons conscience de notre énergie et de nos pensées, plus nous trouvons de façons de prier, jusqu'à ce que nous incarnions les idéaux et espoirs pour lesquels nous prions.

Les moments de prière passés en commun avec la famille à la maison ou avec la congrégation à l'église, sont de bons moments. La prière en groupe peut être extrêmement puissante. Le soutien du groupe rend plus facile l'immersion dans la prière. Cependant, les moments de prière en solitaire ont aussi leur attrait pour certains Joueurs. J'ai découvert qu'un moment quotidien de prière solitaire, personnelle, constitue une technique satisfaisante et réconfortante.

Que ce soit en groupe ou dans la solitude, dans la prière nous pouvons être intimes avec le Créateur, partager nos sentiments de dévotion, confesser nos préoccupations quelles qu'elles soient, exprimer nos soucis les plus profonds et nous offrir au Service D'Autrui.

La prière peut être une extension de la pratique de la Présence du Créateur. Quand nous parvenons à faire l'expérience du silence chargé, musclé, qu'est la conversation, en méditation, avec L'Infini unique, nous pouvons arriver tout naturellement aux expressions verbales d'amour et de dévotion qui sont l'essence de la prière. Jouez avec les deux techniques. Trouvez votre propre style.

Et gardez toujours sous la main la technique de la prière. Dans les moments de tension le désir d'un contact avec l'Infini Unique peut instantanément nettoyer notre corps énergétique et nous envoyer au travers du passage de sorte que nous puissions trouver un refuge immédiat dans la prière. Il suffit de quelques secondes de prière pour réinitialiser toute notre perspective et nous ramener à l'équilibre.

Tenue d'un Journal Personnel

> *Lorsqu'une pratique de méditation a été établie d'une manière qui vous satisfait, il vous est tout à fait loisible de consacrer un certain temps à la tenue consciente d'un journal. Peut-être êtes-vous familiarisé avec cette méthode de recherche. Il s'agit soit d'écrire ce qui vous vient à l'idée, soit de rédiger une question et laisser ensuite votre plume écrire comme si vous connaissiez la réponse. Avec cette tenue consciente d'un journal vous constaterez petit à petit que vous commencez à entendre les voix intérieures qui vous guident et qui cherchent à s'exprimer.* [166]

Le travail en conscience se réfère toujours à la pratique de la Présence du Créateur unique. En accédant au passage nous nous efforçons toujours de percevoir de manière plus élevée la conscience qui est celle du Créateur. Notre intention est de pénétrer les couches de surface de notre conscience ordinaire

---

[166] Q'uo, reçu en channeling par L/L Research le 13 novembre 2003.

Chapitre X: Le Travail en Conscience

afin d'accéder au passage, devenant ainsi plus éveillé, davantage un Joueur avec un grand J.

Nous avons commencé cet exposé des techniques d'accès au passage par la méditation, moyen d'accès direct à la Présence. La deuxième technique dont nous avons parlé est la prière, qui permet de pratiquer la Présence en exprimant notre part de la "conversation continue " en exprimant des mots mentalement ou à haute voix.

La troisième technique permet elle aussi de pratiquer la Présence, mais d'une manière plus structurée. La tenue d'un journal personnel ou agenda de nos pensées et de nos faits et gestes est une pratique aussi vieille que l'écriture. Dans l'enfance, nous avons peut-être tenu nous aussi un tel journal. Mais devenu adulte, la vie nous dépasse et nous cessons de mettre par écrit nos pensées, conversations et événements du quotidien.

A l'âge adulte je suis revenue à cette tenue non spirituelle d'un journal personnel quand mon emploi du temps est devenu trop encombré pour pouvoir encore donner de mes nouvelles en écrivant de longues lettres. J'ai alors décidé de tenir un journal en ligne, et je l'ai appelé le *Journal de Camelot*. Camelot c'est le nom de notre demeure ici à la périphérie de Louisville dans le Kentucky. Ce journal doit permettre aux nombreux amis qui s'intéressent à notre travail d'être tenus au courant de ce qui se passe dans ma propre vie et celle de L/L Research.

La tenue d'un journal personnel orienté vers le spirituel, et qui constitue une des options du menu du passage, diffère de la tenue conventionnelle d'un journal par l'intention d'entrer en contact avec le Créateur ou, comme la Confédération nomme parfois le Créateur: 'L'infini intelligent'. Cette tenue de journal peut se concentrer sur trois axes au moins: la description de nos rêves, les notes prises dans nos lectures inspirantes favorites, et la tentative de conversation avec le Créateur.

Le premier sujet est nos rêves. La Confédération suggère que notre subconscient, qui a des liens avec les conseils de l'Esprit, indépendants de notre conscient, nous parle dans nos rêves.

Chapitre X: Le Travail en Conscience

Pour tenir un journal des rêves il vous faut un carnet et une plume, ou bien un ordinateur. Comme source lumineuse, attachez au carnet ou à votre portable une petite lampe, ou bien utilisez une lampe de poche comme source de lumière. Quand le Joueur choisit de travailler avec ses rêves, qu'il veille à ne pas travailler avec une lumière trop forte afin de ne pas s'éveiller plus qu'il n'est nécessaire.

Une fois rédigé l'essentiel du rêve, il devient possible d'y penser et de développer peu à peu une prise de conscience par les symboles personnels qui apparaissent dans nos rêves.

Il existe de nombreux ouvrages d'interprétation des rêves. Je n'en ai pas trouvé un qui soit meilleur que les autres, mais le fait d'en lire plusieurs peut certes nous aider à reconnaître le langage des rêves. Si, par exemple, plusieurs sources renseignent que rêver de voler dans l'espace a sans doute une connotation spirituelle, nous pouvons au moins temporairement admettre cette signification quand nous avons un rêve d'envol.

Plus nous nous familiarisons avec notre propre monde onirique, plus nombreuses sont les informations que nous pouvons extraire des rêves que nous faisons chaque nuit. C'est un moyen puissant d'apprendre à nous connaître et de travailler en conscience.

Un autre type de tenue de journal orientée vers le spirituel est la tenue d'un journal de nos lectures. Pour nombre d'entre nous qui sont des Joueurs en train de s'éveiller, la lecture représente une partie importante de notre processus. En tenant un journal des lectures, nous pouvons simplement retranscrire des extraits inspirants et enrichissants des livres lus, ou bien nous pouvons noter des idées qui nous sont venues en les lisant.

C'est un moyen de se sentir en constant dialogue spirituel, et grâce auquel la lecture nous aide au lieu de nous donner le sentiment que nous avons lu tant de choses et si vite que toutes les idées se bousculent dans notre tête.

Le troisième type de tenue de journal est la technique indiquée par le groupe Q'uo au début de ce chapitre. C'est la manière dont Neale Donald Walsch a créé les *Conversations avec Dieu*, la série de livres mentionnée plus haut. Dans cette technique le Joueur doit faire abstraction de la conscience de soi qui accompagne habituellement le fait d'écrire quelque chose. Ma grand-mère, Nana Marian, appelait cela "laisser pendouiller le milieu du cerveau". C'est vraiment ça l'essence de cette technique.

Pour certains, ce processus peut prendre du temps car nous avons tendance à ne pas prendre en compte les idées qui nous viennent après avoir mis nos questions par écrit. Cependant, si le Joueur persévère dans l'expression de son intention ou dans son questionnement, et qu'il note immédiatement la pensée qui lui vient à l'esprit sur le moment, alors cette technique fonctionne bien. Je tiens moi-même cette sorte de journal, en demandant une Parole pour la journée à mon système de guidance personnel, qui est l'Esprit Saint puisque je suis une chrétienne mystique. Je trouve cette technique très efficace.

Faites en sorte que vos choix concernant la manière dont vous utilisez le passage reflètent bien vos propres préférences et non celles de votre instructeur. Ce qui fonctionne pour un chercheur peut tomber complètement à plat pour un autre. Expérimentez et amusez-vous en travaillant!

Le Développement de la Foi

> *La foi demande que vous quittiez la falaise des choses connues pour vous jeter dans le vide de l'inconnu. C'est dans ce vide que doit être fait ce travail par l'âme en recherche qui décide d'activer son désir et de l'utiliser pour alimenter sa recherche. Dès lors, le seul terrain solide sur lequel peut s'appuyer cette entité que nous pouvons appeler 'adepte' pour la facilité, est la connaissance de soi, de qui il est, de la raison de son processus de recherche, du but de sa vie et de sa mort. Voilà sur quoi on se*

Chapitre X : Le Travail en Conscience

> *tient dans la recherche métaphysique: non pas le sol physique, mais le sol de l'être.* [167]

"O Seigneur, renforce ma foi!" Dans l'Évangile selon Saint-Luc c'est ce que les disciples demandent au Christ Jésus. Et Jésus répond: "si vous aviez autant de foi que pourrait en contenir un grain de moutarde vous pourriez ordonner à ce sycomore: 'déracine-toi et plante-toi dans la mer,' et il vous obéirait." *[168]*

Une graine de moutarde mesure environ un millimètre de long. Jésus l'a décrite comme étant la plus petite de toutes les graines. Une fois plantée, en trois ou cinq ans elle devient aussi grande que certains arbres. Sa foi est donc le modèle de la plante adulte encodée génétiquement dans la graine.

Quant à nous, nous grandissons à partir de la graine combinée de notre père et de notre mère. D'abord microscopiques, nous naissons ensuite et grandissons jusqu'à devenir des adultes qui pèsent des millions de fois ce que pesait à l'origine notre œuf fertilisé. Notre corps est un témoignage vivant en faveur de la foi. Nos parents ignoraient comment nous 'faire pousser'. Et notre corps a pour foi le modèle de la personne adulte génétiquement encodée dans sa graine.

Nous tenons pour acquis le fonctionnement de notre corps. Nous ne savons pas comment faire battre notre cœur. Nous n'avons pas conscience de la manière dont on respire. Les milliards de réactions chimiques qui assurent la pérennité de notre vie et de notre santé sont pratiquement ignorées de notre conscient. Néanmoins, nous sommes là, vivant notre vie dans la parfaite foi que notre cœur et nos poumons et tout le reste de notre système corporel étonnamment complexe, fonctionnent comme il se doit.

Il est dès lors logique d'avoir confiance dans le bon fonctionnement de notre partie non physique: le mental, les

---

[167] Q'uo, reçu en channeling par L/L Research le 3 septembre 2006.
[168] Sainte Bible, Luc 17: 5-6.

émotions, le corps énergétique et l'esprit. Ces caractéristiques sont elles aussi contenues dans la graine qui a fait de chacun de nous un être humain adulte. Notre intellect et notre volonté sont des parties bonnes et utiles de notre nature. Quant à l'essence de notre âme, qui est contenue dans notre corps énergétique, elle est aussi excellente que le reste de notre agencement.

Et cependant, quand les ennuis nous accablent il nous est difficile de croire que tout est bien pour nous. Le monde des apparences pèse sur notre mental. Nous voyons autour de nous un monde où des animaux prédateurs chassent pour se nourrir et où des prédateurs humains chassent pour établir leur domination.

Dans ce monde extérieur sans pitié nous succombons facilement à la crainte et dépensons beaucoup d'énergie à tenter d'assurer notre sûreté, notre sécurité. La plupart des préoccupations sécuritaires sur le petit échiquier de la vie sont l'assurance-vie, l'assurance-auto, l'assurance-domicile, la recherche d'un emploi qui assurera une bonne retraite, etc. Il n'y a pas de mal à cela. Notre réalité consensuelle recommande la prudence aux adultes. C'est le cas aussi pour notre système de valeurs, et c'est dans ce sens que nous voulons prendre la responsabilité de nous-mêmes.

Mais la Confédération suggère que les Joueurs avec un grand J s'efforcent de vivre leur vie intérieure sur le Grand Échiquier. Dans cet environnement mental et émotionnel nos conditions et préoccupations sont très différentes de ce qu'elles sont sur le petit échiquier.

La condition du Joueur est celle d'une âme, et non pas celle d'un corps; elle est celle d'un être dont la vie est éternelle et non pas limitée à une période sur la Terre. Ses préoccupations sont celles d'une vie qu'il souhaite vivre en tant qu'âme pendant son temps sur la Terre. Sa réussite ne se mesure pas à la satiété de son estomac, ni à la stabilité de son emploi, ni à aucun autre élément physique. Sa réussite est mesurée à l'ouverture de son cœur, à sa volonté d'agir de manière à refléter son désir de

CHAPITRE X: LE TRAVAIL EN CONSCIENCE

servir le Créateur et celui d'offrir à ses semblables de l'amour inconditionnel.

Notre culture terrestre n'est pas à même de soutenir ces choix. Nous ne recevons de la société aucun signal confirmant que le but de la vie est de demeurer dans l'amour inconditionnel. Dès lors, vivre une vie de foi est quelque chose qui est laissé au choix des Joueurs avec un grand J.

Qu'est-ce que la foi? Nous pouvons suivre la définition du groupe Ra qui la voit comme de la "pureté positive"[169]. C'est une pureté d'intention plutôt que d'action. Nous choisissons de vivre d'après nos idéaux les plus élevés et les meilleurs; des idéaux que nous avons établis en résultat de ce que nous avons saisi de notre nature en tant que partie du principe créateur. Nous avons l'intention de vivre notre vie avec la conscience de l'amour inconditionnel, la conscience du Créateur unique.

Tous les idéaux de foi sont invisibles. Et nous savons par la dure expérience que nous échouerons encore et encore à vivre ces idéaux. Souvent la vie nous met des œillères. Fréquemment nous interprétons mal les situations. Parfois, les événements nous tombent dessus d'une manière qui nous semble désastreuse. Alors, comment conserver la foi?

Nous gardons la foi en restant assuré – sans disposer d'aucune preuve objective– comme l'exprime Chauncey Gardner dans le film *Being There*, que "tant que les racines ne sont pas coupées tout est bien et tout continuera à aller bien dans le jardin."[170]

George Seaton l'a exprimé un peu différemment: "la foi, c'est croire en des choses que le bon sens conseille de ne pas croire."[171]

Pour Oswald Chambers: "la foi est une confiance délibérée en le caractère de Dieu dont on peut ne pas encore comprendre les voies".[172]

---

[169] Ra, reçu en channeling par L/L Research le 21 octobre 1981, Séance 73.

[170] Cette citation est extraite du site http://www.imdb.com/title/tt0078841/quotes.

[171] Cette citation est extraite du site www.faithexist.com.

Pour Martin Luther King: "la foi c'est mettre le pied sur la première marche alors qu'on ne voit pas tout l'escalier."[173]

Enfin, Saint-Paul définit la foi comme étant: "la substance de choses espérées; la preuve de choses non vues. Par la foi nous comprenons que les mondes ont été façonnés par la Parole de Dieu."[174]

Ceci nous ramène à la phrase de Jésus qui parlait de faire se déplacer un sycomore si nous avons autant de foi qu'il en est contenu dans un grain de moutarde. Il dit que notre âme a, encodé en elle, un solide lien avec le Créateur. Et avec le Créateur, tout est possible.

La foi désoriente celui qui n'est pas un Joueur avec un grand J. L'intellect, qui n'est pas informé par une recherche spirituelle, ne voit aucune preuve que le choix d'une vie loyale est une bonne idée. Que du contraire! L'intellect perçoit des dangers sans fin. L'intellect craint de disparaître s'il se projette dans des choses spirituelles. Il craint la mort. Il se tourne vers les dogmes de la religion pour trouver quelque assurance que la vie continue après l'implacable Némésis de la mort. Pour la majorité de ceux qui sont encore endormis, suivre les instructions de tels dogmes c'est trouver encore une forme d'assurance.

Les informations données par la Confédération aux Joueurs que nous sommes suggèrent que nous écartions ce genre de considérations et abandonnions toute crainte. Nos préoccupations vont bien au-delà de la mort du corps. Nous ne craignons pas la mort. Nous savons que la mort est seulement une période de changement où nous passons du corps chimique de rayon jaune dans lequel nous avons joui de la vie ici sur Terre, dans le corps de lumière du rayon indigo dans lequel nous nous sommes incarnés et dans lequel nous quitterons cette incarnation.

---

[172] Idem.

[173] Idem.

[174] *Sainte Bible*, Hébreux 10:1, 3.

Chapitre X: Le Travail en Conscience

Néanmoins, même le meilleur des Joueurs s'abandonne occasionnellement à la crainte! C'est pourquoi, les Joueurs avec un grand J se préoccupent toujours de construire et renforcer leur foi. Quelle que soit la manière que nous choisissons pour pratiquer la Présence du Créateur unique, celle-ci nous aidera à renforcer notre foi. En demeurant dans cette conscience de l'amour inconditionnel nous sommes sans crainte, détendu, paisible et puissant.

Et quand nous agissons de manière à exprimer cet amour inconditionnel dans les choses et les choix que nous faisons, nous développons et faisons grandir notre âme jusqu'à devenir des êtres métaphysiquement ou spirituellement matures dont les racines plongent profondément dans le terreau de l'amour inconditionnel, et dont les branches du service, de la gratitude, de la louange, se tendent vers les cieux.

Vous souvenez-vous de la fée Tinkerbell, dans le conte de J. M. Barrie: *Peter Pan*? Dans une scène célèbre, Tink se meurt et ne survivra que si suffisamment de personnes croient aux fées. Dans la pièce, les personnages implorent les enfants du public de la soutenir en criant "je crois aux fées" tout en frappant dans les mains.

Quand j'étais enfant j'ai vu cette pièce à la télévision. C'était Mary Martin, alors dans tout l'éclat de la jeunesse, qui jouait le rôle de Peter. Quand elle s'est écriée: "frappez dans vos mains pour Tinkerbell", j'ai frappé aussi fort que j'ai pu. J'avais le cœur dans la gorge pendant que je répétais inlassablement: "je crois aux fées!" Et pendant que je frappais dans mes mains, la faible petite lueur qui la représentait sur la scène s'est mise à grandir et briller de plus en plus fort, jusqu'à ce que Tinkerbell revienne voleter, aussi dynamique qu'avant.

Les Joueurs avec un grand J font pour l'esprit en chacun d'eux la même chose que ce que les enfants ont fait pour Tinkerbell. Ils croient que notre esprit est indestructible. Ils croient en l'amour, et en eux-mêmes en tant que créatures d'amour. Pourquoi croyons-nous? Apparemment sans raison au niveau d'une preuve absolue. Il n'y a rien que l'intellect puisse accepter. Nous croyons parce que c'est comme ça. Mais si nous regardons autour de nous, nous pouvons apercevoir des exemples de la justesse de la foi, tout autour de nous, chez les gens que nous admirons. Comme l'exprime Hatonn:

> *"Prenons quelqu'un qui se trouve en face d'un tigre, d'un lion: un prédateur. Est-ce que tout va vraiment bien pour celui qui a la foi et qui voit ce prédateur s'approcher de lui pour le manger? Combien folle est la proie d'avoir la foi qu'il existe quelque chose au-delà du fait de dévorer et d'être dévoré, de tuer et d'être tué, de lutter contre l'adversité ! Cette entité doit vraiment être folle à lier.*
>
> *Et cependant, ce sont ces folles entités qui brillent à travers les siècles de votre temps et de votre Histoire, et qui embrasent les pages des livres et archives et s'impriment dans les cœurs humains. A ceux qui ont aimé et ont fait don d'eux-mêmes pour autrui, peu importe les circonstances du monde extérieur, ceux qui ont agi selon l'amour absolu et parfait sont ceux dont la mémoire inspire encore toujours tous ceux qui cherchent."*[175]

Søren Kierkegaard a parlé de ce choix illogique du saut dans une vie de foi, dans son ouvrage *The Concept of Anxiety*[176]. Il note que ce saut se fait en cercle fermé: le saut dans la foi se fait avec foi. Nous formons la foi en agissant comme si nous avions la foi. Vous vous souvenez de ma supérieure hiérarchique? D'abord je ne l'ai pas aimée, mais ensuite j'ai décidé d'agir comme si je l'aimais. J'ai fait place à la possibilité de l'aimer, et bientôt j'ai pu le faire en toute sincérité, et je l'ai aimée beaucoup.

Il en va de même pour la foi. Si nous faisons place à la foi dans notre vie et dans notre cœur en agissant comme si nous avions cette foi, cela devient une habitude. Et bientôt notre mémoire

---

[175] Hatonn, reçu en channeling par L/L Research le 3 février 1991.

[176] Søren Kierkegaard, *Le Concept d'Angoisse,* Gallimard-poche, 1977, ISBN 2070353699.

s'emplit de 'preuves' subjectives de la foi qui œuvre pour nous. La foi devient réelle pour nous à mesure que nous l'éprouvons.

Nous avons toujours le choix: vivre dans la foi ou vivre dans la peur. En toute circonstance difficile – maladie, rupture d'une relation, perte d'emploi, dépression - qui nous tombe dessus sans raison apparente, nous pouvons choisir notre réaction.

Ceux qui jouent sur le petit échiquier réagissent par la peur, en se contractant autour de leur crainte de ce qui va arriver. Les Joueurs avec un grand J pratiquent l'art de la réaction dans la confiance et la foi. Cela peut paraître illogique, mais c'est une preuve subjective développée grâce à notre travail en conscience en tant que Joueurs avec un grand J qui nous soutient dans les temps difficiles. Nous savons que tout est bien dans notre jardin. Nous savons que nos racines plongent dans le Créateur. Nous savons que nous sommes des enfants du Logos. Nous savons que nous sommes des créatures d'amour.

CHAPITRE XI: TRAVAIL AVANCE AU NIVEAU DU FANAL

Le Portail: suite

> *Le modèle de la circulation d'énergie au travers du corps énergétique dans l'espace/temps est celui d'un système autonome. Dans la vision métaphysique de ce conduit, si on se place au niveau de la réalité de consensus de l'espace/temps il s'agit en effet d'un système autonome; mais si on se place au niveau du temps/espace c'est un système ouvert.*[177]

Quand il travaille à passer de niveau, le Joueur avec un grand J peut voir le corps énergétique comme un système fermé et réussir à monter de niveau sur base de cette supposition. Tout comme le corps physique est essentiellement un champ énergétique qui contient des champs d'énergie moins puissants, comme les divers organes et systèmes, ainsi le corps énergétique peut être vu comme un champ d'énergie qui abrite les champs d'énergie moins puissants des chakras. Lorsque le Joueur est devenu capable de garder son cœur ouvert et de faire avec constance des choix polarisés positivement, il est prêt à affronter le passage avec un mental serein. L'utilisation du portail n'est pas nécessaire pour passer de niveau.

Cependant, une fois que le Joueur avec un grand J, en maturation, a goûté au plaisir de travailler en conscience, le portail de l'infini intelligent l'attend avec son menu de travaux avancés. Au chapitre précédent nous avons examiné quelques uns de ces choix: méditation, prière, développement de la foi, etc.

Quand il travaille avec ces options de menu, le Joueur s'appuie fortement sur les anciens concepts des pratiques religieuses et

---

[177] Q'uo, reçu en channeling par L/L Research le 3 septembre 2006.

Chapitre XI: Travail avancé au Niveau du Fanal

spirituelles. Oui, la guidance de là-haut est demandée. Le portail est utilisé. Mais le Joueur se voit comme un suppliant plutôt que comme un co-Créateur.

Pour aller plus loin il est nécessaire de souligner la nature ouverte du champ du corps énergétique, ainsi que notre caractère de co-Créateurs en tant que Joueurs. Avant d'entreprendre ce travail avancé il nous faut faire un travail approfondi de dégagement des anciennes souffrances. Si nous ne sommes pas encore parvenu à faire cela, alors la Confédération suggère que nous nous contentions des choix de menu décrits au Chapitre X.

Se débarrasser complètement des souffrances anciennes est une gageure. Cela exige que nous changions. D'une certaine façon, les souffrances que nous transportons dans notre mémoire constituent une partie familière et même réconfortante de la définition de notre 'soi'. Nous pensons: "je suis la personne qui fait ces douloureuses expériences". Cette façon de penser retient la souffrance. Même si nous pardonnons, pardonnons encore, pardonnons toujours, notre ancienne identité propre garde cette souffrance vivante. La seule façon de rompre le cycle c'est de changer l'identité de notre 'soi'.

Donc, avant que le Joueur ne choisisse d'aller plus avant dans le choix des menus du portail, - comme: channeling, guérison, sexualité sacrée, ...- il lui faut faire la paix avec cette vieille douleur. Dans le style de nos Westerns, il met la main sur son six-coups et dit: "OK, souffrance, saute sur ton canasson et quitte cette ville!"

Le Joueur avec un grand J est déjà tombé en amour avec lui-même pendant qu'il se rassemble dans le cœur ouvert. Il peut donc voir les choses d'une façon différente d'avant. Mais souvent cela ne suffit pas à faire disparaître l'énergie qui afflue d'une ancienne douleur bien installée. Que manque-t-il? C'est la volonté de redéfinir le 'soi' sans référence à cette souffrance. Selon Q'uo:

Arrive le temps de déposer la souffrance cristallisée de nature émotionnelle, mentale ou spirituelle. Vous saurez

> *quand le temps est venu. Nous ne vous encourageons pas à vous hâter. Mais c'est en effet être sage que de moissonner une souffrance cristallisée, de la réaliser, de la remercier, et d'aller de l'avant. Il n'est pas nécessaire de traîner derrière vous ce grand sac qui contient les souffrances accumulées de votre incarnation."*[178]

Selon la Confédération, le Joueur doit alors relever le défi de mettre de côté la totalité du 'soi' qui contient tous ces vieux matériaux. Il n'est plus celui qui est malade. Il n'est plus celui qui n'a pas eu de chance avec ses emplois. Il n'est plus la personne dont les relations ont mal tourné. Il est un être neuf.

Cela paraît effrayant à certains. Et cependant c'est là l'étape suivante logique et nécessaire. Et le Joueur peut y arriver ! Mais, comme le dit le groupe Q'uo nous devons savoir quand notre temps est venu d'entreprendre cette dernière étape. Avant de travailler en magie, le Joueur en développement est sage d'attendre la voix intérieure qui lui dira: "je suis prêt à devenir!"

Comment Travailler avec la Personnalité Magique

> *Les trois aspects de la personnalité magique: puissance, amour, et sagesse ont reçu ces noms pour attirer l'attention sur chacun des aspects du développement de l'outil de base de l'adepte, c'est-à-dire son 'soi'. Ce n'est en aucun cas une personnalité à trois aspects. Il s'agit d'un être d'unité, d'un être de sixième densité, l'équivalent de ce que vous nommez le 'Soi Supérieur, et c'est en même temps une personnalité immensément riche en variété d'expériences et en subtilité d'émotions.*
>
> *Les trois aspects sont donnés afin que le néophyte n'abuse pas des outils de son art mais au contraire utilise ceux-ci dans l'équilibre au centre de l'amour et de la sagesse, et puisse ainsi servir.*[179]

---

[178] Q'uo, reçu en channeling par L/L Research le 3 septembre 2006.

[179] Ra, reçu en channeling par L/L Research le 31 octobre 1981, Séance 75.

Chapitre XI: Travail avance au Niveau du Fanal

Lorsque la plupart des gens pensent à la magie, ils voient des tours de passe-passe exécutés sur scène par un 'magicien' qui agite une baguette et sort des animaux de son chapeau. Ce n'est pas cela, la magie vue par la Confédération.

Il ne s'agit pas non plus de la Wicca - ou magie de la nature - qui n'est pas polarisée. Les pratiques de la Wicca peuvent être très émouvantes et leurs effets de guérison sont de polarité positive. Mais la Wicca bouge au rythme de tout ce qui est dans la nature: sa magie est à l'équilibre et sa polarité neutre.

Il ne s'agit pas non plus de la magie noire, qui est polarisée très négativement et se base sur les pratiques de la magie blanche mais accomplies à l'envers.

Il ne s'agit pas non plus d'une branche de la magie noire que l'on pourrait appeler 'magie de cuisine', un art de polarisation négative qui permet de préparer des potions à base d'ingrédients obscurs, potions destinées à influencer des personnes ou des événements.

Et il ne s'agit pas non plus de magie sympathique, elle aussi polarisée négativement, où une sorcière fait usage d'un cheveu, d'un article personnel, ou d'une poupée façonnée à l'effigie d'une personne pour faire intervenir un changement dans la personne-cible.

Il s'agit en fait de ce que la Confédération nomme en général la magie rituélique blanche. Cette tradition est née de l'école mystique du christianisme médiéval. A la différence d'autres formes de pratiques qui partagent le nom de 'magie', la magie blanche est de polarisation hautement positive, et se base sur l'invocation d'un aspect du Créateur. Il n'y a rien de physique dans cette pratique. Tout le travail accompli est métaphysique.

Quand Don Elkins a questionné Ra au sujet de la magie rituélique blanche il a défini le talent du magicien comme: "l'aptitude de créer à volonté des changements dans la conscience "[180] et a demandé si cette définition était acceptable. Le groupe Ra a répondu:

> *"Cette définition sera mieux comprise si l'on se réfère à une demande antérieure dans le cadre de ce travail, et qui concernait le 'soi' non manifesté. En magie on travaille avec le 'soi' non manifesté en corps, en mental et en esprit; le mélange dépend de la nature du travail.*
>
> *"Ces travaux sont facilités par le renforcement de l'activation du centre énergétique de rayon indigo. Le centre énergétique de rayon indigo est alimenté, comme le sont tous les centres énergétiques, par l'expérience, mais il est, bien plus que les autres, alimenté par ce que nous avons appelé les disciplines de la personnalité."*[181]

Cela nous ramène à la citation qui introduit ce chapitre: dans la personnalité magique le Joueur avec un grand J a discipliné la personnalité et accompli le travail en conscience, nécessaire au développement des facultés de puissance, d'amour et de sagesse.

L'invocation de magie blanche qui est la plus familière aux Chrétiens est celle du Saint Sacrement de l'Eucharistie, ou rituel de la Sainte Communion. C'est l'invocation de la Présence de Jésus le Christ par un prêtre. Quand le prêtre a invoqué cette Présence, il La partage avec sa congrégation alors qu'il distribue le pain et le vin emplis alors de l'essence du Christ. La croyance est que ceci transforme ceux qui partagent cette communion en des êtres totalement neufs qui peuvent alors commencer une nouvelle vie emplie de la conscience du Christ.

Ce n'est pas le propos de ce livre d'explorer en détail cette tradition. Pour en apprendre davantage sur cette tradition de magie blanche, le Joueur pourra lire ce que Ra en dit dans les

---

[180] Extrait de la séance 71, Livre IV *La Loi Une*, enregistrée le 18 septembre 1981. Elkins s'était basé sur la définition donnée par W. E. Butler.

[181] Ra, reçu en channeling par L/L Research le 18 septembre 1981, Séance 71.

Chapitre XI : Travail avance au Niveau du Fanal

quatre volumes de *La Loi Une*[182] ainsi que dans les ouvrages de William E. Butler, un mage britannique qui a vécu au XXe siècle.

Je voudrais cependant approfondir un aspect du travail du groupe Ra et de celui de Butler en magie: celui du développement de la personnalité magique du Joueur avec un grand J. Selon la Confédération c'est là une des options proposées dans le menu du portail.

Qu'est-ce que la personnalité magique? Pour ceux de la Confédération c'est une autre façon de qualifier ce qu'ils appellent le 'Soi Supérieur'. Selon eux, chacun de nous a un 'Soi Supérieur'. Ce 'Soi Supérieur' est une version de nous-mêmes tel que nous nous voyons dans le futur, pour utiliser des termes adaptés à l'espace/temps. Voilà comment Q'uo décrit le 'Soi Supérieur':

> *"[...] Le JE SUIS qui est au cœur de vos leçons d'amour, de sagesse, et d'aimante et sage compassion. Quand ces leçons sont apprises suffisamment que pour ne plus présenter de distorsion significative, vous vous retournez et passant au travers du temps, vous vous offrez un cadeau à vous-même.*
>
> *"Dans la sixième densité il y a, ensuite, en milieu de densité, un point où il n'y a plus de polarité. C'est quand l'esprit a atteint ce point, empli d'unité, de sagesse et de compassion, que le 'soi' de sixième densité place dans le 'soi' de troisième densité - dans le mental profond -, les inclinations en devenir, la destinée qui a été accomplie, la beauté et l'exactitude du Service D'Autrui.*
>
> *"Dès lors, la personnalité magique, ou Soi Supérieur, est le dernier vestige du 'soi' à contenir de la polarité. Et comme*

---

[182] Ces ouvrages peuvent être lus en ligne à l'adresse www.llresearch.org. La version originale en anglais est également disponible en format 'livre' et peut être commandée auprès de L/L Research.

vous avez affaire à l'illusion d'un monde enfoncé dans la polarité, ce cadeau peut se révéler extrêmement utile. [183]

Dans le reste de ce chapitre nous parlerons des pensées de la Confédération concernant le channeling, la guérison, et la sexualité sacrée. Ce qu'ont en commun ces trois options du menu du Portail c'est qu'elles exigent que le Joueur se dirige avec prudence et conscience vers sa personnalité magique. Une fois terminée la 'séance de travail' de channeling, guérison ou de sexualité sacrée, le Joueur abandonne consciemment sa personnalité magique.

Pour invoquer son Soi Supérieur - ou personnalité magique - le Joueur établit sa volonté et son intention. Il peut mettre une bague à son doigt ou porter un autre signe qui, pour lui, symbolise ce glissement délibéré de sa personnalité ordinaire vers sa personnalité magique. Ou encore, il peut simplement faire un geste, physiquement ou en le visualisant; c'est ce que je fais. Je m'imagine passant ma tête dans l'encolure de ma tenue magique et l'enfilant. Quand ma "séance de travail" est terminée je me visualise en train de retirer cette robe par dessus ma tête.

Afin de rendre plus réelle pour le mental conscient la visualisation du Soi Supérieur, le Joueur peut passer du temps à dessiner sa robe magique. La mienne, par exemple, est une belle grande robe blanche flottante retenue sous la poitrine comme une robe de style Empire, par un ruban. Je visualise même ma chevelure (actuellement courte), luxuriante, longue et bouclée déroulée dans mon dos. Cette personnalité magique est très réelle! Il est bon de revêtir des vêtements adaptés à la situation.

Comment le Joueur utilise-t-il le Rituel?

Il y a certainement de très, très nombreuses âmes qui n'éprouvent pas le désir de participer à un rituel en groupe

---

[183] Q'uo, reçu en channeling par L/L Research le 31 décembre 1989.

CHAPITRE XI: TRAVAIL AVANCE AU NIVEAU DU FANAL

> *pour clarifier et purifier le personnalité magique. A ces entités se présente l'opportunité de créer des rituels pour le 'soi' et, dans de nombreux cas, cet effort est bien pensé et bien accompli. Nombreux sont les pèlerins dont les rituels sont très humbles, ordinaires: la disposition d'une tasse, d'une cuiller et de pain pour un repas simple; la propreté et l'ordre d'effets personnels; les pensées par lesquelles on passe avant de rencontrer une autre entité pour honorer celle-ci. Voilà des exemples de rituels personnels.* [184]

Il est fait mention de nombreux de rituels en groupes dans la littérature concernant la magie blanche. Outre le rituel de la Sainte Eucharistie, il y en a d'autres destinés à la purification, à la guérison, et à d'autres buts orientés vers le Service D'Autrui. Ces rituels, et d'autres utilisés par des magiciens de magie blanche, ont été répétés au fil des siècles sous des formes relativement inchangées. Cette répétition et cette stabilité rendent possible la participation d'entités désincarnées des plans intérieurs, qui ont utilisé ces rituels pendant leurs propres incarnations.

Le Joueur trouvera peut-être utile de participer à des rituels de Sainte Communion ou d'autres rituels en groupe comme ceux de la franc-maçonnerie. Ou bien il pourra trouver approprié de créer ses propres rituels destinés à pérenniser l'alignement de sa conscience ordinaire sur son objectif de soutien et de dynamisation de sa capacité à se relier à la personnalité magique de son Soi Supérieur. Je le répète, le secret de tels rituels c'est la répétition: ils acquièrent une vie propre et deviennent une ressource de plus en plus efficace pour le Joueur avec un grand J.

Mon mari et moi-même avons mis au point nos propres rituels au fil du quart de siècle (et même plus) que nous avons déjà passé ensemble. Nous partageons deux périodes de vénération

---

[184] Q'uo, reçu en channeling par L/L Research le 23 février 1997.

par jour: une Offrande du Matin au début de notre journée, et une Méditation pour Gaïa en fin de journée.

L'objectif de l'Offrande du Matin est de nous donner des pensées pour la journée et de nous installer dans notre routine quotidienne avec une prise de conscience renouvelée du sacré.

L'objectif de la Méditation pour Gaïa est de visualiser la paix sur Terre, de ressentir l'amour et la paix dans nos cœurs et de renouveler notre service à Gaïa, notre Mère la Terre.

En outre, j'offre une prière en un rituel solitaire immédiatement après mon lever, chaque matin.

Ces trois périodes sacrées de mes journées me gardent dans une remémoration sacrée.

Ces périodes ne suffisent cependant pas à me garder harmonisée toute la journée. Alors j'ai établi pour moi des habitudes qui m'aident à le faire. Par exemple, j'ai identifié plusieurs bruits récurrents dans mon environnement: le train qui siffle sur les rails non loin, le téléphone qui sonne, la sonnette de la porte d'entrée qui retentit, le coup de sirène de midi à la station des pompiers, et le bruit d'équipements lourds.

Quand j'entends un de ces bruits je m'arrête un moment et affirme que je suis une enfant du Un infini, et une créature faite d'amour. En recadrant les bruits qui rythment ma journée et en les considérant comme des appels à la remémoration, j'élimine le désagrément que j'y associerais autrement et j'y substitue une émotion agréable pendant que je me livre à cette brève pratique spirituelle. Et en utilisant la sonnerie du téléphone, ou le tintement de la sonnette de l'entrée pour me rappeler que l'âme que je suis sur le point de saluer est le Créateur, je me prépare à partager de l'énergie au niveau de l'âme avec mon interlocuteur.

Chaque Joueur peut identifier les bruits les plus répétitifs de son propre environnement et peut mettre en place des rituels d'harmonisation en réaction à ces bruits. Ceci est un bon exemple de soutien à la personnalité magique par le recours à un rituel.

Chapitre XI: Travail avancé au Niveau du Fanal

D'autres rituels peuvent tourner autour de tâches quotidiennes telles que les repas ou la toilette. J'offre toujours des remerciements avant de commencer à manger, avec un bénédicité bref mais sincère: "Merci Seigneur". J'adresse mes remerciements aux animaux, aux légumes et aux autres nourritures que je vais consommer, qui ont sacrifié leur vie pour que je puisse me nourrir. Sur tous les robinets j'ai collé des étiquettes qui disent "Merci." Et j'adore placer avec soin le couteau et la fourchette, la serviette et la cuiller, pour faire du repas un événement honoré et non pas bâclé n'importe comment.

Dans la baignoire, pendant que je me baigne j'utilise les propriétés magiques, magnétiques, de l'eau pour offrir des prières et faire appel à l'aide des anges et à la guérison par ceux-ci.

Mon mari, Jim, est la personne la plus adonnée aux rituels qui soit. C'est un homme très occupé, qui travaille très dur dans le domaine du jardinage. Eh bien il travaille tout le temps au rythme de ses rituels pendant qu'il tond et taille, dégage les débris, enlève les herbes indésirables et construit des murs. Même dans sa camionnette, quand il doit prendre un virage, il a un geste précis du poignet et de la main qu'il fait quand il se prépare à tourner le volant. De cette manière, ses mouvements au cours de ses journées de travail, sont devenus de la danse et son esprit reste imprégné de la nature sacrée de toute chose.

Les gens qui viennent nous rendre visite font parfois des commentaires sur la netteté de sa présentation. Notre ameublement et nos possessions sont de manière générale usés et délabrés, mais tout est à sa place. Tant Jim que moi, avons le profond sentiment qu'en trouvant de bon endroits pour, et en honorant toutes nos possessions, celles-ci font plus magiquement partie de notre environnement. Même le nettoyage et la lessive sont effectués selon un rituel, de sorte que toutes choses sont des activateurs d'une prise de conscience grandissante de la nature magique de toutes choses, y compris nous-mêmes.

Toutes ces choses peuvent être accomplies sans que personne d'autre n'en ait conscience. Elles ne se voient pas. Tout le travail est accompli dans notre mental. Elles sont toutes de nos propres choix de Joueurs voulant mettre à profit chaque minute de notre temps sur la planète Terre pour évoluer et se développer spirituellement.

Je le répète: chaque Joueur peut choisir pour lui-même les choses dans lesquelles il souhaite injecter une prise de conscience du sacré. Amusez-vous à cela ! Quand vous aurez choisi un activateur pour accomplir ce travail en conscience, alors soyez cohérent et persévérant dans la répétition du petit rituel que vous aurez mis au point. Après quelques semaines, faites le point sur votre façon de faire. Il est très probable que vous aurez adouci votre perception de la vie. Cet état d'esprit adouci aidera beaucoup à vivre dans le cœur ouvert le Joueur avec un grand J que vous serez devenu. Et cela vous permettra de vous aligner avec promptitude quand vous invoquerez votre personnalité magique ou votre Soi Supérieur.

La Retransmission ou Channeling

Vous demandez ce que les gens devraient et ne devraient pas retransmettre, et nous vous disons tout d'abord que vous êtes tous des canaux. Il n'y a pas une seule personne qui ne soit pas un canal. Il n'y a aucune vie qui ne soit principalement une existence passant par un canal. Par ceci nous voulons dire que chacun d'entre vous véhicule à l'intérieur de lui des forces profondes et inconscientes du 'soi' non pas tant le bon ou le mauvais que l'approfondissement de l'expérience.

Autant celui qui cherche parviendra à reconnaître la profondeur du moment présent, autant le canal de cette âme retransmettra d'une manière plus orientée, engagée, stimulante, pour le service de tous et pour l'amour du Créateur infini.

La vie est un présent considérable, parfois encombrant, à offrir à l'Infini Unique, et chaque rire, chaque sourire chaque encouragement, chaque vérité directe à quelqu'un qui en a

Chapitre XI: Travail avance au Niveau du Fanal

> *besoin, chaque effort qui est fait, tout cela c'est comme l'emballage-cadeau, les décorations et les rubans magnifiques qui enveloppent le grand présent attentionné qu'est une vie qui passe par un canal.* [185]

Avant de parler de la retransmission formelle, je voudrais souligner l'insistance de la Confédération à assurer que nous sommes tous, à tous moments, des canaux de retransmission. Nous sommes des canaux vivants au travers desquels quelque chose passe à chaque fois que nous ouvrons la bouche. Est-ce que ce que nous retransmettons est empli de paroles aimantes et utiles quand nous parlons? A nous de choisir.

En tant que Joueurs avec un grand J, nous nous prenons au sérieux. Nous savons que nous sommes des canaux puissants. Nous savons, puisque la Confédération le dit et le répète, que nous faisons partie du principe de la déité. Chacun de nous gouverne son propre monde. Si nous jugeons quelqu'un et le trouvons déficient, ce jugement va transparaître dans notre interaction avec cette personne. Si nous éprouvons de la compassion et du pardon pour quelqu'un, alors cette personne est pardonnée.

Comme j'ai déjà abordé ce sujet précédemment, je ne vais pas le développer davantage ici. Cependant, avant de parler de retransmission formelle il est bon de faire ce petit rappel. Le Joueur avec un grand J doit développer une prise de conscience constante de ce qui passe par son canal. Il souhaite se polariser en intégrant ce qui est bon en ce monde.

Qui peut être un Canal?

> *Comme c'est le cas de tout service orienté vers la spiritualité, l'honneur de devenir un canal grandit en proportion directe de la responsabilité de vivre ce qui est retransmis. Ceux qui ne*

---

[185] Q'uo, reçu en channeling par L/L Research le 20 décembre 1987.

> *souhaitent pas prendre sur eux la responsabilité de s'efforcer de vivre comme ils l'ont appris font beaucoup mieux d'essayer de rendre service à l'Infini en choisissant l'une ou l'autre des nombreuses manières de retransmettre de la joie et de l'aide vers ceux qui en ont besoin. Bon nombre ont besoin de nourriture, de couvertures, de vêtements, d'un abri, car dans votre monde difficile il y a l'hiver du corps, et le corps devient froid. Les paroles les plus belles ne pourront jamais réchauffer les os de ce corps, mais ce qui le pourra c'est plus simplement la retransmission d'hospitalité, de foi, de lieux bien chauds, pour des corps attristés et las.* [186]

Puisque les seules voix de la Confédération sont celles des canaux qui traduisent leurs concepts en paroles, l'on pourrait s'attendre à ce qu'elle encourage tous les Joueurs à devenir des canaux formels. C'est cependant le contraire qui est vrai. Bien que suggérant que tous ceux qui cherchent sont déjà des canaux, elle demande que seuls ceux qui ne peuvent pas résister au sentiment que le channeling fait partie de leur vie de service apprennent à retransmettre formellement.

Le Joueur qui choisit de s'adonner à la retransmission formelle est certain de s'attirer des ennuis. Aussi longtemps que le Joueur se contente de s'informer en se mettant en rapport avec ses guides, la possibilité qu'il soit mis à l'épreuve et jaugé n'est pas intensifiée. Quand un Joueur décide de retransmettre afin de diffuser de la matière spirituellement utile pour d'autres, il devient un prêtre dans le sens formel du mot.

Un chercheur qui lit la Bible enregistre les paroles d'Isaïe ou de Jésus le Christ et les écoute. Il peut être influencé par elles. Le chercheur qui lit ce que vous avez retransmis enregistre lui aussi les paroles que vous avez retransmises et les écoute exactement de la même manière. Je demande à tous les Joueurs qui ont l'intention de devenir des canaux: êtes-vous prêts à assumer cette responsabilité ? Vous sentez-vous à l'aise sachant que

---

[186] idem.

Chapitre XI: Travail avance au Niveau du Fanal

vous êtes comme Isaïe ou Jésus pour le chercheur qui étudie ce que vous retransmettez?

Je suis un canal depuis 1974. En ces plus de trente années, il me semble que j'ai appris beaucoup sur la manière d'être un bon canal. Je n'ai pas l'impression d'être devenue vraiment excellente. C'est parce que je réalise, après chaque séance de travail de channeling, que je n'ai pas été capable de capter et exprimer ne serait-ce qu'un tiers des concepts qui sont passés à travers moi pendant cette séance.

Je suis obligée de vivre avec ça. C'est une caractéristique du channeling tel que je le vis: il y a des quantités infinies de matières sous forme de concepts, et il n'y a qu'une partie limitée d'expression qui est contenue dans les paroles par lesquelles je m'efforce de traduire les concepts que je reçois.

Je pourrais dire que faire de la retransmission c'est aussi facile que d'apprendre à jouer '*Chopsticks*' au piano ou de composer une petite poésie pour la Saint-Valentin, du genre " les roses sont rouges, les violettes sont bleues ...".

Il est également utile de dire que le channeling est très délicat et difficile à mener à bien. Après tout ce temps, je sens que je deviens à peine compétente au titre de canal de la Confédération. Je suis très désireuse de continuer à apprendre. Je peux assurer que retransmettre est un travail extrêmement ardu!

Et tout ego doit être mis de côté avant de commencer à apprendre à retransmettre. Pendant une retransmission, toute attente par rapport à un résultat et toute tendance personnelle à propos des informations annulent les résultats.

En outre, le channeling expose le Joueur à un niveau plus élevé d'attention de la part des forces négativement orientées qui demeurent dans les plans intérieurs du monde de notre Terre. Tout comme la Confédération et de nombreuses autres sources polarisées positivement sont disponibles aux Joueurs orientés positivement et peuvent être contactées au travers du passage, il y a aussi de nombreuses sources polarisées négativement qui surveillent la scène terrestre et sont prêtes à offrir de la résistance à toute source de lumière positive. Étant donné la nature de la polarité négative, le travail de ces sources ne consiste pas seulement à offrir des informations orientées négativement à ceux qui le demandent, mais aussi à travailler à éteindre toutes les sources de lumière positive travaillant contre leur cause.

Ce n'est pas une rue à deux sens. Les sources orientées positivement comme la Confédération n'offrent pas de résistance à la retransmission de sources de polarité négative.

Et enfin, de nombreux canaux sont morts prématurément. De nombreux autres ont de graves problèmes de santé. Il y a trois bonnes raisons à cela.

Premièrement, le processus même du channeling a de rudes répercussions sur le corps physique. Pendant les années où j'ai été un canal en transe pour le contact avec Ra je perdais deux à trois livres à chaque séance de travail. Pendant trois bonnes années je n'ai pas pesé plus de 85 livres. C'est seulement quand j'ai renoncé à ce contact que j'ai retrouvé mon poids normal. Pour les Joueurs qui sont à la recherche d'un bon régime amaigrissant, cela peut sembler attrayant. Mais je mangeais plus que je n'avais jamais mangé, et cependant je perdais toujours du poids. De telles circonstances exposent aux maladies et aux infections.

D'autres canaux en transe signalent une réaction opposée: le poids qui s'emballe. Cela non plus n'est pas sain.

Deuxièmement, tout type de channeling donne lieu à de l'écrit. Métaphysiquement, il est absolument essentiel que le canal qui produit ces matériaux soit préparé à passer le reste de son existence à vivre selon les principes contenus dans les messages qu'il retransmet. Si le canal n'est pas préparé à faire ces efforts de tous les instants, ce qu'il retransmet va devenir de polarité mélangée, parce qu'il désharmonise son instrument – c'est-à-dire lui-même. Il est essentiel de s'engager à vie à faire ce que l'on dit quand on a l'intention de devenir un canal.

Chapitre XI : Travail avancé au Niveau du Fanal

Troisièmement, quand on retransmet des informations orientées positivement l'on est proche de la lumière. Et quand on se tient dans une lumière intense on projette une ombre très nette. Cela attire l'attention des entités négatives qui souhaitent émettre des 'salutations psychiques': des salutations qui cherchent à exploiter ce que Ra a appelé des accrocs dans l'armure de lumière.

La plupart des Joueurs dans cette situation reçoivent des tentations qui caressent leur ego. Comme la retransmission en provenance de la Confédération est strictement focalisée sur des principes spirituels, cette tentation apparaît quand certains chercheurs demandent à la source des informations sur des matières spécifiques telles que de futures catastrophes. Si le canal succombe à la tentation de répondre spécifiquement à ces questions, l'alignement de ce canal disparaît et il est repris par une autre source. Cette source est orientée négativement. La nouvelle source, qui imite parfaitement la source originelle positive, est enchantée de pouvoir parler de catastrophes futures. Et les informations originelles positives sont alors contaminées. La lumière s'éteint.

J'ai arrêté d'enseigner le channeling en 1996 après que plusieurs des élèves de mes ateliers soient devenus mentalement malades quand ils n'ont pas suivi mes instructions. J'ai estimé alors que je ne disposais pas des 'garde-fous' nécessaires pour pouvoir offrir cet enseignement.

J'ai changé d'avis depuis quelques années. Pendant que j'écris ce livre j'ai entamé une nouvelle série de 'Cours intensifs en Channeling'. Je veux laisser l'héritage de ce que j'ai appris sur le channeling aux futurs apprentis. Le programme du premier cours intensif en Channeling est disponible sur notre site Internet. Il contient des instructions détaillées et si vous êtes intéressé à obtenir le don de la retransmission, je vous invite à consulter ce programme.

Les participants à ces cours intensifs ont travaillé très dur pour se préparer. Ils se sont engagés pour la vie dans ce type de Service D'Autrui. Nous verrons bien si, avec des apprentis en channeling aussi soigneusement préparés et dévoués, la Confédération pourra développer une nouvelle moisson de bons canaux positifs ici à L/L Research.

Comme je l'ai écrit dans mon petit ouvrage *Channeling Handbook*,[187] un canal doit être prêt à mourir pour ce qu'il croit et à vivre en suivant ce en quoi il croit. Parmi les options dans le menu du passage, c'est la seule que je conseillerais de laisser de côté à moins que vous ne soyez absolument convaincu qu'un engagement à vie dans le channeling est un accord qu'il vous est aisé de conclure avec vous-même. Le channeling est un travail à risque.

Nonobstant, si certains d'entre vous, Joueurs, vous sentez appelés sans aucun doute possible à devenir des canaux formels, alors il faut suivre certaines règles qui assurent une certaine sécurité dans ce travail. La première de ces règles est de travailler avec un canal confirmé, au sein d'un groupe stable, pendant l'apprentissage, et même pendant un certain temps après cela.

Ne retransmettez jamais seul ou accompagné d'une seule personne, à moins que vous ne retransmettiez des informations en provenance de guides intérieurs. Pour retransmettre un contact extérieur comme une source extra-terrestre, le cercle de retransmission doit comprendre au moins deux autres personnes qui agissent comme des piles pour le canal et universalisent l'énergie du cercle produisant la retransmission. Par exemple, dans les contacts avec ceux de Ra j'ai toujours travaillé avec Jim et Don. Edgar Cayce travaillait avec sa femme et Gladys Davis.

Choisissez judicieusement et soigneusement le cercle avec lequel vous voulez agir comme canal. Les informations arrivent par l'intermédiaire du canal, qui opère comme traducteur des concepts reçus. N'oubliez pas que ces concepts sont donnés en réponse à l'harmonisation du groupe et à sa volonté collective

---

[187] Carla L. Rueckert, *A Channeling Handbook (manuel de channeling):* Louisville, KY, L/L Research, [c1987]

de pureté. La retransmission ne provient pas du canal seul. Elle est attirée par l'alignement du cercle entier assemblé pour une séance de channeling.

Et enfin, ne pratiquez jamais, jamais par vous-même si, en tant que Joueur, vous avez choisi cette option-là. La retransmission s'améliore au fil des séances, mais restez toujours absolument fidèle au principe qui stipule que le channeling formel ne peut jamais être une activité à mener en solitaire. Pratiquez seulement avec votre groupe.

En bref: si vous souhaitez établir un contact avec vos guides intérieurs, cela est sans danger. Mais si vous souhaitez devenir un canal formel dont les travaux seront partagés avec d'autres, alors laissez votre ego au vestiaire. Préparez-vous à mener une vie plutôt monastique. Et recherchez un bon groupe ayant un canal expérimenté fiable. Attendez-vous à passer des années à apprendre comment devenir un instrument raisonnablement adéquat. Et sachez que pour votre peine vous serez récompensé par de fréquentes 'salutations psychiques' et autres inconvénients.

Est-ce que cela en vaut la peine? Je ne peux répondre que pour moi-même et je dis: oui. Quasiment chaque jour des gens écrivent pour remercier L/L Research des informations d'orientation spirituelle que produit notre expérience de channeling. Je suis très sincèrement et joyeusement reconnaissante de l'opportunité qui m'est donnée de servir de canal à ce qu'il y a de plus élevé et de meilleur. Pour celui/celle qui est réellement appelé(e) à servir de canal, c'est une belle vie.

Salutations Psychiques

Les salutations psychiques sont des salutations envoyées par une entité, le plus souvent des plans intérieurs, avec l'intention d'interrompre le processus d'évolution spirituelle et de faire en sorte qu'une entité arrête de progresser et se perde dans des

> *chemins secondaires de questionnement intérieur et de souffrance.*
>
> *Selon cette définition, vous pouvez constater que la salutation psychique est une expression qui est utilisée à outrance et souvent à mauvais escient parmi vos peuples. Cependant, si l'on se refocalise sur la nature du corps énergétique et la manière dont ce corps énergétique vous perçoit, vous et votre processus de pensée, alors le concept de 'salutation psychique' peut sans doute être redéfini comme étant une résistance psychique et être élargi à la grande variété des manières dont votre corps énergétique peut ressentir cette résistance.*[188]

La 'salutation psychique' est l'inéluctable réaction des entités négativement polarisées des plans invisibles à l'éveil et au début de polarisation d'un Joueur. Lorsqu'un Joueur avec un grand J commence à se polariser vers le Service D'Autrui, il se met à agir comme une source de lumière. Tout comme les papillons de nuit sont attirés par les flammes, ainsi cette lumière attire les énergies Service de De Soi qui voudraient éteindre ce fanal en l'éliminant ou en le maîtrisant.

Vous êtes peut-être mieux familiarisé avec l'expression 'attaque psychique' qu'avec celle de 'salutation psychique'. La Confédération a une préférence pour 'salutation psychique'. Cette expression souligne que les entités négatives ne lancent pas des attaques vicieuses contre l'entité positive, mais lui offrent systématiquement des chances d'être déviée de la voie positive. La 'salutation' peut être ressentie comme une attaque furieuse. Mais l'intelligence qui se trouve derrière ces salutations psychiques est froide, logique et persévérante, et non pas impulsive et impétueuse. Ces entités négatives sont à l'affût des défauts dans "la cuirasse de lumière" de la personne. Et quand elles trouvent ces accrocs, elles les agrandissent.

---

[188] Q'uo, reçu en channeling par L/L Research le 12 décembre 2004.

Chapitre XI: Travail avancé au Niveau du Fanal

Quand les gens pensent à des 'salutations psychiques' ils les voient venir d'en dehors d'eux-mêmes. Mais ceux de la Confédération disent que la plupart de ces 'salutations psychiques' sont en fait des occurrences de résistance psychique en provenance de l'intérieur de la propre personnalité du Joueur qui les reçoit.

Quand un Joueur commence à se polariser positivement avec succès, des changements se produisent à l'intérieur de son corps énergétique. Ces changements exigent qu'il cesse de se voir comme une personne blessée. La plupart des anciennes définitions du 'soi' incluent des souvenirs de souffrances. Il y a en nous tous de nombreuses 'poches' de souffrances anciennes. Ces souffrances anciennes doivent être traitées, équilibrées, relâchées, et laissées derrière soi. Comme le dit Q'uo:

> *"Il existe de nombreuses manières dont la souffrance incrustée peut trouver un écho, un reflet, ou une voix dans le moment présent. Et dès lors, certaines des voix qui s'adressent au corps énergétique ont un ton négatif. Et cette négativité est astucieusement travaillée de manière à s'adapter au moment présent et d'y provoquer l'expérience de la distraction ou de la résistance."*[189]

Voilà pourquoi il est si important pour le Joueur avec un grand J de retrouver et de libérer ces poches de souffrance qui sont intégrées dans la mémoire. Ces poches de souffrance sont des cibles faciles pour des agents de résistance psychique à l'intérieur du corps énergétique et de la personnalité, tout autant que pour celles qui sont extérieures au 'soi'.

Certaines des salutations psychiques proviennent certes d'une personnalité séparée qui a une existence indépendante de cette du Joueur. Habituellement, ces salutations se produisent parce que le Joueur approche du portail pour offrir des présents comme le pur rayonnement de l'être, du channeling ou de la guérison. La salutation psychique est un compliment de la main

---

[189] idem.

gauche. Quand vous recevez une salutation psychique vous savez que vous êtes sur la bonne voie. Vous vous polarisez bien et vous trouvez suffisamment près de la lumière pour jeter une ombre nette et bien visible.

Il est extrêmement rare qu'une entité de cinquième densité, orientée négativement, offre une salutation psychique à un Joueur pendant l'incarnation sur Terre. Normalement, une entité négative de cinquième densité envoie un de ses élèves de quatrième densité pour offrir ses salutations. La salutation la plus habituelle est l'une ou l'autre forme de tentation.

En termes de polarité, chaque personnalité a des points faibles. Les points faibles les plus communs sur la Terre sont les vices de gloutonnerie, paresse, jalousie, colère et peur. La peur prend de nombreuses formes: par exemple, peur que les autres nous voient d'un mauvais œil, de perdre notre identité, ou de perdre notre confort matériel. Les Joueurs peuvent être facilement distraits du programme d'évolution spirituelle par ces choses là et d'autres encore. Le résultat est que le Joueur arrête temporairement sa progression vers la polarisation. Il est rejeté du Grand Échiquier jusqu'à ce qu'il recouvre son équilibre, se rappelle ses intentions, et abandonne ses craintes.

A l'occasion, la salutation psychique peut être physique. Un Joueur dont l'esprit est fixé sur le positif et n'est dès lors pas vulnérable aux tentations émotionnelles mais dont le corps physique a des faiblesses, peut faire l'expérience d'un nombre inhabituel de maladies.

Bien que ce soient les Joueurs qui ont atteint le niveau du Phare qui reçoivent le plus de salutations psychiques, tout Joueur qui choisit de s'éveiller du rêve planétaire et de se polariser positivement en fait l'expérience à l'un ou l'autre niveau.

Quand un Joueur commence à méditer, à prier et à utiliser d'autres façons le portail qui ouvre sur l'Infini intelligent, il peut devenir l'objet de résistances et salutations psychiques. Et s'il décide de se rendre en un lieu tel que L/L Research, où une source de lumière et d'amour a été solidement développée, il peut être exposé lui-même à une grande résistance sur sa route.

Chapitre XI: Travail avancé au Niveau du Fanal

Nous avons de nombreuses anecdotes concernant des difficultés rencontrées par des participants à nos Assemblées: vols annulés, pannes de voiture, soudaines urgences au domicile, etc.

Les Joueurs peuvent s'attendre à recevoir des salutations et de la résistance psychiques dès qu'ils entreprennent d'augmenter leur polarisation en conscience. Cela fait partie de l'environnement du Grand Échiquier. Cela peut être résolu avec succès par n'importe quel Joueur. Et il n'y a rien à redouter.

La Protection Psychique

> *Nous recommandons votre fidélité continuelle aux idéaux d'harmonie et de gratitude. Cela sera votre meilleure protection.*[190]

Recevoir une salutation psychique peut être effrayant: les cauchemars, source commune de salutations psychiques, sont des choses effrayantes. Des pensées non voulues qui s'imposent avec force et de manière répétée à l'esprit sont un autre type commun de salutations négatives. La peur sans raison ni contenu précis est elle aussi un type très commun de salutation. Tout cela peut paraître très sinistre et immobiliser le Joueur.

L'immédiate réaction-réflexe quand se produit une salutation psychique est de se contracter dans la peur et de rejeter la cuirasse émotionnelle. Mais, comme c'est bien souvent le cas avec les choix métaphysiques, la réaction immédiate n'est pas le choix le plus judicieux du Joueur. Si nous réagissons par la peur à des salutations psychiques, alors ces salutations ont atteint leur but. Nous sommes arrêté dans notre élan, nous fermons notre cœur, et nous tombons du Grand Échiquier.

Cela demande de la pratique de la part du Joueur de s'abstenir de se retirer du cœur ouvert et, au lieu de cela, de répondre aux salutations perçues avec une sérénité intrépide. Réagir sans

---

[190] Ra, reçu en channeling par L/L Research le 26 juin 1982, Séance 91.

Chapitre XI: Travail avancé au Niveau du Fanal

crainte nécessitera d'abord de l'attention et de la pratique. Le Joueur devra se rappeler consciemment à lui-même qu'il a à réagir sans crainte. Le jeu sera de percevoir la salutation psychique dès que possible et de garder la plus brève possible la période d'absence du cœur ouvert. Graduellement le Joueur acquerra de l'habilité à percevoir ces salutations et perdra de moins en moins de temps à devoir rouvrir le cœur.

Il existe, pour le Joueur qui reçoit des salutations psychiques, des ressources rapides, faciles, et très utiles. Une de ces ressources est l'utilisation concentrée de la respiration. Le souffle est sacré. L'utilisation du souffle pour susciter des changements dans votre conscience, c'est magique. Préparez un mantra ou une phrase à utiliser quand une salutation psychique est perçue.

Une de mes phrases favorites est celle de Julienne de Norwich: "tout est bien et tout sera bien."

Cette citation fait partie d'un paragraphe qui peut être utile dans sa totalité au Joueur qui souhaite se référer à la prise de conscience en périodes de salutations psychiques. Le voici:

> *"Jésus, en cette vision, m'a informée de tout ce qui m'est nécessaire. Il a dit: 'le péché est inévitable mais tout sera bien, et toutes choses seront bien'. Car si nous ne chutions jamais nous ne pourrions savoir combien faibles nous sommes par nous-mêmes, et ne nous pourrions connaître complètement le merveilleux amour de notre Créateur. Il n'a pas dit: 'tu ne traverseras jamais l'adversité; tu ne connaîtras jamais la contrainte; tu n'éprouveras jamais l'inconfort'. Mais Il a dit: 'tu ne t'écrouleras jamais.'*
>
> *"La plénitude de la Joie est de voir Dieu dans toutes choses.*[191]*"*

Le Joueur qui est au niveau du Fanal est un Joueur qui a éveillé sa personnalité magique et qui est capable de susciter à volonté

---

[191] Julian of Norwich, *Revelations of Divine Love*. Cette citation se trouve en version originale sur le site, http://koti.mbnet.fi/amoira/women/julian1.htm.

Chapitre XI : Travail avancé au Niveau du Fanal

des changements dans sa conscience. Une phrase comme "tout est bien" est la rapide invocation d'un point de vue d'intrépidité et de confiance. J'ai aussi recours à une simple prière d'un seul mot : "Jésus", qui fonctionne que vous soyez chrétien ou non, que vous croyiez ou non en une religion. Jésus est l'incarnation, sur des plans intérieurs, de l'amour inconditionnel. Prononcer ce nom provoque un changement immédiat dans la conscience. Si vous souhaitez accéder à la vibration de Jésus le Christ mais préférez ne pas utiliser ce nom quand vous priez, il y a d'autres noms christiques du Nouvel Age : Ieshoua, Jehoshua ou Sananda.

Une autre ressource possible pour le Joueur du niveau Fanal est sa faculté logique. Les cauchemars, les visions de catastrophes, et la frayeur irraisonnée, tout cela est sans doute inconfortable, mais ne peut nous faire de mal. Leur objectif est simplement de nous effrayer et de nous faire rejeter du grand Échiquier en fermant notre cœur. Si ces prières, ou les mots choisis par vous pour prier, ne font pas disparaître instantanément la salutation, alors utilisez votre logique et modifiez vos circonstances.

S'il s'agit d'un cauchemar dont vous vous êtes éveillé terrifié, levez-vous, préparez-vous une tasse de thé vert, allumez une bougie, et méditez ou lisez jusqu'à ce que vous ayez 'récupéré'. S'il s'agit d'une vision éveillée de contenu perturbant, modifiez le programme de votre journée de manière à y inclure un changement géographique ou, à défaut, une activité différente. S'il s'agit d'un sentiment de terreur sans contenu, priez ou chantez un de vos airs favoris. Mettez un contenu mental là où il n'y en avait pas, tout en réglant bien votre respiration, et la terreur irraisonnée disparaîtra.

A l'occasion, le Joueur recevra une salutation particulièrement persistante. Généralement cela se produit pendant les périodes de Nuit Noire de l'Âme, ou après un important traumatisme extérieur. Les vétérans de guerre revenus au pays sont des proies de choix de ce genre de salutations persistantes, étant donné les expériences horribles qu'ils ont vécues. Ceux qui sont touchés par le suicide d'un être cher ou une séparation difficile d'avec un partenaire par décès ou divorce y sont eux aussi particulièrement exposés. La 'loyale opposition' vise les gens quand ils sont au plus bas et renforce l'état de disharmonie que Julienne de Norwich appelle 'le péché'. La Confédération emploie le terme de 'distorsion'. Un bon synonyme est 'l'erreur'. Appelez cela comme vous voulez; de toute façon il ne s'agit que d'une attitude ou d'un état d'esprit qu'il est possible d'ajuster.

Quand la salutation est particulièrement persistante, sortez la grosse artillerie! Ma ressource favorite devant une salutation persistante est la mise à disposition du 'soi' aux forces de l'amour inconditionnel symbolisé par la figure de Jésus le Christ. Dion Fortune propose cette ressource dans son excellent petit ouvrage *Psychic Self-Defense*[192]. Voici le texte de la prière:

> *"Je suis une servante du Seigneur Jésus Christ que je sers de tout mon cœur, de tout mon esprit et de toutes mes forces. Je trace autour de moi un cercle, au nom du Christ, et nulle erreur mortelle n'osera le franchir."*

Tracez physiquement un cercle autour de vous pendant que vous prononcez ces paroles, en plaçant d'abord vos mains derrière le dos pour les amener ensuite vers l'avant en faisant le geste de tracer un cercle dans l'air, et en les joignant ensuite devant vous. Quand la prière est terminée frappez dans vos mains pour signifier que 'cela est !'.

J'ai eu de nombreuses fois recours à cette prière dans les temps difficiles et l'ai trouvée très efficace, même dans les cas les plus perturbants, comme une incapacité de respirer ou une tentation de me suicider. Il semble que les effets de cette prière disparaissent après quelques heures, il peut donc être nécessaire de la répéter. Redites-la, tout comme vous reprendriez une dose d'un médicament. Impossible d'en dépasser les doses, et pas besoin d'une ordonnance!

---

[192] Dion Fortune, *Psychic Self-Defense:* New York Weiser, [c2001].

Chapitre XI: Travail avancé au Niveau du Fanal

Si ce processus paraît vous éloigner de votre belle ouvrage pendant un moment, ne regrettez pas le temps passé à revenir au cœur ouvert. Il est bien plus important, métaphysiquement parlant, pour le Joueur de revenir à la conscience du cœur ouvert que d'être particulièrement efficace dans son travail de la journée. L'impatience, la colère ou n'importe quelle autre réaction négative par rapport à la nécessité d'accomplir ce travail garde le 'soi' hors du cœur. Le Joueur doit donc rester calme, serein, et posé quand il perçoit des salutations en provenance de forces négatives. Considérez avec amour ce que Ra appelle "un accroc dans la cuirasse de lumière". Et c'est l'amour qui prévaudra.

La Guérison

> *"Ce n'est pas par l'exemple que le guérisseur fait le travail. Le travail existe en et par lui-même. Le guérisseur n'est que le catalyseur, tout comme cet instrument possède la catalyse nécessaire à fournir nos paroles au canal mais ne peut, par aucun exemple ni exercice, prendre aucune pensée pour ce travail. La guérison/le travail est conforme en ce sens qu'il s'agit d'une forme de retransmission d'une distorsion de l'Infini intelligent."*[193]

Nombre d'entre nous ont une disposition naturelle à la guérison. Comme notre cœur est ouvert à ceux qui sont mal-portants, nous prions pour pouvoir leur venir en aide ; et donc nous leur venons en aide. Bien plus nombreux encore sont les Joueurs avec un grand J qui développent des talents de guérisseurs parce que cela est très clairement 'Service D'Autrui'. La Confédération suggère que les Joueurs peuvent utiliser le passage vers l'Infini intelligent pour devenir des canaux de guérison.

---

[193] Ra, reçu en channeling par L/L Research le 23 janvier 1981, Séance 5.

CHAPITRE XI: TRAVAIL AVANCE AU NIVEAU DU FANAL

La perspective de la Confédération concernant la guérison est basée sur le concept que toutes les parties de la Création unifiée et interactive sont des champs d'énergie emboîtés. La Création infinie est un champ; La galaxie de la Voie Lactée est un champ niché dans ce tout infini ; notre système solaire est un champ niché dans la galaxie, et notre planète est un champ niché dans le système solaire. Chacun d'entre nous est un champ composé des énergies intégrées de notre mental, de notre corps et de notre esprit, nichées en tant qu'unités dans le champ énergétique de cette planète. La Confédération voit donc l'état de notre santé (tout comme elle voit la santé de la Création, de la Voie Lactée, ou de notre système solaire) comme l'état d'intégration maximale de notre champ. Selon ceux de Q'uo:

> *"C'est notre perception que la guérison a lieu quand l'intégrité du champ qui est l'âme ou l'esprit (c'est-à-dire l'essence d'une entité) est maximalisée. Cette intégrité maximale de champ se produit en un endroit unique du nexus des divers corps, quelle que soit la position de cette entité particulière à l'intérieur de ce nexus à un moment donné.*
>
> *Chaque entité est non seulement unique, mais elle change aussi continuellement de vibrations. Rares sont les individus qui, en troisième densité, peuvent atteindre et maintenir une intégrité, ou santé, maximale, ne serait-ce que pour un moment. Ceux qui en approchent le plus sont peut-être ceux dont l'équilibre est vu par les autres comme étant au-dessus de l'ordinaire."*[194]

Les médecins formés traditionnellement fondent leur opinion de la santé de leurs patients sur un ensemble de normes comme la température, le pouls, la pression sanguine, et tout un tas de données obtenues de l'analyse du sang. Dans les limites de cette perspective, cela est très efficient. Les médecins, leurs opérations et leurs médicaments m'ont sauvé la vie à plusieurs reprises.

---

[194] Q'uo, reçu en channeling par L/L Research le 13 avril 1994.

Chapitre XI : Travail avancé au niveau du Fanal

Mais l'évaluation statistique de la santé n'est pas entièrement satisfaisante. Il arrive à la plupart d'entre nous de 'ne pas nous sentir dans notre assiette' même quand la température, le pouls, etc. sont normaux. Et d'autre part, il peut nous arriver de nous sentir physiquement malade même si nous nous sentons équilibré et sain mentalement et émotionnellement.

Ceux du Nouvel Age qui ont écrit sur des sujets touchant à la santé sont plus proches du point de vue de la Confédération que les médecins traditionnels concernant la santé et l'équilibre. Mais ces auteurs ne vont pas jusqu'à voir le bien-être physique comme un état purement énergétique. Les nombreux remèdes de phytothérapie et naturopathie qu'ils conseillent pour améliorer la santé ne diffèrent des composés chimiques prescrits par les allopathes que par une agressivité moins forte. Dans les deux cas la santé est vue comme un ensemble de paramètres.

Les praticiens de la secte chrétienne de la *Church of Christ Scientist* forment un des rares groupes de thérapeutes traditionnels qui rejoignent la vision de la Confédération en considérant le corps comme un champ d'énergie. Ces praticiens travaillent seulement sur le champ énergétique du patient, en recourant à la prière, à la visualisation et à l'affirmation de la vérité pour créer une opportunité de guérison.

La Confédération voit le travail du guérisseur comme une offre de devenir un instrument au service de celui qui souhaite être guéri. Le guérisseur ne fait rien au patient. Le guérisseur s'offre simplement au patient comme instrument de guérison.

A chapitre VII du présent ouvrage j'ai abordé l'utilisation du passage vers l'Infini intelligent comme instrument de guérison quand j'ai parlé des pyramides. Je voudrais répéter ici un extrait de ce qui a été dit, car ce concept est vital pour comprendre comment la Confédération voit le processus de guérison. Voici ce que j'ai écrit :

D'après la Confédération, la forme pyramidale possède des facultés naturelles de guérison qui proviennent directement de sa géométrie. La Grande Pyramide de Gizeh est le meilleur

Chapitre XI: Travail avancé au Niveau du Fanal

exemple des dimensions d'une pyramide qui permettent de guérir.

Ceux de la Confédération disent que l'énergie d'amour/lumière du Créateur s'amasse dans la base de la pyramide de par le fonctionnement naturel de sa forme géométrique et les rapports entre angles, hauteur, largeur, etc. ..... .

Cette forme pyramidale force la masse d'énergie qui entre par le fond de la pyramide à spiraler naturellement jusqu'à un certain point de la partie inférieure de la pyramide. Ensuite, elle re-spirale en prenant la forme d'une double goutte d'eau, c'est-à-dire une forme arrondie qui devient pointue aux deux extrémités. Au milieu de cette forme en goutte, l'énergie passe au travers de ce que les archéologues ont nommé la Chambre du Roi.

Tout ce qui est placé en cet endroit reçoit l'opportunité de rééquilibrer ou recharger le système énergétique de son corps. De la nourriture placée à ce niveau, dans cet endroit dans une pyramide garde indéfiniment sa fraîcheur, parce que la nourriture est de nature de deuxième densité et accepte toujours le rechargement puisqu'elle n'est pas affectée par un voile d'oubli. Les lames de rasoir placées en un tel endroit restent comme fraîchement aiguisées, même après de nombreuses utilisations, pour la même raison. Nous autres humains qui avons le libre choix, quand nous recevons une telle opportunité de guérison nous pouvons accepter ou rejeter le rééquilibrage de notre système énergétique.

La Confédération suggère que les guérisseurs sont des Chambres du Roi ambulantes. Là où la pyramide utilise la géométrie pour créer l'opportunité de recharger tout champ énergétique placé en son intérieur, le guérisseur fait appel à sa capacité d'emprunter le passage qui va vers l'Infini intelligent et ramène dans son chakra du cœur cette même opportunité.

Le guérisseur est donc vu par la Confédération comme quelqu'un qui offre la possibilité d'un choix nouveau au patient. Il ne pose pas de diagnostic. Il ne prescrit rien. Il ne fait rien à l'extérieur. Il se contente d'exprimer son intention d'être un

Chapitre XI : Travail avancé au niveau du Fanal

instrument de guérison et se prépare au travail en s'harmonisant par la prière ou la méditation. Ensuite, son patient est comme une personne qui serait assise à l'endroit de la Chambre du Roi dans une pyramide. Le rayon violet du patient est affiché dans le champ énergétique du guérisseur. Un ajustement créant l'intégration maximale de ce champ est offert en provenance du Créateur par l'intermédiaire du guérisseur dont l'énergie de guérison a afflué par le passage et demeure dans son cœur ouvert.

Chaque guérisseur procède différemment. Certains utilisent des cristaux comme foyer externe de l'énergie de guérison qu'ils attirent. D'autres utilisent le massage, la radiesthésie, la kinésiologie, ou l'imposition des mains. Certains guérisseurs voient les auras et peuvent extraire ce qui est toxique du champ énergétique du patient, offrant ainsi une remise en état au patient.

Le patient a toujours le choix d'accepter ou non cette remise en état. Comme j'ai eu un nombre non négligeable de maladies dans ma longue vie, j'ai bien conscience qu'il y a souvent des raisons de refuser cette remise en état. En ce qui me concerne par exemple, j'ai découvert que la maladie est utilisée par mon système énergétique pour m'inciter à faire davantage de travail intérieur et métaphysique et moins de travaux extérieurs et physiques.

Mes maladies ont eu une fonction précieuse dans ma vie. En ces périodes ma compassion et la profondeur de mon 'moi' se sont accrues. Il se peut que l'intégrité maximale de mon champ énergétique contienne des distorsions physiques durables de sorte que je ressente du bien-être en plein milieu d'une maladie extérieure. J'ai l'impression que je suis loin d'être la seule personne dont le corps énergétique est plus équilibré quand il semble être dans le déséquilibre physique.

Le groupe Ra suggère que le guérisseur se prépare au mieux à son travail en procédant aux étapes suivantes :

"Premièrement, le mental doit être connu de lui-même. Cela est probablement la partie la plus ardue du travail de

> *guérison. Si le mental se connaît lui-même, alors l'aspect le plus important de la guérison s'est produit. La conscience est le microcosme de la Loi Une.*
>
> *La deuxième partie concerne les disciplines des complexes corporels. Dans les courants qui parcourent votre planète en cette période, ces conceptions et disciplines concernent l'équilibre entre amour et sagesse dans l'usage du corps dans ses fonctions naturelles.*
>
> *La troisième partie est le spirituel, et dans cette zone les deux premières disciplines sont connectées par l'entrée en contact avec l'Infini intelligent.*"[195]

Il y a beaucoup à méditer dans cette brève description de la préparation du guérisseur. Cela rappelle un autre commentaire de Ra:

> *"Le cœur de la discipline de la personnalité est triple. Un: connais-toi toi-même. Deux: accepte-toi toi-même. Trois: deviens le Créateur."*[196]

Nous sommes dans la meilleure santé, dit la Confédération, quand nous réalisons d'une manière profonde et définitive qu'il n'y a véritablement ni disharmonie, ni imperfection. Toute perception de distorsion est une illusion. Le Joueur avec un grand J peut choisir de modifier cette illusion. Quand le guérisseur et le patient entrent tous deux dans la guérison en adoptant cette attitude fondamentale, alors la guérison est la plus effective.

La Sexualité Sacrée

> *Le transfert d'énergie sexuelle a lieu à un niveau non magique pour toutes les entités qui vibrent dans le rayon vert activé. Il est possible, comme dans le cas de cet instrument qui se dévoue*

---

[195] Ra, reçu en channeling par L/L Research le 22 janvier 1981, Séance 4.

[196] Ra, reçu en channeling par L/L Research le 28 octobre 1981, Séance 74.

Chapitre XI: Travail avancé au Niveau du Fanal

> *au service du Créateur infini unique, d'affiner davantage ce transfert d'énergies. Quand l'autre 'soi' se voue aussi au service du Créateur infini unique, le transfert est doublé. Alors la quantité d'énergie transférée ne dépend que du volume d'énergie sexuelle polarisée créée et libérée. Il y a des raffinements qui, de ce point de vue, mènent à l'univers de la haute magie sexuelle.* [197]

Quand nous parlons de sexualité sacrée, la plupart d'entre nous ont un problème avec le mot 'sexe'. C'est le même problème que nous avons avec le mot 'amour' utilisé dans un sens spirituel. Notre culture a mis l'accent sur les aspects les plus superficiels du sexe et de l'amour. Le sexe est vu actuellement comme quelque chose de transitoire et terre-à-terre. Quand nous pensons à toutes les publicités sexuellement provocantes vues à la télévision et dans des magazines, il est difficile de croire que le sexe est une chose sacrée qui peut ouvrir au Joueur avec un grand J un univers beau et inspirant de communion avec le Créateur infini unique. Et cependant, la Confédération voit la sexualité comme étant sacrée.

Les gens pensent fréquemment au sexe. Nous sommes des créatures sexuelles et pour la Confédération ce n'est pas seulement notre corps qui est sexuel, ce sont aussi notre mental et notre esprit. J'ai atteint l'âge de la retraite, et cependant ma nature intérieure est aussi candide que quand j'ai fait l'amour pour la première fois à l'âge de dix-neuf ans. Je soupçonne que beaucoup de gens pourraient dire la même chose. A l'intérieur nous sommes tous jeunes, neufs, et enthousiastes.

Cependant, notre corps physique prend graduellement de l'âge. Je me souviens que l'un des grands humoristes du siècle dernier, Buddy Hackett, avait confié à Johnny Carson, il y a de nombreuses années de cela, qu'il était devenu impuissant dans sa vieillesse. Il lui avait dit que bien que sa virilité eût cessé de fonctionner, il regardait toujours les jolies filles avec autant

---

[197] Ra, reçu en channeling par L/L Research le 21 octobre 1981, Séance 7.

d'intérêt qu'auparavant. Et selon la Confédération, cela est sain. Quelle que soit notre capacité physique ou nos opportunités de nous engager dans des activités sexuelles, affirmer notre sexualité c'est affirmer la vie et une preuve d'équilibre.

Le sexe n'est pas seulement destiné aux jeunes. Il n'est pas seulement pour les personnes séduisantes. Il est pour nous tous. Même si pour le moment nous sommes sexuellement inactif ou si nous avons définitivement renoncé aux activités sexuelles, comme le font de nombreux moines et nonnes, la dynamique sexuelle est toujours présente dans notre nature. Nous sommes sexuels jusqu'à l'os. Plus encore, la sexualité est une partie vitale de notre dispositif mental. Et pour les Joueurs avec un grand J elle peut devenir une partie encore plus active de notre disposition spirituelle.

Qu'est-ce qui transforme la copulation en sexualité sacrée? L'amour inconditionnel est le début de la sexualité sacrée. Cela signifie qu'à l'exception de rares occurrences, nous ne ressentons pas les merveilles et les joies de la sexualité sacrée avec des partenaires sexuels d'aventure. Nous faisons l'expérience du 'Oui' primal de l'excitation et de la satisfaction sexuelles de rayon rouge. Bon nombre de personnes ne dépassent jamais cette énergie de rayon rouge, convaincues qu'elles sont que la pulsion sexuelle fait partie de la nature humaine inférieure, animale. Moi je considère que même le sexe de rayon rouge est du bon sexe! Il propage l'espèce avec efficacité. Il fait du bien. Mais il y a encore une infinité d'autres choses qui attendent le Joueur qui choisit d'affiner sa sexualité.

Les utilisations au niveau du Fanal du passage vers l'Infini intelligent n'attirent pas la majorité des Joueurs. Des trois options énumérées dans ce chapitre, cependant, la sexualité sacrée est l'élément le plus généralement accessible du menu. Alors que channeling et guérison sont des options qui attirent un pourcentage relativement restreint d'entre nous, travailler avec notre sexualité pour l'élever jusqu'à l'univers du sacré c'est quelque chose qui intéresse la plupart des Joueurs sexuellement actifs.

Chapitre XI : Travail avancé au Niveau du Fanal

D'après la Confédération, le premier point important dans la sexualité sacrée est que les deux partenaires demeurent dans l'amour mutuel inconditionnel pendant qu'ils font l'amour. Bien que les transferts d'énergie sexuelle de rayon vert ne soient pas magiques puisque le passage ouvrant sur l'Infini intelligent n'est pas atteint, la capacité de partager des transferts d'énergie de rayon vert est fondamentale pour pouvoir affiner et élever l'activité sexuelle jusqu'au niveau du Fanal.

Cette acceptation mutuelle ne se développe pas facilement dans une relation sexuelle. Ouvrir son cœur inconditionnellement à un autre être humain fait se sentir vulnérable. Quand nous rencontrons quelqu'un de nouveau, nous entrons dans cette relation en restant sur la défensive. Et nous avons de la chance quand nous finissons par tomber sur un(e) bon(ne) partenaire. Mais, même quand nous avons trouvé la personne qui nous convient bien, il y a encore beaucoup de chemin à parcourir avant de pouvoir ouvrir ensemble le passage dans le partage sexuel!

Quand mon mari, Jim McCarty, et moi sommes devenus amants, aucun de nous ne souhaitait une relation de mariage. J'étais déjà dans une relation (même si elle était chaste) avec Don Elkins. Mon engagement envers lui a été absolu et pour la vie. J'aimais beaucoup Jim, Don l'aimait beaucoup aussi, mais je ne pouvais lui offrir que de l'amitié. Heureusement, c'est tout ce qu'il attendait de moi.

Dès le départ, Jim et moi avons fait l'expérience d'un transfert d'énergie sexuelle de rayon vert. Nous avions tous deux été exigeants dans nos vies sexuelles précédentes respectives, et avions toujours fait l'amour dans le rayon vert. Comme nous nous étions offerts de tout de notre cœur à des amants précédents, nous avons pu nous donner l'un à l'autre sans réserves. Cependant, notre partage sexuel n'atteignait pas ce que Ra appelle "l'univers de la haute magie sexuelle". Nous restions coincés dans le rayon vert. Nous n'avions pas encore appris à communiquer sans crainte l'un avec l'autre. Nos cœurs gardaient leurs secrets.

Chapitre XI: Travail avance au Niveau du Fanal

Après la mort de Don en 1984, j'ai mis longtemps à me remettre de la perte de mon bien-aimé compagnon. En 1987, quand Jim et moi nous sommes mariés, j'ai découvert que j'étais en train de tomber profondément amoureuse de Jim. Cela aurait dû être une chose heureuse. Mais cela créait un déséquilibre. Jim m'aimait et m'estimait, mais son intérêt pour moi n'était pas romantique. J'ai tenté de garder secrète ma passion permanente pour lui. Et lui a essayé de garder secret son sentiment, mal à l'aise devant mon engouement. Nous avions tous les deux échoué. Mais bien que nous essayions de résoudre ce problème par de nombreuses discussions, nous ne parvenions pas à avancer. Le déséquilibre était trop grand.

Nous avions décidé de nous marier parce que nous vivions et travaillions ensemble. Nous sommes tous deux des gens conventionnels, et nous souhaitions respecter et honorer notre relation. Le mariage graissait la machinerie sociale de notre vie et régularisait nos personnalités publiques. Et nous étions heureux d'avoir pris la décision de nous marier. Malgré tout, le déséquilibre persistait.

Huit années après notre mariage, en été 1994, la situation a changé. Un jour de vacances, alors que nous étions en train de jouer dans les vagues de la mer en Caroline du Sud, un contre-courant nous a attirés vers la haute mer. Je savais que Jim ne nageait pas bien, mais moi j'étais aussi agile qu'une loutre dans l'eau. J'ai donc déterminé de le ramener sur le rivage avant de penser à moi.

J'ai d'abord essayé de tenir Mick dans la position conventionnelle de sauvetage et de nager en le remorquant derrière moi vers le rivage, mais le courant était très fort et mes efforts n'ont eu pour résultat que de nous entraîner plus loin vers le large. J'ai prié pour être guidée, et soudain j'ai reçu l'image de moi me mettant derrière Jim, plaçant mes pieds dans la partie la plus large de son derrière, et le poussant vers le rivage avec mes jambes. A ce moment, miraculeusement, un mur d'eau s'est formé derrière moi juste au bon moment, et j'ai pu pousser Jim dans la direction du rivage avec assez de force

Chapitre XI: Travail avancé au Niveau du Fanal

pour qu'il trouve son appui et puisse reprendre pied sur le sable de la plage.

Mais en faisant cela je m'étais repositionnée encore plus loin du rivage. J'avais beau nager, je ne parvenais pas à m'en rapprocher. Finalement j'ai renoncé et n'ai plus ressenti aucun besoin de continuer. J'ai regardé autour de moi. La journée était splendide: chaude et venteuse (c'était un jour avant qu'un ouragan ne s'abatte sur l'île où nous séjournions) et j'ai pensé: "quelle belle journée pour mourir!".

J'ai décidé que ce serait moi qui resterais le plus longtemps dans l'eau et que Jim aurait une chance d'aller chercher de l'aide si je me contentais de me laisser flotter et d'arrêter de me fatiguer à nager. Je me suis tournée sur le ventre et me suis mise à flotter comme un insecte aquatique. Une minute ne s'était pas écoulée, après avoir abandonné toute crainte et arrêté d'essayer de nager, qu'une magnifique énorme vague m'a ramassée et m'a déposée en sûreté sur la plage.

Jim ne parvenait pas à se remettre du fait que j'avais risqué ma vie pour lui. Toutes ses barrières de toutes ces années se sont effondrées et pour la première fois son cœur a totalement accepté mon amour. Les sentiments romantiques étaient maintenant équilibrés entre nous. Et nous avions maintenant la possibilité d'affiner notre relation et nos activités sexuelles.

Qu'est-ce qu'il a fallu pour arriver à ce bouquet final? Rien moins que quinze années de travail sur la relation, huit années d'amitié, et sept années de mariage. Cela me porte à croire que s'il est relativement facile d'opérer une percée dans le cœur ouvert et de partager de l'énergie sexuelle de rayon vert, il faut un travail métaphysique sérieux et soutenu en tant que Joueur avec un grand J pour parvenir à s'embarquer dans une voie de sexualité sacrée avec un partenaire.

Il est très difficile d'arriver à une configuration appropriée de relation pour pouvoir travailler sur une sexualité sacrée. Il semble toujours attrayant d'emprunter un raccourci. Un ce ces raccourcis, populaire dans les cercles d'occultisme, est depuis toujours une sexualité arrangée, où le magicien/la magicienne

Chapitre XI : Travail avancé au Niveau du Fanal

paie un(e) partenaire. Il/elle utilise alors ce/cette partenaire pour s'approcher de l'orgasme, mais non pas pour arriver au point culminant de l'acte sexuel. Après une longue période de polarisation par «enroulement des anneaux», l'acte arrive à son point culminant quand le magicien a un orgasme solitaire de nature magique.

Pour le Joueur d'orientation positive, le problème avec cette technique est qu'elle est indubitablement de nature 'Service De Soi'. Il n'y a pas d'ouverture du cœur. Il n'y a pas d'échange d'énergie sexuelle. Il y a un magicien qui utilise un être humain comme objet de travail pour arriver à pratiquer une ouverture dans le passage ouvrant sur l'Infini intelligent, strictement pour lui-même.

Pour la Confédération, il n'y a pas de raccourcis dans la sexualité sacrée. Il faut travailler toute la vie pour trouver le partenaire approprié, pour arriver à un bon équilibre dans l'amour, de manière que l'un ne tire pas l'autre, et que le cœur puisse s'ouvrir complètement. L'étape suivante est alors de devenir capables de parler l'un avec l'autre, dans une ouverture complète.

'Communication' est un des mots à la mode dans notre culture, et qui s'est défraîchi à force d'être trop utilisé. Il y a des niveaux de communication qui suffisent pour les achats d'épicerie, la location de DVD, la préparation d'un budget, le choix d'un restaurant, ou le nom des enfants. Et c'est déjà un succès que d'arriver à communiquer à ces niveaux.

Cependant, la communication qui est indiscutablement de rayon bleu est bien plus profonde que cela. Le cœur de chaque partenaire doit arriver à être complètement sans défense. C'est notre partie de natation presque fatale à Mick et à moi qui a créé l'opportunité d'arriver à une communication totale. Pour chaque couple de Joueurs il y aura vraisemblablement un moment clé où la communication deviendra communion. Le cœur sent qu'il est complètement en sûreté. Et les barrières s'effondrent; des barrières dont nous ignorons l'existence jusqu'à ce qu'elles tombent.

CHAPITRE XI: TRAVAIL AVANCE AU NIVEAU DU FANAL

Une fois arrivé à la communication de rayon bleu, pour le couple il n y' a plus qu'à se consacrer au service du Créateur infini unique tant dans l'expérience de vie dans son entier que, spécifiquement, dans l'acte d'amour. Jim et moi travaillons dans la sexualité sacrée depuis treize ans maintenant. Nous avons tout juste commencé à explorer la joie et la beauté de tout cela. Nous continuerons à apprendre aussi longtemps que nous serons tous deux sur ce plan terrestre. Quelle perspective délicieuse!

La Nature Spirituelle de l'Orgasme

> *L'énergie dont nous parlons quand nous abordons les transferts d'énergie sexuelle est une forme de pont vibratoire entre espace/temps et temps/espace.*
>
> *A cause du processus de mise en place du voile, l'énergie transférée de mâle à femelle est différente de celle qui est transférée de femelle à mâle. Étant donné la différence de polarité entre complexes mental/corps/esprit masculins et féminins, le mâle emmagasine de l'énergie physique, la femelle emmagasine de l'énergie mentale et mentale/émotionnelle.*
>
> *Quand un transfert d'énergie sexuelle de troisième densité a été accompli, le mâle aura offert une décharge d'énergie physique. La femelle est, de ce fait, rafraîchie, vu qu'elle a beaucoup moins de vitalité physique. Simultanément, si vous voulez, la femelle décharge le flux de l' énergie mentale et mentale/émotionnelle qu'elle avait emmagasinée, offrant ainsi l'inspiration, la guérison, et la bénédiction au mâle qui, par nature, a moins de vitalité dans ce domaine.* [198]

Quand Elkins a demandé au groupe Ra pourquoi les pourcentages d'orgasmes masculins comparés aux féminins penchaient si lourdement vers le masculin, le groupe Ra a répondu que l'orgasme masculin est nécessaire à la propagation

---

[198] Ra, reçu en channeling par L/L Research le 12 mai 1982, Séance 84.

de l'espèce, tandis que l'orgasme féminin ne l'est pas. Ils ont dit que c'est seulement quand le couple décide *"d'utiliser le transfert d'énergie sexuelle pour apprendre, servir, et glorifier le Créateur infini unique"*[199] que la fonction de l'orgasme féminin devient claire.

Du point de vue archétypal, dans la sexualité sacrée le partenaire masculin devient l'Homme archétypal. Le partenaire féminin devient la Femme archétypale. Comme les deux Joueurs ont voué au Créateur leur rituel de jeu sexuel sacré, ils sont devenus un Prêtre et une Prêtresse. J'utilise le mot 'rituel' non pas pour indiquer qu'il doit y avoir une routine établie de jeux amoureux dans la sexualité sacrée, mais bien pour indiquer que l'acte d'amour est revêtu de l'énergie d'un rituel spirituel ou magique. La Confédération le nomme "Eucharistie de rayon rouge."[200]

La fonction de l'orgasme masculin est de vivifier et renforcer les réserves d'énergie physique de la femme. La fonction de l'orgasme féminin est *"d'inspirer, guérir et bénir"*[201] l'homme. En sexualité sacrée l'orgasme féminin apporte donc de l'énergie métaphysique ou de temps/espace pour équilibrer l'énergie masculine physique ou d'espace/temps. Vu ainsi, l'orgasme féminin est donc aussi important que l'orgasme masculin.

Pour les deux partenaires il existe de nombreuses manières d'atteindre l'orgasme, toutes très plaisantes! Je n'ai pas besoin de donner des leçons sur les manières de faire l'amour! Nous avons tous exploré à titre personnel ces options. Il n'est pas donné à chaque femme d'atteindre l'orgasme à chaque fois qu'elle fait l'amour, quelle que soit la période de stimulation. Cependant, pour les femmes, les chances d'avoir un orgasme augmentent exponentiellement quand les deux éléments du couple ressentent que cela est un objectif désirable.

---

[199] ibid.

[200] Q'uo, reçu en channeling par L/L Research le 9 avril 1995.

[201] Ra, reçu en channeling par L/L Research le 12 mai 1982, Séance 84.

CHAPITRE XI: TRAVAIL AVANCE AU NIVEAU DU FA...

Il y a de merveilleux effets secondaires à la sexualité sacré[e?] a eu des orgasmes qui se sont prolongés pendant plusieurs minutes, quant à moi j'en ai eus qui se sont prolongés au-de[là] d'une demi-heure. En outre, ces dernières années, depuis que nous avons commencé à pénétrer le mystère des transferts d'énergie sexuelle des rayons indigo et violet, j'ai découvert q[ue] j'ai deux niveaux simultanés d'orgasme; un cycle de spasmes qui se répètent de nombreuses fois avec rapidité pendant tout le temps que j'ai l'énergie de concentrer mon attention entière sur l'énergie qui passe entre Jim et moi, et un orgasme beaucoup plus profond et intense qui ne dure qu'une minute ou deux. Jim m'a dit qu'il a des "orgasmes cérébraux" pendant des heures après l'amour. Même le jour qui suit, ses lobes frontaux envoient encore des spasmes de plaisir dans son front et sa tête.

Je pense que la clé pour passer de la sexualité 'normale' à la sexualité sacrée est la prise de conscience que les énergies sexuelles viennent du corps énergétique et non du corps physique. Quand des Joueurs accouplés parviennent à localiser et ressentir l'énergie électrique de leur connexion sexuelle ils peuvent 'monter' beaucoup plus haut et éprouver un plaisir et une vénération beaucoup plus intenses que quand ils dépendent seulement des sensations de leur corps.

Pour trouver cette connexion électrique, visualisez le corps énergétique comme capable de fermer un circuit entre le corps énergétique de votre partenaire et vous-même quand les organes génitaux, les mains, les lèvres, les seins sont connectés. Les zones qualifiées d'érogènes sont des endroits où ce circuit peut être fermé. Quand le Joueur se met à la recherche de ce circuit il le trouve promptement. Entrez dans la sensation de l'énergie de ce circuit. Sentez l'électricité circuler entre vous deux. Puis entrez dans cette énergie et jouez avec elle pendant que vous jouez l'un avec l'autre.

Il est réconfortant et exaltant de sentir que notre sexe est devenu un objet sacré! Cela vaut certes le temps et la peine d'apprendre à connaître votre partenaire assez bien que pour être prêt à cette utilisation du passage vers l'Infini intelligent.

Une dernière note: il semble que la relation sexuelle ne soit pas indispensable à l'expérience de la sexualité sacrée. Pendant ces deux dernières années j'ai été incapable d'avoir des rapports intimes à cause d'une cystite interstitielle chronique qui rend mon plancher pelvien incapable de supporter la douce friction de relations sexuelles. Je suis cependant heureuse de pouvoir dire que cela n'a en aucune manière empêché Mick et moi de vivre une sexualité sacrée. Heureusement, il y a de nombreuses manières d'arriver à l'orgasme sans un rapport sexuel. Interrogez n'importe quel ado!

Ceci souligne simplement le fait que la sexualité sacrée ne concerne pas seulement le corps mais inclut la personne tout entière: mental, corps, et esprit.

Il est important de penser à libérer la personnalité magique quand le travail est terminé, qu'il s'agisse de channeling, de guérison, ou de sexualité sacrée. La personnalité humaine n'est pas capable de véhiculer la personnalité magique de façon permanente dans la vie quotidienne.

Joueurs, soyez prudents et méticuleux en ces matières. Quand nous œuvrons avec la puissance infinie du passage il nous faut invoquer cette puissance, l'utiliser consciemment, et consciemment la congédier lorsque nous sommes prêts à reprendre notre vie ordinaire.

Chapitre XII: Le Tableau Clinique

> La viande qui est mâchée en troisième densité est une viande de choix, pâle ou foncée, rayonnante ou magnétique, Service D'Autrui ou Service De Soi. Il y a deux voies, toutes deux valables, d'énergies opposées. Toutes deux visant à une unité mais choisissant deux sentiers complètement différents pour arriver à l'inéluctable prise de conscience de l'unité absolue.
>
> Vous faites le voyage de retour. Comment voyagerez-vous ? Cela est une question de troisième densité. Allez-vous voyager dans la lumière, en cherchant à être de plus en plus au service, à être plus aimants, plus généreux, plus conscients de l'amour qui se trouve dans chaque moment? Ou prendrez vous le chemin sombre où le 'soi' est vu immédiatement comme le Créateur et tous les autres 'soi' comme ceux qui voudraient honorer le Créateur en vous?[202]

L'ambulance file vers la salle des urgences, sirènes hurlantes et gyrophares en action. Le précieux patient qu'elle transporte est à court de temps. Un assistant du SAMU s'affaire auprès du patient pendant qu'un autre entre déjà en contact téléphonique avec l'hôpital. Quand l'ambulance arrive à destination, le personnel hospitalier se hâte d'installer le patient sur un chariot puis le fait entrer dans l'hôpital. Et le médecin dit: "Je veux le tableau clinique!"

Dans son rapport sur les principes fondamentaux de la Loi Une, la Confédération voit le patient comme étant la population de la planète Terre. Chacun de nous est à court de temps.

Nous sommes à court de temps pour faire notre choix de polarité.

---

[202] Q'uo, reçu en channeling par L/L Research le 10 novembre 2007.

Chapitre XII: Le Tableau Clinique

Nous sommes à court de temps pour choisir notre voie vers la moissonnabilité et le passage de niveau.

Lorsque nous décidons de nous éveiller et de devenir des Joueurs avec un grand J, nous avons fait l'équivalent de monter dans l'ambulance. Nous avons tous un rôle à jouer dans cette pièce. Nous nous affairons auprès de nous-mêmes par notre auto-encouragement. Nous sommes le médecin pressé qui dit: "Je veux le tableau!" Et nous sommes les assistants du SAMU qui font leur rapport: "le patient vient de s'éveiller à la situation réelle en ce qui concerne la moisson de la planète Terre. Il n'a presque plus de temps pour faire le choix de sa polarité et devenir moissonnable."

Dans notre rôle de médecin nous mobilisons les ressources qui favoriseront la moissonnabilité. Nous prescrivons un traitement: le choix, notre choix critique du voyage vers le cœur ouvert. Le présent ouvrage est tout entier 'le Tableau clinique', des actes qui devront être accomplis par ceux qui souhaitent devenir des Joueurs avec un grand J et passer de niveau lors de la moisson terrestre de 2012. "Le Tableau", en version abrégée peut être décrit comme ceci:

> 1. La Création est unitaire. Sa nature est l'amour inconditionnel. Nous sommes tous un. Nous sommes tous littéralement créés par l'amour. Nous vivons dans une illusion faite de lumière et d'énergie, ou de vibrations, et non de la solidité que nous voyons avec nos yeux physiques. Nous sommes des Joueurs avec un grand J, sur un Grand Échiquier, jouant au Jeu de la Vie. Nous avons un complet libre choix. Nous pouvons toujours choisir la manière de réagir à ce que nous rencontrons sur notre chemin.
>
> 2. L'échiquier du monde terrestre est une illusion qui opère par polarités. Les deux pôles sont: Service D'Autrui et Service De Soi. Nous devenons un Joueur avec un grand J quand nous faisons le choix de nous polariser. Le premier choix que nous faisons d'être au Service D'Autrui représente notre début de Joueur

positif. Chaque choix réussi augmente notre polarité. Pour utiliser une analogie physique: il nous faut nous polariser suffisamment pour arriver à une vitesse de libération.

3. Nous avons un mental qui appartient à notre corps physique. Nous avons aussi une conscience, qui est l'environnement de notre 'soi' spirituel et de notre corps énergétique. Le Joueur avec un grand J utilise simultanément son mental et sa conscience. Il aiguise ses perceptions pour pouvoir faire, chaque jour, des choix meilleurs, plus polarisés.

4. Le Joueur travaille principalement avec son corps énergétique. Son objectif est de garder ses chakras dégagés, pour laisser l'infinie énergie du Créateur circuler librement au travers du système. Le premier centre énergétique ou chakra est le chakra de rayon rouge. Quand nous travaillons sur des matières de rayon rouge comme la sexualité et la survie, nous travaillons à garder dégagé notre chakra de rayon rouge.

5. Le chakra de rayon orange concerne les relations avec le 'soi' et les autres. Le Joueur avec un grand J travaille avec ses catalyseurs pour empêcher des distractions comme la colère ou la honte de bloquer le centre énergétique de rayon orange. Le monde qui nous entoure est de densité de rayon orange. Nous sommes tous les intendants de notre Terre tout autant que ses enfants bien-aimés.

6. Le centre énergétique de rayon jaune concerne les relations formelles comme le mariage, les enfants, et le milieu de travail. Le Joueur avec un grand J travaille à garder dégagé son chakra de rayon jaune qui peut être bloqué par des catalyseurs concernant ces relations. Souvent, ces catalyseurs ont un rapport avec le désir de posséder ou d'être possédé.

7. Nous entrons dans notre chakra de rayon vert: notre cœur, quand nous sommes parvenu à nous connaître

nous-mêmes, à nous accepter, et à tomber en amour avec nous-mêmes tel que nous sommes. Cela nous donne les yeux de l'amour dont nous avons besoin pour accepter, pardonner et aimer les autres. Si nous pouvons aimer inconditionnellement en faisant des choix pour le Service D'Autrui, alors nous monterons de niveau lors de la Moisson.

8. Notre chakra de rayon bleu concerne la communication véritable. La communication est une activité sacrée. Pour garder dégagé notre centre énergétique de rayon bleu nous devenons sincère avec nous-mêmes et avec autrui, en exprimant notre vérité avec franchise et compassion. Écouter est un talent de rayon bleu, et les Joueurs avec un grand J s'efforcent de s'entendre les uns les autres avec respect et précision.

9. Le centre énergétique de rayon indigo est le foyer de la foi. Le Joueur avec un grand J garde ouvert ce chakra en ne succombant pas au doute de soi. Les centres de rayon indigo et bleu sont aussi utilisés par le Joueur pour accéder au passage vers l'Infini intelligent, pour accomplir du travail au niveau Fanal. Il garde dégagé tout le corps énergétique en faisant quotidiennement des exercices de mise à l'équilibre.

10. Le Joueur qui se livre à des types de travail du niveau Fanal, comme la prière, la méditation, le contact, et le renforcement de la foi, a recours à la discipline de la personnalité. Il apprend à voir toute vie comme sacrée et tous ses actes comme potentiellement magiques. Il développe la capacité à exprimer ses intentions et à créer des changements dans son niveau de conscience.

11. Le Joueur avec un grand J peut utiliser le passage vers l'Infini intelligent pour faire un travail de niveau Fanal, comme le channeling, la guérison, ou des relations de sexualité sacrée. En collaborant aussi étroitement avec la lumière, le Joueur avec un grand J peut faire l'objet de salutations psychiques. Il peut s'en

Chapitre XII : Le Tableau Clinique

protéger en fermant les circuits de son corps énergétique et en demandant de l'aide à l'Esprit.

Nous sommes vraiment à court de temps. Ce n'est pas que nous allons être annihilés dans une catastrophe planétaire en 2012. La vie se poursuivra comme avant. Nous ne serons moissonnés qu'à notre mort naturelle. Mais comme la troisième densité se termine, la lumière de troisième densité est en train de faiblir. La lumière de quatrième densité est en train de grandir. Et cette nouvelle lumière est beaucoup trop intense pour que des gens de troisième densité comme nous puissent l'utiliser facilement pour le travail spirituel.

Oui certes, nous pouvons essayer de l'utiliser pour faire ce choix du Service D'Autrui et nous rassembler dans notre cœur ouvert après 2012. Mais la quantité de vérité dans notre lumière de quatrième densité rendra très difficile pour nous humains séparés par un voile de la vision de notre perfection fondamentale, de pardonner, oublier et tomber amoureux de nous-mêmes. A mesure que cette forte lumière enverra ces rayons naissants vers notre monde, il nous deviendra de plus en plus difficile de croire que nous pouvons faire notre choix de polarité et d'y rester. Dans les deux volumes suivants de cette trilogie je développerai ces idées.

Nous avons jusqu'à la fin de l'année 2012 pour utiliser au maximum ce qui reste du monde en trois dimensions et pour choisir notre polarité. Il est urgent que nous nous éveillions, que nous fassions notre choix de l'amour, et devenions des Joueurs avec un grand J. Le moment c'est maintenant.

En écrivant ce rapport j'ai eu souvent à l'esprit une chanson de Foreigner: 'Urgent'. On y trouve ceci :

> *"I know what I need and I need it fast.*
> *There's one thing in common that we both share.*
> *That's a need for each other anytime, anywhere*
>
> *It gets so urgent, so urgent! You know its urgent!*

Chapitre XII: Le Tableau Clinique

*I want to tell you it's the same for me, so urgent!
Just you wait and see how urgent our love can be!"*[203] [204]

Pendant que je vous parle du message de la Confédération à propos de l'amour inconditionnel et de l'unité absolue, j'éprouve un sentiment d'urgence. Mon cœur déborde d'amour pour vous et pour chaque âme sur Terre aujourd'hui. J'espère pouvoir partager ce message de la Confédération aussi largement que je le peux. J'espère être un bon 'réveil' et parvenir à jouer un petit rôle dans l'éveil de Joueurs avec un grand J tels que vous, en vous rappelant qui vous êtes, et en vous donnant les ressources dont vous avez besoin pour réussir à monter de niveau.

Récemment, quelqu'un m'a demandé ce que fait notre groupe à L/L Research. Téméraire, j'ai répondu: "nous sauvons le monde". Cela paraît tellement grandiloquent. Et cependant c'est la vérité. Le message que nous répandons, reçu de la Confédération, peut sauver ce monde et amener ses âmes en sécurité dans le port de la quatrième densité. Pendant que le message se répand, la moisson augmente.

L/L Research a commencé à diffuser les informations en provenance de la Confédération il y a plus de trente ans, avec la publication de *Secrets of the UFO* en 1976. Rétrospectivement, il est réconfortant de voir comme notre population planétaire a augmenté en nombre de gens qui s'éveillent. Le nouveau paradigme est en train de s'étendre à tout le globe. Nous commençons à réaliser combien il est essentiel que nous arrivions à nous aimer véritablement les uns les autres.

---

[203] © Foreigner, extrait de l'album de 1982 album, *Records*, piste 6, "Urgent", tous droits réservés.

[204] "Je sais ce dont j'ai besoin et j'en ai besoin tout de suite. Il y a une chose que nous avons en commun et que nous partageons: c'est le besoin que nous avons l'un de l'autre, tout le temps et partout.
cela devient pressant, tellement pressant! Tu sais comme c'est pressant!
Je veux te dire que pour moi c'est comme ça aussi: si pressant! Attends, tu vas voir combien pressant peut être notre amour. (NdT – traduction libre)

Chapitre XII : Le Tableau Clinique

En 1981, au début des séances avec Ra, le groupe Ra estimait que la moisson terrestre de 2012 serait insignifiante. Mais les estimations de la Confédération sont devenues meilleures. Q'uo a dit récemment, à propos du travail de L/L Research:

> *"Ce groupe a constamment offert une voix d'amour et continue à le faire en ce moment. D'abord, cette voix a été entendue par très peu de gens. Cela surprendrait cet instrument et celui connu comme Jim de savoir combien loin a été portée la voix d'amour qu'ils ont pu offrir au travers de leurs instruments. Elle a en fait été portée jusqu'aux confins de la Terre, proche d'un seuil de basculement."*[205]

J'aime d'idée d'être proche d'un seuil de basculement, le lieu où toute la population planétaire arrivera d'un coup; là où nous nous tiendrons sur le seuil, sur la rive de la quatrième densité et où nous dirons joyeusement: "Tout le monde dedans! L'eau est bonne!"

Bien sûr, ce message d'amour et d'unité n'est pas seulement le nôtre. La Confédération n'est pas seule à le répandre. Les voix d'amour se sont faites plus nombreuses. Le message provient de sources nombreuses, anciennes et nouvelles. Nous sommes reconnaissants de nous trouver parmi elles et de pouvoir contribuer à mettre ces informations à la disposition de tous ceux qui les trouveront utiles.

Que notre souffle fasse de nous un nouveau paradigme d'amour et de compréhension!

Ensemble, vivons la Loi Une.

---

[205] Q'uo, reçu en channeling par L/L Research le 10 février 2008.

NOTE CONCERNANT 2012

Dans le présent ouvrage, Carla Rueckert mentionne à plusieurs reprises la date de décembre 2012, c'est-à-dire celle pour laquelle ceux qui cherchent la vérité devraient avoir fait leur choix de polarité: soit la polarité du "Service d'autrui", soit la polarité du "Service de soi", pour être moissonnables.

Lorsqu'en 2005 Carla a entrepris des recherches en vue de la rédaction de ce livre, cette possibilité lui paraissait très forte. Il semblait que les énergies de quatrième densité seraient trop fortes pour que des entités de troisième densité puissent les utiliser dans cette optique.

Toutefois, cette date fatidique est maintenant passée, de toute évidence les catalyseurs se poursuivent sans répit dans notre vie, et les occasions d'apprentissage s'offrent à nous à chaque rotation que fait la Terre sur elle-même. Il nous est impossible de savoir précisément quand et comment se produira la moisson (le point de vue adopté par Carla est une théorie parmi d'autres), mais à notre avis, aussi longtemps que nous respirerons de l'oxygène de troisième densité nous aurons la possibilité d'apprendre, de croître et de nous polariser; y compris celle de faire ce choix.

Après avoir vu sa santé décliner pendant quatre années, le 1er avril 2015 Carla est passée dans une vie plus ample. Si elle en avait eu le temps, son excellent esprit scientifique lui aurait fait réaliser que sa théorie était contredite par les données concrètes de l'expérience directe, et elle aurait en toute humilité apporté au présent ouvrage les modifications qui s'imposaient.

Nous voudrions dès lors vous suggérer, lorsque votre regard s'arrêtera sur une phrase où il est dit que les chercheurs ne pourront faire leur choix de polarité que jusqu'en 2012, d'ignorer cette affirmation. Le fait que Carla ait précisé une date ne met nullement en cause le reste du message contenu dans l'ouvrage: vous découvrirez rapidement qu'il parle surtout des principes spirituels intemporels.

Note concernant 2012

Soyez rassurés, le cœur du message de Carla et les 99% restants du texte visent parfaitement juste. Elle aborde avec compétence et éloquence le travail de purification, et d'équilibrage des centres énergétiques, qui est un préalable indispensable à la moissonnabilité. Elle avait le don de s'exprimer du fond de son cœur et d'aider les autres à ouvrir et purifier leur propre cœur. Nous sommes sûrs que vous apprécierez ce voyage vers votre cœur, accompagnés par celui de Carla.

Dans l'Amour et la Lumière,

Jim McCarty,

époux de Carla Rueckert et transcripteur des transmissions Ra.
Louisville, Kentucky (États-Unis),
le 12 juillet 2015

www.ingramcontent.com/pod-product-compliance
Lightning Source LLC
Chambersburg PA
CBHW051033160426
43193CB00010B/925